现代化办公设备
原理与维修技术

第2版　　　彭克发　李　蕾　彭丽娟　编著

中国电力出版社
CHINA ELECTRIC POWER PRESS

内 容 提 要

本书以 9 个项目 55 个工作任务进行编写，全面系统地介绍了现代化办公设备（含电话机、传真机、打印机、静电复印机、一体化速印机、扫描仪、数码相机、摄像机、计算机等）的使用方法、基本结构、工作原理、主要功能参数设定，重点介绍了这些设备的常见故障分析和排除方法，并且附有大量维修实例供读者参考。

本书内容新颖，写法独特，体系完整，图文并茂，实用性强。它既可作为中、高职院校自动化办公专业的教材，也可作为广大办公人员使用和维修现代化办公设备的短期培训教材，还可供相关人员参考。

图书在版编目（CIP）数据

现代化办公设备原理与维修技术/彭克发，李蕾，彭丽娟编著. —2 版. —北京：中国电力出版社，2013.9（2017.3 重印）

ISBN 978 - 7 - 5123 - 4556 - 0

Ⅰ.①现…　Ⅱ.①彭…②李…③彭…　Ⅲ.①办公设备 - 理论 ②办公设备 - 维修　Ⅳ.①C931.4

中国版本图书馆 CIP 数据核字（2013）第 125179 号

中国电力出版社出版发行

北京市东城区北京站西街 19 号　100005　http://www.cepp.sgcc.com.cn

责任编辑：杨淑玲　责任印制：澜义舟　责任校对：郝军燕

汇鑫印务有限公司印刷·各地新华书店经售

2013 年 9 月第 2 版·2017 年 3 月第 5 次印刷

787mm×1092mm　1/16·18.5 印张·448 千字

定价：42.00 元

前　　言

本教材是高职高专教材，第1版由中国电力出版社于2008年6月正式出版发行，出版后历经4年的使用，受到了广大读者的欢迎。为了适应职业教育新形势的需要，我们在此基础上进行了修订。

本次修订保持了原有教材的内容风格和结构体系，同时也体现了以下几点修订原则和特点：

1. 编写体系新颖

本书采用项目方法，以工作任务进行编写，目的是更适应职业教育新形势的需要，使学生学做结合，较快地完成与掌握本课程的学习任务。

2. 选材范围宽而浅

由于现在的学生毕业后面对的不再是单一的岗位，而是岗位群，涉及的专业面较广，需要扎实的专业技能，因此我们相应地增加了教材内容的选材范围，办公使学生获得比较全面的专业知识和技能。

3. 注重实用性

教材内容注重实用性，如在选材中增加了办公设备的选择、使用和维护，加大了典型故障的分析与排除等，使学生能够全面地掌握各类办公设备的使用与维护的专业技能。

4. 内容形式多样

本教材此次的修订除了增添了数码相机和摄像机外，还在每章内容里增加了教学目的，完善了思考与练习等内容，使学生有的放矢地去学习与掌握。

5. 结构编排合理

全书共分9个项目55个工作任务，包括：绪论；项目1 电话机，重点介绍了电话机的种类、功能、结构、基本工作原理以及电话机的维护和保养；项目2 传真机，重点介绍了传真机的选购与使用、结构与工作原理、主要功能使用参数设定、传真机系统及传真机通信和电源等故障的分析与维修技巧；项目3 打印机，重点介绍了打印机的选购与使用以及常用打印机的工作原理、日常维护与维修实例等内容；项目4 静电复印机，主要介绍了静电复印机的选购与使用、工作原理、常见故障的维修技术；项目5 一体化速印机，重点介绍了一体化速印机的功能、基本工作原理、选购、使用和维护；项目6 扫描仪，重点介绍了扫描仪的种类、功能、结构、基本工作原理、选购、使用、维护和保养；项目7 数码相机，重点介绍了数码相机的种类、功能、结构、工作原理、识别与使用、维护与保养；项目8 摄像机，重点介绍了摄像机的种类、功能、结构、工作原理、识别与选购、维护与保养、操作与应用；项目9 计算机，重点介绍了计算机的组成与应用、计算机常见故障的处理方法。

本书教学参考学时为96课时，其课时分配见下表。

	章节	课时	章节	课时
理论课时	绪论	1	项目5	6
	项目1	7	项目6	6
	项目2	10	项目7	6
	项目3	11	项目8	7
	项目4	11	项目9	9
机动课时	6	理论课时	74	合计（课时）	80
合计（实训课时）			16	

本书以实用为宗旨，在机型选择上，以当前国内流行机为主；在内容上，以用户或读者迫切需要掌握的使用、调试及维修知识为重点，对各种办公设备的故障进行了深入浅出的分析，并阐述了检修方法与技巧。因此，本书既可作为高职高专院校自动化办公专业和中等职业技术学校电类专业的教材，又可作为现代化办公设备维修者的短期培训教材，还可作为广大办公人员学习和使用现代化办公设备必备的指导书，供相关人员参考。相信读者通过本书的学习，定会有所受益。

本书由重庆电子工程职业学院彭克发教授、李蕾老师和彭丽娟老师共同编著，其中绪论、项目1～项目4由彭克发教授编写，项目5～项目8由李蕾老师编写，项目9由彭丽娟老师编写。全书由彭克发教授制订编写大纲、负责编写的组织及统稿和编审工作。在编写过程中收集参阅了市面上许多刊物、专著和资料，未一一注明，谨向提供本书相关文献的所有作者表示真诚的谢意。

由于编者水平有限、时间仓促，书中的不妥之处在所难免，恳请读者提出宝贵意见。

编　者

第 1 版前言

随着信息社会的发展，提高办公效率日益成为人们追求的目标。目前现代化办公设备已逐渐普及，但能够全方位地使用和维修现代化办公设备的人员还比较欠缺，广大用户和维修人员迫切需要有关现代化办公设备原理与维修技术方面的书籍。作者正是为了满足读者的需要，并能在较短时间内培训出更多的使用者和维修行家编写了此书。

全书共分 8 章，第 1 章介绍了现代化办公设备的发展和种类。第 2 章重点介绍了电话机的种类、结构、基本工作原理以及电话机的维护和保养。第 3 章重点介绍了传真机的选购与使用、结构与工作原理、主要功能使用参数设定、故障的分析与维修技巧。第 4 章重点介绍了打印机的选购与使用、常用打印机的工作原理、打印机的日常维护与维修实例等。第 5 章主要介绍了静电复印机的选购与使用、工作原理、常见故障的维修技术。第 6 章重点介绍了一体化速印机的功能、基本工作原理、选用、使用和维护。第 7 章重点介绍了扫描仪的种类、功能、结构、基本工作原理、选购、使用、维护和保养。第 8 章重点介绍了计算机的组成与应用、计算机的维护与常见故障的处理方法。

本课程教学时数约为 100 学时，建议各章课时安排如下：

	章节	课时	章节	课时
理论课时	第 1 章	1	第 5 章	14
	第 2 章	8	第 6 章	8
	第 3 章	12	第 7 章	8
	第 4 章	14	第 8 章	10
机动课时	5	理论课时	75	合计（理论课时）	80
合计（实训课时）			20	

本书以实用为宗旨，主要选择当前国内流行机型，以用户或读者迫切需要掌握的使用、调试及维修知识为重点，对各种办公设备的故障进行了深入浅出的分析，并阐述了检修方法与技巧。本书可作为各类高职高专院校、中等职业技术学校的电类专业教材使用，也可供各类培训班及从事办公自动化工作的人员参考使用。

本书由重庆电子工程职业学院彭克发教授编著。参加本书编写大纲讨论的有张元平、许诗康、林梅、陈学平、李忠、谭中华、袁勇、冯思权、周华春等老师；本书在编著过程中得到了西南大学、重庆电子工程职业学院、重庆文理学院、重庆电子职业技术学院、中国人民解放军后勤工程学院等单位的大力支持；同时在编著过程参阅了许多刊物、专著和资料，未一一注明，在此，谨向作者们表示真诚的谢意。

由于编者水平有限，书中不妥之处在所难免，恳请读者提出宝贵意见。

编 者

目　　录

绪　　论

现代化办公设备是指人们高效率地处理人群集体事务工作中所需的机器设备。从人类社会形成以来，就存在着办公活动，而人类社会不同时期生产力的发展也推动了办公活动的变革。例如，从远古的结绳记事到用纸、笔进行的文字记录，直至今天广泛使用的各种现代化办公设备，都记载了办公方式由简单到复杂、由低级到高级、由手工到自动化的过程。

1.1　办公活动与办公工具的关系

古人云："工欲善其事，必先利其器。"而办公活动的发展与办公工具的关系也正是如此，也就是说，办公工具的改变以及支持它的新技术的出现，是办公活动不断发展的强大动力。办公活动的发展大致分为以下三个阶段。

1. 初级阶段

这是人类办公活动的初期。这一时期的变革主要表现在纸、笔和算盘这些办公工具得到了大众普遍的接受和采用，完全抛弃了原始落后的石制和铁制的刻写文字工具，使文字信息的产生、保存和传递的方式发生了很大变化。支持这种变革的主要是造纸术和印刷术的发明和应用，特别是活字印刷术保证了这种古老的文字处理形式能够延续一千多年。

2. 中级阶段

中级阶段也是现代化的工业阶段，它从 18 世纪中期开始，人们用机器逐步代替了体力劳动，自然科学和技术不断进步，社会发展达到前所未有的程度，各种办公机构需要交换和处理的信息与日俱增，于是促进了办公活动的又一次变革。这一时期的特点是一些新的办公设备进入了办公室，促进办公方式的大改变。其主要的办公设备有电话机、电传机和传真机、打印机、复印机等。这些设备部分代替了人工劳动，不仅减少了劳动力，而且还提高了劳动效率，使信息的处理和交换变得更为简单、快捷。

3. 高级阶段

高级阶段即现代化的信息时代阶段，它是以微电子技术、遗传工程技术、新型建筑材料和新能源开发为中心的信息时代，这标志着人类进入了一个崭新的信息化社会。在信息化社会中，人类科学知识每两年约增加一倍，每天有数万篇科技和政治论文发表，有上亿张不同密级的文件发表，有各种不同的表格数据的统计，有成千上万种图书和刊物出版，更不用说铺天盖地的经济信息等。所以，传统的办公方式再也不能适应雪崩式的信息增长。为了提高办公效率，加速信息的收集、处理和传递，人类社会的办公活动发生了第三次大变革——现代办公自动化。这一次变革以三大类办公设备（指计算机类、通信类和办公用机电类设备）和四大支持技术（指计算机技术、现代通信技术、信息处理技术和自动化技术）为代表。这次变革不仅使信息的生成、收集、存储、加工、传输和输出方式发生了巨大的变化，而且随着系统科学、管理科学、行为科学及社会科学等软科学的引入，也促进了现代办公活动的核心——手段、方法的改变。因此，人们可借助各种先进的现代化办公设备和科学技术决策与管理手段，以实现办公管理科学化。

1.2　现代化办公设备的发展

就办公自动化而言，现代办公设备是其中的一个重要组成部分，所以现代化办公设备的发展将紧随着办公自动化的发展而发展。办公自动化尽管只有 40 多年的历史（起源于 20 世纪 60 年代的美国），但发展速度极其迅速。在我国，现代化办公设备的发展大致分为三个阶段。

（1）第一阶段：主要特点是采用单机设备，完成单项办公业务自动化，如用文字处理软件来打印文件，或用传真机发业务信函等。

（2）第二阶段：主要特点是采用部分综合设备，如程控交换机、计算机局域网等，以实现关键部分办公业务运行自动化。

（3）第三阶段：主要特点是办公自动化正在朝着网络化、标准化、智能化和综合化的方向发展。

因此，当前的形势对现代化办公设备提出了更高的要求。例如，诞生于 1944 年的静电复印机，至今已有 60 多年的历史，而且技术成熟、品种繁多、功能齐全。但随着办公自动化的发展，一方面要求复印机有更多更新的功能，要具有智能化的特点；另一方面要求它从单机向联机系统方面发展，组成所谓的“网络终端化的复印机”，以满足办公自动化的需要。特别是 1993 年美国政府提出建设信息高速公路以来，世界各国纷纷提出自己的计划，信息高速公路工程在全球兴起。在这种背景下，不仅对办公自动化提出了新的要求，而且还将大大促进通信产业和计算机产业的发展，促进现代办公设备的健康发展和推进。

1.3　现代化办公设备的种类

目前，现代化办公自动化设备的种类繁多，但归纳起来基本上可分为办公用的机电类设备、通信类设备和计算机类设备三大类。下面将具体介绍这三大类办公设备。

1. 办公用的机电类设备

在现代化办公设备中，机电类设备最多，最繁杂，但根据其功能不同大致可分为以下三类。

（1）信息存储设备。信息存储设备包括数码相机、摄像机、录音机、计算机文档存储系统等。

（2）信息复制设备。信息复制设备包括复印机、一体化速印机、制版机、胶印机、电子排版轻印刷系统等。

（3）其他辅助设备。这类设备包含裁纸机、碎纸机、装订机、幻灯机、投影仪、空调机和不间断电源等。

2. 通信类设备

在现代办公活动中，几乎每时每刻都在进行某种形式的通信，比如收发文件、打电话、发传真、拍电报等，所以通信类设备在办公自动化中是必不可少的。这类设备包括通信网络设备和通信用户终端设备。其中，通信网络设备包括程控交换机、长距离数据收发器、调制解调器、计算机局域网、公用电话网、公用分组交换数据通信网和综合业务数字网等；通信用户终端设备包括各种电话机以及图文传真机和电传机等，它与办公人员的关系最为密切，而且操作方便，人人会用，是办公系统中的"信使"。

3. 计算机类设备

计算机是现代办公活动中的关键设备，离开了计算机就谈不上办公自动化了。计算机类设备包括大、中、小和微型计算机以及各种联机外部设备。特别值得一提的是近年来发展起来的多媒体计算机，由于这种计算机能综合处理数据、文字、声音、图形和图像等多种形式的信息，因此人们用它可以发传真、发电子邮件、浏览互联网、看电视、听广播以及处理各种办公事务，从而使计算机在现代办公活动中发挥的作用越来越大。

联机外部设备主要包括一些计算机的输入/输出设备和存储器。计算机输入设备除常用的键盘和鼠标外，还有光笔、光学字符阅读器、数字图像扫描仪和语音输入设备等；计算机输出设备包括显示器、打印机和自动绘图机等。

综上所述，现代办公自动化设备品种繁多，门类庞杂。但是在各类办公结构中，目前应用最广泛的主要还是传真机、打印机和复印机（含一体化速印机）等办公设备。本书将主要介绍这些办公设备的电路工作原理、相关的操作使用方法、技巧，以及维护维修知识与技术。

➡ 思考与练习

1. 什么是办公自动化？现代化办公设备与现代办公自动化的关系如何？
2. 现代化办公设备有哪些分类？
3. 我国现代化办公设备经历了哪几个阶段？
4. 现代化办公设备的发展前景如何，可从哪几个方面进行发展？

项目 1　电　话　机

▶ **教学目的**

1. 了解电话机的发展过程。
2. 熟悉电话机的种类、结构和工作原理。
3. 掌握各类电话机的使用方法、故障分析与排除方法和技巧。

任务 1.1　电话机概述

1.1.1　电话机的产生

世界上第一台电话机的发明者是美籍苏格兰人贝尔。贝尔原是一个从事语音教学的教授，他在研究一种为耳聋者使用的"可视语言"的实验中意外发现了一种现象：当切断或接通电流时，电路中螺旋线圈会发出轻微的沙沙声，就像莫尔斯电报的嘀嗒声一样。贝尔注意到了常人根本不在意的细节，又反复试验了很多次。受这一现象的启发，贝尔的脑海里逐渐浮起了一个新奇的想法：先设法将发声的空气振动变成电流的连续变化，再用电流的变化模拟出声音的变化。这就是发明电话的初始原理。

1.1.2　电话机的发展

电话机发明至现在，大致经历了以下几代过程：

1. 磁石式电话机（HC）

这是早期的一种人工交换式电话机，我国在 20 世纪 70 年代之前广泛使用这一机种，属第一代电话机。该电话机是由通话、信号发送和信号接收三部分组成，内部通话电路由送/受话器、电感线圈（另起消侧音用）、干电池（3V）等构成。信号发送功能由手摇发电机完成，信号接收部分由交流铃碗实现。

2. 共电式电话机（HC）

所谓"共电"，即通话用电源统一由交换机集中提供。共电式电话机也是人工式电话机，仍属第一代电话机。它与磁石式话机的不同之处在于，共电式电话机取消了机内收摇发电机和外接电池，而其内部电路与磁石式电话机的结构基本相同。这种话机已随着电话自动化的发展而逐步被淘汰。

3. 拨号盘式电话机（HB）

这也是较为老式的一种电话机，是在共电式电话机的基础上增加了一只拨号盘和一副脉冲接点，属第二代电话机。这种电话机是利用机械旋转拨号盘来完成信号发送的，即拨号盘上有一对与电话机供电回路相接通的脉冲接点。当拨号时号盘自动回转，通过脉冲接点形成脉冲信号而发出一个个脉冲串。脉冲串的脉冲个数就是所对应的拨号数字。机械旋转拨号盘控制的脉冲参数有三个，即脉冲速率、脉冲时间间隔、脉冲断/续比。由于其拨号动作多，脉冲接点易烧坏，导致脉冲参数易发生变化，这种机型现已被按键式电话机所取代。

4. 脉冲按键式电话机（HA－P）

这是一种以电子电路加导电橡胶按键号盘替代机械旋转拨号盘的自动电话机，属于第三代电话机。其振铃电路、发号电路、通话电路有分立元件和集成电路两种；振铃信号输出有极化式电磁铃和音乐式电子铃两种。它的特点是按键号盘所发脉冲比较方便，还附着重拨键"#"和暂停键"*"，它以电子开关形式取代机械脉冲接点来发号，其速率是 10 脉冲/s。脉冲按键发号同样具有三个脉冲参数，已在发号集成电路中固定，一般不易发生错误。这种电话机对通信电压有一定要求。在无线电干扰严重的环境下，有时会发生错号现象。该机种适用于步进制和纵横制式交换机。

5. 音频按键式电话机（HA－T）

它以双音多频拨号信号（DTMF）代替了传统的脉冲拨号。按键上的每一个数字键（0~9）和符号键（#、*）均分别用高、低两个为正弦波的单音频信号来代表。高音频信号有 4 个大于 1000Hz 的频率，低音频信号有 4 个小于 1000Hz 的频率。如采用 4×4 的矩阵编码，则共有 16 种组合，叫做 8 取 2；但一般只用 3×4 排列共 12 种组合，叫做 7 中取 2。这种电话机的最大特点是缩短了发号时间，其音频发号速度比脉冲发号快得多。

6. 脉冲/音频兼容按键式电话机（HA－P/T）

这种按键式电话机除采用脉冲发号外，还可用双音多频（DTMF）方式发号。它在话机侧面设有一个转换开关（P/T）作为选择。将电话机安装好之后，使用者不要随意拨弄这一开关，以免造成失误。

7. 扬声电话机（HA－d）

据 CCITT（国际电报电话咨询委员会）对于这种电话机的定义，它只对来话信号加以放大，通过扬声器发声，而讲话仍需使用手柄送话器。由于它不用拿起手柄就可以听到拨号音并完成全部拨号过程，所以国内有人称之为免提或半免提电话机。

扬声电话机可作为只听不讲的会议端使用，它只是在普通话机基础上增加了一套受话功率放大器，扬声器工作在单工方式状态，其音量可以做得较大。在电话接通率不高的情况下，使用扬声电话机进行免提拨号非常方便，可以提高办公效率。

8. 免提电话机（HA－D）

这种电话机与扬声电话机相比，无论讲话还是听话都不用拿起手柄，只需按一下"免提"键即可。由于这种电话机在送/受话回路中加了放大电路，为"双工"工作方式，所以音量不可做得太大，以免引起振鸣。

新式免提电话机采用了"半双工"工作方式，即在受话时，受话器放大量最大，而送话放大量降至最低；反之，送话时，送话音量最大，而将受话音量降低。这样可较好地解决音量和振鸣之间的矛盾。目前已有专门的集成电路解决使用时出现的问题。笔者认为在使用时，发号或重拨可采取"免提"方式，而在通话过程中最好利用手柄，以免影响通话质量。

1.1.3　电话机的发展方向

随着电话在家庭的日益普及，人们对电话机的功能和选型提出了更高的要求。有关人士预测，今后的电话机将向八个方面发展：

（1）微型化。目前世界上最小的电话机仅重 4g、大小像火柴盒，且性能齐全。今后更小的电话可塞在耳朵里，通过使用者口腔、耳朵的骨头和软件组织拾取声波，不会产生反馈啸音。

（2）多功能化。除了具有免提、重拨、贮号、计时算账等功能外，还可以用电话进行多功能遥控，如德国西门子公司推出的一种遥控系统，能在离家后通过电话遥控家用电器。

（3）声控化。这种不拨号的声控电话机是语音识别技术发展的结果，只要对着发话器逐字报出所需的电话号码，电话交换机就能在语音识别系统的控制下找到所需电话，使电话机省去多种机件。

（4）录音化。主人外出时，自动接电话，可把对方留言录下来，并自动关机。

（5）复印化。除通话外，还可根据需要，把文件和图表存入电话机中，3min内，对方电话机便可接收到复印出的文件和图表，这将在商业、科研及新闻出版界大受欢迎。聋哑人打电话也将如愿以偿。

（6）智能化。可用柔和的声音报告"先生，你的电话"，如果不愿听，按动某个键，电话即会婉言回绝。

（7）翻译化。自动翻译电话机，使不同语言的人可以直接相互通话。

（8）可视化。美国公司推出的可利用目前电话线路的电视电话，该系统是一台台式电视机，内装摄像机和33in的彩色液晶显示器，可利用目前电话线路将声音和彩色动画一起传送出来，每秒可传送10帧图像。

任务1.2 电话机的结构和基本工作原理

1.2.1 电话机的结构

电话机的结构图如图1-1所示。

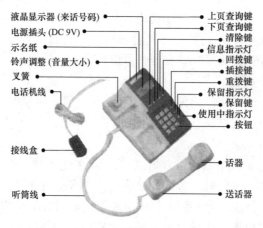

图1-1 电话机的结构图

电话机常见功能键或部件的具体含义如下：

（1）插接键：按此键，可以接听"插接电话"或恢复原通话或做"三方通话"。

（2）重拨键：按此键，可将上一次拨叫的号码重拨一次，并存储最后一次号码。

（3）保留键：通话中按此键，可将通话保留，保留指示灯亮，对方等候中可以听到音乐声，此时可将话筒挂回，要再通话时，可以拿起本话机或连接的分机话筒，恢复通话时，音乐自动停止，保留指示灯熄灭。

（4）清除键：可清除不要的来话信息资料。

（5）回拨键：可将显示在显示器上的电话号码直接拨出。

（6）标示牌：可当挡签使用。

（7）上下查询键：可上下查询来话信息资料。

（8）铃声调整开关：可调整来话铃音量的大小。

1.2.2　电话机的安装

1. 安装步骤

（1）将电源转接器直线插头插 DC 9V 孔内，再将电源转接器插在 110V 交流电源插座上。

（2）将电话机底部电池盖打开，装入 9V 长方形电池，再将电池盖关上。

（3）将局线接在主机接线盒上。

2. 区域码设定（以图 1-1 所示的电话机为例）

（1）在待机状态按住"▼"键与清除键后，即可进入区域码设定。

（2）按"▲"键或"▼"键可以调整数值。

（3）按清除键可作确定并移至下一位，其依序可设定最大为六位。当移到最后一位或前一码为空格时，再按一次清除键即可结束本项的设定。

3. 时钟设定

（1）在待机状态按住"▲"、"▼"两键约 3s 后即可进入时钟设定。

（2）按"▲"键或"▼"键可以调整数值。

（3）按回拨键可切换 12h 制或者 24h 制。

（4）按清除键可作确定并移到下一位，其依次为"时"、"分"、"月"、"日"，当移至"日"后再按一次清除键就可结束本项设定。

1.2.3　电话机的工作原理

电话通信是通过声能与电能相互转换，并利用"电"这个媒介来传输语言的一种通信技术。两个用户要进行通信，最简单的形式就是将两部电话机用一对线路连接起来。通话过程中各个步骤及其工作原理如下所示：

（1）当发话者拿起电话机对着送话器讲话时，声带的振动激起空气振动，形成声波。

（2）声波作用于送话器上，使之产生电流，称为话音电流。

（3）话音电流沿着线路传送到对方电话机的受话器内。

（4）受话器作用与送话器刚好相反，它把电流转化为声波，通过空气传至人的耳朵中。这样，就完成了最简单的通话过程。

任务 1.3　电话机的分类、功能

1.3.1　电话机的分类

电话机从功能上可以分为：

（1）普通电话机。没有附加功能的电话机，如 HA123P/T。

（2）带储存功能的电话机。具有可事先储存多个号码功能的电话机，如 HA123P/TS，其中"S"表示具有储存功能（STORE）。

（3）半免提电话机。具有不拿起手柄就可以拨号并能听到信号及对方讲话声音功能的电话机，若要通话，必须拿起手柄，如 HA123P/TSd，其中"d"表示半免提电话机。

（4）全免提电话机。具有不拿起手柄就可以拨号、讲话与收听功能的电话机。由于目前技术采用的都是半双工制式，在免提状态下往往感觉不是很舒服，这是因为传输是单向的，即听的时候不能讲，讲的时候不能听，如果都讲，必定有一方听不到。

（5）带长途锁电话机。具有长途电话限制功能的电话机，如 HA123P/TL，其中"L"表示具有锁长途功能（LOCK）。

（6）自动应答电话机。主人有事外出，当电话打来时需要告诉对方到哪里或什么时间回来等简单信息，使用该种电话机只能自动应答，不能将对方的讲话录下来，如 HA123P/TA，其中"A"表示具有应答功能（ANSWER）。

（7）录音电话机。具有自动应答、来话录音、双方通话录音功能的电话机。录音方式有磁带录音和集成电路（IC）录音方式两种，前者录音时间较长，声音保真度较高；后者可靠性高，但一般录音时间较短。如 HL123P/T，其中"L"表示录音功能。

（8）无绳电话机。这种电话机的手柄与电话机主机之间没有连线，主机到手机的信号传输是通过无线信号传输的，因此拿着手机可以在距离主机一定范围内使用，如 HW123P/T，其中"W"表示无绳电话机。目前无绳电话机分为模拟无绳电话机和数字无绳电话机两种。

（9）主叫号码显示电话机。这种电话机在接收来电呼叫时，能够显示主叫用户的电话号码或其他信息。它又分为两类：第一类是在挂机状态下显示主叫号码，在被叫终端的第一次振铃和第二次振铃之间通过 FSK 方式或者 DTMF 方式传送主叫识别信息；第二类终端是在被叫通话的状态下显示主叫用户的识别信息，此功能需向电信局申请。如 HCD888P/T，其中"CD"表示主叫号码显示功能。

（10）短信电话机。这种电话机可以从短消息中心接收下传消息或通过短消息中心发送短消息，还可以从消息中心下载各类信息，如新闻、时刻表等。短消息传送有两种方式：DTMF 方式和 FSK 方式。其中，DTMF 方式以传送信息量小的信息为主，具有简单的特点，而对于信息量较大的信息下载，一般采用传输速率较快的 FSK 方式，此功能需向电信局申请。如 HSM188TSD，其中"SM"表示短信电话机。

1.3.2　电话机的组成结构

电话机发展到现在，已有好几代，但其基本功能是类似的。

电话机的基本功能主要是和交换机之间的电接续功能。电话机中实现基本功能的部件分别是送话器、受话器、叉簧、按键盘（或拨号盘）、铃和电话回路。送话器是一个装着炭粒的小盒子，小盒子后面有一个固定电极，前面有个振动膜（称为振动电极）。当用户对着送话器讲话时，振动膜随声音的大小变化做幅度不等的振动，使炭粒时而压紧（电阻减小），时而放松（电阻增大），从而使流过两个电极之间的电流也跟着变化。就这样，声音的大小变化便被转化为适合在电路上进行的电信号的强弱变化了。受话器的主体是一个绕有线圈的永久磁铁。对方传来的电流在通过线圈时产生一个磁场，吸引磁铁前面的薄铁片产生振动，发出声音。振动的大小取决于流过线圈的电流的大小，这就是受话器把电信号还原成声音的原理。叉簧是电话机上承载受话机的部分，在摘机时，这部分会弹起来，使电话机与交换机之间的电路接通。如这时交换机的机线有空，便向电话机送去一个连续的"拨号音"，告诉主叫用户"已在待命，请你拨号"；如果对方电话空闲，交换机便向它送出一个振铃电流，使对方的电话机响铃，告诉对方"有人来电话了"。与此同时，主叫用户将听到一个"回铃音"，如果对方电话没空，交换机就给主叫用户送出"忙音"。

任务 1.4　新型电话机介绍

随着电信技术的发展，近年来市面上推出了几种简便实用、功能强大的新型电话机，其中比较有代表性的是以下几种：

1.4.1　无绳电话机

无绳电话机是伴随着通信技术的发展而诞生和发展起来的。早期的无绳电话机存在着诸如主机体积大、通话时间短、杂音多、通话保密性差和功能单一等缺点。但随着晶体管、集成电路等新材料的发展，以及电子计算机技术的广泛应用，无绳电话机的质量不断提高，功能日臻完善。

由于无绳电话机的手机和座机间是以无线方式联系的，因此，在空中传输的电波很容易受到来自各方面的电磁干扰，通话时往往杂音多、不清晰。为了避免电磁干扰，科技人员把压缩扩展静噪电路的高新技术，应用于无绳电话机的设计生产中，从而使传输中的电波所受到的干扰大大减少，使通话清晰。一般无绳电话机通话时在空中传输的是未经编码处理的电波，因此，很容易被人截获监听而泄密。同时，手机和座机的无线通话链路也容易被人非法占用，使用户蒙受损失。为了提高无绳电话机通话时的保密性，一些厂商已开始在产品中采用语音数字化处理、无线传输信号的扩频调制、扰频、数字安全码和多信道备选等多项技术措施，从而提高了无绳电话机的通话保密性能。

与此同时，无绳电话机的功能也越来越齐全，除了在无绳电话机上增加了自动录音应答、多手机自由组合、长途电话锁、后备电源和液晶显示等硬件功能外，还添加了手机和座机之间通话、手机使用范围提示和遥控监听等功能。

目前市场上出现的一拖三无绳电话机，不仅座机和手机之间可以通话，而且手机还可通过座机把电话转给其他手机。一个家庭倘若安装一部一拖三无绳电话机，等于拥有四部电话机，使用起来极为方便。

据有关技术信息显示，目前，欧洲、美国等一些经济技术发达的国家和地区，已广泛地将可以提高通话保密性、延长通话距离的扰频和高频扩谱等高新技术应用于室内无绳电话机中。因此，可以预料，质量更优越、性能更齐全的无绳电话机将相继面市，让人们尽情享受现代电信科技带来的便利。

以步步高无绳电话机 HWCD007（66）TSDL 为例（图 1-2）介绍新型无绳电话机。

其性能指标如下：

（1）FSK/DTMF 双制式兼容来电显示。

图 1-2　步步高无绳电话机
HWCD007（66）TSDL

（2）座机、手机各 50 组来电信息存储，来电号码和来电时间可翻查，座机还可翻查来电日期。

（3）座机、手机各 10 组贵宾号码存储并可查阅。

（4）座机 6 组、手机 10 组去电信息存储，去电号码和通话时间可翻查。

（5）座机、手机各 15 种和弦音乐铃声自由选择。

（6）座机、手机铃声音量各 6 级可调。

（7）座机具有并机接口。

（8）座机具有收音机功能。

（9）座机、手机夜光功能，方便夜间接听和拨打电话。

（10）手机可设 5 个不同时刻的定时闹铃。

（11）可编程电子密码锁。

（12）一部座机可带 1~4 部手机，手机编号和手机总数可查。

（13）座机和手机之间可相互呼叫和内部通话，并可互转外线电话且相互保密。

（14）可实现座机、手机和外线之间三方通话。

（15）座机、手机均有时钟显示、拨号、通话计时等多种信息动态显示功能，座机还有日历显示功能。

（16）座机、手机具有预置拨号功能，可编辑、删改未拨出号码。

（17）手机可按除"铃声音量"键以外的任意键接听电话。

（18）手机配独立充电座，可异地充电和使用。

（19）停电时，座机手柄仍能使用。

（20）手机采用自动省电模式，延长了待机时间和电池寿命。

（21）无绳手机、座机手柄和免提三合一。

（22）采用高性能的东芝新一代专用微电脑控制器专业设计，整机性能显著提升。

（23）20 信道自动选频及手动转频，保证了取线的可靠和通话的清晰。

（24）6 万多组随机防盗密码，有效防止其他无绳电话机或无线通信设备盗打。

（25）采用传统 IC 合三为一的进口专用高频 IC，使产品一致性更强，工作可靠性更高。

（26）先进的语音压扩技术，使噪声更小，音质更好，通话距离更远。

（27）特别设计的三级防雷击保护电话，使防雷性能优于国家标准。

1.4.2　可视电话机

1. 可视电话机的特点

可视电话机具有以下 5 个特点：

（1）采用普通电话线传输 15~28 帧/秒的真彩色活动图像，影音同步只需支付普通电话基本通话费，不收取功能费，无需增加任何网络附加费用。

（2）采用国际通用的 ITU-TH.324 标准，可与基于此标准的视讯终端互通且易于安装，只需连接普通电话线和电源即可，使用操作简单，全中文菜单，主要功能热键操作。

（3）内置高灵敏度摄像头，即使在昏暗的环境下，图像依然清晰，三种影像自由切换：自我影像、对方影像、双方同屏影像的影像大小、清晰度和动态效果可随时调整，对通信线路适应性强。

（4）安全保密性高，采用先进的压缩算法，防止窃听（视）。

（5）影像双向保密，可限制本方或对方的影像显示。

2. 可视电话机的功能

可视电话机如图 1 - 3 所示，具有以下 6 种功能：

（1）可实现远程多路监控功能，可设置密码、启动自动应答功能、进行外接摄像头切换，实现远程多路监控。

（2）可外接两个摄像头，实现可视门铃、图片扫描、全景摄像等功能。

（3）快照功能，可随时从对方截取一幅高清晰度的静止图像。

（4）视频、音频输入功能，可外接影碟机、录像机，实现本端显示及将播放的内容通过可视电话传输给对方。

（5）省电模式，停止使用时，自动断开电路进入待机状态，延长使用寿命。

（6）避雷功能，以保证电话机的安全使用。

图 1 - 3 可视电话机

3. 可视电话机的性能指标

可视电话机的性能指标如下：

（1）连接速度快，图像清晰。

（2）具备视频会议系统特点。

（3）具有家用摄像机功能。

（4）具有安全保密性。

（5）可开窗显示单方图像、双方图像或全屏图像，具有画中画效果。

（6）可接入电视、摄像机或录像机。

（7）动态图像帧速率可调，最高可达 30 帧/s、15 帧/s。

（8）按键操作屏幕菜单，简单方便。

（9）可与其他符合 ITU - TH. 320、TH. 324 标准的系统互联。

（10）可显示来电号码。

（11）具有自动接听和密码保护功能，可进行远程监控。

（12）外形：230mm × 210mm × 190mm。

（13）环境条件：输入电压：交流 100 ~ 240V；功耗：240W；温度：0 ~ 40℃；湿度：15% ~ 80%。

（14）适用标准：ITU - TH. 320、TH. 324、H. 321、H. 242、H. 243、ITU - TH. 261、H. 263、TU - TG. 711、G. 729。

（15）分辨率：CIF 和 QCIF。

（16）视频输入：两路 RCA（混合式）。

（17）视频输出：一路 RCA（混合式）。

（18）音频：频率响应 50Hz~3.4kHz 音频输入，手柄内置麦克风。

（19）两路 RCA 音频输入，手柄内置扬声器，一路 RCA。

（20）液晶显示器：4in 彩色 TFT-LCD 有效像素为 480H×234V，亮度为 235cd/m²。

（21）视角：上；30°，左右：45°，方位调节：俯仰45°。

（22）高品质摄像机：1/4″高分辨率彩色摄像机，广角镜头，水平视场：53°。

（23）垂直视场：40°，极限：5Lux（F2.0），信噪比：46dB，水平分辨率：33°线。

1.4.3　网络电话（IP 电话）

IP 电话是一种利用互联网作为传输载体来实现语音通信的通信设备。现代数字信号处理技术和语音压缩编码技术的进步，在技术上保证了 IP 电话在互联网上传输的可能性。而 H.323 多媒体通信标准的颁布和 RTP（Real-Time Protocol）协议的应用，使得 IP 语音业务能够在互联网上迅速地开展起来。

由于 IP 电话采用分组交换和统计复用技术实现了语音、数据的综合传输，整个网络的运营成本大幅度降低，用户的通信费用也相应减少，经济效益十分可观。技术的进步和利益的驱动，使得 IP 电话迅猛发展。

1. 网络电话的工作原理

声音通过电话机变成模拟信号，模拟信号通过 VOIP 终端转换为资料包，资料包在互联网上传送到另外一个 VOIP 终端，VOIP 终端将资料包转换为模拟信号，模拟信号通过电话机转换成声音。这就是通过互联网打电话的全过程。

文件的文字和图片通过传真机变成模拟信号，模拟信号通过 VOIP 终端转换为资料包，资料包在互联网上传送到另外一个 VOIP 终端，VOIP 终端将资料包转换为模拟信号，模拟信号通过传真机转换为文字和图片。这就是通过互联网发传真的全过程，企业网络电话 VOIP 终端是一台特殊的计算机。

2. 网络电话的分类

根据终端类型的不同，可将 IP 电话分为三类：

（1）PC 到 PC。"PC 到 PC"型 IP 电话，主要是通过计算机做承载，以多媒体技术为载体，通话的双方都要有一台多媒体计算机、一个供上网的 ISP 账号和一套专用的通话软件。由于其技术背景比较原始和简单，使用方法比较复杂，效果往往不佳，不能够作为提供公用电话服务的通信手段而推广使用。

（2）PC 到电话。"PC 到电话"是计算机通过网关与对方电话机通信。它与"PC 到PC"型产品的技术背景相似，由上网用户通过某一 IP 服务商的网关器拨叫到另一用户的普通电话，只需主叫方具有一台上网的多媒体计算机。主叫方必须在计算机上完成拨号以及通话过程，而被叫方则通过普通电话机接听。当然也可以通过电话调制解调器连接到被叫计算机上，此时，省略的只是被叫方操作计算机的过程。反过来，"电话到 PC"型产品的原理与此相同，只是主叫和被叫关系相反而已。

（3）电话到电话。"电话到电话"是利用现有的普通电话机及其交换网络而实现 IP 通话，这是一种真正的、将能被广泛应用的 IP 电话，也是本书所要讨论的 IP 电话。由于电话机是直接与专用电话交换机（PABX）或公用交换电话网（PSFN）连接的，因此，要把语音信号转送到互联网传输，必须安装网关（gateway）设备，才能实现两端电话经互联网传输后的互通。网关完成 IP 电话的信号转换后，处理全部通话过程。

3. 网络电话的性能指标

下面以 VOIP 网络电话机（图 1 - 4）为例，介绍这种新型的网络电话机。其性能指标如下：

（1）自动获得 IP 并扫描网关，无需配置。

（2）10M 以太网接口支持 LAN/ADSL/Cable Modem。

（3）兼容多种 IP 语音系统和设备。

（4）具有动态语音缓冲区，语音质量清晰稳定。

（5）可存储 112 组快速拨号号码。

（6）可记录 40 个未接来电、已接来电和已拨电话。

（7）可存储 16 条语音信息。

（8）通过按键即可设置。

（9）提供直接的 IP 对 IP 通话模式。

（10）直接通过语音网关呼叫 PSTN 普通电话机。

（11）支持远程 Telnet/Web 配置。

（12）内置 H. 323 代理服务器通过网络地址转换（NAT）。

（13）支持 TFT - XGP 固件升级。

（14）支持来电显示。

（15）扬声器/铃声音量独立数字可调。

松下 KX - TD88CN 数字式超级混合电话系统如图 1 - 5 所示。

KX-T7436　　　　　KX-TD88CN

图 1 - 4　VOIP 网络电话机　　　　　　图 1 - 5　松下 KX - TD88CN 数字式
　　　　　　　　　　　　　　　　　　　　　　　　　超级混合电话系统

1.4.4　数字式超级混合电话

松下公司设计了能为业务需要提供更高质量和更具灵活性的全数字式电话系统。多功能，可扩展，使用方便，灵活，这些就是松下数字式超级混合电话系统的优点。

松下数字式超级混合电话系统带有附加设备接口（XDP）和系统互联装置（SIC），具有综合业务数字网络（ISD）匹配性，是商业上最完备和最经济的电话系统之一。该系统能力强，具有灵活性和扩展能力，可适应日益增长的业务量的需要。KX - TD88CN 主机的初始配置是 8 外线端口/16 混合内线端口（16 混合内线端口是指可以接 16 部松下 KX - TI230CN 数字电话机或 16 部松下 KX - TI030CN、7050CN 专用电话机或 16 部其他模拟电话机）。

任务 1.5　电话机的维护和保养

1.5.1　电话机的使用

（1）先将电话机发号方式选择开关置于"T"（双音频）位置，试着拨一位号，如果能切断拨号音，说明交换机能按双音频方式收号；如果切不断拨号音，说明交换机不接受双音频发号方式，此时应挂机，将选择开关置于"P"（脉冲）位置就可以了。如果还是拨不出去，就要进一步检验电话机是否发生故障。

（2）对于多功能电话机，在安装使用前一定要认真阅读使用说明书，按照说明书的操作方法进行操作。

（3）电话机与电话线要使用标准电话接线盒连接，禁止使用交流电源所使用的插头、插座，以免误用以致损坏电话机或发生人身伤亡事故。

（4）电话机在使用过程中如发现问题应及时与电信局联系，诊断是线路问题还是电话机本身的问题，以免耽误正常的使用。

消费者在购买电话机时还应该注意的是，电话机产品实行进网许可证制度管理，市场上销售的电话机，应该贴有原信息产业部颁发的进网标志。电话机生产企业生产的电话机必须经过原信息产业部认可的质检中心的质量检验，证明产品符合标准的要求，才能获得进网证和进网标志。目前有一些企业没有通过质量检验，在市场上购买假标志贴在电话机上，这种行为严重侵犯了消费者的权益。如果用户对所购买的产品有疑问，可以到有关的质量监督检验中心或电信设备进网认证中心查询。

1.5.2　电话机常见故障维修

【例 1】机械式电话机不送话。

【故障分析与排除】产生这种故障一般有以下三种原因：① 送话器受潮。② 送话器引出线接触不良。③ 送话器引出线断线。

针对上述三种故障原因，可分别对应采用以下三种方法排除故障：① 拧开送话器后盖，将炭精砂除潮处理（可用电炉烘，用电烘箱烤，也可放在阳光下曝晒几个小时）后重新装入即可。② 用万用表电阻挡测量送话器引线的焊接头电阻。如果在电阻挡 $R \times 1\Omega$ 量程上测得阻值为 0Ω，表明焊接良好；如果测得阻值为 ∞ 或有一定的电阻，表明焊点脱焊或虚焊。将焊线取下，重新焊接处理，使之接触良好即可。③ 用万用表电阻挡测引线两端的阻值。如果阻值为 0Ω，表明引线良好；如果阻值为 $\infty\,\Omega$，表明引线已断，应更换。

【例 2】拨号电话机错码。

【故障分析与排除】在拨号正确的前提下，形成错码的原因一般是晶体振荡器频率不稳定。

只需更换 3.58MHz 晶体即可。更换晶体时应排除晶体引线外围漏电的因素，如积灰受潮等。

【例 3】按键电话机部分号发不出。

【故障分析与排除】产生这种故障一般有以下三种原因：① 与发不出的号所对应的按键

编码线断线或虚焊。② 软性电缆线断线或假焊。③ 印刷线路板铜箔断裂或因毛刺引起短路。

针对上述三种故障原因,打开机壳后,可分别对应采用以下三种方法排除故障:① 用万用表电阻挡测量导线或焊点两端的电阻值。如果测得电阻为 0Ω,说明该处无故障;如果测得两端有一定的电阻或指针指向 $\infty\,\Omega$,表明导线或焊点应重新处理。② 若用万用表查得软性电缆有故障,则应更换电缆。③ 用放大镜或万用表电阻挡检查印刷线路板铜箔。有断裂处时可用焊锡焊上;若发现因毛刺短路,应将毛刺去掉。(去毛刺时应注意,不要划伤了附近的铜箔)

【例 4】 按键电话机某一号码有时发不出。

【故障分析与排除】产生这种故障的原因一般是接触不良。这可能是由于电话机使用时间过长使得印制板表面生锈、受污,或者是由于按键导电橡胶的导电触点太脏。

打开机壳,用无水酒精将受污的触点擦洗干净,再用软布蘸酒精清洗印制板;若印制板生锈严重,对氧化生锈处可用刀子刮除,镀上焊锡即可。

【例 5】 按键电话机不能断开拨号音。

【故障分析与排除】产生这种故障的原因一般是电话机末级开关管烧坏。这可能是由对方的电话振铃时,铃声未断,本机用户就摘机所致。

只需更换同一型号、同一规格的三极管即可。另外注意,用户应正确使用此类电话,铃声断后方可摘机。

1.5.3　电话机的保养

一般电话机在正常使用下,至少有一年以上的寿命,善保养者甚至可用到 10 年。电话机内部零件多半由电子零件组成,因此,避免潮湿与沾水,是电话机保养的第一课。保持话筒清洁,避免边吃东西边接电话,以免滋生蟑螂、蚂蚁等蛀蚀话机。平时举止行为应稳重,忌心浮气躁,不要拉扯或掉电话。如果能经常用干布擦拭或用汽车亮光蜡保养,更可长久保持电话机外观的亮丽光滑。

1.5.4　电话机的日常维护注意事项

1. 忌操作有误

使用号盘话机拨号时,切忌用力往回带,以防造成拨号盘调速器动作失灵,发出错误脉冲使之错号,同时,也容易损坏号盘齿轮等精密机件。拨号时应让号盘自动复位,使接通得更准更快。使用按键电话机按键时,也不要过重过快,否则,按键容易受到操作而产生故障。

2. 忌铃声未止摘机

铃声未止,用户就摘机,这样会使外线铃流高电压进入受话器,造成磁铁磁性减弱,灵敏度降低和炭精粉烧结成块,也容易烧毁集成电路。所以,正确的摘机时间应在两段铃声停响的间隙。

3. 忌不断拍打叉簧

当遇忙拨不通话时,应放机稍后再拨,切不可用力不断拍打叉簧。这样,不但不能加快拨号音,反而使交换机相应的电子电路不能迅速转换而出现错误,有时还会损坏叉簧等器件而不能正常通话。

4. 忌用力振动拉拽

电话机的电子器件集成电话块都比较精密，各电子器件之间由插拔件连接。送、受话器线及输入线，往往采用注塑卡接件与话机连接。话机壳体也很薄脆、强度有限。平时，不可用力拉拽话机，要减少碰撞振动，更不能把电话机当成玩具，让小孩玩耍。

5. 忌忽视减磨功能

凡经原信息产业部许可进网的按键电话机，一般都配有减磨功能，如重拨键（REDIAL）功能。电话使用频繁的用户可以申请加装"遇忙回叫"或"缩位拨号"功能，使之不必反复拨而自动接通，或将 7 位号减至只拨 1、2 位号以减少磨损，提高功效。

6. 忌话机接近热源

电话机的支流电铃及受话器永久磁铁，长期日晒或靠近炉、暖器等热源烘烤，磁铁的磁分子就会产生热骚动，使磁性减弱、灵敏度降低、接受话音减弱及交流铃声小，从而影响正常通话。

7. 忌处于潮湿环境

潮湿易使话机电子器件、集成电路绝缘下降，甚至短路烧毁电器件。话机要放在通风、干燥和常温环境，不要靠近厨房、饭桌、水池、鱼缸、暖水瓶等易沾水的地方。打电话时，嘴与话器距离应在 10cm 以上，防止送话器炭精粉受潮送不出声音。

8. 忌长期不除灰尘

灰尘附在电话机上或进入机体内，如不及时清除，便会形成一种腐蚀性很强的薄膜，容易使电器件变质或损坏，造成杂音增大及话音清晰度降低。

9. 忌接线处理不当

电话机的永久性接头必须焊接，话机输入线要有端子片。连续号机的导线不可裸露和杂接、打结、扭转，防止接触不良出现杂音、断音、串音和音小等故障。

10. 忌载波电话机电池不换

使用载波电话机时，当设备和线路发生故障或暂不使用，应将机内的自动充电电池取出，否则，电池在机内白白耗能，影响使用寿命。所以，电池应半年更换一次。

1.5.5　电话机的选购要点

（1）首先要看电话机是否有经原信息产业部批准的入网许可证号，并且要看有效期是否已过。要注意的是，原批准入网、后来又被取消入网的机型，不宜选购。

（2）电话机外观工艺质量考察。机壳塑料外表光洁，无变形。放在桌面上应平稳，紧固，无松脱；叉簧和各按钮无卡滞现象，显示功能清晰准确。各项功能与说明书相符。

（3）声音的检查。电话机接通外线后，铃声响亮，发送及接收的声音清晰，无失真、杂音。

（4）根据自己的实际需要选择电话机的功能型号。并非功能越多就越好，不适用的功能实际是一种浪费。功能繁多的电话机，使用起来往往较为麻烦，价格自然也比较贵。平时常用的功能有脉冲/音频拨号方式兼容、最后电话号码的重拨、暂停、免提、长途锁、铃声可调、闭音等。根据这些功能和自己平时的实际需要，考虑购买机型。

（5）注意试试听筒手柄，是否用得舒适顺手。人们用电话主要是操作听筒，其外形美观是一方面，更重要的是听筒的设计是否良好。

（6）注意电话机的色彩、造型是否与环境协调。造型美观、颜色绚丽的电话机放置于适当的位置，往往可以给人以美的享受。在选购时要充分考虑将要放置的位置以及环境的配套和谐，使电话机能起到美化环境的作用。

⇒ **思考与练习**

1. 简述电话机的工作原理。
2. 无绳电话机较之传统电话机有哪些特殊的功能与特点？
3. 电话机的日常维护应注意哪些问题？

项目 2 传 真 机

▶ **教学目的**

1. 了解传真机的发展过程。
2. 熟悉传真机的种类、结构和工作原理。
3. 掌握各类传真机的使用方法、故障分析与排除方法和技巧。

任务 2.1 传真通信概述

2.1.1 传真通信的发展

"传真"是 facsimile（fax）的译名，本意是"按原稿进行摹写、复制"。传真通信是使用传真机，借助公用通信网或其他通信线路传送图片、文字等信息，并在接收方获得与发送原件系统的副本的一种通信方式。也就是说，传真通信实际是一种传送静止图像的"记录通信"，有人把它称为"远程复印"。

传真通信是现代图像通信的重要组成部分，它是目前采用公用电话网传送并记录图文真迹的唯一方法，这也是它获得广泛应用的一个重要原因。

传真通信的基本思想是英国人亚历山大·贝恩（Alexander Bain）于 1843 年提出的，但是直到 1925 年，才由美国贝尔实验室利用电子管和光电管制造出世界上第一台传真机，使传真技术进入到实用阶段。不过当时由于传真机的造价昂贵，又没有统一的国际标准，而且传真通信还需要架设专门的通信线路，所以发展一直比较缓慢，应用也只限于新闻、气象等少数领域。

自 20 世纪 60 年代以来，随着经济的发展和科学的进步，许多国家的邮电通信部门相继允许公用通信网开放非通话业务，即允许在原本只进行语音通信的公用电话交换网上进行传真等非通话业务的通信，使传真通信的发展有了稳固的基础。特别是国际电报电话咨询委员会（CCITT），在 1968 年以后陆续制定和公布了用于传真机生产和开展传真通信的一系列建议，促进了传真机生产和传真通信的标准化，传真通信因此得到了飞速的发展，成为仅次于电话的通信手段。

到目前为止，实际使用的传真机已经经历了两次更新换代。20 世纪六七十年代，使用的是第一代和第二代传真机，通常分别称为一类（G1）传真机和二类（G2）传真机。目前广泛使用的则是第三代产品，即三类传真机。由于三类传真机采用了超大规模集成电路、先进的数字信号处理技术和计算机控制技术，使之具有功能齐全、传送速度快、体积小、重量轻、功耗低、可靠性高等优点，所以三类传真机是目前世界各国传真机生产和应用的主要类型。

由于三类传真机一般使用现有的公用电话交换网来传输信号，而公用电话网是模拟信道，所以三类传真机需要调制与解调才能进行传真通信，这就使得三类传真机在进一步提高通信速度和图文质量上受到许多限制。为了使传真通信技术进一步发展，目前许多国家正在研究和实验以综合业务数字网（ISDN）为传输信道的新型传真机，即四类传真机，日本等国已经推出了样机。四类传真机的传送速度更快，图文质量更好，并且可以传送彩色图文。因此，利用四类传真机来传真通信具有更加诱人的前景。

我国传真机起步较早，但发展缓慢。进入 20 世纪 90 年代后，中国传真机市场才开始启动，传真机产业进入了起飞阶段。国家把传真机列为重点产业，以一条龙的方式发展。近年来以多元为代表的民族传真机工业发展非常迅速，有多款进入了市场。例如，多元 DY－5M、多元 DY－16T、多元 DY－80T、喷墨普通纸传真机多元 DY－100C（电话、复印、传真、打印、扫描五合一）和商务保密型多元 DY－310C。并且，自主开发最新技术应用于多元传真机，打破了外国品牌传真机在中国市场的垄断局面，使国内传真机市场日益扩大，并逐步进入家庭，成为中国传真机工业的先锋，推动了我国通信终端设备，尤其是传真机的普及与发展。

2.1.2 传真通信的分类和特点

1. 传真通信的分类

传真机种类繁多，分类方法各有不同。按传真机的用途，可分为用户传真机、报纸传真机、气象传真机、通信传真机等；按传送黑白或多种色调，可分为真迹传真机、相片传真机和彩色传真机；按传输速率不同，可分为低速传真机、中速传真机和高速传真机；按所占用的电话线路数目不同，可分为单路传真机和多路传真机（如 12 路传真机、16 路传真机）。

国际电报电话咨询委员会（CCITT）专门颁发了相应的技术规范。根据其中的标准规范，可将传真机按传送一份标准 A4（CCITT）幅面相同的文件所用的时间不同而分为一、二、三、四类机。具体如下：

一类机（G1）：采用双边带传输，对传输信号不采取特殊频带压缩措施，能以 4 线/mm 的扫描密度在 6min 内传输一页 ISO（国际标准化组织）A4 幅面（标称尺寸 210mm × 297mm）文件。

二类机（G2）：采用频带压缩技术，能以 4 线/mm 的扫描密度在 3min 内传输一页 ISO A4 幅面标准测试样张。这里所说的频带压缩包括码化和残余边带传输，但不包括将文件信号经过特殊处理以减少其多余度的措施。

三类机（G3）：在调制前采取减少文件信号多余度措施，能在 1min 内传输一页 ISO A4 幅面文件。

四类机（G4）：对发送前的报文信号采取减少信息多余度措施，适用于综合业务数字网（ISDN）的通信规程，可保证文件的无差错接收。经适当的调制处理，四类机也可用在公用电话交换网上。

一类机和二类机是模拟式传真机，传送速度低、质量差，现已淘汰；三类机和四类机是数字式传真机，它是目前各行各业中广泛使用的主要传真机。

2. 传真通信的特点

传真通信的主要特点是传输速率高、传输速度快、可靠性强、传输范围广，它不但能传送信息的内容，还能传送不同的信息形式，如文字、表格、图像、照片等，均能准确无误地传至对方。传真通信与其他通信手段比较，有其独特的优越性。传真与其他通信设备性能的比较见表2-1。

表2-1　　　　　　　　　　　　　各种通信设备性能的比较

通信方式 比较内容	传真	彩色传真	电报	电话	邮政	E-mail	调制解调器
能否无人值守	可以	可以	不可以	不可以	不可以	可以	可以
记录时效	即时或存储	即时或存储	即时	即时	不即时	存储不即时	存储即时
准确性	无误	无误	可能有误	可能有误	无误	可能有误	可能有误
操作方便性	简单	简单	简单	简单	麻烦	麻烦	麻烦
显示形式	文字图像	彩色文字图像	文字	语音	不定	文字图像	文字图像
传输速率	70汉字/s	70汉字/s	30汉字/min	350汉字/min	不定	56kbit/s	2.4~56kbit/s
话音兼顾	可以	可以	不可以	只有语音	不可以	不可以	不可以
能否组网	可以	可以	可以	可以	不可以	可以	可以
传输多样化	可实现	可实现	不能	不能	可实现	可实现	可实现

2.1.3　传真通信与新技术应用

1. 高级传真机

（1）四类传真机。四类传真机有三个等级，第一级设备必须能够发送和接收含有编码信息的传真文件，第二级设备必须能够发送传真编码的文件，并能接收传真编码文件、智能用户电报编码文件和混合式编码文件，第三级设备必须能够产生、发送并接收传真编码文件、智能用户电报编码文件和混合式编码文件。这三个等级都具有以下功能：

1）在接收端，文件的内容、布局和格式必须与发送端相同。

2）A4/北美传真纸。

3）扫描方向在收、发端都是从左向右。

4）每个终端都必须有一个专用的识别码。

5）ISO A4纸保证显现值为196.6mm×281.46mm。

6）比特率为2.4kbit/s、4.8kbit/s、9.6kbit/s、14.4kbit/s、33.6kbit/s或64kbit/s，不同的网络选择不同的速率。

7）第二级和第三级设备至少必须具有128个比特组的接收存储器。

8）设备必须在初始交接过程中具有协商任选功能的能力。

9）在高级数据链路控制规程帧中定义的帧结构。

（2）彩色传真机。日本已研制成功的一种新颖的彩色传真系统，其彩色传真部分通过电话线即可远距离传送彩色照片，并在接收端自动印出精美的复制件。彩色传真系统是在微电子学高度发展的基础上研制成功的。它采用了微处理器和大规模集成电路，使整个系统变得比较轻便，系统传送一帧画面的时间约3min。近年来，国外已有一些大众化小型的彩色传真机开始投放市场，并逐步进入家庭、办公室以及公共服务场所。国内的多元公司也开始把彩色传真机投放市场，开创国内彩色传真机生产技术先导。彩色传真机用33.6kbit/s和14.4kbit/s的速率传一张A4文件大约分别需要1min和3min。而彩色传真的许多技术目前还在积极的研究之中。

2. 无线传真应用

（1）蜂窝式无线电传真。蜂窝式无线电传真设备可在小汽车和其他的地方使用 800MHz、900MHz、1800MHz 频带进行通话和通信。由于蜂窝式无线电网是视距无线电系统，信号易受损耗。虽然蜂窝式无线电话网的通话质量好，但其传真质量并不理想，所以，最好采用三类传真机纠错方式来改善传真质量。

（2）短波无线传真通信系统。传真通信事业发展到现在，在我国边远地区、山区以及海上等那些不易架设电话线路的地区，也能使用传真机，即可利用短波无线系统进行传真通信。

短波无线传真通信系统包括三类图文传真机、外接短波无线调制解调器、短波收/发信机、天线、适配器等。系统中还可加入密码机，其短波无线传真通信系统的组成框图，如图 2-1 所示。

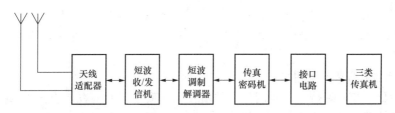

图 2-1 短波无线传真通信系统的组成框图

目前，短波无线传真通信的传输速率可达 300bit/s、600bit/s、1200bit/s、4800bit/s、9600bit/s。当发射功率为 100W 时，传输距离可达 2000km；当发射功率为 1000W 时，传输距离可达全球。

（3）超短波无线传真通信系统。超短波无线传真通信系统是由天线、超短波收/发信机、拨号系统和传真机组成。该系统组网后既可实现点对点的通信，又可由主站向各子站进行一发群收，通过有线/无线转换还可与有线电话网内的台站通信。超短波无线传真通信系统的组成框图，如图 2-2 所示。

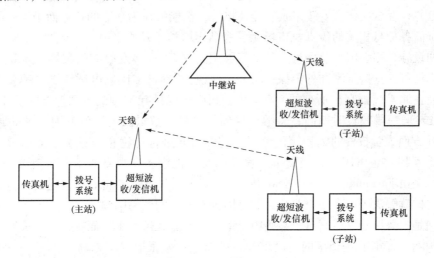

图 2-2 超短波无线传真通信系统的组成框图

3. 传真机与计算机

（1）计算机接口 RS－232 通信。高档传真机一般装有存储器，并具有 RS－232 接口以连接计算机。通过 RS－232 计算机接口，计算机可以向传真机发送电文，并存储在传真机存储器内。RS－232 接口的作用是，使用户发送文件但不打印，而把文件传送到传真机。RS－232 接口的优点是快速方便，它主要用于每天收发几百页文稿的机构团体。

（2）PC－FAX 通信。插入 PC－FAX（计算机传真卡）扩充卡的计算机，可向三类传真机发送或接收来自三类传真机的文件。文件既可以是记录在计算机存储器内的屏幕图像，也可以是能转换成等效的传真机图形图像的文本文件。计算机存储器和显示屏分别存储和显示文件，接收的文件在显示屏上显示，而后将它们存储在磁盘上或用合适的打印机打印到纸上。

如果装有扫描仪，用户则可传送适于扫描仪的任何文件，既可进行桌面展示，又可将页面图像处理到计算机内。而有的 PC－FAX 扩充卡是独立的模块，这就要通过串行（RS－232）接口连接到计算机上。例如，国内的商务保密 DY－310 型传真机，它通过串行（RS－232）接口与计算机相连接，可打印、扫描、编辑文件，并通过传真机直接发送，还可收发电子邮件。

4. 传真与电子商务的应用

近年来传真机产业保持着每年两位数的增长，一项美国的调查表明，传真机仍然是当今商业信息传递的主流媒介，而且尚无任何迹象表明其市场会在近期内萎缩。这种增长很大程度上是因为国际商务人士对传真机的依赖一如既往，虽然电子数据交换（EDI）系统或许是一种更为先进的选择，但传真机的确也能够提供一种电子商务方式，这一点深得无数商界人士的欢心。

美国 Eplgra Phx 有限公司的总裁斯科特·爱德华认为：“事实上，传真业务确实在增加，而不是在减少，大家知道，电子商务正沿着不同的方向向前发展，但传真机仍扮演着重要角色。再看看个人电子计算机的情况，今天几乎每台售出的电子计算机都具备传真功能，因而人们能从世界各地收发传真。”Eplgra Phx 公司为那些期望增强文件传送和数据捕捉能力的客户设计、实施及管理自动传真服务，该公司所提供的服务，如按需传真、传真广播、功能强大的传真合并、互联网传真安装以及智能表格等，都能够作为独立的业务而予以开展。

与电子商务信息相关的传真机市场无疑将继续增长，爱德华说：“传真机确实是一种有效和可靠的设施，很多国家及多种业务都能够用到它。”许多发展中国家接入互联网非常困难，而传真机可使这些国家和外界保持联系。他说：“在许多国家电话线是一种奢侈，很难得到。即使在北美《财富》所列的 500 家大公司中，也只有 53% 的公司拥有电子邮件。”他还说：“在未来一段较长时期内，将继续看到传真机的数量激增，就是因为它非常实用。”那些在 EDI 方面大量投资的大型跨国公司，它们之间进行货物和服务贸易活动时，已经通过 EDI 系统互相发送信用证、提货单、发票以及其他繁多的财务报表等，确实占尽优势。而 EDI 方式是由 Faxinting Solutions 公司开发了一种软件产品，把传真机发送的传真文件转换而成的。这样就解决了中小型企业与大型跨国公司之间的贸易问题。

互联网是大势所趋，但它对于某些中小型企业毕竟太遥远了。而统计数字表明，传真机的使用在国际上每年正以 15% 的速度增长，可以毫不夸张地说，传真机代表了一种最为可靠的数据传送方式。

5. 传真与互联网的应用

传真与互联网的应用是将二者集成到一起，把传真技术推向新的阶段。

（1）传真与互联网。普通传真方式与在电路交换 PSTN（公共电话交换网）上的传统传送方式相比，互联网（Internet）传真能够节省大量资金。在高效的专为互联网使用的包交换网上传送传真数据文件，这也是互联网传真应用的理由之一。关键在于如何提供一种机制，将大量的已安装的传真机与一个完全不兼容的网络相连接。

目前的传真机依赖于发送端与接收端之间的内部时序机制，精确定时的 PSTN 自然支持这种方式。但是，互联网使用的包交换网络没有这种时序机制，因此，设备必须进行改造，这一改造过程一般通过传真网关实现。传真网关可以起到电路交换网与包交换网之间的转换作用，即从精确定时的 PSTN 转换到包交换网，有关的互联网传真标准包括 T. 37 和 T. 38。其中：

1）国际通信联盟（ITU）制定了 T. 37 标准，并订立了通过电子邮件进行存储转发的协议，规定只能以最普通的传真设备（MH 图像压缩）发送传真。而在 T. 37 标准协议中，互联网电话传真技术 IP 传真设备可以将传真发送到传统的通过 PSTN 连接的传真机，或者是另一台通过 IP 网络连接的 IFAX 设备。IFAX 设备可以是传真机或是有 IFAX 功能设备的计算机。而扩展的 IFAX 设备是传真网络，它与传统的三类传真机之间进行收发传真。

2）T. 38 标准定义了在互联网上适用的 T. 38 标准传真设备和 IP 传真网关的 IP 网络协议。在互联网上适用的 T. 38 标准传真设备可以与其他的类似设备 IP 传真网关直接通信。

与语音通信相比，电子邮件（E - mail）传递信息的方式经济方便，是目前很多公司的首选。另一方面，传真尽管有时十分昂贵，却依然是传输文件最流行的方式。因为这种方式可应用于任何文件，并且非常灵活，这些都是电子邮件所无法代替的。目前全球有 1 亿台以上的传真终端在运行，并且这个数字还在不断增长。互联网网络传真结合传统传真的灵活性与电子邮件方便、经济的特点，即将成为公司之间甚至是公司内部通信最流行的方式。

传真与互联网应用的特点是利用局域网传真服务器和 IP 电话降低了传真成本。

（2）IP 传真服务的类型。IP 传真服务的类型包括实时传送和存储转发两种。

1）实时传送。传真机能够在处理其他传真页时发送一个传真到远端传真机，这种服务称为实时传送。确认信息随着最后一页传真的正常结束而立即获得。这点对大多数传真用户来说是非常重要的，因为他们不想为得到传真确认信息而等待太长时间。

2）存储转发。传真通过局域网传真服务器从计算机中发出，这种服务很像电子邮件。传真内容被传送至服务器上并被存储起来，随后转发至用于接收的传真机上。如果有延迟，接收方的确认会在稍后反馈给发送方。这种服务虽然不像传统的传真那样能得到立即确认，但它有自己的优点，如有选择性地避开高峰时间发送和在占线情况下自行重发，它还能以广播方式将同一个传真送到多台传真机上。

2.1.4　传真机的基本原理和结构

1. 传真机通信的基本原理

传真机通信是利用传真机和通信线路实现的。这一通信方式的特点是利用频带很窄的电话信道来传送图文信息。电话信道是为传送人的声音而设计的，它的频带约 3kHz，要借助于这一信道来传送二维图像信息，这就存在一些技术问题需要解决。

目前，用于传真机通信的设备主要是三类传真机。针对如何利用电话信道快速传送图像信号的问题，在三类传真机中采用了先进的平面扫描和光电转换技术及数据传输技术。其三类传真机基本通信过程框图如图2-3所示。

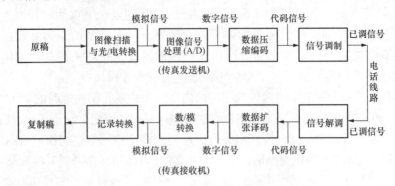

图2-3　三类传真机基本通信过程框图

从图2-3可见，三类传真机的通信任务主要由传真发送、传真接收与电话线路（模拟信道）等几个部分完成。在传真通信过程中，要求每台机器既能发送图文信息，也能接收图文信息。由于三类传真机采用半双工方式工作，即对一台机器而言，不能同时发送和接收图文信息。所以，当两台传真机进行通信时，若其中一台传真机进行发送操作，则对方的传真机便进行接收操作。图2-3中只画了三类传真机的单向通信过程，目的是为了简单化。其三类传真机的基本通信过程如下：

（1）传真机发送文稿的通信过程。传真机发送文稿的通信过程是：进行原稿图像扫描→进行光/电转换→进行图像信号处理→进行数据压缩编码→进行信号调制→传送信号出去。详细过程具体介绍如下：

1）原稿图像扫描。首先是将发送的原稿（如图片、文件、报表等）置于原稿台上，然后启动自动进稿机构，发送机的光学系统（含光源、透镜和反射镜等）将对原稿进行逐步扫描，把原稿上的二维图像信息分解成像素，并按照扫描的先后顺序将这些像素变换成一维的、随时间变换的光信号。

2）光/电转换。将图像扫描分解出来的并带有图像信息的光信号，经光/电转换电路（如CCD图像传感器）转换成相应的电信号。

3）图像信号处理。光/电转换出来的电信号是模拟信号，为了进行后续的数据压缩编码，必须对模拟图像信号进行数字化处理，即A/D转换。

4）数据压缩编码。经数字化的图像信号，其数据量相当大（例如，一张A4幅面的原稿采用7.7线/mm的垂直分辨率扫描，数据量约为4Mbit，若用传输速率为9600bit/s的高速Modem来传送，大约需要7min），传送过程需要较长的时间。不进行数据压缩，就无法满足三类传真机在1min内传送一页A4幅面文稿的要求。为了缩短传送时间，提高传输速度，在三类传真机中常采用MH和MR编码来压缩图像数据的比特数。

5）信号调制。信号调制是为了使传真发送机的数字代码在公用电话网上传输，使用调制器将数字信号调制到（模拟）载频上，然后将调制的信号送到电话线，传送到接收方。

（2）传真机接收文稿的通信过程。传真机接收文稿的通信过程和对信号的处理与发送通信过程相反。首先用解调器对线路上传送来的已调信号进行解调，从中恢复出发送方的编码压缩信号；然后利用译码器对代码信号进行译码，即可得到原图像数据信号；再将这一信号由记录部件（如感热记录头）记录在专用的记录纸上。当接收机收到全部数据并完成记录工作后，即可获得与发送机原稿相同的传真副本。

2. 传真机的基本结构

（1）三类传真机的基本结构。尽管不同型号的三类传真机的功能和具体电路有所不同，但基本结构则大致相同。其三类传真机的基本结构框图，如图 2-4 所示。

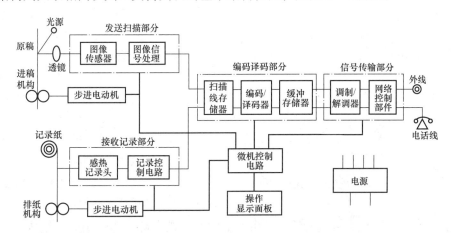

图 2-4　三类传真机的基本结构框图

从图 2-4 中可见，三类传真机大致可分为发送扫描、接收记录、编码译码和信号传输部分。此外，还有操作显示面板、微机控制电路、电源以及机械传动系统等。

（2）三类传真机各部分的组成和功能。

1）机械传动系统。典型传真机的机械传动系统结构图，如图 2-5 所示。

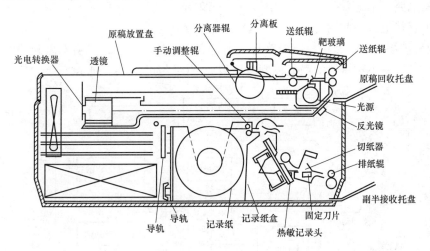

图 2-5　典型传真机的机械传动系统结构图

从图 2-5 可见，典型传真机的机械传动系统的主要部件是进稿机构和排纸机构。进稿机构的作用是在控制电路的控制下把原稿自动送入扫描读取部件。而排纸机构的作用则是传送记录纸，当记录开始时，排纸机构将记录纸引导到记录头，当记录结束后，自动将记录副本切成与原稿大小相对应的尺寸。另外，还设置了原稿位置传感器和记录纸位置传感器，以便 CPU 控制进稿和排纸。

2）操作显示面板。操作显示面板由键盘（即由各种开关、按键组成的）和液晶显示器（LCD）组成。其中，键盘的数字键、单触拨号键及各种功能键组成矩阵电路，它与键盘控制电路的输入口相接。操作人员通过按键设置机器的工作方式和工作状态，键盘控制电路将键盘操作输入的信号送到 CPU 进行识别，CPU 根据输入的键盘信息实现对整机的控制。三类传真机的液晶显示器（LCD）一般为字符方式的显示器，常用的有单行和双行两种。显示器一般都自带驱动器和控制器。控制器接收键盘控制电路送来的 ASCII 码字符，译码后送到显示器液晶上进行显示。

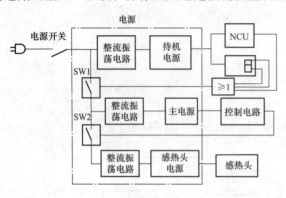

图 2-6　三类传真机电源组成框图

3）电源。三类传真机一般都采用开关电源供电，其三类传真机电源组成框图，如图 2-6 所示。

由图 2-6 可见，三类传真机的电源由主电源、待机电源和感热头电源组成。各电源分别供给三类传真机的不同部件使用。

当打开三类传真机的电源开关后，待机电源便接通。待机电源主要是为网络控制部件（NCU）的振铃信号检测电路和操作面板的按键扫描电路供电。主电源负责给除热记录头以外的所有部件和电路供电。而主电源是由待机电源所供电的电路控制，当检测到振铃信号，按下"通话"键或按下"启动"键时，都将使 SW1 开关闭合，启动主电源；当主电源供电的微机控制电路产生记录头"ON"信号时，SW2 开关启动，使感热头电源开始工作（该电源主要是供感热记录头使用）。

4）微机控制电路。微机控制电路是三类传真机的控制中心，具有对整机进行指挥管理的重要功能。其三类传真机的微机控制电路组成框图，如图 2-7 所示。

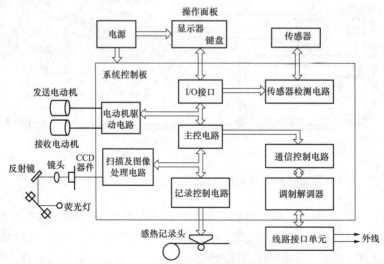

图 2-7　三类传真机微机控制电路组成框图

由图 2-7 可见，三类传真机的微机控制电路由输入/输出接口、地址译码器、随机存储器（RAM）、程序存储器（EPROM）、微处理器（CPU）、总线驱动器及系统总线组成。其中：

输入/输出接口：作为控制电路与其他电路的连接所用的接口，以便进行数据交换，完成 CPU 对各部分的控制，以实现整机的指挥管理。

随机存储器（RAM）：用于存放传真机的工作状态信息、自动拨号的电话号码和图像数据。

程序存储器（EPROM）：用于存放根据传真机工作过程所设计的控制程序，然后 CPU 通过执行这些程序，就能完成传真机的各种功能。

微机控制电路除控制传真机的工作方式外，还控制机械传动部分。控制电路通过检测各位置传感器的状态，并根据传真机当前的工作状态向步进电动机分配步进脉冲，以控制传真机的机械动作。

5）发送扫描部分。发送扫描部分主要由光学系统、CCD 图像传感器和图像信号处理电路组成。

CCD（光电耦合器件的英文缩写）图像传感器具有光电转换、信号存储和信号传输的能力，是一种全固体自动扫描的摄像器件。它的主要作用是通过对原稿图像进行逐步扫描并将其分解成像素，经过光电转换成电信号，实现对原稿图像的读取。

采用 CCD 扫描方式的三类传真机都需要一个光学系统，用来将原稿图像不失真地传给 CCD 图像传感器，在 CCD 器件上形成光学扫描线。光学系统主要由光源、光学镜头和反射镜等组成。

图像信号处理电路主要对 CCD 器件读取的图像信号进行处理。它包括模拟信号处理和数字信号处理两部分。但由于 CCD 器件的固有热噪声、荧光灯和透镜本身的特点使亮度不均匀，以及原稿底色不同、字迹深浅不一等原因，会造成图像信号畸变。因此，需要对图像信号进行畸变校正、消噪放大、自动背景控制等处理。所以还要由 A/D 转换器进行模/数转换，将模拟图像信号数字化，以便实现为减少信息余度的编码压缩措施。

6）编码译码部分。由图 2-4 可见，它由扫描存储器、编码/译码器和缓冲存储器组成。其中：

编码/译码器电路：由超大规模的专用集成电路组成。这部分电路是编码译码部分核心部件。编码器用来对图像数据进行编码压缩，去掉图像数据中的信息多余度，减少要发送的图像信号，从而提高传送速度；而译码器的作用与编码器的作用正好相反，它将经过解调器解调出的编码数据恢复成对应原稿像素的图像信号，送给记录部件打印出传真副本。三类传真机一般采用一维 MH 编码方式（这种编码方式是对一条扫描线的图像数据进行游程长度编码）和二维 MR 编码方式（这种编码方式则是对相邻的两条扫描线的图像数据进行相对像素地址编码），有些高档传真机还具有改进型 MR 编码方式。因此，在发送方，需要有能存储一行或数行图像数据的存储器。在接收方，为了将解码后的图像数据提供给记录部件，也需要相应的图像数据存储器。所以，行存储器在编码译码过程中是必需的。

由于原稿上的图文构成不同，因而每一扫描行信息量相差很大，编码后产生的数据量不均匀，有的数据量很小（例如，某一扫描行上为全部白像素或全部黑像素），有的数据量很大（例如，文字密集的待传文稿中某一扫描行）。为此，在编译器和调制解调器之间设置了数据缓冲存储器，用来自动调节这两个部件间的数据流量，使编码电路输出的不均匀数据流以恒定的传输速率进行传输。

7）接收记录部分。接收记录部分主要由感热记录头和记录控制电路组成。

接收方的传真机对接收的图像编码信号进行译码，恢复原稿图像数据后，即可通过图像记录部件将原稿图像记录在普通或专用记录纸上。图像记录部件也称为记录头，目前三类传真机多采用感热记录头来记录传真副本。这种记录头通常由若干个发热单元（热敏电阻）组成。图像收据信号在记录控制电路的作用下，将电能转变为热能，凡与发热单元接触的记录纸（热敏记录纸）迅速改变颜色，由白变黑。不发热的单元接触的记录纸仍为白色，通过记录头最终将电信号转变成对应原稿像素的可视图像。

记录控制电路控制译码后的图像数据，将其分成多段并分别送至记录头的相应记录单元，同时向记录有输出地址信号和驱动脉冲，保证记录头的图像合成。

8）信号传输部分。信号传输部分主要由调制解调器和网络控制部件组成。其中：

调制解调器（modem）：由调制器和解调器组成。调制器的作用是将接收到的已调制图像信号解调成图像数据，以便译码和记录。在三类传真机中使用的是 CCITT V. 21、V. 27ter 和 V. 29 建议规定的三种调制解调器，其中 V. 21（传输速率为 300bit/s）和 V. 27ter（传输速率为 2400/4800bit/s）调制解调器为标准配置，V. 29 调制解调器为可选项。

网络控制部件（NCU）：作用是实现公共电话网与传真机和电话的连接。当传输报文时，网络控制部件加密能将线路转接到传真机上，传真结束后，又将线路转接到电话机。此外，它还具有摘机检测、振铃信号检测和发送拨号信号等功能。

2.1.5　传真机的特点

目前，国际上使用的传真机中，三类传真机约占99%以上。其三类传真机的主要特点是：功能齐全、形式多样、高速灵敏、兼容性好、操作简单方便、可靠性高、体积小、重量轻、价格便宜。下面具体介绍：

（1）传送信息形式多样。由于三类传真机能够传送具有灰度等级的原稿，加上三类传真机有较高的扫描密度，所以三类传真机除了可以传送文字，还可以传送各种图表和相片。与电传机和电话机等一些通信设备相比，三类传真机可以传送形式更多的信息。

（2）高速灵敏。三类传真机由于利用了先进的信源编码技术，因此大大地削减了信息的多余度，使通信效率大大提高。就图像通信而言，利用三类传真机现仅需 1min 或几十秒钟就行了。若采用邮递方式，即使利用空运的手段也得几十分钟到几个小时。显然两者相差太大。而按照 CCITT 规定，三类传真机传送标准样张约为 60s。测试条件大致如下：在标准样张纸上打印 700 个英文字符的样张；编码采用一维编码（MH）；副扫描线的密度为 3.85 线/mm；速率为 4800bit/s；编码扫描线为 20mm。

目前，国际上使用的三类传真机，除符合 CCITT 的规定以外，很多指标都有所提高，以便于选用。上述同样的一个样张，如果采用二维编码（MR），副扫描线密度采用 2.57 线/mm，速度为 9600bit/s，编码扫描线密度选用高扫描线密度（如为 10.5 线/mm），则速度可以提高到 40s、20s 和 15s。有的传真机具备跳白行和跳白段功能，也是提高速度的一种措施。

（3）传输媒质的兼容性好。三类传真机可以通过有线或无线信道来传送图文信息，有线信道又可以分为公用电话网、公用传真网和专用线路，无线信道则可分为微波通信、卫星通信等。总之，三类传真机可以在传输媒质中进行传真通信。

（4）可靠性高，记录真实。三类传真机不仅能传输原稿的图文信息，而且可以使接收方获得与发送原稿完全相同，并可供保存的真迹文件，即远距离的"复印"，记录真实性高。此外，目前使用的三类传真机还增加了传送差错控制功能（简称 ECM），当遇到信道偶发故障或干扰时，传送的图文中某些行、段因此出现差错，致使接收方无法正常接收时，可由接收机通知发送机将相应的行、段自动重发，从而大大提高了传送质量和可靠性。同时，为了提高三类传真机的可靠性，人们还采取各种措施对静态或瞬态造成损伤而出现的错误予以弥补和校正。例如，加装均衡器、前行代替、白行代替、停止输纸、加纠错装置、加预测装置等，采取这些措施后，通常可以获得比较满意的传真副本。

（5）操作简单方便。三类传真机虽然面板上设置了很多按键，但使用和操作却很方便、简单。因为面板上每个按键均有功能说明，而且操作时，面板上的显示屏将给出文字提示，所以传真机操作员不必经过专门训练，只需在很短时间内就会掌握操作方法。操作时，只要按照规定的步骤操作机器上的按键，就可以进行发送、接收、自测试（复印）等。

传真机能够自动显示出故障现象和故障部位、纸的余量、发送和接收的页数、发送的年、月、日、时间、传输速率等。这给传真机的操作人员带来了很大方便。

（6）体积小、重量轻、功能齐全、价格便宜。随着电子元器件体积的缩小及大规模集成电路的采用，三类传真机逐步向体积小、重量轻的方向发展。目前的三类传真机的体积大约为 248mm×492mm×370mm，重量 5kg 左右，而便携式三类传真机，体积和重量将更小。此外，三类传真机还具有许多附加功能，如无人自动接收、自动呼叫和缩位拨号等，这样用户使用起来就更加方便。并且，电子器件及大规模集成电路价格不断降低，自动化生产能力不断提高，致使三类传真机的价钱越来越便宜，这给传真机通信的普及提供了有利条件。

（7）传真机通信费用低廉。由于传真通信所需的时间短，因此通信的费用就很低廉。另一方面，由于三类传真机主要是利用公用电话网进行信息传输，不需要另外铺设通信线路，因此就使得传真通信的开通成本也很低。

2.1.6 传真通信的标准和规程

1. 三类传真机的基本标准

CCITT 有关三类传真机的国际标准是 1980 年 5 月通过的。而我国于 1982 年 2 月也颁布了文号为 GB3382-82 的"话路三类传真机在电话网中的互通技术标准"，该国家标准等效于 CCITT 的 T.4 建议的内容和 T.30 建议中有关三类传真机传输规程的内容。据此，我国三类传真机的基本标准归纳为如下：

（1）编码方案。为了提高传真机的传输效率，减少传真信号的多余度，就要对传真信号进行数字编码。国际上规定三类传真机采用的编码方案有两种，一种为一维改进型霍夫曼编码（简称 MH）方案，这是三类传真机必备的编码；另一种是二维改进型相对像素地址指定码（简称 MR）方案，这一种编码方案可供选择。

（2）全编码扫描线的最小传输时间。对于三类传真机来说，要求在 1min 以内传送一页 A4 幅面原稿。当垂直分辨率选定后，一页 A4 原稿的扫描线总数也就确定了，若要保证在规定的时间内传送完所有的全编码扫描线，就必须规定每条全编码扫描线的最小传输时间。国际规定三类传真机标准扫描线的最小传输时间为 20ms，另外规定选用的时间有 5ms、

10ms、40ms 及 5s 等，若大于 5s 时，机器将无法正常工作。

（3）调制与解调。三类传真机属于数字传真机，为了利用公用电话网进行传真通信，必须采用调制解调器。国际规定三类传真机的一切联络控制信号，都以通信速率为 300bit/s 的调制解调器传输；而传送数字图文信号的调制解调器有两种类型，一种是三类传真机必备的标准调制解调器，通信速率为 2400bit/s 或 4800bit/s，它用于普通公用电话交换网；另一种是提供选择使用的高速调制解调器，它采用的通信速率为 7200bit/s 或 9600bit/s，主要用于租用线路和高质量的公用电话交换线路。

（4）扫描轨迹。三类传真机采用的是平面扫描方式，其扫描方向从左到右，而且发送机与接收机都以相同方向在原稿（或记录稿上）进行扫描。

（5）扫描线长度。三类传真机标准的扫描线长度按 CCITT 规定为 215mm，这是根据北美地区公文用纸规格（8.5in 宽）决定的。

（6）扫描线密度。扫描线密度又称扫描分辨率，对水平和垂直两个方向分别进行定义。

水平扫描（主扫描）分辨率国际标准规定每毫米为 8 个像素点，表示为 8 点/mm。这样在标准扫描线上（215mm）将有 1728 个像素点。

垂直扫描（副扫描）分辨率分为标准、精细和超精细三个等级。国际标准垂直扫描分辨率为每毫米 3.85 线（表示为 3.85 线/mm），而精细和超精细级为供选择的高扫描线密度，精细级为每毫米 7.7 线（表示为 7.7 线/mm），超精细级为每毫米 15.4 线（表示为 15.4 线/mm）。当选择高密度的扫描线时，传真文本的清晰度将得到提高，但图文传送的时间将相应增加。

（7）发送机输出功率与接收机输入功率。按 CCITT 标准规定，发送机的发送功率电平应在 −15～0dBm 的范围内可调，这是由于传真机用户安装地址不同，所以必须按线路规定将其输出电平调整到合适的数值上。而按标准规定接收机的输入功率电平应在 −43～0dBm 的范围内连续可调，以保证接收机各部件的正常工作，确保副本的质量。

其三类传真机的标准值见表 2 − 2 所示。

表 2 − 2　　　　　　　　　　　三类传真机的标准值

每行扫描像素	1728 个
每页正常扫描的时间	1min
扫描线长度	215mm
扫描线密度	水平扫描：8 线/mm 垂直扫描：3.85 线/mm（标准分辨率） 　　　　　7.7 线/mm（精细分辨率） 　　　　　15.4 线/mm（超精细分辨率）
编码方案	标准：一维改进型霍夫曼编码（MH） 可选：二维改进型 READ（MR）
调制解调器	标准：2400/4800（bit/s）（V.27ter） 可选：7200/9600（bit/s）（V.29）

2. 传真通信的规程

根据 CCITT 的 T. 30 标准，在 PSTN 电话网的两传真站之间的文件传输按时间顺序可将传真机的传输规程分为五个阶段，而这五个阶段既是独立的又是互相衔接的，如图 2 - 8 所示。

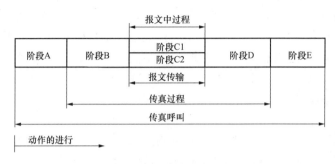

图 2 - 8　传真机传输规程的五个阶段

（1）呼叫建立过程（阶段 A）：可人工和/或自动实现呼叫建立。

（2）报文前端过程（阶段 B）：阶段 B 终端设备包括收/发双方传真机。进行报文前准备工作时，需对设备的性能、报文传输标识、所选条件的命令发送、可接收条件等进行证实。设备的性能标志包括机类标志，可以接收的证实，用户标识（选用）。非标准性能标识（选用）所选条件的命令包括机类命令、定相/训练、同步及待选命令。

（3）报文中间过程（阶段 C1）：该过程安排在与报文传输的同一时间段内，并控制该过程的全部信号传送，如报文中的同步、差错检测和纠正、线路监测等信号。

（4）报文传输过程（阶段 C2）：该过程是以报文的传输速率传输报文内容的。

（5）报文完后过程（阶段 D）：该过程包括的信息有报文结束信号传送，证实信号传送，多页信号传送，传真过程结束信号传送。

（6）呼叫完毕释放（阶段 E）：该阶段可以人工或自动实现呼叫释放（即拆线）。

任务 2.2　传真机的选购

目前，市场上出售的传真机种类繁多，型号各异，如何选购适合自己需要的传真机是许多用户在购机之前常会碰到的问题。一般来说，用户事先了解一点传真机的有关知识，比如，传真机具有哪些功能，如何评价一部传真机质量的好坏等，然后再根据自己的业务大小、使用场合与要求，根据机器维修的难易程度及价格等因素综合考虑，最后进行合理的选购。下面具体介绍选购的方法与因素。

1. 传真机的可靠性应放在首位

用户在选购传真机时，首先应考虑传真机的可靠性。而可靠性首先要求传真机应该是邮电部认可入网的可靠性机，凡经过正规渠道进口的传真机，要有进口的发货票、完税证明等相关手续向原信息产业部主管部门提出报告，并通过原信息产业部技术主管部门进行技术指标检测，经检测合格后发给传真机入网证明和入网标志。所以，用户在购买传真机之前，应该向商家询问所售传真机是否拥有入网证明和入网标志，以确保所购传真机的可靠性。在此之后，购买者应向商家了解欲购买传真机在所购地区有没有厂家的特约维修站或指定维修中心。虽然传真机是比较完善、可靠的耐用设备，但是，如果传真机出现故障，尤其是需要更换配件时，没有专门的维修站作为后盾，即使请专业技术人员查到故障之所在，往往也因没有备件而束手无策，目前国内生产的传真机就不存在这方面的问题。

2. 根据操作方便、实用选购

目前市场上出售的传真机种类很多，并且通常是以英文操作面板为主，还有少量传真机是日文操作面板。随着中国传真机市场的不断扩大，一些国外的传真机厂商为了更多更快地占领中国市场，陆续把自己的产品面板改为中文，以满足中国广大用户的需要。如果性能价格比较接近，建议用户选用中文面板的传真机，这样使用会更方便。但要注意，在购买传真机时，其包装箱内应有一本该传真机的说明书。用户尽可能选择备有中文说明书的传真机。

其实用方面应选购220V交流电源电压的传真机。因为使用220V交流电源电压，适合中国国情。但目前市场上有时也在出售110V电压的传真机，其价格往往低于同类型号220V电压的传真机，但是用户尽可能不要选购110V电压的传真机。这是因为我国电网是220V的，如果使用110V的传真机，就还需要另配一个将220V转为110V的变压器才能使用，一旦疏忽，错把110V的传真机插到220V的电源上，将会立即烧毁传真机的电源，造成较大的经济损失，显然这与购买同类型号220V的传真机相比不合算。因此，用户应该选购220V电压的传真机为宜。

3. 根据自己的用量进行选购

由于每个传真机用户对传真机的使用量差别甚大，比如新闻、情报、邮电、广告、气象、公安、经贸等机构或部门对传真机的使用量都比较大，且使用频率也比较高。因此，对于传真机用量较大的用户或单位，应尽量选用高档传真机或者中等型的较好传真机，这样才能确保今后的使用。因为高档传真机或者中等型的较好传真机相对坚固耐用，尤其是机械传动部分和电源部分更为突出，它们能够适应长期大工作量的环境。而低档传真机虽然成本低，体积小，但它不适宜在用量太大或使用频率过高的场合。例如，一次发送几十页，对于传真机来说，扫描光源要持续不断地发亮，其功率消耗很大，这对扫描光源的寿命是有很大影响的；同时，一次连续多页接收，对于热敏打印方式的传真机来说，打印头的寿命也将受到严重影响；而且传真机频繁使用对其机械传动部分的损伤也是比较大的。因此，对于传真机用量较大、频率过高的用户或单位必须要选购高档传真机或者中等型的较好传真机才行。而对于用量较少且使用频率低的用户，可考虑选购低档传真机，这样既可以保证传真通信，又能合理节约费用。

4. 根据传真机的功能来选购

三类传真机的主要功能有以下八个方面：

（1）自动拨号功能。为了提高自动化程度，减少通话联络时间，中高档的三类传真机，通常可以采用以下几种拨号方式建立通信：

1）单触键拨号：中高档传真机面板上通常设有几十个单触按键，用户可将常用的传真号码（或电话号码）预先存入传真机的存储器，并赋予某一单触按键。如果要用此号码呼叫时，只需按下该键，预先存储的传真号码就会自动地由传真机发出，去叫通对方，这种方式称为"单触键"拨号。

单触键的速拨功能不仅可减少拨号时间，提高效率，而且能避免拨号错误，尤其在电话号码较长（如国际或国内长途号码）时，效果更为明显。

2）缩位拨号：它类似于单触键拨号，仍是将电话号码预先存入传真机中，并分别用两位序号数字来表示存入存储器中的多位电话号码。拨号时只需按一个专用键（缩位拨号键），再按对应的两位序号数字，便可完成拨叫对方电话号码的工作。

3）自动重拨功能：自动重拨是指传真机可以相隔一定的时间自动重拨对方号码若干次，以尽快建立通信。重拨次数和重拨时间间隔，可以由用户自行设置。

（2）存储发送功能。中高档三类传真机都有较大容量的内存 RAM（通常为 512KB、1MB 或 2MB），用户可先将要发送的文件存入传真机的内存，进行一次编程操作后，可将同一原稿自动依次发送到所要发送的所有传真机中，接收方可达 100 多个，即一次发送操作，同一文件可传送到 100 多个不同地点。这种文件顺序通信的方式也称为顺序同报。

（3）存储接收功能。传真机的大容量内存，除了能完成存储发送功能外，还可以在传真机记录纸用完时，将接收到的信息保存起来，待操作人员换上记录纸后，再打印出来，这样就避免了记录纸用完而来不及更换时引起的信息丢失。无纸接收页数的数量取决于传真机内存的容量。

（4）自我诊断功能。在中高档传真机上一般都有自我诊断功能。当机器因电路原因或本身故障而不能正常工作时，传真机将发出警告声，同时在显示屏上自动显示出故障代码。用户根据说明书提供的故障代码表，可以查出故障原因和主要处理方法。

（5）复印功能。发送、接收、复印是传真机的三大基本功能，其实复印就是自发自收的过程。而有的传真机具有大容量存储器，能够进行多页复印，即一次操作能产生多个副本。复印时，机器自动选用"精细"方式（副扫描线密度为 7.7 线/mm），以获得高质量的复印件。此外，中档以上的三类传真机有的可以用"超精细"方式（副扫描线密度为 15.4 线/mm）复印，这样复印出来的副本更精细美观。

（6）管理报告功能。由于传真机具有许多自动功能，为了便于用户了解这些自动传送的成功与否，在每次操作完成后，设备自动记录本次传送操作的详细工作情况和有关数据。当存储器存储到一定次数（一般为 50 次）的工作内容时，传真机就自动打印出工作报告，以供查验和存档。工作报告自动打印出来后，其报告内容即自行清除，重新开始统计。

工作报告对每次发信/收信的日期、持续时间、结果、对象、通信方式等都有详细的记载，这些对维修和管理都十分有用。该报告也可根据需要，随时由人工操作打印出来。

（7）自动缩小功能。传真机在接收时，为了保证接收副本不丢失内容，在收、发双方传真机的配合下，可以将宽于记录纸原稿上的内容自动缩小到接收方传真机的记录纸上。一般有三种形式：A3→B4、A3→A4、B4→A4，缩小都是自动进行的。

（8）无人值守功能。无人值守是传真机通信的一大特点，特别是对时差很大的国际间的传真通信就更加方便了。无人值守通常分为发送方无人、接收方无人和双方无人三种情况：

1）发送方无人（查询发送功能）：发送方操作人员将待发的原稿放置好后即可离去，当接收方操作员拨通发送方的电话号码后，发送方传真机即被启动，原稿将按放置顺序一张一张地自动发往接收方。这种传真通信方式称为查询发送，主动权在接收方，为了防止第三者窃取情报，一般都应进行地址加密。

2）接收方无人（自动接收功能）：当发送方传真机操作人员拨通接收方的电话号码后，接收方传真机可以自动启动，将发送方的传真报文收下来，并同时打印出管理报告，以供接收方查看。这种传真通信方式称为自动接收。

3）双方无人（定时发送和自动接收功能）：在发送方，操作人员按照操作要求将发送的原稿放置好，并设置预定的发送时间后即可离去。当预定时间到，发送方传真机将自动拨号呼叫对方，并同时启动接收方传真机，自动将原稿发送给对方。这种传真机通信方式也称作定时发送和自动接收。

5. 根据经济实力进行选购

传真机的价格差别很大，原则上价格越高性能越好，功能也越强。但有时用户对传真机的功能要求并不高，所以应该根据自己的实际情况进行选购。而传真机大体分为高级豪华型、中等办公型、经济实用型三类。其中，高级豪华型传真机价格在 6000～300 00 元；中等办公型传真机的价格在 2000～6000 元；经济实用型传真机价格在 1000～2000 元。而国内推出的多元 DY－5MB 实用型传真机价格一般在 1000 元以下。

任务 2.3　传真机的安装

用户应该能够自己安装传真机。在安装时，应仔细对照装箱单或说明书清点随机附件或备件，拆除在运输过程中为保护机器而临时使用的胶纸带、垫块、塑料带等防护品，然后擦净传真机的外表。

1. 传真机安装位置及环境的一般要求

（1）不要安装在窗户下面。原因一，一旦尘土和灰尘进入传真机的光学扫描系统，就会影响传真机发送和复印的质量。尘土和灰尘从窗户的缝隙中进入室内，放在窗户下的传真机出现问题的可能性就大大增加了，清洁传真机扫描系统的工作，对专业维修人员来说虽然并不很困难，但也应该尽量避免不必要的麻烦。原因二，窗户如果没有关好，在雨季的时候，一旦雨水从窗户进入传真机就会造成短路故障，这将是一件很麻烦棘手的事情。

（2）传真机应避免阳光的直射。由于传真机的外壳都是由工程塑料制成的，如果长期处于阳光直射的环境下，就会造成传真机外壳的老化变色，所以传真机应避免阳光的直射。

（3）传真机应远离暖气和其他热源。传真机在使用过程中会产生一定的热量，如果靠近热源，将会造成传真机的散热不良，这对传真机是不利的。

（4）传真机的位置不宜距电话线和市电电源过远。这是因为传真机需要电源供电，并且要与电话线连接，所以装机位置宜选择在距电话线和电源较近的地方。

（5）传真机的周围不要有大功率的用电设备。这是由于大功率的用电设备在工作时会产生干扰，可能对传真机的正常工作产生不良影响，尤其是这些设备与传真机共用一个电源插线板，产生的不良影响将会更大。

（6）应避免在传真机电话线上并接太多的其他设备。例如，有线调制解调器，电话计费器等，如果连接不合理或连接过多，就有可能会影响传真机的正常通信。

（7）传真机的安装场所应有便于安装的专线或电话线，并且要有良好的接地线。

2. 传真机的线路连接与初始设定

（1）按说明书中的接线图将外线（公用电话线）与传真机上接线端（一般标记为 L1、L2）相连接。

（2）将电话线的两根线与传真机上相应端子（一般标记为 T1、T2）相连接。

（3）将传真机的电源线插入电源（220V 交流电压）插座。

（4）将地线与传真机上的接地端子相连接。

（5）根据使用的是公用电话线还是专用线的实际情况，再参照说明书，设定相应的硬件开关。

（6）传真机的发送电平通常为 0～15dBm 连续可调，最低接收电平为 －43dBm。安装时，可以根据估计的中继线长度和交换机所要求的接口电平标准，调到相应的输出电平。出厂时，传真机的发送电平（输出电平）大都调定在（－7～－5）dBm 范围内，一般情况下都能满足需要，如无特殊要求，用户无须再进行调整。

（7）根据传真机使用的环境、外部条件和用户的实际要求，并参照说明书中的操作步骤，设定相应的软件开关。其中最主要的是选择初始传输速率、区域代码、中继线均衡方式、管理报告输出等几项内容。

需要特别指出的是，以上各项并不都是必须进行的。实际上，传真机出厂时的初始设定，已经能够满足一般使用场所的需要了。因此，在安装中只要将前面 7 项完成，传真机就可正常工作。而后面的调整和设定是在一些特殊情况下才采取的必要措施及步骤，比如，在通信总是不成功或是很不顺利的情况下，只要按照上面步骤去作，一般都会使通信情况得到改善，并能收到较好的效果。

任务 2.4　传真机的功能和使用注意事项

1. 传真机的基本功能

（1）文件复印：能像复印机一样复印文件和图片。

（2）收发合一：同一台传真机既能作发送机用，也能作接收机用。

（3）线路选择：既可以用公用电话交换网，也可以用专用电话线路，以半双工方式通信。

（4）电话通话：可以在发送前、发送后通话。

（5）显示状态：用液晶、发光管及指示灯等器件，显示机器的工作方式和工作状态。

（6）通信报告打印：文件发送后，传真机会自动打印出发送和接收的详细记录，如日期、对方的电话号码、开始时间、经过时间、纸张尺寸、页数及故障代码等，以帮助用户了解通信情况。

（7）记录标识信息：可在文件接收副本上加印日期、时间、地址等用户标识信息。

（8）用半色调传送：传真机的影像区分系统将色调分成若干级，使含有画面的传真副本层次分明、清晰逼真，半色调方式尤其适合传送照片、图片等图像信息。

（9）多种传输速率：传输速率通常有 14.4kbit/s、9.6kbit/s、7.2kbit/s、4.8kbit/s、2.4kbit/s 几种，并且可根据传输线路的质量自动选择其中一种传输速率方式。

（10）分辨率的选择：可根据原稿文字的大小、字迹的深浅和底色，选择合适的分辨率传送。

2. 传真机的自动功能

（1）自动拨号：用户在不拿起送话听筒的情况下，用键盘上的键自动拨对方传真机的电话号码，自动实现文件的传送。自动拨话有以下几种方式：

1）键盘拨号：直接用数字键拨对方传真机的电话号码。

2）自动拨号：当对方传真机忙，本机不能完成自动拨号，未达到通信目的时，本机能以 1～5min 的时间间隔，重新自动拨号 1～9 次。

3）缩位拨号：将对方单位的电话号码存在本机的存储器中，用一个编号代码。某些传真机有 00～99 共 100 个编号，可存储几十个单位的电话号码，通信时，只要按对方地区电话号码的编号键，文件就会自动传送。

4）呼叫附属传真机：当接收文件单位有两台传真机，第一台忙时，可自动呼叫第二台传真机（附属传真机），将文件传给它。如果附属传真机也忙，可呼叫第三台传真机。呼叫附属传真机，只有使用缩位拨号键时才能实现。

（2）自动接收：置于自动接收方式时，由传真机回答所有呼叫；置于手动方式时，如果在预置的振铃次数内无人拿起受话听筒，传真机就会自动回答呼叫，并发出 FAX 音调允许接收，由手动接收方式转为自动接收方式。

（3）自动进纸：自动输纸和切纸，多页稿件时还可以自动分页。

（4）自动缩小：当发送文件比接收方的记录纸宽时，可自动按比例缩小全部图像，以适应接收方的记录纸尺寸。

（5）自动进行电话转换：无人值守时自动接收传真机文件。

（6）自动/手动对比度控制：扫描期间根据原稿底色自动调整对比度，也可以手动调整，使复制图像保持较好的质量。

（7）定时通信：包括定时发送和定时查询接收。定时发送功能可将原稿在指定时间内自动传送给对方传真机。定时查询接收功能是在指定的时间内自动呼叫对方传真机，接收放在对方传真机上的文件。定时通信允许无人值守，可避开电话高峰时间，但必须将通信开始时间和对方的电话号码预先置入本机。

（8）查询通信：用于接收无人值守的对方传真机上放置的文件。其查询通信具体分类如下：

1）轮询接收：能连续、依次呼叫多达几十个传真机，将放置在这些传真机上的文件接收过来。

2）查询接收：通过直接呼叫对方传真机接收放置在对方传真机上的文件。

3）查询过程中的收发转换：查询接收的传真机，在查询操作完成以后自动转为发送，将放在自己传真机上的文件传送给原发送文件的传真机，而无须再次呼叫。

4）查询保密：可以限制对方传真机对本传真机进行查询。

需要说明的是，查询通信是有条件的，双方须核对密码，才能保证查询通信的正常使用。

（9）打印报告：该功能可以打印通信业务报告、定时通信预置表、电话号码表、识别用代码表、中继编组表、保密接收报告和部门使用情况统计表。

（10）管理功能：它主要用于对传真机的使用进行管理，设立此功能后，要使用传真机必须先送入一个约定的部门代号，否则就不能使用。

（11）误码校正方式（ECM）：该方式能自动误码校正错误，并能在接收方印出错误之前自动重发校正的信息，从而保证无错误、无失真地进行传真通信。

（12）即时诊断故障：当传真机出现故障时，可在液晶显示屏上显示故障代码，也可自动打印出故障代码。用户可根据故障代码查明故障原因。

3. 传真机的高级功能

（1）遥控接收：该功能可使接收方将收到的文件保留在接收机的存储器中，当发送方呼叫接收方并输入回收码时，可直接从接收方的存储器中收集文件并立即打印出来，还可以通过呼叫接收方将存储的文件送给指定的另一台远端的传真机。

（2）程序控制通信：该功能是指传真机预先将通信的开始时间、通信方式、对方传真机电话号码等进行编程后再通信。

（3）保密通信：该功能是指使用了保密信箱，传真机接收到的文件先存入保密信箱（即传真机的存储器，而不立即打印出来），只有输入一个特殊的、并已置入传真机的密匙，存储器的文件才能打印出来。

（4）加密接口：机要部门、公安部门以及一些保密单位为了使传真文件不致泄密，在发送前要对传真文件进行加密。传真机增加加密接口后，可直接与加密机相连接，将要发送的报文信息输入到加密机中进行加密后再发送出去。接收方收到报文后，要通过解密才能得到原来的传真文件。

（5）计算机传真 PC - FAX 系统：PC - FAX 系统由计算机接口与传真软件组成。传真机通过计算机接口与计算机相连后，就成了计算机输入输出设备。PC - FAX 系统不仅能快速、准确地输入输出各种图像、文本、表格，而且可以借助计算机的强大编辑功能，进行各种图文编辑。

（6）兼容传真通信：窄带传真通信是为了满足电力部门进行传真通信而开发的特殊功能，而宽带传真通信是指公用电话交换网提供的传输信道，其频带为 300～3400Hz。电力载波机利用高压输电线进行电力载波通信，其通信频带为 300～3700Hz，其中 2200～3700Hz传输信道作为电力调度呼叫传动信号；300～2000Hz 的传输信道用于语音通信。普通传真机在 300～2000Hz 这种窄信道上是不能进行传真通信的，而有了窄带传真功能，就能在电力载波机的传输信道上实现传真通信。

4. 传真机的使用注意事项

（1）原稿纸张检查。原稿纸张严重皱折、卷曲、破损，不宜作发送文件，应用复印机复印，用复印稿进行发送，否则可能造成卡纸等故障。对过厚、过薄的稿件进行发送或复印时应该注意，过厚的稿件会造成进纸困难，如果经常使用过厚的稿件，则会使传真机进纸系统的通道缝隙增大，对传真机多页自动分页功能产生不良影响。而稿件过薄，容易造成卡纸，使原稿卡在传真机进纸通道内，有时要取出被卡稿件也是一件很麻烦的事情。对于过厚的稿件可复印后用其复印件发送，而对于过薄的稿件除采用复印的方法外，还可采用传真机专用的夹纸板把过薄稿件放入其中再进行发送。

（2）发送原稿的检查。发送原稿的检查应按下面方法检查：

1）用传真机发送或复印稿件时要特别注意，在操作之前要注意清除稿件上的大头针、曲别针、订书钉、沙粒、没干的胶布、胶带、胶水等异物，这些异物带入传真机内将会给传真机造成不良后果。

2）在待发稿件墨迹或涂改液未干的情况下，不要进行发送或复印操作，否则会把传真机进纸机构中的部件弄脏，事后清洁也很麻烦。

3）多页发送时，一次放置的稿件不能超过规定的页数，稿件排列要整齐，并用原稿托盘的挡板放好，稿件顶端要推进到底或推到能够启动自动输纸结构的地方。

（3）待发稿件内容的一面朝向方向。按要求确定待发稿件内容的一面朝向方向。例如，有些传真机要求稿件内容的一面应朝下，而有些传真机则要求朝上。传真机的操作人员应严格参照使用声明书执行，否则就不能把图文内容传输出去。

（4）待发原稿不宜过短、过窄。原则上原稿的幅面宽度不应小于原稿托盘和挡板之间的最小距离；原稿的长度应大于文件传感器和文件读取传感器之间的距离，通常这个长度应在 150mm 以上，否则有可能出现问题，对于这类稿件同样可以采用上面介绍的复印或夹纸板的方法解决。

任务 2.5　传真机的电源电路

传真机的外接电源一般均采用 220V（或 110V）交流电源。通过传真机内部小巧高效的开关电源向传真机提供所需的几组电压，一般有 24V、5V、－12V、－12V。其传真机电源供电示意框图，如图 2 - 9 所示。

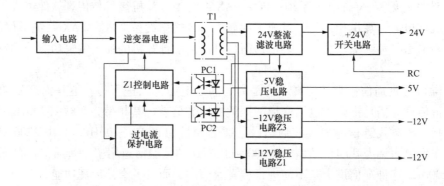

图 2 - 9　传真机电源供电示意框图

1. 整流滤波部分

整流滤波部分的作用是对外部输入的电网电压进行整流、滤波，产生一个 300V 左右的直流电压，如图 2 - 10 所示。交流电压输入之后，经过一个保险管，通过变压器、电容器组成的滤波电路，再经过整流桥堆进行整流，然后经过滤波电容器滤波后输出直流电压。

2. 振荡变换部分

从整流滤波部分输出的 300V 左右的直流电压，通常有一个专用的电路给电源提供一个启动电流，这个电路的基本原理是利用三极管的特性完成导通或关断，使传真机电源的振荡部分能够起振，将直流电压转换成高频交流电压，给电源局部的各组直流电压提供适当的交流电压。

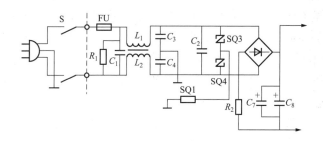

图 2 - 10　传真机电源直流滤波电路

振荡变换部分的电路，如图 2 - 11 所示。其工作过程如下：

当接通传真机电源开关后，电网 220V 交流电压经滤波、整流后得到一个 300V 左右的直流电压，经过开关变压器 T1 的一次线圈①～③绕组加到厚膜电路的 3 脚，也即三极管 VT1 的集电极；另一路经过电阻 R_2、电容器 C_1 加至三极管 VT1 的基极，使三极管 VT1 导通。导通后的集电极电流 I_c 上升，通过开关变压器 T1 在④～⑨绕组上产生 12V 正电压、⑨～⑫绕组上产生 9V 负电压，这样使三极管 VT1 截止，而感应电流 $I_{12} \sim I_9$ 经过 C_2、R_3、VT1、R_6 形成回路，其感应电流回路如图 2 - 12 所示。

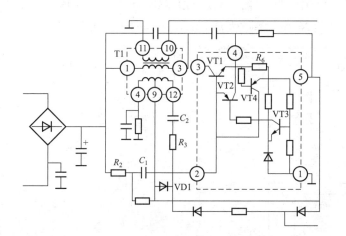

图 2 - 11　振荡变换部分的电路

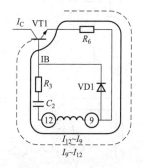

图 2 - 12　感应电流回路

VT1 的基极电流上升，形成正反馈，这就是其启动过程。当 VT1 饱和导通后，由于 C_2 的作用，$I_{12} \sim I_9$ 电流对 C_2 充电电流减小，使 VT1 退出饱和状态，I_c 下降，T1 的⑫～⑨绕组感应电压极性反转，形成 9V 正电压、12V 负电压，对 VT1 的发射极来说等于加上了一个反向电压，导致 VT1 迅速截止。同时 $I_9 \sim I_{12}$ 经过 VD1、R_3、C_2 回路使 C_2 放电，放电之后再开始充电，这样周而复始便可以进行自激振荡。

这一部分有两个关键器件，一个是厚膜电路，由有关器件集成封装而成，有些小型传真机也有采用双列直插集成芯片的，如多元系列传真机电源等采用的是 3842 芯片；另一个是开关管，它损坏的概率较高。这两点值得读者注意。

3. 直流稳压输出

传真机电源通常有 +5V、+12V、+24V 三组直流电压输出。其中，+5V 输出是用来给传真机各个部分的集成电路供电；+12V 输出是用来给放大器、CCD 板及操作面板供电；+24V 输出是用来给驱动电路、热敏打印头、荧光灯驱动器和印章继电器等供电。

由脉冲变压器输出降压后的各组交流电分别由二极管进行整流，再经过滤波和不同方式的稳压，然后分别输出 +5V、+12V、+24V 的直流电压。

需要说明的是，传真机的电源与计算机或彩色电视机的电源原理上没有多大的区别，只是传真机的电源有一个待机状态，在传真机电源接通后而不进行任何操作时，通常只有一个 +5V 的电压有输出，用来给必要的电路供电，一旦对传真机进行操作或振铃信号被检测时，其他电压才有输出，这个控制是必需的。因为传真机应该具有长期连续工作的能力，有了这个待机状态，不仅电源功耗可以大大降低，而且也提高了传真机电源的使用寿命，延长了传真机的使用时间。

任务 2.6　光电耦合器、紧贴式光电扫描电路

1. 光电耦合器电路

光电耦合器（CCD）电路主要是光电耦合器器件，如以 TCD143D 为例，其 CCD 电路如图 2－13 所示。它含有电平转换电路 TSC426 和运算放大器 LM318，具体介绍如下。

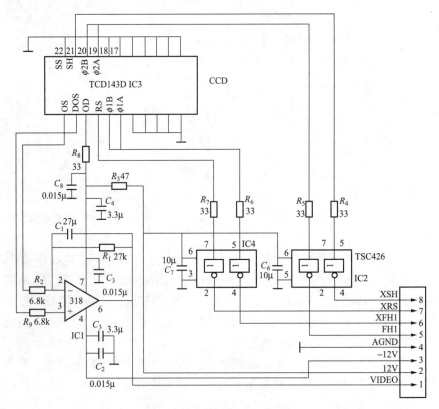

图 2－13　光电耦合器（CCD）电路

TCD143D 是具有 2592 个光敏元件的电子耦合器件，用于光电转换。

TSC426 是电平转换电路，内部包含两个驱动器，可将标准的 TTL 电平转换成符合 CCD 器件要求的信号电平，主要用于将 4 组驱动时钟信号进行高/低电平转换，以驱动 CCD 器件。

LM318 运算放大器的作用是将光电耦合器件经过光电转换后在输出门形成的 OS 和 DOS 两路信号进行运算放大后，成为图像信号，以便从 CCD 电路读出图像信号。

该电路的工作原理是：当一条扫描光线经过光学系统投射到 CCD 器件的光敏元件上时，电子耦合器中的 2592 个光敏元件根据光的强弱形成与光线相对应的电荷，在移位控制脉冲 SH 的作用下，通过控制门把感光单元上的电荷送到移位寄存器，在移位脉冲的作用下送到输出门，在输出门形成 OS 和 DOS 两路信号，其中 DOS 为差分信号。当移位寄存器中没有送入电荷（黑信号）时，OS 和 DOS 输出相同；当移位寄存器送入电荷（白信号）时，DOS 输出不变，OS 在原来信号的基础上叠加了一个幅度为 200～300mV 的负脉冲。这两个信号分别送至运算放大器的反相和同相输入端，经内部运算放大器放大后成为图像信号，结果从 CCD 电路读出了图像信号。

2. 紧贴式光电扫描电路

紧贴式光电扫描电路，采用图像传感（CIS）扫描器取代了上述的摄像式扫描器，使三类传真机的体积大大缩小，因而具有很大优势。通过 CCD 芯片时，CIS 采用 8.5in 宽的片状光敏器件，而不是采用 0.8in 宽的线条光敏器件。其全部的扫描器像素都包含在一个小杆上，文件前进时，安装的小杆与待扫描文稿接触。扫描杆还包括扫描行照明的灯、光学灯、传感器阵列、视频信号处理电路。CIS 扫描器的优点还有：通过文件时，保持精确的圆点位置，使发送文件的行尾与行中间具有同样的聚焦清晰度。

CIS 是一种紧贴式图像传感器，其结构框图如图 2-14 所示。CIS 电路由一排感光灵敏度很高的传感器单元（1728bit 或 2048bit）组成。当一条扫描线的光学像素投射到 CIS 器件的感光区上时，就产生与之对应的电位号，从而实现光电转换。经过转换的电信号通过移位时钟后，经移位寄存器输出，从 CIS 读出图像信号。而 CIS 器件本身包含了光学系统，光路很短，因此图像信号的均匀性优于 CCD 器件。同时 CIS 器件在使用上主要是考虑它的光轴

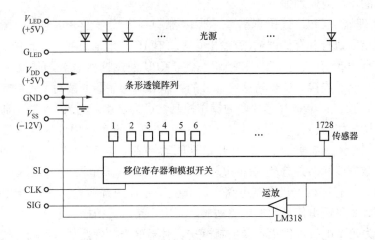

图 2-14　CIS 电路结构框图

与聚焦深度，CIS 器件的聚焦深度为 ±0.3mm，所以纸张必须紧贴 CIS 表面，否则就会降低 CIS 的光学品质。另外，CIS 的光轴线和输纸辊之间的位置应放置合理，否则会使纸张无法紧贴 CIS 表面，这就会出现间隙造成光学品质下降。

任务 2.7　系统控制电路

传真机系统控制器的传真引擎是由美国洛克威尔公司专门研制生产的，比如三类传真机的单片传真控制器。它的出现，使三类传真机的控制电路大大简化，并且提高了可靠性、增加了功能、降低了成本，使传真技术的发展上了一个新的台阶。

1. 传真系统控制器简介

传真系统控制的传真引擎芯片集成了三类传真机的主机控制、扫描控制、图像处理控制、操作面板控制、电机控制、编译码控制及记录控制等几个主要控制电路。而传真引擎与美国洛克威尔公司生产的单片调制解调器配合，再配以程序存储器（ROM）、数据随机存储器（RAM）及驱动电路，便可完成传真机的全部功能。

常用于三类传真机的传真引擎芯片有 R96FE 和 R96PFE 两种。其中 R96PFE 有 100 只引脚，PQFP 封装，它主要用于低档传真机；而 R96FE 有 160 只引脚，PQFP 封装，主要用于中档传真机。这两种传真引擎芯片均能完成传真机的基本控制和监视功能，带有扫描器、打印机和键盘接口，以及电机控制驱动器和 MODEM 接口，这些接口都能编程控制。R96FE 芯片还包括一个有 64 级灰度等级的 A/D 转换器，从而具有视频处理能力，以及编码压缩/扩张（MH/MR）功能，为传真机设计提供了一个良好的硬件环境。而传真引擎芯片具有 MODEM 控制、T.30 规程控制、T.4 压缩/扩张控制、扫描器控制、打印机控制、操作面板控制、传感器检测及 DAA 控制等功能。

2. 传真引擎的组成

本节以 R96FE 为例说明其组成。传真引擎主要由微处理器（CPU）、扫描器、打印机电机控制电路、操作器接口、视频控制电路、扫描器快速 A/D 转换器及总线控制器等组成。其传真引擎 R96FE 的内部组成框图如图 2－15 所示。

其各部分的作用或原理如下：

（1）微处理器（CPU）：传真引擎芯片内部有一个增强的 8bit 微处理器（CPU）。该 CPU 提供快速指令执行和存储器输入/输出管理；有 16bit 地址总线，寻址能力可达 64KB 字节存储单元；有 8bit 双向数据总线和控制总线，CPU 通过这些总线与传真引擎芯片内的控制电路和外部存储器连接，实现对这些部分的控制和对存储器的读写。

（2）操作器接口：R96FE 芯片内的操作控制器可提供 4 路输入、8 路选通输出和两路控制输出，以支持操作器接口。该接口可直接支持 32 键的键盘，用外接电路可支持 8×15 键（共 120 键）的键盘。选通输出以能用于 LED 驱动器或 LCD 数据线，直接驱动 8 个 LED 指示灯。用 4bit 数据线和两条分离的控制线可驱动各种 LCD 显示器。

（3）数目器、打印机电机控制电路：传真引擎芯片内部包含了扫描器和打印机电机控制电路，可提供 8 路输出信号到电机驱动器。其中 4 路用于扫描器电机，另 4 路用于打印机电机，并且可为每个电机提供 256 步控制模式。对于单个电机控制，可按一般情况编程，输出打印机电机步进脉冲。

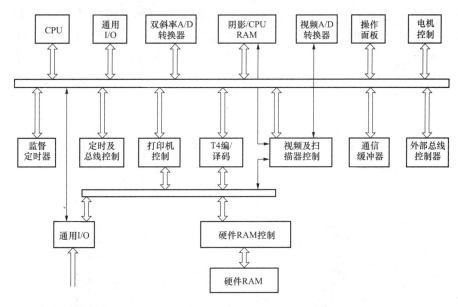

图 2 – 15 传真引擎 R96FE 的内部组成框图

（4）视频控制电路：传真引擎芯片内的视频控制电路可通过编程产生 7 个控制和定时信号，以支持 CCD 和 CIS 扫描器。这些信号包括扫描器驱动信号（如移位时钟）和视频输出的处理信号（如采样脉冲）。

（5）数据压缩/扩张电路：R96FE 芯片内的 MH、MR 数据压缩和扩张电路可满足 CCITT 建议 T.4 的要求。

（6）总线控制器：传真引擎芯片内部包含了总线控制器和地址译码器。总线控制器产生地址、数据和控制总线信号；地址译码器产生片选信号。这些信号可直接连接外部的 ROM、RAM 和其他外部设备配置。片内的控制器支持扫描器、打印机和外部 RAM 之间的高速数据传送。

（7）扫描器快速 A/D 转换器：R96FE 芯片内含有一个 6bit 快速 A/D 转换器，可直接与扫描器相接，A/D 转换器的参考电压输入受外部背景校正电路控制。

（8）视频处理电路：传真引擎芯片内部的视频处理电路可用于扫描器数据的阴影校正，校正由扫描传感器和光源引起的非线性失真。

而 R96FE 芯片，由片内 RAM 支持两种校正方式：一种校正方式以 8 个像素为一组，进行一次校正，片内 RAM 存储的 256 个字节，对每 8 个连续像素位置校正一个字节；另一种校正方式，用 2k 字节的片内 RAM，分别对每个像素进行校正，但这需要外接 RAM 存储 CPU 变量。R96FE 芯片内含有一个行和列完全独立的 8×8 抖动编码表，这个抖动编码表存储在片内 RAM 中。

（9）外部存储器（ROM、RAM）：外部存储器（ROM）传真的引擎存储全部程序编码。外部存储器（RAM）存储扫描线数据和图像数据。外部 ROM 和 RAM 直接接在传真引擎的地址、数据和控制总线上，由芯片内的 CPU 和 DMA 控制器对其进行读写控制。

3. 传真引擎在传真机中的应用

传真引擎芯片问世后便受到广大传真机生产厂家的青睐，很快在三类传真机中得到采用。如国内的多元传真机（DY-16、DY-5M 等）、国外的韩国三星的 SF-505 型传真机、日本松下的 KX-F90B 型传真机，这些传真机的系统控制电路均以传真引擎芯片为核心组成。其以传真引擎芯片为核心组成的传真机控制电路框图，如图 2-16 所示。在三类传真机中，传真引擎芯片提供了扫描器接口、打印机接口和通用的输入/输出（I/O）接口。

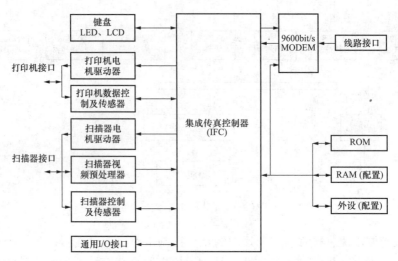

图 2-16　以传真引擎芯片为核心组成的传真机控制电路框图

由图 2-16 可见，以传真引擎芯片为核心组成的传真机控制电路框图各部分的作用或原理如下：

（1）通用的输入/输出（I/O）接口。传真引擎芯片有 26 个通用的输入/输出（I/O）接口，在三类传真机中，这些接口一部分用于操作面板上的键盘与 LCD 显示器控制信号，另一部分用于步进电机的控制信号，还有一部分用于传感器的状态检测。

（2）扫描器接口。该扫描器接口具有的功能具体如下：

1）扫描器控制：输出 CLK1/CLK2、CLK2、START 三路信号，其中 CLK2 用于复位脉冲；CLK1/CLK2 用于移位脉冲；START 信号用于 CCD 器件的转移脉冲。

2）视频电路控制：输出 VIDCTL0、VIDCTL1、CIDCTL2 三路信号，其中 VIDCTL1 用于输入峰值提取的区域选择信号；CIDCTL2 用于扫描数据传输控制。

3）视频 A/D 转换器：其精度为 ±0.5LSB；输入范围为 $0 \sim U_{DD}$ 或 U_{REF}；差动输入范围为 $0.8 \sim 3.0V$；工作范围为 $-U_{REF} \sim +U_{REF}$；不需要采用保持电路。

（3）打印机接口。打印机接口具有以下两种功能：

1）选通信号产生：可编程产生 1~9 个选通信号，这些信号可由芯片中的 CPU 编程控制选通宽度，从而实现对热敏打印头的控制。

2）打印数据传输控制：输出 PDAT、PCLK 和 PLAT 三路信号，其中 PDAT 为打印数据；PCLK 为移位时钟；PLAT 为数据锁存信号。

（4）传真引擎芯片与调制解调器（MODEM）的连接。传真引擎芯片是通过地址总线和控制总线与调制解调器（MODEM）相连接，以并行方式传送数据到调制解调器（MODEM），并且从调制解调器（MODEM）接收数据信号。

4. 传真引擎的性能特征

（1）将传真机的几个主要控制电路集成在一块芯片内，使外部电路的元器件数量大大减少，从而简化了电路设计、降低了成本、节约了开发时间和费用、减少了功耗并提高了整机的可靠性。

（2）具有可编程的热敏打印头接口。R96FE 打印宽度可达 2048 个像素，可提供 9 个选通信号，片内还有热敏打印头温度 A/D 转换器。

（3）具有可编程扫描器接口。R96FE 扫描宽度可达 2048 个像素，扫描一线的最少时间为 5ms，不需要外部采用和保持。

（4）视频处理。R96FE 能支持 6bit 快速 A/D 转换器与参考电压输入，支持外部背景校正。扫描器阴影校正（8bit/像元）用内部 RAM 的每 8 个像素校正一次或用外部 RAM 的每个像素校正一次，有一个 8×8 模式的抖动编码表。

（5）内部 CPU 有 7MHz 时钟频率，实现对外部设备的可编程等待状态。

（6）可编程控制两个步进电机。

（7）可编程的操作面板接口。R96FE 支持 32 个键和 8 个 LED 指示灯，此外，还支持 LCD 显示器。

（8）可编程输出告警音调。

（9）满足三类传真机的发送/接收要求。

任务 2.8　调制解调器

日本公司近年推出新一代三类传真机，如多元 DY–5M、多元 DY–16T 和多元 DY–80A（T）机等，这些传真机采用的调制解调器是 R96MFX 单片式。下面就以单片式 R96MFX 调制解调器为例介绍。

单片式 R96MFX 调制解调器的接口电路组成，如图 2–17 所示，其各部分的作用如下：

（1）供电情况。当 R96MFX 调制解调器接上电源时，其加电复位信号 POR 变成低电平 POR，350ms 后，POR 由低电平变成高电平，R96MFX 完成初始化过程。无论何时，只要 +5V 端的电压低于 3.5V，达到 30ms 以上或外部加一个 3μs 以上的低电平到 POR 端，就会产生 POR 信号系列。一旦 R96MFX 经 POR 信号系列复位后具有下列初始状态：传输速率为 9600bit/s；串行数据方式；T 为均衡器；标准的回波防护单音；接收器的接通门限为 −43dB。

（2）接口存储器。接口存储器（DSP）用双通道与主 CPU 进行通信。DSP 含有 32 个 8bit 寄存器，每个寄存器可由主 CPU 读出或写入数据。主 CPU 通过写控制位和参数接到接口存储器，或以接口存储器读状态位和参数值来控制 MODEM 工作。

在接口存储器中，各寄存器和寄存器对应位，见表 2–3。其各位定义如下：

ACC1、ACC2：RAM 路径 1 和路径 2。

ADD1、ADD2：RAM 地址 1 和地址 2，为 X 和 Y 数据或系数的 RAM 地址。

BA1：通用缓冲器 1。BA1 为 1 表示写诊断数据到 MODEM，或从 MODEM 读诊断数据。

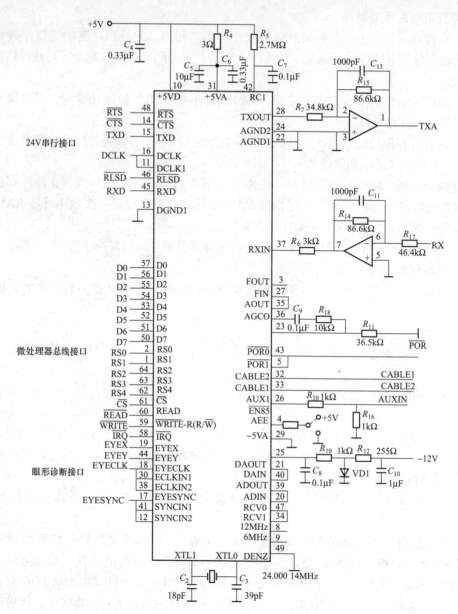

图 2 – 17　R96MFX 调制解调器的接口电路图

表 2 – 3　　　　　　　　寄存器和寄存器对应位

对应位 寄存器	7	6	5	4	3	2	1	0
1F								SETUP
1E	1A2	1A1	1E2		BA2	1E1		BA1
1D								
1C								
1B								

续表

对应位寄存器	7	6	5	4	3	2	1	0
1A								
19								
18								
17								
16								
15	ACC2	0	0	0	0	BR2	WRT2	CR2
14	RAM 地址 2（ADD2）							
13	XRAM 数据 2 高位（XDAM2）							
12	XRAM 数据 2 低位（XDAL2）							
11	YRAM 数据 2 高位（YDAM2）							
10	YRAM 数据 2 低位（YDAL2）、数据缓冲器（DBUFF）							
0F	FED	FED					CTSP	CDET
0E								
0D	RX	PN			G2FGC			
0C								
0B								
0A								
09			EQF2					
08	FR2	FR2	F1	12TH				
07	TRSP	TDIS	PDM		EPT	SQEXT	T2	
06	组态寄存器							
05	ACC1	0	0	0	0	BR1	WRT1	CR1
04	RAM 地址 1（ADD1）							
03	XRAM 数据 1 高位（XDAM1）							
02	XRAM 数据 1 低位（XDAL1）							
01	YRAM 数据 1 高位（YDAM1）							
00	YRAM 数据 1 低位（YDAML1）							

BA2：通用缓冲器 2。当 MODEM 处于并行数据方式时，BA2 置于 1 表示，发送时读寄存器 DBUFF，接收时写寄存器 DBUFF；当 MODEM 处于串行数据方式时，BA2 置于 1 表示，写诊断数据到 MODEM，或从 MODEM 读诊断数据。

BR1、BR2：波特率 1 和波特率 2。当 BR1 或 BR2 置于 1 时，以 MODEM 波特率读写与 ADD1 或 ADD2 有关的 RAM；当 BR1 或 BR2 置于 0 时，以 MODEM 采样速率读写与 ADD1 或 ADD2 有关的 RAM。采用 G2、FSK 或单音方式，BR1、BR2 必须置于 0。

CR1、CR2：系数 RAM1、RAM2 的选择。当 CR1 或 CR2 置于 1 时，ADD1 或 ADD2 的寻址系数为 RAM1；当 CR1 或 CR2 置于 0 时，ADD2 寻址数据为 RAM2。CR1 和 CR2 必须按希望的 RAM 地址设置。

CONF：组态寄存器，其作用与早期三片式 R96FAX 中的组态寄存器完全相同。

CDET：载波检测。当其为 1 时，表示接收器已收到训练序列或检测到载波能量；当其为 0 时，表示接收器处于空载状态或训练过程中。

CTSP：清除发送。CTSP 为 1，表明 DTE 已经完成训练序列，TXD 上的数据可以发送。

SETUP：设置。当改变 MODEM 组态时，将其置于 1，在组态改变完成后，置于 0。

DBUFF：数据缓冲器。当 MODEM 处于并行数据方式时，主微处理器通过从 DBUFF 读数据字节，得到接收数据，通过写数据字节，得到 DBUFF 发送数据，送到 MODEM。

IE1、IE2：中断使能 1 和中断使能 2。

IA1、IA2：中断作用 1 和中断作用 2。

PDM：并行数据方式。当 PDM 置于 1 并且 MODEM 为发送器时，从 DBUFF 发送数据；当 MODEM 为接收器时，数据从 DBUFF 送到主微处理器。

RTSP：请求发送。

R96MFX 的性能指标、典型误码率和典型相位抖动与早期三平式 R96FAX 的 MODEM 的性能完全一样。

（3）微处理器（CPU）接口。微处理器（CPU）接口由片选信号、读写信号 5 根地址线、8bit 数据线和中断请求线组成。片选（CS）信号使主 CPU 选通 R96MFX 的数字信号处理器（DSP），主 CPU 通过地址线（RS0 ~ RS4）选择 DSP 接口存储器中的寄存器，通过 8bit 数据线（D0 ~ D7），主 CPU 可选寄存器读状态位和写控制位，从而改变 MODEM 组态、读写通道、诊断数据和支持 MODEM 工作。

读信号 RD 和写信号 WR 的作用是在读周期，从所选寄存器读出的数据经过三态驱动器送到数据总线上，这些驱动器迫使数据线在"1"时为高电平，"0"时为低电平，不读时，三态驱动器保持高组状态；在写周期，来自数据总线的数据写入所选寄存器，分别用"1"和"0"状态，表示总线为高电平和低电平。处理器接口时间见表 2 – 4。

表 2 – 4　　　　　　　　　　　　处理器接口时间

参数	符号	最小	最大
CS 建立时间	TCS	0	
RSi 建立时间	TRS	25	
数据存取时间	TDA		75
数据保持时间	TDHR	10	
控制保持时间	THC	10	
写数据建立时间	TWDS	20	
写数据保持时间	TDHW	10	

中断请求信号 IRQ 直接接到 CPU 中断请求输入端，IRQ 信号可立即反映出 MODEM DSP 的条件变化。DSP 的请求信号 IRQ 输出为漏极开路的场效应管（FET），可与其他的 IRQ 进行"线与"。由于 IRQ 输出为漏极开路，因此要求外接上拉电阻。当只用 MODEM IRQ 输出时，该上拉电阻取 $5.6k\Omega \pm 20\%$、0.25W 较为合适。

（4）串行诊断接口。诊断信号通过串行诊断接口输出到示波器，用于显示接收频带分布，以监视线路干扰。

1）EYEX 和 EYEY。EYEX 和 EYEY 以串行数据方式分别输出到示波器的 X 轴和 Y 轴，经串/并转换器转换成模拟信号。EYEX 和 EYEY 输出的数据为 15bit。

2）EYECLK。EYECLK 是用于 EYEY 数据进行串/并转换的移位时钟。

3）EYESYNC。EYESYNC 用于加载数/模转换器的选通脉冲。

（5）V. 24 接口。V. 24 接口为串行接口，包括时钟、数据和控制信号。当连接导线较短时，这些信号兼容于 TTL 标准电平；当连接导线较长时，可将这些信号转换成 RS - 232C 电平。其 V. 24 接口信号有：① 发送数据 TXD。它是发送串行数据。② 请求发送 RTS。当 RTS 有效时，允许 MODEM 在 CTS 有效期间在 TXD 端发送数据。③ 清除发送 CTS。CTS 有效，表示 MODEM 已做好发送数据的准备。④ 接收线信号检测 RLSD。V. 29 和 V. 27 接收线信号检测 RLSD 在训练系列结束时有效。若在接收门上，未检测到训练序列，则 RLSD 从关到开的响应是 804dB。对于检测到训练序列 V. 29 规定，RLSD 从开到关的时间是（30 ± 9）ms；而 V. 27 的时间是（11. 6 ± 5）ms。RLSD 从开到关的时间确保所有通过的数据位都出现在 RXD 上。⑤ 接收数据 RXD。接收串行数据输入端。⑥ 数据时钟 DCLK。R96MFX 提供单个数据时钟输出。

（6）模拟信号。发送器模拟输出（TXOUT）和接收器模拟输入（RXIN）允许 MODEM 通过缓冲器和音频变压器或数据通道接到租用线或 PSTN 上。备用模拟输入（AOXI）为总音频信号提供了发送器的通路。

1）备用模拟输入（AUXI）：AUXI 为用户提供通向发送器的接口。由于 AUXI 是采样输入，所以高于 4800Hz 的信号将引起混淆错误。AUXI 输入阻抗大于 1MΩ，达到 TXOUT 的增益（5. 6 ± 1）dB。

2）接收器模拟输入（RXIN）：RXIN 的输入阻抗大于 1MΩ。RXIN 在 MODEM 和线路接口之间接有一个外部抗混淆滤波器，其转换功能为 21 551. 72/（±11 547. 34），送到抗混淆滤波器的最大输入电平应不大于 0dB。

3）发送器模拟输出（TXOUT）：TXOUT 的最大输出为 ± 3. 03V，最小负载电阻为 10kΩ。发送器模拟输出端有一个外部平滑滤波器，其串联电阻为 604Ω，可与 600Ω 线路阻抗相匹配。平滑滤波器的转换功能为 2 873 563/（±11 547. 34）。

（7）电缆均衡器（CABLE）。当信号通过电缆传输时，电缆的带通特性，即低频段（300 ~ 1700Hz）衰减低于高频段（1700 ~ 3300Hz）衰减，而且电缆越长，影响就越大。为了抵消这种影响，通常在模拟信号中串联电缆均衡器，使低频衰减大于高频衰减。在 R96MFX 调制解调器上加用了三个电缆均衡器，就是对电缆失真进行补偿。电缆均衡器可选择在发送时插入发送通道，接收时插入接收通道。通过将 CABLE1 和 CABLE2 置于 0 或 1，可选择均衡电缆的长度，见表 2 - 5。

表 2 - 5　　　　　　　　　　　　　　均衡电缆的长度

CABLE2	CABLE1	电缆的长度/m
0	0	0. 0
0	1	1. 8
1	0	3. 6
1	1	7. 2

任务 2.9　电话网络控制电路

网络控制单元（NCU）又称为线路接口单元，是电话线路与传真机之间的接口电路。网络控制单元板在调制解调器与外线电路之间，由振铃检测电路、摘机检测电路、电话机与传真机的切换电路、发送/接收电路、拨号脉冲产生电路等组成，用于控制电话与传真、接收或发送等方式的转换，如图 2 - 18 所示。

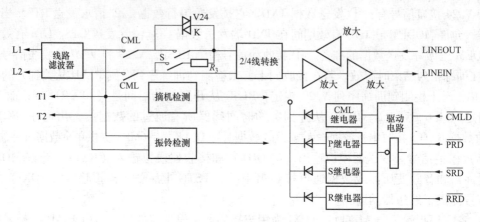

图 2 - 18　NCU 电路框图

网络控制单元电路的作用有：一是对电话机或传真机倒换接通电话线路进行控制，在传真通信的呼叫建立阶段（阶段 A）和呼叫释放阶段（阶段 E）起作用；二是为传输信号提供通路，NCU 电路接在电话线路和调制解调器之间，用作双向传输信号的电话线路与单向传输信号的调制解调器之间的连接。当发信号时，调制解调器输出的发送信号经过此电路输出到电话线上；当收信号时，接收信号经过此电路输入到调制解调器。

1. 线路接口单元电路

NCU 电路方框图如图 2 - 18 所示。该电路的功能如下：

（1）发信功能：输出信号电平调整，频带外信号功率抑制。

（2）收信功能：接收信号电平的放大和调整，群延迟均衡。

（3）网络控制功能：电话摘机信号检测，振铃呼叫信号检测，自动拨号信号发送，兑换机与传真机倒换。

2. 直流环路

直流环路如图 2 - 19 所示。

由图 2 - 19 可见，直流环路由继电器 CML 和 S1 的触点、扼流线圈 LC 和串联电阻 R_{15} 等组成。

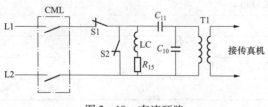

图 2 - 19　直流环路

直流环路的作用是在传真通信期间为电话线路提供直流回路。电话线上有直流存在表示这对用户线占线。由于传真机与 CML 电话线路之间的传输信号都是交流信号，因此，要保证在传真通信期间电话线路通过直流环路与传真机的内部电路连接，一方面要维持电话线路接通所必需的直流；另一方面要提供传真机与检测电路直流环路外线之间的交流信号回路。在摘机状态，环路之间的直流电阻约为 200Ω。

3. 拨号电路

自动拨号电路通常由主 CPU 控制继电器 S1、S2 动作实现。S1、S2 继电器的触点接在直流环路中，如图 2-19 所示。开始拨号时，来自主 CPU 的控制信号使继电器 S1 动作，其触点闭合，电话外线通过扼流线圈 RET 和串联电阻 R_{15} 形成直流回路。当继电器 S2、S1 的触点断开时，电话外线又处于断开状态，随着继电器 S1 的触点不断开闭，电话线路也不断地闭合和断开，相当于发送出一串脉冲信号，从而形成拨号脉冲。继电器 S2 在继电器 S1 触点断开和闭合，释放扼流线圈 RET 中的储能。

S1、S2 继电器通过驱动器接至主控电路的输入输出接口，主 CPU 根据所拨的电话号码发出相应的控制指令，使 S1、S2 继电器按照主 CPU 的指令动作，实现自动拨号功能。

4. 电话机与传真机的倒换电路

电话机与传真机之间的自动切换工作由继电器 CML 进行。当不进行传真通信时，继电器 CML 的触点断开，电话外线与电话机相连。在建立传真呼叫后，CML 动作，其触点闭合，电话外线与传真机相连。

5. 收、发混合电路

收、发混合电路如图 2-20 所示。

由图 2-20 可见，收、发混合电路由衰减器、收发信号混合集成电路和 PIS 信号检测电路组成。其作用是主要用于传真机收、发信号的 2-4 线转换、输出电平的调整和 462Hz 的 PIS 信号检测。

传真通信是半双工通信，发送和接收信号都在一条电话线路上传输，即电话线上是双向传输信号。由于传真机的调制解调器只能单向传输信号，不能反向传输，因此，在电话线路与调制解调器之间，存在双向与单向电路转换，即发送和接收信号的 2-4 线转换。收、发

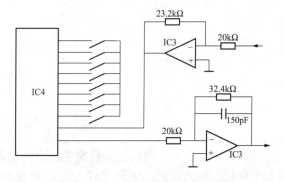

图 2-20 收、发信号混合集成电路

信混合集成电路 IC4 就是用于完成这种转换的。发送信号由发送端经 IC4 送往电话线路，而不能进入接收电路，从电话线路上收到的接收信号在通过混合电路后，才能进入接收电路。

6. 振铃信号检测电路

振铃信号检测电路，如图 2-21 所示。

由图 2-21 可见。振铃信号检测电路由光电耦合器 A1，双向二极管 VA1，二极管 VD4、VD5、VD1 和 R_{11}、R_{13} 组成。该电路也与电话机并联。当振铃信号传来时，经过由 VD4 和 VD5 组成的半波整流电路，在 VD4 整流周期内，A1 发光二极管导通，对应的光敏三极管也导通，经过驱动器 IC3 反相后输出低电平，从而形成呼叫指示（CI）信号，表示线路上存在振铃呼叫信号。

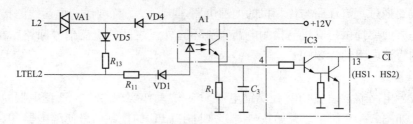

图 2 – 21　振铃信号检测电路

摘机信号检测和振铃信号检测都直接取电话线路，而电话线两端的直流电压高达 50 V 左右，这样高的电压是不能直接加到主控电路上去的，必须转换成标准的 TTL 电平。电路中的光电耦合器 A1 和驱动器 IC3 就是电平转换的接口电路。从驱动器输出的 CI、HS1、HS2 信号电平都是标准的 TTL 电平，可直接和主 CPU 的输入输出接口相连。光电耦合器的另一个重要作用把电话线路和传真机内部电路隔离开来，防止电话线上的干扰信号窜入主控电路，影响主控电路正常工作。

7. 摘机信号检测电路

摘机信号检测电路，如图 2 – 22 所示。

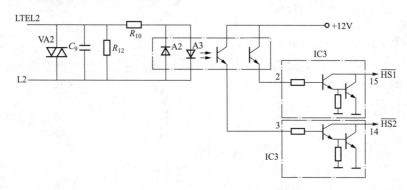

图 2 – 22　摘机信号检测电路

由图 2 – 22 所示，摘机信号检测电路由光电耦合器 A2、A3，电阻 R_{10}、R_{12}，电容 C_9 以及和电话机并联的双向二极管 VA2 组成。该电路用于检测电话机是否摘机。光电耦合器由发光二极管和光敏三极管组成，光敏三极管受发光二极管的光照射而导通。当电话机摘机时，电话机内的直流回路接通，由于光电耦合器 A2、A3 的两个发光二极管反向并联，因此必须有一个导通。导通的发光二极管发出的光照射到对应的光敏三极管上，光敏三极管导通，经驱动器 IC3 反相后，HS1（或 HS2）输出低电平，即表示摘机状态。当电话机控机时，由于电话机内的直流回路不通，即使外线电路有直流电压，也不能构成回路，此时光电耦合器 A2、A3 的发光二极管均不导通，与之对应的光敏三极管也不导通，HS1（或 HS2）输出高电平，即表示挂机状态。

8. 避雷器

网络控制（NCU）电路直接和电话线路连接，容易受到电话外线产生的冲击电压的损害，因此，在 NCU 电路的输入端通常接有一个三端避雷器。该避雷器的 ARG 端把外部地和机内地完全隔离，从而防止了冲击电压对 NCU 电路的损害。

任务 2.10　传真机的主要功能使用参数设定

三类传真机的一些用户使用参数或功能，可以通过机上的硬件开关和软件开关来设置或修改。

（1）硬件开关。硬件开关主要是一些拨动开关、V 形短路环和插拨开关等。通过改变其连接关系、使用线路类型及电池的通断等。这些开关通常装在相关的电路板上，通过它们可以改变电路的结构，从而达到改变参数或功能的目的。

（2）软件开关。软件开关实质是一组 8bit（或其他位数）的二进制代码。其中每一组叫一种方式，代表一个方面的内容。每一组的每一位都有特定的含义，或者代表某个功能的有无，或者确定了某一参数的数据。当按规定的方法去改变软件开关中某一位是"1"或"0"的状态时，就改变了传真机所具有的功能或所使用的参数，满足了用户在不同场合下的需要。

需要注意的是，在出厂时硬件开关和软件开关的状态所确定的内容可见使用或维修说明书中相应表格，多数以"0"作标记，出厂后一般不需要再加调整就能满足大多数使用场合的需要。如果确实需要改变参数或功能时，均应在正式开始传真通信之前，由操作人员按使用说明要求重新设定，否则传真机只能按出厂状态所确定的功能和参数进行工作。

下面以多元 DY – 5M、多元 DY – 5M Ⅰ、多元 DY – 5M Ⅱ 传真机为例说明其主要功能使用参数设定。这里所讲的设定内容适用于多元 DY – 5M、多元 DY – 5M Ⅰ、多元 DY – 5M Ⅱ 三种机型。

1. OMR 纸张的设定

（1）利用软性铅笔涂黑原始的 OMR 纸张上的方格，设定下列各项：

1）名称设定为 TTI：最多可设定 20 个字符（因为出厂设定为无）。

2）传真设定为 CSI：每一横行仅可涂黑一个方格，用户的传真号码，最多可设定 20 个字符（因为出厂设定为无）。

3）振铃设定：（出厂设定为：2～3 声）在自动（AUTO）接收模式下，设定的振铃响数声后，传真机才能接收。

4）传送报告设定：（出厂设定为：NO 不打印）可选择是否（"YES"或"NO"），即每次传送文件之后，打印传送报告或不打印传送报告。如果传送时发生错误，则一定会打印报告。

5）语言设定：（出厂设定为：E 英文）E：英文；F：法文；G：德文；I：意大利文；S：西班牙文等（使用者可根据自己的需求设定打印报告的种类）。

6）静音检测设定：（出厂设定为：OFF 关）选择要不要使用此功能。如果选用此功能，可以选择三种静音检测时间为 6s、9s 或 12s。

7）电话/传真（TEL/FAX）自动辨别时间：（出厂设定为：18s）如果电话/传真自动辨别设定为"YES"时，且在自动接收（AUTO）模式下，而进来的电话不会发出传真信号，传真机会依用户所选择的时间发出声响，通知用户有电话进来。如果没有在警示时间内接起话筒，传真机将自动进入传真接收模式。

8）电话/传真的自动辨别设定：（出厂设定为：YES 是）如果本机只作收发传真之用，涂黑"ON"方格即可。

9）遥控接收码设定：（出厂设定为：＃＊7）在"＃"、"＊"键后选择 1、3、5、7、9 其中之一中的一个数字。可利用这个数字的选择预防遥控接收码和电话答录机的控制码相同。

（2）进行纸张设定时应注意以下几点：

1）OMR 纸张上每一行或每个功能只可涂黑一个方格。

2）参考 OMR 纸张中的第 2 张，可查询文字和数字的代号。

3）若想改变 OMR 纸张的设定时，仅须用橡皮擦轻轻地擦掉方格内的铅笔记号，重新涂黑新的选择方格即可。

2. OMR 模式设定

（1）进入 MOR 设定。用下列的任何一种方式都可进入 OMR 设定模式。

1）按"传真/复印"及"停止"两键不放，同时打开电源，直到听到 4 声"哔"后，才可放开"传真/复印"及"停止"两键。

2）机器在待机状态，并且文件送纸口没有放置任何文件时，用户可在 1s 内按 3 次"解析度"键。

传真机上的吸纸、图像、自动接收和电话答录机的四个指示灯同时闪烁时，即表示一切步骤正常，也就是说传真机已进入 OMR 设定模式。

（2）OMR 设定的操作具体步骤如下：

1）将设定完成的 OMR 纸张字面朝上，顺着箭头的方向，沿着文件槽的左边送入传真机内。

2）按"传真/复印"键，传真机开始读 OMR 纸张内的资料。如果还有要设定的 OMR 纸张时，可在此张 OMR 纸张送完之后，再放入下一张 OMR 纸张。

3）如果设定有误，"错误"指示灯便会亮起来，同时会听到"哔哔"的响声。此时须再回到起始步骤，开始重新设定。

4）按"停止"键可退出 OMR 设定模式。如果 OMR 纸张曾经被放入文件档案里，传真机会印出一张"OMR 设定报告"，否则回到待机模式。

任务 2.11　检修传真机的基本知识及常用工具

2.11.1　传真机检修前的准备

本节将介绍检修传真机故障时，应对灵敏度高的电子设备造成严重威胁的静电问题进行必要的阐述。

1. 静电及消除

所谓静电常称为静电放电，从事传真机维修工作之前，必须首先弄清静电问题。静电放电对电子设备环境来说是很危险的，因为静电放电时的负荷比组件设计的承受负荷大许多倍，有时，连人都感觉不到的少量静电就能毁坏精密的集成电路。人在梳理头发、穿汗衫或在地毯上行走都会带上静电，这些静电待机而释放出来。静电总是被大地导通，所以人体所带静电通过接地，或接触能够导电的物体可以被释放。进行电子设备操作时带上腕套是一种有效的防静电的方法，因为它能够接触电源的外壳，而机壳是通过地线接地的，另外在工作台上使用静电垫也很有效。

（1）防静电——为电子设备"喷雾"。为了避免静电干扰，常可在运输过程中用袋子、箱子及泡沫制品来保护组件，还可通过购买防静电电缆来清除表面静电，以保护电子设备。

静电喷雾也能有效地降低静电干扰。软化剂和水可用作静电喷雾材料，这种材料能够吸取环境中的灰尘。把静电喷雾材料装入瓶中，放置在地毯上、电子设备附近的空地上或进行喷雾，都能有效地降低静电干扰。

（2）防静电——检查接地情况。维修人员常会发现，一些有问题的设备使用的电源一般都是三相的，但是第三个接头可能并没有与大地相连。在旧的建筑物中维修传真机时，这是一定要检查的，因为这里的线路可能被更换过，从而忽视了这第三个接头。

在通常的工作室进行维修时，也要常常注意这三个接头（0 线）接地的情况，即检查传真机的地线与电源地线接地是否良好，还要检查传真机内部接地是否良好。

在维修前检查传真机的接地情况非常重要，因为现在的传真机由大规模集成电路组成，所以必须接地良好，才能防止静电对电路的破坏；另外良好的接地可以防止维修人员触电，保证了人身安全。因此可以说良好的接地系统是传真机检修和测试的先决条件。

2. 维修前的准备

（1）资料的准备。传真机是一种高科技的通信设备，不仅技术复杂，而且价格也比较贵。因此在对故障传真机进行维修时，必须要备足传真机的维修资料，如使用说明书、传真机电路图等资料。只有这样才能顺利地维修各种故障的传真机。

（2）询问传真机的用户。当维修人员接收到一台故障传真机时，首先应向传真机的用户询问清楚出现故障的一些现象和原因。因为传真机出现故障时，该传真机的操作人员是提供信息的主要来源，所以应该向他了解一些关键性问题。比如，该机以前能否正常运行，如果是，再问功能是否正常，假如它以前就不正常，那么这个事实就为现场维修带来了巨大的困难；如果该传真机在以前是正常的，那么，就应该继续问："是什么时候出的毛病？"如果能发现传真机是在暴风雨过后，或一些其他重大事件之后发生故障的，这就为寻找故障原因提供了线索。

询问有关传真机正在进行何种操作及不能进行操作的情况，用户的回答应该是征兆的详细描述。尽管某些用户试图说出他们的判断，但维修人员应针对某些征兆进行了解，如"看到闪光没有？""有响声音吗？""叙述一下出现故障时有什么情况发生"，等等。还要询问用户："停机之前你们正在做什么？"目的是想知道他们发生故障前的操作是否可能导致故障的发生，比如机器挪动了位置，造成某个电缆线或电路板的松动等。

维修人员除了询问尽可能了解传真机的故障现象外，更重要的是争取找到外界或人为因素造成的问题，如上述故障出现之前是否出现停电。如果是电源指示灯不亮，显示屏无显示，还可询问他们的传真机电源电压是多少。如果是 110V 的电源错插到 220V 上，同样会出现烧毁电源的情况，另外传真机出现收、发故障时，应该询问在此之前传真机收、发是否正常，是突然通信不良，还是逐渐形成的。一般突然不通信往往是外界或人为的原因。例如，在雷雨季节，雷电的强信号有时会造成传真机某些电路的局部损坏，导致传真机不能收、发。传真机移动位置时，用户在重新安装时，接线错误也会造成传真机不能正常通信的故障。

（3）认真阅读说明书。维修人员在维修高档的电子设备之前，必须要认真阅读机器的使用说明书，这样才能对机器的主要操作有一个全面性的了解。然后再根据自己的维修经验对传真机的常规性能作出判断，有利于快速排除故障。

2.11.2　维修传真机的常用工具与应用

1. 维修前的准备

用于传真机日常维护与维修所必需的工具和测试仪器并不多，也不昂贵，维修场地也不需要很宽，但进行维修前须做一些准备工作。

（1）足够的工作空间。为了传真机维修方便，需要有一个防尘的、明亮的并使人感到很舒适的工作环境。不要将传真机放到仓库或类似的地方，这些地方的灰尘及油污很容易污染传真机内部的工作部件。通常起居室或办公室的桌子较为理想。

另外，为了便于经常对机壳除尘并提供足够的通风以保证传真机正常工作，而且便于直接在用户家中或办公室里进行维修，传真机的摆放需要有足够的空间。

在对机器进行维修以前，要在工作台上摊上一小块干净的地毯或粗织布，以防止桌子被机器划伤和压坏，同时将各种工具妥善地放入工具箱内。工具箱里有许多小格子，可放置螺钉和卸下的其他部件。

当然最好的工作空间应是维修人员离开几小时或几天，传真机不受干扰的地方。其他人员应禁止靠近或接触工作台，至少工作区应易于监视。有些用来清洗传真机的化学剂是剧毒的，所以须将其放置在孩子们拿不到的地方。

需要提醒的是，当打开传真机盖时有触电的危险，应采取措施以防人受伤，不要让机器无人看管，更不要让人触及高压线。

（2）现场维修携带的工具和仪表。一般现场维修携带的工具和仪表包括多种尺寸的十字螺丝刀、平头螺丝刀、小尺寸的活动扳手和长嘴钳。当遇到更换件焊接或将断开的电线重新连接在一起时，还需要用到小烙铁、手持式多功能测试仪表和万用表。各种芯片起拨器以及特制的工具等也是必备的。但是，如果到现场进行维修，遇到更换电路板或涉及机械部件的操作时，常常发现工作台甚至地面的空间都不够用，一种能将各部件放在一起的上开书包很适合，它既节省空间，又能装载很多的东西。

2. 常用工具简介

（1）手动工具。通常只需要用螺丝刀和钳子、镊子等普通工具，就可以拆卸机器。大多数传真机使用十字螺钉固定机箱、底座和内部部件，所以一定要有手用十字螺丝刀。有些机器使用六角螺栓，这只是例外，不符合规定。维修时要事先确定好需要的工具，注意不要用坏工具，更不要使用与拆卸物不配套的工具，如用小的手头螺丝刀去拧松六角螺丝，只会划伤螺丝头。如果螺丝刀已经没有磁性，就要到硬件商店里买个螺丝刀磁化器。磁化后的螺丝刀可吸住传真机里卸出和准备重上的螺钉。让螺丝刀头部摩擦大的扬声器磁铁可以代替磁化器，使螺丝刀磁化和消磁，以便把螺钉取出。

取出的螺钉一定要放好，因为它们不像想象的那样容易替换。大多数传真机是日本和欧洲制造的，有一些使用的硬件是日本或英国的公制螺纹，或特殊金属、塑料自攻螺钉，在硬件商店里很难找到这些螺钉，而它们在特殊的销售途径中是很贵的。

钳子也是必备的手动工具，它可松开或固定螺母、垫圈和塑料支座。镊子或小长嘴钳能有助于抓住一些小部件和掉落在机器里的螺钉。镊子可以是平头或钝头的医用镊子，但尖头的镊子不能用。

（2）逻辑笔。逻辑笔可用来测试直流电压寻呼是否存在，数字表示其信号。0V 和 5V 通常分别用 0 和 1 来定义。虽然可以用万用表测试逻辑电路，但结果总是不能令人满意，因为有些逻辑电路状态改变很快（脉冲），万用表不能很快跟踪电压的变化。

逻辑笔被设计成能对特定电路线的逻辑状态给出视觉和声听觉信号。如果是逻辑 0（低电平），逻辑笔的一个 LED（发光二极管）亮，如果是逻辑 1（高电平），另一个 LED 亮。大多数逻辑笔探测时伴有蜂鸣声，它对两个逻辑电平有不同的声调。有了蜂鸣声，用户就不必盯着逻辑笔看逻辑电平了。

逻辑笔的第三个 LED 或声调可以给出脉冲信号。好的逻辑笔可以检测 10MHz 的脉冲，即最小检测脉冲宽度是 50mµs，这用于测试传真机已足够了。

尽管逻辑笔显得很复杂，但它却是简易设备。大多数逻辑笔无工作电池，它是从测试电路中获得工作电压的。做深层次传真机的维修工作时逻辑笔不如三用表那么重要，因此逻辑笔是满足日益增长维修需求的手动工具，而不是日常维护所必需的工具。

使用逻辑笔时，同样要注意安全预防措施。当打开机器的顶盖时，可能会有高电压危险。如果要接近这些电压，就把机器顶盖盖起来以防偶然的电击。逻辑笔工作时，工作电压不能超过直流电压 15V，所以在不能确定特定电路的电压时，先要用万用表量一下电压范围，以确定该电路是否适合使用逻辑笔。

逻辑笔的完好使用还要求有参照的电路原理图。注意，不能盲目在电路上使用逻辑笔。单个传真机电路板可能既含有数字信号，又含有模拟信号处理元器件，必须确切知道每个元器件的工作情况和使用情况。因为逻辑笔是在测试电路下工作的，需要了解从电路的哪个位置可以得到合适的电压。如果连接的电源点不正确，则很容易损坏逻辑笔和测试电路。

为了在维修中方便地使用逻辑笔，须将逻辑笔的电源头连到电路板上的电压源上，将黑色地线夹到电路线上，同时将逻辑笔尖对着一个 IC 块的管脚或其他元器件的引脚进行测试。

（3）万用表。万用表用于测试电压值和电路阻抗值。这一价格较适中的电子工具是中级维护和维修传真机的基本的必需品。现在市场上有许多万用表，对于传真机维修工作，既不要买便宜的，也不要买价格贵的，中等质量的已经足够了。这类表的价格在一般在几十元左右。

1）数字或模拟万用表。数字万用表比模拟万用表的价格要贵，但现在两者价格的差异已在减小。其中模拟万用表使用前必须选择测试的电压类型和范围，估计表针指向的电压值；而数字万用表用清晰的数字显示电压，其精度高于大多数模拟表，并且使用也较方便，同时数字万用表具有自动调挡、准确度高等优点。

2）万用表的安全和使用。大部分万用表只用于测试低电压和电阻，两者相对来说对人体无害。但有时可能需要测试高电压，这时需要特别注意。对于电源的输入端，若不小心操作，将可能会造成严重的人体伤害，即使用户不主动地去测试高压电路，在揭开传真机顶盖时也有可能被击伤。

正常使用时，万用表应放在被测试部件的附近，以使探头接触到机器内部的测试点。插上探头，选择好电阻测试挡位置（如果表不是自动调挡的，使用最小范围挡），然后将两个探头接触在一起进行校验，这时表显示为 0Ω。如果表盘显示不动，应查验一下探头和内部电池，再试试。如果显示仍不是 0Ω，再查验一下范围挡和功能设置，然后将表调整到 0Ω（注意：不是所有数字表都有 0 调整，但大多数模拟表都有 0 调整）。

需要说明的是，一旦万用表被校验好，应重新选择功能和范围挡，把探头连向传真机电路。通常黑探头接地，红探头接到传真机上的测试点。不要为了读一些数值盲目地将探头接到传真机内部，而要把探头探到熟悉的机器部位，如开关接触点、电源接触点等。如果有传真机的原理框图，请结合参照，以便准确地找到测试点的位置。而为了安全，最好的方法是把探头接到地上，然后把夹子与机箱或电路板上的接地点相连，再用红探头去碰测试点，进行测试操作，这样可减少因不小心而造成的电击。

（4）频率计。频率计是用于测试各种数字、模拟和射频（RF）电路的工作频率的仪器。它像示波器一样，对于中档传真机的维护和维修，并不是绝对需要的。

频率计有工作上限，通常其工作的最大范围为 50MHz 时已足够用了。而价格高的频率计有一个预调挡，可将使用工作频率扩展到 500MHz 或更高。

（5）示波器。示波器是价格昂贵的工具。利用它可以测试一些其他设备无法测试的信号，而且测试的精确度较高，能节省时间和减少挫折。

1）示波器的选择。对于示波器的选择，通常是基本的、可观察的机型足够了，但不要满足于价廉的单跟踪示波器。带有 20～25MHz 最大输入频率双跟踪（两通道）显示屏的最好用。双通道可同时监视两条线，所以可以在同一时间比较输入信号和输出信号。一般不需要带存储的或延时扫描信号的显示器，但如果具备这些功能，迟早也会有用的。

示波器不太容易使用。示波器上有许多控制钮，使用前要彻底熟悉一下示波器的工作情况，知道怎样设置操作与怎样开示波器一样重要。当使用带有高压的示波器或靠近高压线路时，要注意安全。

2）示波器可用于测试直流或交流电平，分析数字电路和模拟电路的波形，确定数字电路、模拟电路和射频电路的工作频率，测试逻辑电平。

根据波形观察检测电路的时序，看电路板是否能按正确的次序并在规定的时间间隔内进行。

（6）维修的其他备件或备料。常用的办公设备不需要经常上油和润滑，但有些清洁和注油设备则可能须经常润滑。

1）清洁剂/去油剂。氟利昂虽然是电冰箱或空调机用来作冷却剂的原料，但它也可以用作基本的清洁剂/去油剂，即可用来清除难接触到的灰尘和泥土之类的东西。

氟利昂经常与酒精混合起来制成强力清洁剂，可用作一般清洁剂，也可用作去油剂，甚至是视频头的清洁剂。不过使用这一原料要小心，因为它是易燃和有毒的物质。

2）喷射清洁剂。机器的外部机箱可用湿海绵来清洗。如果是泥土和灰尘带来的问题，就要使用适度的家用喷射清洁剂。注意要把清洗剂喷到海绵和布上，而不是直接喷到机箱上，因为清洁剂喷射进到机箱内可能对传真机起到损害作用。

3）油和润滑脂。油和润滑脂在维修传真机过程中的选用应适宜。其中：① 油。尽管传真机有许多机械部件，并不需要特别进行注油。因为一些部件通常使用高黏度或者部件本身不是金属的。但是仍有少数部件需要注油，特别是在有害环境下使用的传真机，或者是已经使用多年的传真机。② 润滑脂。应是高质量的工业润滑剂，比如非基于石油的硅油产品，市场上有各种润滑脂可供选用。

需要指出的是，传真机的有些机械部件不需要上油或润滑脂，否则会损坏它。比如电机和所有橡胶部件均属此类。而是否需要润滑的可靠的检验方法是，如果机械部件上没有油和润滑脂的痕迹，就不需要上油和润滑脂。这一点要特别注意。

4）其他用具。维护和维修传真机时除了使用上述清洗剂外，还要有如下用具：① 软刷：用于清除机器内部灰尘，可选用质量好，小而宽的，最好是有防静电功能的。② 海绵刷：用于清除多余的油，用它清洗打印头效果非常理想的。③ 摄影真空刷：它有一簇软刷，还有强喷气清洁装置。④ 铅笔擦：可把电气接触处擦干净，特别是它可以用来擦电池泄漏酸带来的污染物。⑤ 绷带纱布：要干净的（实际上无菌），且无棉花毛。⑥ 小磁铁：可用于拾取偶然掉在机器里的螺钉和铁质杂物。⑦ 胶：用于修补传真机机箱塑料外壳的裂缝和碎片，如502胶、接触胶、乳胶等，最适合用来修补破损的塑料和金属件。

2.11.3　维修传真机的一般步骤与方法

1. 传真机的维护与保养

传真通信的质量主要与传真机的完好状态有关（除信道外）。为了保证传真机始终处于良好的工作状态，应当定期地进行维护与保养。

（1）传真机的日常维护。传真机的日常维护，应以使用说明书为准。没有使用说明书的传真机，可以参考表2-6所列项目和方法进行。

表 2-6　　　　　　　　　　　传真机日常维护的项目和方法

序号	项目	维　护　方　法
1	外壳、托盘、操作面板	用干净而柔软的布擦拭
2	镜头、反光镜	用吹气毛刷清洁灰尘
3	输纸辊	清除辊子上的沾着物（如纸屑、碎片等）
4	荧光灯	用软布擦拭灯上的灰尘。若灯的两端严重发黑，应更换新管
5	机械传动部分	加适量的润滑油，使其运转良好
6	压纸辊	用干布将其上的灰尘及杂物擦干净，不能用酒精
7	传感器及微动开关	检查接触是否良好、动作是否灵活
8	切纸刀	清除纸屑杂物，检查活动刀转动是否灵活
9	机器内部	打开机盖，将机内杂物清除干净
10	图像质量	复印样张，对照加以鉴别
11	整机性能	通过线路进行环试，视图像质量，分析整机性能
12	文件分离器	文件分离器为橡胶制品，经过一段时间使用后，将产生磨损现象。一般发送 3000～5000 张报文后应更换
13	感热记录头	用脱脂棉蘸少许酒精擦去记录头上的污垢，禁用镊子等尖利器物，并应断电工作

（2）传真记录纸的保管和使用。具体介绍如下：

1）国内市场上传真机使用的记录纸一般都是热敏纸，它的一面涂有化学物质，当受热时（温度在60℃以上）则呈现颜色。而且当其与酒精、汽油、氨、稀料等接触或长期曝露在紫外线下都会变化。所以在保管时不要与这些物质混存。

2）热敏纸打印的稿件不能久存（一般一个月后就开始褪色），所以不能作为档案资料。

3）热敏纸打印的稿件及已开封的纸应保存在40℃以下的阴暗干燥的地方。

4）未开封的热敏打印机在温度为24℃，湿度为65%的状态下，货架寿命不低于5年。

5）不宜将两张复印件的画面进行接触重叠存放，因为这样会使图像模糊或倒印在另一个图像上。

2. 维修传真机的基本步骤

维修人员从分析过程中得到有效信息时，其推理方法是很重要的，而这些信息的获得可能是从客户那里收集来的，也可能是通过系统诊断得出的。因此，维修传真机通常采用以下步骤：

（1）询问传真机出现的故障（或发生的情况）。

（2）研究可能会用到的资料数据。

（3）设法重演传真机故障发生时的操作。

（4）对传真机进行诊断测试。

（5）根据诊断测试结果判断出故障原因。

（6）按照判断进行修复故障。

（7）再次重演故障（目的是检查修复工作）发生时的操作。

（8）接通电源之后，试机检查。

值得注意的是，维修人员有了一定的维修经验以后，这些步骤的次序就不那么重要了。因为它们当中大部分内容都是显而易见的，然而在进行实际故障检修之前，还要对它们其中的两项作出一些提示。

1）在对故障进行诊断测试时，要注意看和听，因为发现问题的最佳助手就是自己的感觉和推断能力。当被怀疑的传真机启动时，有经验的维修人员从轻微的机器噪声中就可判断出电流是否已到达，同时还应侦听电机声是否运转正常。当指示灯的闪动、传真机出现故障时，应该通过视觉扫描各组件并用触觉寻找弯曲的管脚、松动的连接以及脱出插座的芯片等。维修人员积累了一定的经验以后，便知道如何去观察、倾听和感觉各种事物。这种感觉常常能够预先料到开机后哪个部件工作不太正常。

2）故障诊断测试是传真机维修中最耗费时间、最需要专业知识、最需要经验的关键步骤。而对于有经验的技术人员来说，大部分部件的维修都用不了半个小时，却要找出症结所在，则是最具有挑战性的一步。

3. 传真机故障的处理原则

为了保证传真设备的正常运行，操作使用人员要经常注意观察与检查机器出现的一些小毛病，并给予及时的维护。当传真机出现故障时，可遵循下述的原则进行处理。

（1）掌握故障现象。了解故障产生的过程，观察机内是否有烟、有味或有火花等。如果机器处于可操作状态，还可以进行动态与静态测试，或进行收、发通信测试检查。

（2）分析故障来源。通过对故障现象的观察和本机测试结果的分析，判断故障是在发送部分、接收部分还是在外线。

（3）查找故障原因。根据故障现象和其发生的部位找出故障产生的原因，并区分出是机械方面的原因，还是电气方面的原因。

（4）进行故障排除。当确定了故障发生的部位，找到了其产生的原因之后，便可根据实际情况，采取有效的方法，对出现的故障进行维修，更换损坏的零部件或维修电路板，直至排除所有故障。

（5）排除故障后要测试。当故障检修完成后，要进行复印样张检查或进行互通试验，若机器能正常工作，则表现故障已经排除。

（6）记录检修过程。机器检修测试完成后，应将故障现象、产生原因、排除方法、复印效果等一一详细记载，供今后排除故障作参考。

4. 传真机的故障判断方法

由于故障判断是维修机器的前提。所以判断失准而又轻易地盲目动手，往往会使无故障变成有故障，使小故障变成大故障，致使机器难以修复。因此，在判断故障是发生在本机还是发生在对方；是线路上的原因还是操作不当，应多方比较反复进行。为了防止和减少人为故障和损坏，对机器故障，要抱着"宁可信其有，不可信其无"，"宁可信其大，不可信其小"的态度，千万不可轻易下结论。这是因为：

（1）根据统计分析，在声称机器有故障，请求维修的用户中，真正属于机器故障的仅占30%左右，其余大部分是属于安装使用不当或线路原因造成。

（2）凡是专业工厂正规生产的产品，都经过严格的例行试验，因元器件自然损坏而产生的故障，一般不会超过3%。

（3）传真技术已经成熟。目前市面上常见的传真机，不论设计、工艺，还是零部件的性能指标都已达到规定的要求。一般来说，只要在规定条件下使用，都不会无故损坏。

为了提高维修者在维修过程中的判断故障的速度，可以参考图2-23，它是一个判断通信失败原因的流程图。

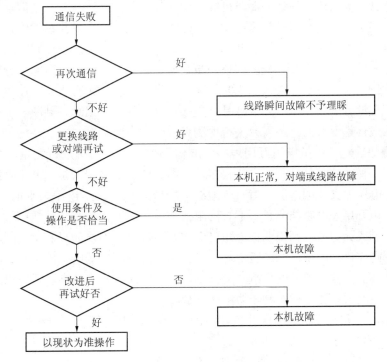

图 2-23　判断通信失败原因的流程图

当然，即使按图2-23中所示的流程图判断是机器本身的故障，也不要立即就认定是某块电路板或某个零件有故障并动手修理。而是要先检查保险、连线是否断开或松动，或检查传感器、切纸器等有没有移位或卡死，只有对这些故障易发部位先检查无误后，才能对电路板等其他部件进行检查修理。这样做才可避免故障范围的扩大，并可提高检修的效率。

5. 传真机故障的维修与检查的几种常用方法

传真机故障的维修、检查常用的一般有询问法、观察法、检测法和替换法这四种方法。下面对其作简要介绍。

（1）询问法。询问应该放在第一位，因为它能和用户直接沟通，能了解到传真机在出现故障前后的第一手材料。

传真机常见的故障很多，如开机后电源指示灯不亮，显示屏无显示；不能复印或复印质量不好；传真收、发无法进行，等等。对于电源指示灯不亮的故障，问题多半出在电源部分，传真机收、发质量不好时，应向用户询问，发稿件给对方效果如何，接收对方发来的稿件效果如何。询问这些的目的是为了确认故障发生在哪一方，是自己这方面的问题还是对方的问题。例如，发送给对方的稿件效果良好，自身复印效果不好，很可能是本方传真机打印部分有问题；而自身复印效果良好，接收稿件效果不好，则很可能是对方传真机有问题。有关这方面的分析、判断将在后面介绍。其询问内容有：在传真机出现故障以后是否曾经修理过，或请别人修理过没有，都动过哪些部分或部件。这些询问内容很重要，许多维修人员都知道，维修一台别人修过而又没有修好的机器设备难度更大。因此，询问的目的很清楚，应尽量确认外界及人为因素造成传真机发生故障的可能性，并对传真机故障做基本分析。

（2）观察法。针对传真机故障进行了相应的询问之后，传真机维修人员一般应能对传真机故障部位有一个初步的估计。而对可能发生故障的部位进行检查，这就是观察法。其所观察的内容很多。例如，在传真机复印过程中灯管是否发亮。在操作过程中，传真机显示屏显示是否正常。这类观察在传真机拆卸之前就可以进行。如果能进一步判断故障部位，就可以动手拆卸传真机，以便对传真机内部进一步观察。比如，对传真机电源部分有怀疑，可拆开传真机的外壳，对电源板外表认真观察，看一看滤波电容有否膨胀，大功率电阻有无烧毁的痕迹，熔丝有没有熔断，电缆、插件是否连接良好，等等。但真正判断一个元器件或部件的好坏，仅靠观察是不够的，还需要进行检测。

（3）检测法。检测法是指用万用表、示波器等仪器对传真机进行测量、分析，找出故障发生部位的一种方法。其检测的方法很多，但最方便、最常用的是用万用表测量。万用表既能测电阻、电压，又能测电流，对于一般故障的检测基本上够用了。例如，对于外观有损伤的电阻可以用万用表电阻挡测量一下它的阻值与电阻上所标是否一致或接近。如果测量结果是电阻值为零或无穷大，则说明该电阻已经损坏，应该更换。如果测量出的电阻值与标称值相差较大，则应该把电阻从电路板上卸下来再测，这样测得的电阻值是真实的，因为它不再会受到电路板上其他元器件的影响。如果维修人员的理论水平较高，还可以通过示波器来观察有关测试点的波形，这样有利于协助排除故障。

（4）替换法。它是一种能够快速判断故障的常用方法。在初步判断传真机某个部件可能存在问题后，取一个好的同一部件进行替换，马上就可以确认原有部件的好坏，一经确认后便可以具体更换这个故障部件。这种方法可以提高维修效率。

综上所述，这四种维修方法各有好处，彼此并非独立，而是有着密切联系的。随着维修人员经验的积累和维修水平的提高，这几种方法会用得更加灵活自如。因此在整个排除故障的过程中，贯穿了一个基本原则，即由表及里，从简到繁，循序渐进，避免蛮干。

6. 传真机常见故障及其处理方法

传真机常见故障及其处理方法见表 2－7。

表 2－7　　　　　　　　　　　　传真机常见故障及其处理方法

序号	故障现象	产生原因	处理方法
1	传真机不能启动	(1) 交流电线或电源插座有故障 (2) 熔丝熔断 (3) 电源线有故障 (4) 电源有故障	(1) 把电灯或测量仪表接在插座上，检查交流电源 (2) 更换熔丝 (3) 修理或更换电源线 (4) 更换或修理电源
2	传真机接通后无任何反应	(1) 前面板开关破裂或脏污 (2) 连接开关的引线断开或虚焊 (3) 印刷电路板引线或元件故障 (4) 未装纸或阻塞 (5) 装纸开关故障或脏污 (6) 纸张阻塞 (7) 参数设置遗漏和删除	(1) 修理、清洁或更换开关 (2) 检查、更换或重焊 (3) 修理或重焊 (4) 检查或重新装纸 (5) 清理或更换 (6) 清理输纸道和重新装纸 (7) 检查和重新设置参数
3	记录纸输送失效	(1) 纸页严重卷曲 (2) 纸页有划痕 (3) 输纸道有障碍物 (4) 记录纸受热受潮等 (5) 文件馈送机构阻塞或脏污 (6) 记录纸传输辊磨损或弄脏 (7) 输纸开关脏污或有故障	(1) 去掉卷曲部位并重新装入 (2) 去掉损坏部分并重新装入 (3) 清除障碍物 (4) 更换合乎要求的记录纸 (5) 清理文件馈送机构 (6) 清理或更换输纸辊 (7) 清洁或更换开关
4	文件打印不正常	(1) 热敏记录头脏或损坏 (2) 记录纸陈旧或损坏 (3) 记录纸装入不当 (4) 记录纸输送机构有问题 (5) 传真机参数设置不当 (6) 电话线路上噪声大	(1) 清理或更换热敏记录头 (2) 检查记录纸，必要时给予更换 (3) 重新装好记录纸 (4) 检查该机构，清除障碍物 (5) 检查，必要时重新设置参数 (6) 修理或报告线路问题
5	传真机不能发送或接收文件	(1) 文件装入不当 (2) 电话连接有故障 (3) 电话线路有问题 (4) 传真机参数设置不当 (5) 扫描电路或调制解调器有故障	(1) 检查并重新插入 (2) 测试连接情况，修理电话连接 (3) 报告故障台和更换线路 (4) 检查参数设置，必要时重新设置 (5) 检查电路故障，并给予修理

续表

序号	故障现象	产生原因	处理方法
6	文件扫描不正常	(1) CCD 器件脏污或损坏 (2) 光学扫描系统脏污 (3) 传真机发送电路有故障 (4) 原稿放反 (5) 原稿输送机构上有障碍物 (6) 电话线路有噪声	(1) 清洁或更换 CCD 器件 (2) 清洁反光镜、镜头等 (3) 判断、检查和修理电路故障 (4) 检查并重新放好 (5) 清理和检查输送通道 (6) 检测电路并报告电话公司
7	原稿阻塞	(1) 文件原稿插入不当 (2) 原稿上有线绳、回形针等 (3) 原稿上有折皱和破损等 (4) 文件纸太厚或太薄 (5) 文件馈送机构脏污 (6) 文件馈送系统辊轮磨损	(1) 重新将文件原稿按要求插入 (2) 取下原稿上杂物，重新装入文件 (3) 将原稿整平或将原稿复制 (4) 将原稿转换成合乎要求的形式 (5) 检查和清理文件馈送机构 (6) 清理或更换辊轮
8	操作面板指示灯失灵	(1) 电线松动或断裂 (2) 线束松开或损坏 (3) 线连接器松开或损坏 (4) 显示部分出故障 (5) 电路或元件出故障	(1) 检查、修理，必要时更换 (2) 更换线束 (3) 将连接器接紧，必要时更换 (4) 必要时更换显示部件 (5) 外观检查，必要时更换元件或送修
9	触摸传真机时遭电击	(1) 电源或印刷电路板上有水汽凝结 (2) 电话线接地或短路 (3) 电源线有问题 (4) 印刷电路板支座或绝缘垫片遗失或断裂 (5) 电源元件或其他电路板发生短路	(1) 如有湿气，干燥 30～60min (2) 测量检查电话线路 (3) 检查电源线，若有破坏立即更换 (4) 外观检查，更换支座或绝缘垫片 (5) 检查电路板或电源元件，若有短路就更换
10	传真机不响应操作面板的某些或全部控制信号	(1) 记录纸或原稿装入不当 (2) 传真机参数设置不当 (3) 面板开关损坏或脏污 (4) 电路连线断裂和虚焊 (5) 工作状态设置不当	(1) 检查，必要时重新装 (2) 检查参数设置，必要时重新设置 (3) 用仪表测量开关，进行清理或更换 (4) 检查测试连线，更换或重焊连线 (5) 重新设置传真机的工作状态
11	传真机过热	(1) 通风槽堵塞或脏污 (2) 传真机工作时与其他设备靠得太近 (3) 更换后的熔丝不符合要求 (4) 电源布线出故障 (5) 电源电路或主电路板出故障	(1) 清理通风槽，去掉堵塞物 (2) 重新放置传真机 (3) 安装正确的熔丝 (4) 修理或重焊电源接头 (5) 更换元件或电路板

7. 传真机的试运行

传真机的维修人员在根据自己对故障作出的判断，然后经过对故障维修并安装完毕后，就需对传真机进行开机试验，以确认故障是否完全被排除。但在试机前必须注意以下两项：

（1）开机前应注意：由于多种原因，传真机的进口渠道很多，不同型号的传真机纷纷涌入我国，还有许多出国人员，合资、独资企业从国外带回传真机，其中很多传真机电源电压是 110V 的。特别是近几年，市场上有很多从国外进口的二手传真机，这些传真机除极少数可以将电源由 110V 改为 220V 以外，大多数是不方便改造的 110V 电源。如果操作人员没有认真核对传真机的电源电压，贸然通电开机，那么，传真机肯定会因承受不了高出额定电压一倍的 220V 电压而被烧毁，这将会给用户和维修人员带来很大的经济损失和麻烦，鉴于上述原因，传真机维修人员在开机前必须注意查看传真机的标牌，确认传真机对电源电压的要求。

传真机维修人员应该养成一种习惯，这就是在开机的同时做好随时关机的准备。由于对出故障传真机的情况不很了解，而用户介绍的情况也不一定十分准确，所以，开机后一旦出现异常声、冒烟等现象，应果断地关机，以免造成更大的损失。维修人员对此应该引起足够的重视。

（2）开机后应注意：传真机有一些接地线是用多股细金属丝制成的，很有弹性，一旦弹到传真机电源部分，很可能造成短路而烧毁电源部分电路。此外，维修工具以金属的居多，在接通电源的情况下，金属工具碰到电路板上也会造成局部电路短路，毁坏电路板上的元器件。而电路板上的电压原则上都在 24V 以下，电压不高，短路毁坏某些元器件从外观上往往看不出烧毁的痕迹，维修起来难度更大。所以为了安全和维修的需要，维修人员在打开传真机外壳做进一步检查时，务必切断电源后再进行拆卸工作，对于必须加电后才能测量或调整时则应该格外小心，万用表的表笔，示波器的测量头及调整用小螺丝刀都要小心使用。不妨考虑把表笔、测量头连接到位后再打开电源开关做进一步检查，这样便于保证人身安全。

为了进一步观察，在开机情况下，可以打开传真机。打开传真机后可见到传真机电路板，对于传真机电路板进行过漆封的可调元件，在没有完全搞清楚它的作用之前尽量不要擅动。一般在传真机的图像部分、CCD 板及光学镜头等地方的一些固定螺钉上有红色漆封，这些螺钉原则上不允许擅自调整，这一点维修者要引起注意。随着维修经验的积累，必要时维修人员可以对此进行调整，有时还必须调整。

2.11.4 传真机的拆卸与安装

维修人员进行维修过程中，常常需要拆卸传真机，为了减少因拆卸而引发新故障，也为了修复后能顺利安装，所以在拆卸与安装传真机时应注意以下问题。

（1）如果在维修中要拆下传真机的外壳时，应注意不要损坏这些塑料壳体，特别是一些便携式小型传真机，它的壳体通常是利用塑料钩卡连接起来的，拆卸时动作过猛会使这些钩卡折断，造成不必要的损伤。因此，在拆卸前应先看一看传真机壳体的连接方式和方向，弄清其结构再开始拆卸，拆下的外壳需放置在不易磕碰的地方，以免发生意外。

（2）如果在维修过程中，需要拔下传真机电路板上的插件、电缆，最好边拆卸边做记录，以免重新安装时插错位置而引发新的问题。一般情况下传真机的设计者都考虑了这个问题，或用不同的颜色区分，或在插件上标有与电路板相应插座对应的数字、符号，或插件的插钉数目、插孔排列位置不同等，如果搞错了根本就插不进去，以此避免安装错误。另外，现实中有些传真机的插排颜色、插孔数目完全相同，很容易插错，一旦插错就会造成莫名其妙的故障。因此，边拆卸，边记录是有必要的，同样，螺钉最好也能做到边拆卸边记录，并有条不紊地收好，以便于重新安装。如果在安装过程中发现螺钉或垫片等缺少，则要特别注意，必须确认此类物件不在传真机内部之后方可加电开机。如果实在找不到，又不能确认螺钉等的去向，维修人员可双手抱住传真机左右轻轻摇晃，听听传真机内部有无螺钉等物滚动的声音，多重复几次，若没有这种滚动声，一般问题就不大了。为了工作方便，并避免类似事情发生，传真机维修人员最好使用带有磁性的工具。

在拆卸传真机时，应特别注意的是，传真机电路板上的一些可调电阻上也有漆封的情况，这种漆封具有两个作用：一是提醒用户及维修人员尽量不去动它；二是为了固定，确保该可变电阻不至于因振动等原因改变其电阻值而影响电路的有关参数。对这类电阻，维修人员一定不要动它。此外，有一些可变电阻的边缘上有漆封，但并未将可变电阻封死，这种油漆一般描得较细，它的作用是确定可变电阻大概的电阻值范围，以便给维修人员调整时提供参考。这种漆封又称之为漆标，凡这类可变电阻通常是可以根据需要调整的，但调整的范围不宜过大，应该在漆标附近进行调整，边调边试，一直调到满意的程度为止。除了有漆封、漆标以外，还有个别的可调电阻既无漆封也无漆标，这种可调电阻原则上是可以任意调整的（比如音量电位器）。

2.11.5　传真机的常见故障分析

1. 电话部分故障

（1）不能拨号故障。遇到这类故障，首先应检查电话线是否连接到传真机上，然后检查在线路使用中，传真机是否设定了电话线路的类型（脉冲/音频）。假如有一条脉冲线路，确认传真机已设定为脉冲拨号方式；假如用户不清楚所使用的线路类型，请与当地的电话公司联系。

（2）正在通话交谈时，电话却中断了。这类故障应检查录音电话光标是否置为开，假如录音电话光标置为开，请按（录音电话/人工接收）键关闭它。录音电话光标仅在连接录音电话并准备从对方接收信息时才置为开。

2. 纸张安装故障

（1）纸张装载偏斜。纸张装载偏斜即为打印偏斜，这时须确认纸张被恰当地装入供纸托盘中。纸张的右边应与供纸托盘的右边成一直线，并且用导纸板垫起纸垛的左边。

（2）向传真机中放入多页纸。遇上这类故障，应按如下检查：

1）确认纸张是否被粘在一起。一般情况下，在将纸放入供纸托盘之前请先沿边缘松动几下。

2）确认供纸托盘中的纸是否太多。如太多，请从供纸托盘中取出几页。

3）确认供纸托盘中是否同类纸。假如供纸托盘中装有不同类型的纸张，请只装入同种类型的纸张。

3. 传真机的接收故障

（1）不能自动接收文件。遇上传真机不能自动接收文件这类故障时，应先检查传真机是否设定为自动接收。因为，要传真机能自动从电话方式转换到传真文件的接收方式，就必须按键关闭它们。然后检查 RX RESTRICTION（RX 限定）是否被置为开了，如果 RX RESTRICTION 设定为开，则传真机将只接收从已经登记的单触式快速拨号和编码快速拨号的号码上传送来的文件。之后检查存储器内存储容量是否已满，确认已经打印过存储器接收的所有文件。最后检查 LCD 显示屏上的出错信息。然后打印一份通信报告并检查出错代码。

（2）不能以人工方式接收文件。出现该故障时，应先检查是否有文件置于传真机上。如果有文件置于传真机上时，则不能以人工方式接收文件。然后检查是否在挂上话筒后按了（开始/复印）键。应该在挂上话筒前按（开始/复印）键，而不是在挂上电话后按（开始/复印）键。

（3）不能使用错误校正模式（ECM）接收。检查对方的传真机是否支持 ECM，有一些传真机不支持 ECM 发送。如果对方的传真机不支持 ECM，那么文件在没有错误检查的情况下以标准模式传送。再检查传真机是否设定为 ECM 接收方式，ECM 接收方式可以开、关。请检查当前的设定状态。

（4）传真机不能在电话和传真机发送间自动转换。检查录音电话或人工接收光标出现了没有。要传真机在电话和传真接收间自动转换，录音电话或人工接收光标必须都处于关闭状态。按操作面板上这些图标下的（录音电话/人工接收）键关闭它们。看传真/电话转换被置于关闭了没有。检查此设定并打开它。确认已经打印出通过存储器接收的所有文件。检查 LCD 显示屏上的出错信息。有一些传真机不能传送 CNG 信号，告知用户的传真机进来的信号来自传真机。在这种情况下，将不得不采用人工方式接收文件。

（5）不能对其他传真机进行查询，也不能接收。先检查有无文件置于传真机上，确认有文件置于传真机上时，不能接收。然后查询匹配没有。核查两台传真机上的查询 ID 码是否相同。再检查对方传真机上的文件放置正确没有。确认对方已经正确放置文件。然后确认纸张已装入供纸托盘中。

（6）打印质量不好。先检查使用的传真纸张类型是否正确，以确认正在使用符合本传真机要求的纸张。再检查传真机墨盒中的墨水是否用完了，若已经用完，请更换墨盒。

在传真机上进行复印，如果图像清晰，则传真机运行正常，此时应与对方联系，请他们检查传真机。

（7）打印的图像有污迹或者不均匀。检查是否使用了 ECM 传送/接收，ECM 传送/接收应能消除这样的问题。然而，假如电话线路情况不佳，用户可能不得不重试一下。再检查对方的传真机质量如何，传送方的传真机通常决定文件的质量，记住确认对方的传真机扫描玻璃窗是否清洁。

（8）打印出现空白。对于喷墨型传真机，将墨盒安装到传真机上之前，检查是否取下橘黄色的胶带。确认在墨盒安装到传真机上之前，已经取下了橘黄色的胶带。确认墨盒安装是否正确，清洗几次打印头，用另一只墨盒试一下。

4. 传真机的传送故障

（1）传真机不能使用错误校正模式（ECM）传送文件。有些传真机不支持（ECM）发送。假如对方的传真机不支持 ECM 发送，那么文件在没有错误检查的情况下以标准模式传送。另外，检查传真机设定了 ECM 没有，因为 ECM 传送可使传真机自动关闭和开启，请检查当前的设定。

（2）传真机不能传送文件。检查在线路使用中，传真机是否设定了电话线路的类型，假如有一条脉冲线路，可确信传真机已被设定为脉冲拨号方式。假如不清楚所使用的线路类型，请与当地的电话公司联系。此外，还需检查以下方面：

1）检查文件是否正确地放入传真机，若没有，取出文件，将它码放好后正确地放入传真机中。

2）如果希望使用登记的单触式或编码快速拨号码的功能，请检查单触式或编码快速拨号键的内容，确认是否正确地登记了。

3）检查对方的传真机纸是否用完了：与对方联系，确认对方传真机中的纸是否安装好。

4）检查有无其他文件正在从存储器中传送，若有，稍等片刻，使当前正传送的文件完成传送。

5）打印通信报告并检查出错代码。

6）确认当摘下话筒是有拨号音频。

（3）传送或复印的图像上有污点。遇到这类问题时，应按如下过程检查：

1）检查文件扫描玻璃窗是否干净。如果扫描玻璃窗不干净，则应该清扫它。

2）检查对方的传真机工作是否正常。确信自己的传真机操作正确，复印一份文件。如果复印的文件清晰，说明对方的传真机可能出现问题。

3）检查文件是否被正确地放入自动供纸器中。取下文件，将它正确地放入供纸托盘中。

5. 复印部分故障

传真机不能进行复印时，应检查是否已按（挂机）键，如果按（挂机）键，则就不能进行复印了，这时请再按一下（挂机）键解除复位。检查话筒是否已挂好。检查文件是否放到自动供纸托盘中，此时 LCD 显示屏应显示 DOCUMENT READY。打印一份通信报告，确认传真机工作是否正常。

6. 一般性故障

一般性故障通常显示空白。遇到这类情况应作以下检查：检查电源插头是否插紧接触良好。确认它被紧紧地插进插座中。

若上述不能解决问题，应切断电源，等 5s 后再次接通电源。检查对方的传真机并确认它与传真机是否兼容，因某些类型的传真机之间存在兼容性问题。如仍然不能解决问题，就要与维修服务中心联系。

任务 2.12　传真机的电源故障分析与排除

传真机的电源部分故障总体可以分为四类，即电源指示灯不亮；通电立即烧断熔丝；电源指示灯亮，但传真机不启动；其他易损元器件故障。下面分别介绍。

1. 电源指示灯不亮

传真机的电源指示灯不亮故障可分三类，具体如下：

（1）电源熔丝熔断，造成电源指示灯不亮。传真机电源内部有保险管，有些传真机外部还另有一只保险管。保险管的大小与传真机功率有关，但一般都在 2A 以上，其作用是传真机电源内部有严重短路或电网电压过高时，能迅速熔断切断交流输入通路，确保传真机不受损失或将损失减小到最低限度。

有些小型传真机为了减小传真机的体积，省去了外部交流电源的保险管，只在传真机电源内部安装一只保险管。取下熔断器进行观察检查，如果它被烧毁一般都看得出来，有些可以看到明显的熔断，有些甚至烧黑了。但有个别时候熔丝的两头熔断，从保险管外部看不到，这时可以用万用表的电阻挡测量一下保险管内的熔丝是否断开。

确认熔断器内的熔丝熔断先不要急于更换新的熔断器，首先要弄清楚熔断的原因。维修人员应该测量一下外电网的电压，电网电压最好不要超过额定电压的 10%，否则传真机电源总是处在一种超负荷运行的状态下，对传真机不利。

另外，有些地方电网容量不够，用电高峰时电网电压很低，但到了夜间用电低谷时，电网电压甚至可以达到 250V，这样又太高了。在这种使用环境中，建议用户根据传真机的功率配一个 100W 左右的交流稳压电源，这样才能有一个比较好的电源环境，也不会因电网电压过高而烧毁熔丝。

还有一种可能是额定工作电压是 110V 的传真机插到 220V 的电网上，这种情况往往会直接损坏传真机电源内部的元器件，熔丝同时熔断的情况也时有发生。如果是电网电压过高，熔丝熔断，更换保险管后，传真机便可恢复正常；如果是 110V 的传真机错插到 220V电源上熔断熔丝，一般还会损坏其他元器件，因为熔丝的熔断是电路熔断，而电子器件的损坏是电压过高引起的。电流熔断有一个过程，而电压损坏是瞬间发生的，也就是说电子器件先损坏而熔丝后熔断，所以这时应该拆下电源，经过检查排除故障后才能更换保险管，否则很可能再次烧毁保险管。

注意：国外有一种体积小，适合旅游携带的变压装置，可以把 220V 电压转为 110V 电压，并且可以带 50～1000W 的用电设备。但由于它本身结构的原因波形不太好，冲击较大，不太适合用在计算机、音响、传真机这类精密设备上，它有时还会造成熔丝熔断，因此最好不要用在传真机上。

（2）传真机电源整流桥开路，造成电源指示灯不亮。从电网输入传真机的交流电压经过滤波后进行整流，前面的滤波器件很少损坏，整流桥损坏的可能性较多。当遇到电源指示灯不亮时，先用万用表直流 300V 挡测量一下整流桥有无 300V 左右的直流输出，如果没有，很可能是整流桥损坏，这时可以将整流桥焊下。整流桥外形及结构如图 2 - 24 所示。

从图 2 - 24 可以看到，整流桥上都有标识，有交流符号的 1、4 脚是整流桥的交流输入端，标有 +、- 符号的直流输出端。同时还可以看到，由于 4 只二极管两两反向连接，所以1、4 之间用万用表的电阻挡测量应该是不通的，同理，2、3 之间应该是单向导通的。如果整流桥开路，则不会有直流输出，这时应该更换整流桥。整流桥的选择有两个指标：一个是耐压，另一个是电流。为了保险一些可选耐压为 600V 以上的，电流的选择取决于传真机电源的功率，而一般选用 6～10A 就可以了。

（3）电源通路上关键元件损坏造成电源指示灯不亮，显示屏无显示。当传真机开机后，电源指示灯不亮，此时保险管是好的。应首先测量一下整流桥有无直流输出，如果没有输出，则应该是前面介绍的故障情况；如果有 300V 左右的直流电压输出，则证明整流、滤波电路没有什么问题。这种情况很可能是电源输出通路上电阻 R_1 烧断而开路，如图 2 - 25所示。

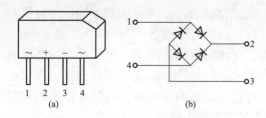

图2-24　整流桥外形及结构示意图

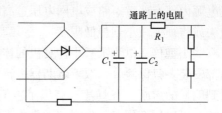

图2-25　电源通路上电阻位置示意图

通路上的电阻 R_1 一般功率比较大，有时采用水泥电阻，如果这个电阻被烧断，整流后的直流电压被断开，从这里开始就不可能有任何电压输出了。R_1 电阻的阻值一般都很小，约几欧姆，所以通过这个电阻的电流比较大，烧毁的机会也多一些，可以用万用表的电阻挡测量一下这个电阻的阻值就便知。

有时在这个电阻烧毁的同时，为300V直流滤波的大电解电容 C_1、C_2 也同时受到冲击，这个一眼可见，因为电容器的外表面会膨胀起来，外面的塑料膜会胀裂，这时应该进行更换。因为该电容被冲击后电容量下降，漏电路增大，对电源的输出能力有较大的影响，更换电容器时要注意极性不能接反。一般在电容器上都有标识，在侧面有一个宽的白色标记，对应这一侧的焊脚是负极，传真机电源的电路板上一般也标出负极的位置。尽管如此，在拆下被击穿的电容器后，最好还是用自己习惯的方式记录好，以免造成损失。如果传真机电源仅仅是烧毁了这个电阻和滤波电容，更换后电源就可以正常了。

2. 电源指示灯亮，但传真机不启动

开关电源的振荡电路没有起振是传真机不能启动最常见的原因之一。出现这种情况的可能性很多，其中最常见的还是振荡管本身出现问题，必要时应该用示波器观察一下其振荡是否正常。

值得注意的是，振荡电路能否正常工作与传真机电源内的专用厚膜电路有密切的关系，如果由于某些原因致使厚膜电路损坏，则是一件很棘手的事情。这种专用厚膜电路都是传真机制造厂家自己设计、生产的，根本无处购买，只能与有关代理商或特约维修站协商解决。

其实这种厚膜电路是由一些二极管、晶体管等电子元件组成的，只是因为被封装在一起，而且又没有其内部电路图，分析比较困难，所以专用厚膜电路的剖析工作需要花费一些时间和精力。

3. 通电立即烧断熔丝

前面介绍的熔丝烧毁的情况往往是由外部的原因造成的，这里所谈的则是由传真机电源内部短路引起的，而且是一开机就烧断的故障。

（1）压敏保护电阻被击穿造成熔丝被烧断。有些传真机电源的内部，过电压保护是靠一只压敏电阻来完成保护的，如图2-26所示。

当外输入电压正常时，压敏电阻处在高阻状态，A、B两点相当于开路，一旦输入电压高到压敏电阻由高阻到低阻状态的临界值以后，压敏电阻的阻值急剧减小，压敏电阻上将通过强大的电流。即当外输入电压在220V左右时，压敏电阻呈现无穷大，传真机电源工作正常；当外输入电压高于300V时，压敏电阻的阻值立刻在瞬间降到接近于0，这时强大的电流会立即把压敏电阻击穿，使220V交流电短路并烧毁熔丝，从而起到切断输入电源、保护传真机开关电源的作用。这时如果维修人员没有检测传真机电源，仅更换熔断器，重新开机、熔断器会立即烧断。这时，在电源上测量会发现整流桥交流输入的两脚之间电阻为零，很容易认为是整流桥内部短路，造成熔丝烧断，然而焊下整流桥再测量却没有任何问题，因为其实是压敏电阻被击穿短路，而整流桥交流输入端与压敏电阻并联而造成的。如果确认压敏电阻被击穿，应把它焊下来，再检查是否存在其他问题，如果没有其他问题，此时可以开机一试。如果仅仅是压敏电阻的问题，传真机应能正常工作，但此时没有过压保护功能，传真机工作正常后，可根据需要购买一只参数合适的压敏电阻予以更换。

（2）整流桥内部二极管短路造成保险管烧坏。整流桥内部二极管电路结构图，如图 2 - 27 所示。

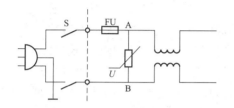

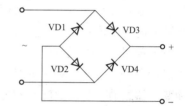

图 2 - 26　传真机电源过电压保护　　　　图 2 - 27　传真机电源整流桥内部
　　　　　　　　　　　　　　　　　　　　　　　　二极管电路结构图

如果二极管 VD1、VD2 或 VD3、VD4 被击穿，相当于传真机输入的 220V 交流电不经任何负载而短接，强大的短路电流会使熔丝立刻熔断。如果传真机的保险管两次熔断，就不应该再换保险管试验了，多数是传真机电源本身的问题。检测整流桥，如果整流桥交流输入二脚之间电阻很小，或直流输出二脚正反向都导通，则整流桥内部发生了短路，应该更换。在线路板上测量整流桥有时不够准确，因为测量会受到板上其他电路的影响，为了测量准确，必要时还需把整流桥焊下来测量。

整流桥与电路板共有四脚连接，仅靠一把电烙铁焊下来并不容易，这里介绍一个简便易行的方法。医用注射针头具有很好的镀层，不易粘锡，根据当中元器件管脚的粗细选用合适的针头，把针头磨平，在摘取元件时，一手执电烙铁，一手执针头，用电烙铁给焊点加热，待焊锡熔化后，把针头对准元件引脚，将引脚插入针头的中间空心，针头的外侧将元件引脚和电路板隔开，每个引脚都按此处理完毕轻轻一拨就可取下，甚至元件自己就可以掉下来。此方法可用于各种元件的摘取，对单面板尤为好用。而且电烙铁与元器件接触时间短，比较娇气的元器件也不会因温度太高而损坏，这种方法对多脚的集成电路芯片，多脚的厚膜电路也很适用。

（3）开关电源的振荡管短路，造成熔丝烧断。如果按上面的方法检查整流桥被确认没有问题，而传真机电源一接通熔丝立即烧断，则多是电源的振荡管被烧坏而短路。电源的振荡管有的采用日本 2SC 系列的大功率 NPN 型晶体管，也有的采用日本 2SK 系列的场效应管。

2SC 系列晶体管的测量比较简单，集电极与发射极之间电阻较大，基极与发射极之间，基极与集电极之间正反向测量应该有不同的电阻值。如果有条件，可以用晶体管测试仪观看一下晶体管的伏安特性，至于晶体管极间的短路用万用表测量一下就可以判断出来。场效应管则不易测量，可以用万用表对三个引脚多测几次，但无论如何各管脚之间的电阻不能接近于0。

如果电源的振荡管坏了，应尽量选择相同型号的元件代替，因为型号相同其相关的技术参数不会有太大的变化。如果实在买不到相同型号的，只能选择一只性能相近的管子。因为这只振荡管工作电流较大，振荡管的峰值较高，因此应把选管子的指标定得高一些。例如，耐压可选900V，电流可选 8 ~ 10A。拆下的坏管子也可以作为购买代替品的参考，通常管子外形越大、管脚越粗其功率就越大，但品种绝对不能搞错，原来是哪个系列的一定要在哪个系列内选购。最后强调一下，这种大功率管与散热片之间有一个绝缘层，有些是用云母材料、有些是用薄橡胶，在安装时必须使管子与散热片绝缘良好，否则有可能导致管子损坏。

4. 电源的其他易损元器件故障

传真机电源整流部分将 220V 交流电压经过整流滤波后进入开关电路，在电源脉冲变压器的次级会得到若干组交流电压，后面的电路就是将这些电压通过各种电路转换为传真机所需的各组直流电压，这其中包括整流、稳压、保护等电路。直流电压无输出通常只是一组，不会轻易地出现两组以上无直流电压输出的情况。如果出现某组直流电压无输出的情况，维修人员可以参考开关电路的有关资料逐级分析，排除故障。由于传真机电源内电压较高的部分在脉冲变压器之前，所以故障在脉冲变压器之前出现得多一些，其中功率较大的二极管、晶体三极管、场效应管及大电解电容器、整流桥、保险管出现问题的可能性就更大一些。

值得注意的是光电耦合器，它们在传真机电源中起着不可忽视的作用，它的控制端和被控制端常常控制脉冲 变压器两端的电路，一旦光电耦合器出了问题，便不能实施有效的控制，电源同样不能正常工作。

任务 2.13 传真机通信中常见故障的分析与排除

2.13.1 传真通信不正常

1. 传真机收、发均不正常

（1）外线连接错误造成传真机不能收、发。传真机与外线连接方式有两种：太式传真机用螺钉连接的情况比较多，而便携式传真机通常是用插头与插孔连接。如图 2 – 28 所示为这两种传真机的不同连接方式。

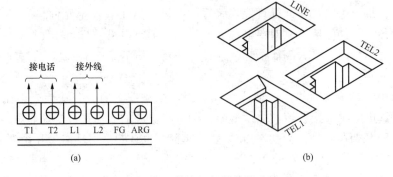

图 2 – 28 传真机与外线的连接

（a）太式传真机；（b）便携式传真机

LINE—插座，连接到电话线；TEL1—插座，连接到内部话筒；TEL2—插座，外接电话或答录机

老式传真机的连接螺钉一般都在网络控制板上，在螺钉下面标有 L1、L2 的是连接外线 L 的；在螺钉下面标有 T1、T2 的连接电话机用的。L 是英文线路（Line）的第一个字母；T 是英文电话机（Telephone）的第一个字母，也有一些传真机上用中文或日文汉字来标明其上的局线（或线路）是接入电话局的线路标识；电话是接入电话机的标识。传真机的连接十分重要，必须正确连接，否则会造成电话可以打通，但传真机收、发文稿不能进行。

如果把电话机与外线接反，由于平时传真机处于待机状态，网络控制板上的 CML 继电器不工作，此时传真机只相当于一个普通的接线盒，虽然能够正常使用，但传真机不能工作。要使传真机完成收、发任务，还必须使网络控制板上的 CML 继电器工作。

如果电话机和外线接反摘机检测和振铃检测电路不能正常工作，即使按下传真键，由于 CML 继电器不能工作，传真机也不能转入传真状态。

有少数传真机因其设计方案不同，在电话机与外线接反后，摘机按传真机键 CML 继电器可以吸合，但由于接错线，此时被切断的不是电话线而是外线，如图 2-29 所示。

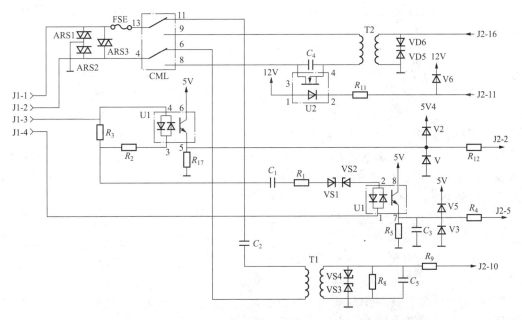

图 2-29　接线错误致使 NCU 电路外线被切断

在正常情况下，当传真机处于电话状态时，CML 继电器接通，电话功能正常；当 CML 继电器工作接通时，T1、T2 被切断，L1、L2 被接至传真机内部，传真机功能正常。但由于线路接反，T1、T2 接的是外线，L1、L2 接的是电话机。因此，CML 继电器切断的是外线，电话外线被切断，传真自然不可能进行。

对于用插头和插孔方式连接的小型传真机来说，两个插头插反同样不能进行通信，这种情况经常出现在传真机使用人员自己移机之后。总之，遇到传真机不能收、发时，应该先检查一下接线是否正确，如果接线错误而需要重接的话，最好先将传真机电源关掉，因为电话线上有几十伏的直流电压，带电接线有可能出现问题。

（2）外线线路干扰造成传真机不能收、发。尽管外线线路干扰造成的传真机不能收、发，不是传真机本身的问题，但是传真机维修人员应该能够通过一些手段正确判断故障是否由于外线线路干扰造成的，干扰的产生大约在哪里。这应首先要向传真机用户了解，传真机是每次传真均失败，还是有时正常有时失败。如果次次传真都不能成功，首先怀疑的应该是这台传真机有问题，如果传真机通信时好时坏，则应该向用户了解传真失败是不是出于同一个用户。如果与其他用户传真正常，只与某一个用户通信有问题，则故障多出在对方的传真机上。

如果传真机通信时好、时坏，而且没有任何规律，就要考虑是否存在线路干扰问题。传真机维修人员可以找一个平时收、发均良好的传真机用户，与其进行传真通信，如果收、发不正常，肯定是自己的传真机出了问题或本方线路有干扰。这时可以仔细听一听电话耳机内的声音质量，是否有较强的交流声或电话串线等情况，如果交换机较差，尤其是纵横或步进式的老式交换机，传真通信的质量可能不是很好。凡是遇到这种情况，可以躲开电话使用高峰时间发传真，这样相对干扰少些，或许还可以勉强收、发；或者适当地将发送电平调高一些也可以改善传真机的发送能力。但是发送电平不能调得太高，以免影响电话网的正常工作。接收时把允许出错的行数这项指标调大一些，这样对传真机的接收能力也能有所提高，但接收质量肯定会受到一定的影响。

发送电平的调整及接收允许出错行数的调整，方法各不相同；有利用软件调整的，有用硬件开关调整的，但这类调整只有在特殊的情况下才能进行，故在此不作介绍。

如果传真机收、发失败的次数很多，又不好确认是否外线线路质量不好造成的，可以用另一台好的传真机与专线连接，让它们在专线状态下通信。这样可以彻底排除外线干扰问题，从而判断出究竟是线路干扰，还是传真机本身的问题而影响传真机的收、发。

如果不会设置专线状态或传真机没有专线功能，无法进行专线通信，也可以选用小型交换机或"一带四"设备对两台传真机做通信试验，同样可以判断是传真机本身的问题，还是线路干扰问题。

（3）有些开关位置错误造成传真机不能收、发。有些传真机除了能在公共电话网上传真通信外，还有一些其他的功能。例如，PC－FAX、RS－232接口，这种接口可以与计算机的串行口连接。当传真机的状态转换开关拨到RS－232的位置时，才能完成传真机与计算机之间的联系，这类开关如果没有放到传真位置，传真机是不能收、发的。再如，多元DY－310C型或者多元DY－1000C型传真机都有PC功能转换开关，功能转换开关设定的位置、状态不正常，传真机的收、发就不能正常进行。

所以，凡遇到在外部有一些硬件开关的传真机，应该了解这些开关的作用，并检查一下开关所处的位置是否正确，是否已拨到传真的位置上。如果没有技术资料，无法搞清开关的正确位置，不妨把开关放到不同的位置分别做一下传真实验，用以确认开关的正确位置，使传真机进入正常收、发工作状态。

（4）网络控制板有问题造成不能通信。网络控制板是传真机收、发的必经之路，它的主要作用是控制电话和传真状态的转换。这块电路板上有两个很重要的检测电路，这就是前面曾经提到的摘机检测电路和振铃检测电路。如果摘机检测电路发生故障，那么传真机就不能进行正常的通信。其摘机检测电路，如图2－30所示。当用户需要进行发送或人工接收时，应该先摘下电话机，使其与电话局交换机的直流电源接通，并通过光电耦合器A2中的两个互相并联的发光二极管构成回路，这时必然有一只发光二极管导通，对应的光电晶体管在光信号的作用下也将导通，其发射极输出高电平，并通过R_1向C_1充电。大约经过20ms，这两个电容被充电到一定的电位，打开触发电路 IC1，经反相后各自输入给控制板上 CPU 一个信号，通知此时已经摘机，传真机立即进入传真工作状态。如果摘机检测电路出了故障，在人工接收或发送时，即使摘下电话机，上述过程也无法自动进行，传真机则不能转于传真状态，因此，传真机不能进行正常的收、发。如果传真机被设置在自动接收状态，则振铃检测电路起着控制传真机状态转换的作用，网络控制板上的振铃电路，如图 2-31 所示。当外线振铃信号传来时，无论其电压极性如何，此信号都将通过光电耦合器 A1 的反向并联发光二极管构成回路，其中必然有一只二极管导通。由于光信号的作用，光电晶体管也就随之导通，其发射极输出高电位，此时 +5V 电源通过 R_1 向 C_1 充电，C_1 达到一定电位后，非门 IC1 导通，同时输出一个低电平，这个低电平经过简单的处理后送给传真机控制板上的 CPU，通知此时有振铃信号，传真机会立即转入传真状态。如果振铃检测电路出了问题，对方传真机将无法自动接收。

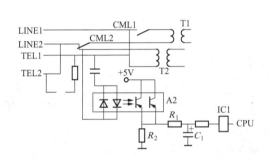

图 2-30 网络控制板上的摘机检测电路

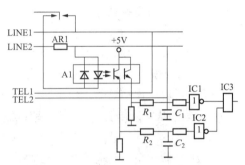

图 2-31 网络控制板上的振铃检测电路

网络控制板发生故障造成传真机不能通信时，多半是摘机检测电路或振铃检测电路发生故障，其中光电耦合器损坏的可能性大一些。而光电耦合器内部是由发光二极管和光电三极管组成，当发光二极管外围构成的通路，有足够的电流通过它时，二极管发光使光电晶体三极管导通，从而控制后面的电路。光电耦合器相当于一个光电控制开关，有时为了提高可靠性，把两个二极管同向并联，把另两个光电晶体管也并联在一起，即便其中一个二极管或三极管损坏，光电耦合器仍然可以正常工作。

传真机维修人员可以用万用表的电阻挡根据所查到的管脚进行测量，发光二极管基本具备单向导电性，正反向电阻应有差别，而光电晶体管两端测出的电阻值是比较大的，一般在集成电路手册上可以查到光电耦合器的管脚图。如果光电耦合器坏了需要更换，管脚排列相同、型号不一样的光电耦合器同样可以使用。

值得注意的是，传真机网络控制板故障造成传真机不能收、发，在很多时候是由于 CML 继电器的触点接触不良造成的，而接触不良的原因是因长期工作和切换频繁所致。此类故障在松下 KX-90B、松下 KX-808C 传真机上将会经常遇到，这是由于这类老型号传真机使用时间太久造成的。

处理 CML 继电器触点接触不良的方法是：首先打开继电器的塑料外壳，找到继电器的几组触点，然后可以用细砂纸剪成合适的小条，插入触点之间轻轻摩擦几次，照原样装回就可以了。

（5）调制解调器出现问题造成传真机不能收、发。调制解调器的好坏直接关系到传真机收、发的成败。现在多数传真机都采用美国洛克威尔公司（RoCkwell）的调制解调器，其有关调制解调器的结构和基本工作原理请参见本章的任务 2.8。

传真机上使用的调制解调器有许多种，它们的工作原理都是一样的，其中经常使用的调制解调器从外形上一般可分为一片式、二片式和三片式。

如果传真机的收、发不正常，怀疑调制解调器有问题，而手边又没有详细的资料或不具备检测调制解调器条件的维修人员，可以采用上线实际通信的方法试验。先拨通电话，听一听接收方传真机能否发出正常的 CED 信号。这个信号是一个频率为 1100Hz 的单音信号。如果收听不到对方的信号或信号声音不对，则调制解调器损坏的可能性很大。如果不能确认 CED 信号的声音是否正确，可向一台好的传真机用户打一个电话，让对方按下传真键，给出 CED 信号，听过后再与故障传真机的 CED 信号进行比较。另外，如果能有好的调制解调器替换一下，再进行通信也可以准确判断是不是调制解调器有问题。如果确认是调制解调器出了问题，通常只有更换才能解决问题。

（6）CED 信号频率不合适造成通信失败。CED 信号在传真机传输规程中被叫（接收方）做是非终端，也就是说传真机无论是手动还是自动接收，只要转入接收状态，传真机都会发出一个 2100Hz 的单音信号，这个信号就是用户在发送时接收给出的可以从电话耳机中听到的"哗哗"声。这个 CED 信号频率通常都被设置在 2100Hz。在实际安装中曾经发现过一种奇怪的现象，传真机在某一地区通信十分正常，但换到另一个地方收、发都不能进行。

经多次试验，结合有关资料，这种故障一般是出在电话交换机上。这是因为老式交换机的电话线信号频率为 2100Hz，一旦接收方传真机发出 2100Hz 的 CED 信号，交换机马上拆线切断了收、发双方的电话线联系，这样使传真机的通信失败。

尽管传真机在出厂时就把 CED 信号初始状态设置为 2100Hz，但 CED 还有另一个可选频率 1100Hz，如果把 CED 信号设置成 1100Hz，就可以避免 CED 信号和交换机拆线信号之间的矛盾，只要改变 CED 信号的频率，就可以解决传真机不能通信的问题。

（7）主控制板出现问题造成传真机不能收、发。传真机的主控制板是整个传真机的心脏，所有信号的控制都由它直接或间接地完成。由于主控制板本身很复杂，维修起来比较困难，尤其是主控制板上的一些元器件也不易买到，即使花费许多时间或精力找到了问题所在，由于没有元件替换，传真机也无法修复。因此，遇到主控制板出了问题，一般情况更换主控制板是唯一的解决办法。

2. 传真机发送正常，但不能自动接收

传真机出现不能自动接收故障的原因一般是以下几个方面造成的，下面具体介绍。

（1）手动、自动转换开关出了问题，造成传真机不能自动接收。遇到自动接收不好，手动接收正常的情况，可以反复拨动转换开关，多做几次自动接收试验，只要有一次自动接收成功，就可能是这个转换开关有问题，而与其他原因无关，只需要更换开关即可。

（2）振铃检测电路出现问题，造成传真机不能自动接收。由前面介绍的传真机网络控制板上的振铃检测电路的作用和原理可知，如果该电路出现故障，那么对电话振铃就不能正常检测，因而不能向传真机控制部分提供其所需的信号，传真机也就不能自动接收。因此，传真机维修人员可按照前面有关章节的内容，并结合实际情况进行检测，不过在检查的过程中，应该特别注意光电耦合器工作是否正常。传真机处于待机状态时，其光电耦合器的晶体

管不导通，它的集电极与发射极之间有一个 +5V 的电压，如果振铃检测电路正常的话，当振铃按本机设置次数振过以后，能听到 CML 继电器被吸合的声音，在此之前的瞬间，光电耦合器中的光电晶体管导通，此时若用万用表的直流电压挡进行检测，会发现光电晶体管的集电极与发射极之间的电压由 +5V 突变为 0。如果电话振铃超过 7 次，CML 继电器仍未吸合，这种情况多是振铃检测电路有问题。为了进一步确认故障，此时可检查手动接收是否正常，若手动接收正常，则振铃检测电路存在故障的可能性很大。

（3）传真机本身设置在手动接收状态，造成传真机不能自动接收。由于传真机都具有"手动接收"和"自动接收"两种方式。并且白天工作时间都把传真机放在"手动接收"位置，这样不会影响电话的正常声使用。电话铃响即使对方在发传真，此时拿起话机按下传真键，照样可以接收对方所发的传真，不会影响传真机的正常工作，晚间电话无人值守，可将传真机放到"自动接收"状态，如有人发来传真，传真机会自动转入接收状态。如果传真机设置在"手动接收"状态，自然就不能自动接收。有些用户对传真机不熟悉，往往认为这是传真机的故障，这时只需要向用户解释清楚，把传真机设置成"自动接收"状态即可。"手动接收"和"自动接收"的转换，不同的传真机转换设置方法也不相同，其具体设置用户可参考有关书籍。

（4）振铃次数设置太多，误认为传真机不能自动接收。传真机的振铃次数都是人为设置的，其传真机之间通信的训练时间一般为 35s，如果超过这个时间双方不能正常沟通，造成它们之间的通信失败。因此，振铃次数的设置一般为 0 ~ 7 次，每两次振铃之间间隔大约 5s，若振铃被设置在 7 次，所用的时间接近 35s，这就可能超过限定时间 35s，从而造成通信失败。如果振铃次数被设置在 6 ~ 7 次，传真机大约需要 30 ~ 35s 传真机才能转入自动接收状态，而有些用户在此之前就认为传真机不能自动接收是不正确的。

当遇到传真机不能自动接收的情况，可以把传真机接入公共电话网，如果振铃超过 7 次，传真机仍不能自动转换，则可能是传真机振铃检测电路或主控制板有问题。如果传真机在振铃 6、7 次后转换成自动接收状态，说明传真机本身没有问题，只是振铃次数设置过多而已，此时只需把振铃次数减少一些即可。

3. 传真机发送、接收质量不好

传真机没有错误代码出现，仅仅只是发送出去的文件或接收到的文件外观质量不好的情况归纳起来有以下三种情况：

（1）传真机自身复印质量不好，而接收到的文件质量良好。由该现象表明，传真机打印部分没有问题，这种故障肯定出在光路部分，这时维修人员可检查光路部分并给予排除。

（2）传真机自身复印质量不好，接收对方文件质量也不好。该现象表明传真机的收、发双方都有可能存在问题。这时可通过打印测试图来加以判断，如果测试图质量很好，说明本方传真机打印部分没有问题，故障可能出在光路上。如果对方传真机发送过来的文件也有问题，说明对方传真机光路可能有问题。总之，复印件、接收件的质量有问题时，就应该进行具体分析，并根据分析的结果再进行判断及排除故障。

（3）传真机自身复印质量良好，接收文件质量不好。如果传真机自身复印质量良好，只是接收质量不好，可以肯定与自己的传真机本身无关，问题出现在对方。

4. 传真机只能单向通信

（1）传真机网络控制板有问题，造成传真机单向通信。传真机网络控制板有问题，造成传真机单向通信也是可能的，传真机中的 CML 继电器对传真机通信质量的影响很大，因此，可以按照修复继电器的方法就处理。如果有条件，传真机维修人员可以找一块相同的好的网络控制板与故障板对照测量，这对维修人员排除故障是很有帮助的。必要时也可以更换网络控制板。

（2）调制解调器部分损坏造成单向通信。前面已经介绍过，调制解调器在传真机的通信中起着非常重要的作用，发送是调制器部分工作；接收是解调器部分工作，一旦传真机只能收不能发，一般是调制器部分有问题。如果传真机只能发不能收，一般是解调器部分有问题。但是，调制解调器是高度集成化的整体元件，所以出现故障后只能整体更换。

（3）传真机拨号方式不对造成传真机不能发送。传真机上通常都有电话的拨号数字键，台式传真机外接一部电话机，而便携式传真机多数都自身附带一部不带拨号盘的电话机，无论是哪种传真机都可以用传真机上的键盘拨号，给对方发送文件，尤其是对方传真机处于自动接收状态时，用传真机上键盘拨号发送更为方便。

众所周知，电话的拨号方式有两种，一种是脉冲拨号方式，另一种是双频拨号方式。所以，如果用户所拥有的电话拨号方式与传真机内设定的拨号方式不同，则用传真机键盘拨号是拨不通的，这自然也就无法发送。由于传真机的接收与该键盘无关，所以这种情况只出现在发送的时候。此时只需要用传真机外接电话机与接收方接通，进行发送，如果发送良好，说明传真机本身无故障，只是其键盘拨号方式的设置与电话线路不匹配。用户所拥有的电话拨号方式是由电话局部门决定的，用户可以根据自己的需要，通过电话局部门给自己设置所需的电话拨号方式。台式传真机多数是用螺钉连接外接电话，而便携式传真机通常都有一个并接电话机的插孔。对于后者如果发生上述问题，可在这个并接口接上一部电话机进行发送试验，并接电话机是为了适应这里电话线的拨号方式。因为电话机上通常都有一个脉冲、双音频转换开关，在这个开关两侧分别标有 PT 的字样，P 是英文脉冲（PUISI）的字头，它代表脉冲拨号方式；T 是英文音频（TONE）的字头，它代表双音频拨号方式。维修人员应按当时所在的电话线的要求设置好拨号方式，以满足电话线的匹配。如何调整传真机的拨号方式呢？除了型号很老的传真机以外，多数传真机都有脉冲、双音频两种拨号功能。但一台传真机只能设置在这两种方式中的一种上，因此，维修人员需要根据具体情况设置传真机的拨号方式。而传真机拨号功能设置方法比较简单，它只需拨动一个硬件开关即可。却有些传真机则需要通过传真机的软件进行调整。

5. 传真机自动接收正常，但不能手动接收或不能发送

（1）传真机设置在手动接收状态。传真机设置在自动状态，电话振铃后是自动接收，而手动接收功能就不存在了。

（2）传真机外接电话机使用防盗打电话功能时，传真机将不能手动接收和发送。如果传真机外接电话机使用防盗打电话功能，一旦有传真机发送和接收时，电话机的防盗打电话功能开始发挥作用，这样便使传真机无法正常工作。电话机防盗打电话工作原理是有其他电话等在本机线路使用时，它会强大干扰信号对其线路干扰，这同时也干扰了传真机正常工作。经过以上的分析试验后，传真机维修人员可以检查一下传真机的连接，只需把电话机连线从线路端子上取下，换接到传真机电话机连接端子上就可以了。

（3）传真机接线错误造成自动接收正常，不能手动接收。如果用户将电话机与外线并联在一起后接到传真机线路端子上，就会造成这种情况，如图 2 - 32 所示的为多元

DY – 5M、多元 DY – 16T 接线图。

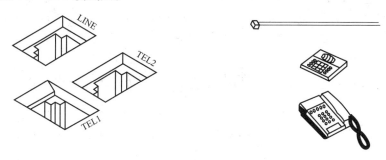

图 2 – 32　传真机连接示意图

这种错误的了解，会造成传真机的手动功能不能完成。发送时因为电话机未接在传真机电话端子上，电话摘机检测电路不能正常工作，尽管电话可以打通，但如果想给对方发传真却不行了。这时可以把外接电话排除开，用传真机本身的电话键盘给对方发传真，这样与传真机摘机检测电路无关，所以可以正常自动接收，这是判断传真机接线是否正确的方法。电话机与外线并接，传真机的线路端子可以看成一个普通的接线盒，对电话的正常使用没有任何影响。

6. 传真机自身电话机故障

（1）由外接电话机操作的传真机收、发正常，但传真机自身电话不正常。这类故障是带有电话机的小型传真机所特有的故障，包括不振铃、不拨号，甚至拿起电话机也听不到任何声音。为了确认传真机内电话电路板有无问题，可用外接电话机的办法检查。如果使用外接电话机传真收、发均正常，则肯定是传真机内的电话功能有问题，维修人员可参看电话维修方面的书籍进行修理。但是，如果电话功能板像松下 KX – F50B 那样高度集成化并采用表面电焊工艺，那么维修起来困难较大，这时一般情况只能更换功能板。

（2）传真机收、发均正常，但电话机不振铃。传真机收、发正常，说明这台传真机及其有关的电路没有问题，故障发生在电话机及其相关的电路上。这时首先应该检查电话机振铃音量开关是不是放在最小或静音的位置上。传真机并接的电话机和传真机自身电话机都可能设有这个开关，如果设有这个开关，它的位置应该在电话机附近的传真机上。凡遇到电话机振铃不响，而传真机收、发正常的情况，应先检查开关的位置，这种故障发生时，传真机内的扬声器是会发出声音的。

如果传真机操作正常，但扬声器无任何声音，则可能是扬声器有问题，如开焊、扬声器与主板连接的插排没有插好等。由于传真机上电话振铃是通过扬声器发声的，扬声器不能正常工作，电话振铃自然也不能正常工作。

如果上述情况都不存在振铃还是不响，则很可能是传真机内部电话振铃的集成电路损坏了，应接着更换该集成电路。

（3）传真机不能收、发，电话不通。对于这种情况，维修人员首先应该排除传真机本身的问题。这里所说的传真机不能收、发，即电话线路没有接对，无法与对方沟通，因此不能发传真。传真机的接线端如果发生如图 2 – 33 的虚线所示的接发情况，电话肯定是不通的，传真自然也不能进行。传真机维修人员只需将线路重新按正确的方法，如图 2 – 33 的实线所示那样处理就可以了。

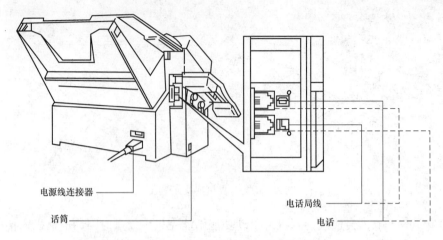

电源线连接器

话筒

电话局线

电话

图 2 - 33　电话线路接错造成电话不通

7. 传真机收、发时好时坏，传输速率下降

（1）传真机网络控制板上防雷放电管故障，造成传真不良。传真机网络控制板上防雷放电管的作用是保证传真机网络控制板的安全，避免雷电等突发的强信号对传真机造成损害。目前市面上出售的所有的传真机均具有放电保护措施，下面介绍放电管在传真机网络控制板上的作用。

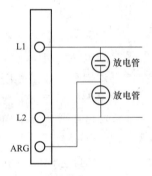

L1

放电管

放电管

L2

ARG

图 2 - 34　网络控制板
入口处的防雷电装置

当传真机附近出现雷电或其他强信号时，很容易通过外线感应传输到传真机的接线端口，而网络控制板恰好位于传真机的端口，由于感应电压很高，很容易击穿那些耐压只有几十伏甚至十几伏的元器件。为了保证网络控制板及后面电路的安全，在网络控制板的入口处加防雷放电管，如图 2 - 34 所示。

当强信号通过传真机输入端子 L1、L2 进入传真机后，其感应电压值超过了放电管的击穿电压，放电管迅速导通，使大量的电流在放电管内通过，并导入大地。

当感应电压低于击穿电压值时，放电管不导通，传真机正常工作。当感应电压很高，超过放电管击穿电压时，防雷放电管导通，感应电压通过输入端子 L1、L2，被短路接地，这样就达到了保护网络控制板的目的。

因此，传真机的网络控制板上防雷放电管一旦损坏后，应立即更换，否则传真机不能进行正常的收、发。

（2）传真机的网络控制板性能变差，造成收、发时好时坏。由于传真机的网络控制板是传真收、发的必经之路，所以，它的性能变差往往会造成传真机收、发时好时坏和传输速率下降，致使传真失败。其性能变差主要表现在传真机网络控制板上，CML 继电器的触点出现问题，出现问题的初期会引起传真机传输速率下降。传输速率下降，在传真状态下的现象是双方传真机联络时间明显增长，即使可以收、发，传真机的动作也显得很缓慢。

为了确认是否是 CML 继电器出现问题，可将继电器的外罩打开，用挥发快且不导电的专用清洁剂清洁干净以后，进行传真通信试验。如果 CML 继电器早期接触不良，用这个办法可以使传真机有几次正常的通信，至少比处理前通信速率有所改善，这时再进行前面介绍的 CML 继电器触点的处理，可以避免盲目的工作。近几年生产的传真机有的是光电线路传输，这种传输可以 CML 继电器不良的问题。

（3）线路干扰造成传真机收、发时好时坏。线路干扰严重可以造成传真机不能收、发文件。但线路干扰较轻或干扰断续出现时，有可能造成传真机收、发出现时好时坏，传输速率下降等情况。线路干扰造成传真机收、发时好时坏，从电话听筒上听不是很明显，听筒中有轻微的"沙沙"声，断续的"叭叭"声，这些都有可能对传真机效果造成影响。

如果本方传真机向不同对象发送文件都出现时好时坏的故障，应该在确认本方传真机正常后才可怀疑线路故障，这时如果是线路不好，线路的干扰源应该在靠近本方的周围。确定本方传真机的好坏最好用专线通信方式试一下，或用自用小交换机试验，这样可以彻底排除线路干扰问题。在确认传真机通信时好时坏是由线路问题造成以后，应该请电信部门有关单位协助解决。经过上面的分析可以得出另一个结论，如果对方传真用户附近有干扰，同样可以造成传真时好时坏，但本方传真机除与对方的这一台传真机通信异常外，与别的用户传真通信应该正常。当然，对于对方这个通信异常的用户也不排除线路是正常的，而是传真机本身有问题。对线路干扰问题，通常可以通过降低传输速率予以解决。

2.13.2　传真机显示故障的分析与排除

传真机操作显示部分的作用是操作人员根据自己的需要按不同的按键，控制传真机的各种状态并显示出来。显示部分除有各种功能的开关与按键外，通常还有以下三部分：

（1）输入输出芯片：它是完成输入输出的信号任务。

（2）液晶显示单元（LCD）：重要用来显示传真机的工作状态，它通常由显示屏、驱动器和存储器组成。

（3）发光二极管（LED）及控制部分：LED 也是用来显示传真机工作状态的，而为了确保 LED 的点亮，还专门配有 LED 的驱动电路。

传真机操作显示部分的故障归纳起来有两类，下面具体介绍。

1. 传真机工作正常，但不能保持显示正确的时间

凡带有 LCD 显示屏的传真机在待机状态下多显示年、月、日、时。一旦将正确的时间设置好，即使传真机放在关机状态一段时间，在接通电源，传真机仍能显示正常时间。这是由于在传真机内有一个充电电池连接在主控制板上，开机时传真机内充电电路给这个充电电池充电，传真机关机后，充电电池用来给时钟电路供电，同时继续支持随机存储器（RAM）工作，确保关机前这一时刻传真机有关资料、信息不丢失。该电池正常的话，在传真机关机后能维持几个月或更长的工作时间。

如果传真机长时间处于关机状态，这个充电电池损耗严重，当其电压低到不足以维持随机存储器（RAM）工作的时候，存储器内部的资料和信息就会丢失。在这种情况下开机，存储器内的软件数据均变为初始状态，显示的时间将退回到该传真机软件设计对应的年代，甚至显示出现乱七八糟的数字，随机出现一些不相干的符号，有些传真机还会报警或打印出一些错误信息。

下面介绍几种造成关机后，再开机不能正常显示的情况及排除方法。

（1）充电电路有问题，造成传真机不能保持正确的显示。如果传真机没有 BATT 开关或开关已经接通，而且充电电池也没有问题，可能是充电电池有问题，应检查维修充电电路。

注意：主机板上电池更换不当将造成危险，其必须用制造商所建议的电池型号，根据制造商的说明配置电池。

（2）充电电池出现问题，引起传真机重新开机后显示不正常。传真机长时间关机，充电电池长期供电而又得不到能量的补充，会导致充电电压过低。遇到这种情况，首先要给传真机通电，按照说明书的具体操作方法把显示的时间重调，在此状态下连续开机 8h 以上再关机，待 2h 之后再度开机，观察传真机显示是否正常，所设置的时间是否保持正确。如果年、月、日、时均正常，则说明传真机充电电池已恢复正常，问题也就随之解决了。

如果再度开机后，时间显示又退回初始状态或显示紊乱，则可能是充电电池已经失效，此时应该打开传真机找到机内的充电电池，用万用表直流电压挡测量一下充电电池的电压。通常这个电池正常电压为 3.5V 左右，如果低于这个电压很多，说明这个电池不能继续供电，应该进行更换。所更换的充电电池只要电压相同，能够安装上就行，但安装的时候要注意极性，正负极不可接错。

（3）充电电池开关未打开，引起传真机重新开机后显示不正常。有一些传真机，为了某种需要，在这个充电电池的电路里加有一个开关。当这个开关拨到"ON"的位置时，电池正常工作；这个开关拨到"OFF"的位置时，电池被断开，显示可能不正常。一般这个开关安装在主板上，通常印有 BATT 的字样，如果测量电池电压正常而传真机的显示不能保持，则应该检查这个 BATT 开关是否接通。

2. 传真机 LCD 不显示

（1）传真机内的有关软件有问题，造成 LCD 不显示。由于显示与其输入输出芯片有着密切的关系，而该芯片又由传真机控制部分相应的软件来支持，所以若传真机内部存储器发生问题也会造成 LCD 不显示。比如，松下 KX – F90B 系列传真机，它的存储板是独立的，靠一个多孔插排与主板连接，如果连接不好，LCD 是可能的，有的时候用来存储软件的 EPROM 芯片也会出现问题。因此有条件的话，可换一块存储板看一下，如果确认存储器或软件有问题，则更换存储软件的 EPROM 芯片即可。

注意：多数传真机的存储芯片都是插在传真机的主控制板上的，因此，在摘下该芯片的时候，应该记住它的正确安装位置，否则一旦插反，该芯片极有可能被损坏。

（2）控制部分输入输出芯片出现问题，造成传真机的 LCD 不显示。输入输出芯片通常都安装在操作面板下面的操作控制板上，它是一个多管脚的集成块。它对传真机的 LCD 显示起着很关键性的作用，一旦被损坏，不仅 LCD 不能显示，而且整个操作也不能进行了。

造成该芯片损坏的主要原因，是由于人体在干燥环境加上化纤地毯和壁纸等摩擦条件下所带静电造成的。当人体的手指触及传真机操作键时，身体上所带的静电集中于手指尖上释放，产生瞬间的高电压，这一电压有时可以击穿传真机操作面板上的元件。这类故障原因，对于佳能系列传真机的机会更多一些。

为了避免这类情况的发生，关键是要消除各种静电源，在气候干燥的季节，特别是在易产生静电的环境，最好使用加湿器，从实际情况看，使用了加湿器效果比较好。另外，为了确保传真机的安全使用，在静电明显存在的环境里，每次操作传真机之前用手触摸一下墙壁或暖气管，将静电释放后再操作传真机就可以了。

如果遇到 LCD 不显示，还可向用户了解一下传真机的使用环境。如果是易产生静电的环境，很有可能是输入输出芯片被击穿，应该打开操作面板检查输入输出芯片；如果被击穿，多数情况可以看到该芯片上有一些凸痕，这种故障无法修复，只能进行更换芯片才行。

（3）传真机的某个部件没有装好，操作 LCD 不显示。许多传真机在其可以打开的部件上均有一个或几个微动开关作为控制元件，控制着传真机的工作状态。如果这些微动开关中任意一个损坏，都会造成 LCD 不显示。但实际上这几个微动开关的使用率很低，很少出现损坏的情况；多数情况是由于没有装好某些部件而造成 LCD 不显示。因此，遇到 LCD 不显示的情况首先应该检查是否有部件没有装好。

（4）电源问题造成 LCD 不显示。电源出现问题造成传真机 LCD 不显示与前面介绍的情况不同。上面讲的不显示故障发生时，传真机电源指示灯是亮的，而且从某个角度看，LCD 显示屏上经常显示字符的地方呈现方形的阴影；而电源出现问题造成 LCD 不显示，很多时候电源指示灯是不亮的，这是区别因电源部分有问题造成 LCD 不显示与其他原因造成 LCD 不显示的简单方法。

（5）传真机主控板出现其他问题，造成 LCD 不显示。传真机的显示与其主控板有很大关系，因此，主控板出现其他问题也有可能造成 LCD 不显示。如果不能确定问题的性质，最好还是更换主控板试一试；另外，调制解调器损坏，有时也会影响 LCD 的显示，更换调制解调器解决问题自然比更换主控板经济得多。LCD 部件本身损坏的可能性很小，一般可先不考虑它的问题。

任务 2.14　传真机复印时常见故障分析及排除方法

本节主要对传真机复印时常见的故障进行分析，并提供排除故障的思路和方法。

1. 传真机复印时常见故障及排除

（1）传真机复印不进纸。具体有以下三种情况。

1）操作键或操作面板出现问题造成不进纸。如果确定原稿文件已经放好，按说明书进行复印操作时，传真机许久没有动作，连显示屏也没有任何变化，这很可能是复印键坏了。因为大多数传真机的复印键和传真键是同一个操作键，使用频率很高，工作强度最大，很容易引起触点接触不良。复印键接触不良，按下时与没按下效果一样，就如同没有进行操作，不进纸是自然的。

一旦遇到这种情况，可根据不同的机型，找到对应的按键，在其电路板的焊接面用万用表的电阻挡测量一下键的通断。通常为了安装稳定和接触可靠这种按键一般都是四脚的，其中两两互通，如图 2-35 所示。

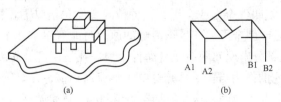

图 2-35　面板按键外形及内部结构图

(a) 面板按键外形；(b) 画板按键的内部结构

图 2-35 中 A1、A2 互通，B1、B2 互通。这时万用表放在电阻挡，分别把一支表笔接在 A1 或 A2 上，另一支表笔接在 B1 或 B2 上，然后反复按下这个操作键。正常的情况是万

用表指示随按键的通断而通断。此时如果万用表指示始终是断开的话，说明这个键坏了，则应该更换。这个元件在市场上很容易买到。但是，如果采用维修的方法进行焊接时，则应尽可能动作快一些，因为操作面板上的布线很细，电烙铁在板上时间太长容易使板上的线与板脱开，特别是佳能系列传真机面板上的输入、输出芯片距启动键较近，如果焊接温度太高对此芯片不利。

2）传真机自身电话机没有放好，造成不进纸。这种情况比较特殊，目前在多元 DY - 1000T、DY - 81A（T）、松下 KX - F50B 和松下 KX - F90B 等一些小型传真机上发生过。如果电话机没有挂好，即使原稿文件放好了，并进行复印操作，文件也不会进纸，这时需要把电话机放好，复印进纸才会正常。

3）原稿没有放到位造成复印不进纸。这个问题在后面的进纸故障中还要作详细介绍。原稿没有放到位，有些传真机在按下传真键以后没有反应，而有些传真机裁下一截记录纸，比如佳能 FAX - 410、佳能 FAX - 490 等传真机。这种情况不是传真机本身的问题，而是多发生在初次使用传真机的人员身上。尤其使用新购买的传真机时。此时只要把原稿文件向传真机内部推入一些，工作就正常了。

（2）传真机复印时复印件出现纵向白道，具体有以下两种情况：

1）热敏记录纸划伤造成复印件出现纵向白道。所有热敏记录纸都是卷状的，纸卷的外层涂有化学药品，如果使用不注意或环境不好，传真机记录纸纸箱内有小颗粒落入，在复印或接收时，记录纸转动，与小颗粒发生摩擦，把记录纸上的化学药品涂层划掉，从而产生一条白道，对于这种白道维修人员需要特别注意。这种白道与热敏打印头部分损坏造成的纵向白道是有区别的，前者的白道相对较宽些，而后者则较细；前者白道边缘整齐，而后者白道不十分整齐；前者复印件表面光滑，而后者的纵向白道处有压下去的痕迹。无论是什么原因造成的复印件出现纵向白道，传真机维修人员最好先打开传真机记录纸纸箱盖，取出记录纸清洁一下记录纸箱，然后将记录纸装回再试。这不仅仅是一个排除故障的程序，最重要的是因为记录纸在转动过程中将较硬的小颗粒带起，经过热敏打印头时极易把打印头划伤，会造成更严重的损失。

2）热敏打印头损坏造成复印件出现纵向白道。由于传真机的热敏打印头是由若干个发热单元组成的，如果由于某种原因，使打印头部分发热单元损坏，不发热，那么复印或打印时，对应这一点或几点的地方就会产生纵向白道，这种纵向白道的边缘十分整齐。如果是热敏打印头损坏，通常是无法修理的，只能进行更换。但打印头价格较高，如果纵向白道较细而不至于影响复印件或接收件的阅读，此时应尽可能先继续使用，暂时不要更换。

（3）传真机复印时复印件全白或全黑，这种情况具体包括以下 8 种：

1）传真机复印时复印件全黑。产生该故障的原因可能有以下几个方面：

① 传真机灯管驱动部分出现问题造成复印件全黑。凡是用灯管作为扫描光源的传真机都有一个灯管的驱动器，它的作用与普通日光灯电子整流器相似，在灯管需要点燃时产生高压，用来点燃灯管；一旦由于某种原因，这个驱动器出了问题，就会造成灯管闪烁，不能彻底燃亮或灯管不发亮，由于驱动器都是用还氧树脂胶封死的，无法修复，一旦损坏只能更换。

② 由于灯管问题造成复印件全黑。正常的传真机扫描光源必须燃亮，有些传真机原稿的前沿触到文件传感器后灯管或半导体发光器件燃亮，有些传真机只有当原稿开始被扫描时光源才亮。传真机的扫描光源是灯管，因此在复印过程中，可以从传真机的一些缝隙中看到

绿色的光。如果复印时灯管不亮，复印件肯定是全黑的。一旦遇到了这种情况，维修人员可以拆下该传真机的灯管，检查是否正常。灯管的寿命大约在 500h 以上，一般正常使用时间为 5～10 年。如果怀疑灯管有问题，可以拆下灯管观察灯管的两端，如果两端发黑，说明灯管使用率比较高，不排除损坏的可能性，这时可用万用表分别测量灯管两端的灯丝是否良好。正常的灯丝只有几欧姆的电阻值，如果测量出的电阻值为无穷大，则说明灯管的灯丝断了，这时只能更换灯管；如果测量结果证明灯丝没有断，则应该检查一下灯管与灯座的连接有无问题；如果一切正常，则可能是灯管的瞄得起部分有问题。

注意：对于用半导体发光器件（CIS）作扫描光源的传真机，因为不存在灯管，所以发光体坏了只能采取进行更换的办法才行。

③ CCD 板出现问题或其位置严重偏离造成复印件全黑。CCD 板是传真机扫描部分的关键器件之一，一旦损坏可造成复印件全黑。但发生这类故障的可能性较小，应该把复印件全黑的其他可能性排除以后再考虑它。相比之下，CCD 位置严重偏离造成复印件全黑的情况多一些。

如图 2－36 所示，带有文件信息的光信号经过反光镜折射到镜头，通过镜头聚焦到 CCD 板感光区。当 CCD 板的位置严重偏离以后，CCD 板感光区永远不会收到任何信息，此时印出来的复印件是全黑的，也有一些传真机得到的复印件可能不是全黑，但也看不出任何原稿内容。

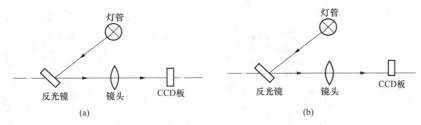

图 2－36 传真机 CCD 位置正常与位置偏离的比较
（a）传真机 CCD 的位置正常；（b）传真机 CCD 的位置偏离

CCD 板的位置在传真机出厂之前调好和固定，出现位置偏离的原因多是由于不熟悉传真机的人员擅自动过 CCD 板造成的。要区别是 CCD 板本身损坏，还是 CCD 板位置严重偏离造成复印件全黑，可以采用"极端调整法"进行判断。

"极端调整法"就是将水平的 CCD 板的位置调至极端倾斜的状态。CCD 板是由左右两颗螺钉固定的，CCD 板上的两固定孔大于螺钉的直径，上下左右均有一定的余量。传真机维修人员可将 CCD 板的一端调至最下的位置，而将 CCD 板的另一端调至最上端，这样 CCD 的长形感光区原则上总有一部分能与扫描系统发出的光相交而收到部分光信号，使得复印件能输出一窄行或清楚、或不太清楚的原稿文件的内容。经过上述工作和所得复印件的改进，可以初步判断 CCD 板是正常的，这时再进一步上下左右反复调整，最终达到理想的效果。

如果采用"极端调整法"实验几次毫无效果，则有可能是 CCD 板本身的问题了。有条件的话，可替换一个好的 CCD 板试一试。如果传真机工作仍不正常，可以再检查一下原 CCD 板及板上其他元件是否正常。CCD 板一般都不太大，如果不好找，可以先找到镜头，CCD 板肯定在镜头的水平延长线上。以上介绍的几种复印全黑的故障有一个共同的特点，即接收文件或打印报告测试图时，传真机工作正常。

④ 记录板或主机板的记录部分有问题造成复印件全黑。型号比较老的传真机有些有独立的记录板，而新型传真机的记录部分大多数设计在主控板上。后者如出现故障，大多属于纯电气问题，排除起来比较困难。

2）记录纸装反造成复印件全白。记录纸装反造成复印全白的可能性也是存在的。多数传真机采用的是热敏记录方式。热敏记录纸的一面均匀地涂着两种在常温下无色透明的化学物质，当热敏打印头扫描的轨迹发热时，使热敏记录纸遇热部分迅速变黑，获得与原稿一样的一份复印件。然而，热敏记录纸背面是没有化学涂层的，因此记录纸一旦装反，复印时即使热敏打印头发热正常，也不会有任何内容被打印出来。

通常传真机记录纸的放置很方便，把记录纸放进纸箱，使记录纸穿过裁纸刀就可以了。但少数传真机由于机械设计的不同，记录纸需要绕过一个传动轴后再穿过裁纸刀，这样的传真机其记录纸往往容易装错。所以，传真机维修人员不要马上就拆卸机器，应该先检查一下记录纸是否装反。

记录纸装反这种错误有时甚至被一些较有经验的维修人员所忽视。因此，建议传真机维修人员遇到复印件全白的故障时，打印一下测试图。如果不会打印该型号传真机的测试图，打印管理报告也可以。如果打印也是全白，则复印件全白的故障有可能是记录纸装反造成的。出现记录纸装反造成复印件全白的故障，往往发生在更换新的记录纸以后。

3）原稿放反造成复印件全白。多数传真机复印或发送时原稿文件面朝下，也就是把有文字内容的一面朝下。但也有少数传真机复印时原稿是面朝上的，如松下 UF - 8710 等。原稿如何放置，在传真机使用说明书中都有明确说明，而且一般在传真机原稿托盘上，也有正确放置原稿的示意图。

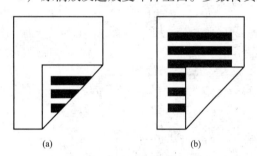

图 2 - 37　原稿放置方向的标记
（a）文字朝下；（b）文字朝上

图 2 - 37（a）向上翻起的一角上面有黑色的实线，表示文件内容的一面向下放置；图 2 - 37（b）向上翻起的一角是空白的，表示文件内容的一面向上放置。

传真机初级用户出现这种错误是很有可能的。凡遇到这种情况，传真机维修人员可以通过电话让对方把原稿文件翻一个面，再重新复印一次，如果是原稿放反了造成复印件全白，翻一面复印马上就可以正常，传真机本身根本就没有问题。这样，既可以避免送修的麻烦，又不会耽误用户的使用。

4）打印头与记录纸之间间隙过大造成复印件全白。在打印过程中，打印头发热，热敏记录纸通热后能把文件的内容打印出来。但如果打印头与热敏记录纸之间的间隙太大，记录纸已经感觉不到热度，就会造成复印件全白的现象。这里所说的间隙过大，有时是因为记录纸纸箱盖完全盖好造成，有时是因为机械部分变形所致。在排除前面介绍的复印件全白的可能性后，还可以在复印过程中，将热敏打印头部分下压，用来减小打印头与记录纸之间的间隙，如果这时能复印出一些内容来，则基本上可以判断故障与间隙过大有关。总之可以结合不同的传真机，根据具体情况，有针对性地解决问题。

5）热敏打印头出现问题造成复印件全白。前面两种复印件全白的情况均属于安装或使用不当造成的，传真机本身没有问题。如果不是上述情况，就应该先检查连接热敏打印头和其他电路板的插排是否插好，然后重点考虑热敏打印头。

热敏打印头是传真机一个很关键的部件，一般都安装在传真机记录纸出纸口的上方，其长度通常分为 A4 和 B4 两种。台式传真机多配以 B4 宽度打印头，而小型传真机一般选用 A4 宽度的打印头。热敏打印头中间有一条几毫米宽与打印头同长的东西是热敏打印头的发热部分。热敏打印头的侧边上有一个或两个插排与主板或记录板相连。如果热敏打印头损坏不发热，会造成复印件全白。检查打印头的好坏，可以在确认传真机记录纸安装正确后，通过打印测试图或管理报告，予以确认。如果打印不出任何内容的话，很可能是热敏打印头损坏。热敏打印头损坏是无法修复的，只能更换。

6）传真机电源出现问题造成复印件全白。热敏打印头通常都需要有 24V 直流电压供电，如果传真机电源有问题，不能给热敏打印头提供所需电压，也会造成复印件全白。如果有条件可以更换电源，维修人员也可以对电源进行修理，直到排除故障。

7）记录板故障造成复印件全白。有少数传真机由一块单独的记录板（REC）控制着热敏打印头的工作，如果记录板发生故障也会造成复印件全白的现象。由于这类传真机数量不是太多，不具备代表性，在此不多作介绍了。

8）传真机复印时复印件出现纵向黑道或白道。这里讲的纵向复印黑道是指与记录纸出纸方向一致的黑道，如图 2-38 所示。造成这种故障的原因归纳起来有热敏打印头有问题、CCD（CIS）有问题和光路不清洁三种。

图 2-38　复印件出现纵向黑道示意图

① 光路不清洁造成复印件产生纵向黑道。所有传真机都有灯管（或半导体发光器件）、反光镜、镜头等。作为光源，如果它们的表面脏了，可能会造成复印件出现纵向黑道。由于灯管或半导体发光器件都长于210mm，所以灰尘会沉积在整个光源上。当光源表面的灰尘沉积到一定厚度时，就会挡住一部分光源，使复印件产生纵向黑道。但这种黑道不应该只是局限在某个位置，也不是只出现一、二条黑道。因为灯管发出的绿光是很亮的，如果灯管上所沉积的灰尘不太多，由于光线是散射的，则不至于在复印件上产生黑道，而往往是由于灰尘造成灯管亮度减弱，使复印件变得模糊一些。在传真机扫描系统中，无论哪个反光镜上落有灰尘都有可能造成复印时出现黑道。由于反光镜不清洁造成复印件出现纵向黑道，往往不像热敏打印头部分损坏时造成的纵向黑道那样边缘整齐。当程度较轻时，黑道较细，有时黑道时有时无断续地发生。

有些时候反光镜本身不脏，也出现了复印件纵向黑道问题，这往往是在灯管与第一个反光镜之间，第一与第二反光镜之间和第二个反光镜与镜头之间有异物，阻挡光信号造成纵向黑道。

② 热敏打印头问题造成复印件出现纵向黑道。B4 宽度热敏打印头由 2048 个发热单元组成；A4 宽度热敏打印头由 1728 个发热单元组成。如果其中一个或经几个发热单元发生类似短路的情况，而始终处于发热状态，当电动机带动记录纸转动进行副扫描时，这些长热点便会被拉长，并在热敏记录纸上记录为一条黑线。要判断复印时纵向黑道的产生原因，可以先从纵向黑道的特征着手。

热敏打印头发热点分得很细，排列有序。因此出了问题以后复印出来的黑道两侧边缘都很整齐，整个黑道宽窄相同。为与其他原因造成的纵向黑道相区别，可检查接收或测试图有无纵向黑道存在。如果传真机接收或打印测试图时黑道依然存在，肯定是热敏打印头出了问题。确定是热敏打印头损坏后只能进行更换，别无他法。

③ CCD 板（半导体感光器件）出现问题造成复印件出现纵向黑道。应该指出，如果所有上述因素排除以后复印件纵向黑道依然存在，只能怀疑是 CCD 板有问题。这是由于 CCD 板的感光区很窄、很小，它上面哪怕是有很小一点灰尘都会造成复印件出现纵向黑道。不过，CCD 板一般都有灰尘防护措施，不易落上灰尘，只是偶尔会发生问题。

2. 传真机复印时复印件颜色过浅故障分析及排除方法

造成传真机的复印件颜色过浅的原因一般是热敏打印头的电压不合适、记录纸质量差、传真机的打印头与记录纸间隙偏大、"写电平"不合适等造成的，下面分别介绍。

（1）传真机的电源出现问题造成复印件过浅。由于传真机的电源向热敏打印头提供电压，一旦电源出现了问题供给热敏打印头的工作电压偏低，就会造成复印件的颜色过浅。而热敏打印头所需要的电压在传真机电源上是可以调整的，其电源的局部电路，如图 2–39 所示。

在检查确定是电源提供热敏打印头的电压偏低时，维修人员可以通过调整如图 2–39 中 RP1，改变输出电压。由于 R_1、R_2 两个固定电阻的阻值大约是 RP1 的三倍，故即使 RP1 调整过量，也不会造成太大的问题。但仍需强调一点，这种调整不到万不得已时尽可能不调，以免因热敏打印头的电压

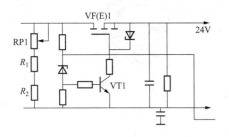

图 2–39　传真机电源局部电路图

过高，造成打印头工作时温度太高而损坏打印头或缩短热敏打印头的寿命。特别是有些小型传真机，它本身功率就小，复印件的颜色稍浅是正常的，要想把其颜色调整成与台式传真机复印效果一样十分困难。

（2）记录纸质量不好造成复印件颜色过浅。热敏记录纸与相纸、摄影胶卷一样有一个有效期的问题，一旦过期就会造成复印件颜色过浅。因为热敏记录纸存放时间过长，它的打印面上的化学涂层效力会随时间的推移而下降，因此对热敏打印头发热时的反应不灵敏，导致复印件颜色过浅。

对于台式传真机，尤其是松下系列传真机，由于其电源功率较大，本身打印颜色就深，记录纸稍差一些对其使用影响不大，但对少数台式传真机，（比如佳能 FAX - 410），还是有一定影响的。对于小型传真机来说，尤其是 CIS（发光二极管光电扫描）方式，如多元 DY - 1000、多元 DY - 80A（T）、多元 DY - 16T、多元 DY - 5M 等以发光二极管扫描光源的传真机，电源功率小，光源亮度低，发送文件时，对方的记录纸如果质量不好，收到的复印件就不会好，其自身复印效果也不会好。

另外，有些热敏记录纸由国外以大卷的形式进口，到国内后进行分卷、包装，由于运输、重新包装等原因，有时对记录纸的质量也有所影响。因此用户在购买热敏记录纸时，首先应该选择比较知名的品牌，尽量避免选用杂牌，在购买时最好能了解一下所购记录纸的大约出厂日期，时间不宜过长；其次应该根据自己传真机所用记录纸的实际用量购买，一次不要买得太多，以免长期放置因过期造成浪费；另外，如果买回的记录纸暂时不用，应该把它放在干燥、避光处储存，严禁阳光直射；而且最好购买原包装的记录纸，在国内分卷的记录纸外包装有时与原包装一样，如果有可能应该取一卷记录纸打开两头看一看纸卷侧面是否平整，原包装记录纸很平，而在国内分卷的往往纸卷侧面参差不齐。此外，质量不好或过期的记录纸，外观一般不够洁白，有些反光，用手指甲或锐器在其表面的划痕不是太黑。总之，为了保证复印件质量，用户可以参照以上的建议购买传真机的记录纸。

（3）传真机打印头与记录纸间隙偏大造成复印件颜色过浅。传真机在打印过程中，热敏打印头紧贴在热敏记录纸上，只有这样才能做到它所发出的热量能够使打印出的复印件黑白分明。一旦热敏打印头与记录纸之间间隙偏大，就会因为打印头传到记录纸上的热量不足而使记录纸上的化学药品不能充分反应，从而造成复印件颜色过浅。应当注意，由于热敏打印头与记录纸之间的间隙过大造成复印件颜色过浅的问题，与"写电平"过低造成复印件颜色过浅的问题有根本的区别。此时，故障传真机无论是复印、自身打印，还是接收文件，所有通过打印头打印出来的文件颜色都浅，这与上面的由于"写电平"低造成复印件过浅是不相同的。

如果经过判断怀疑是热敏打印头与热敏记录纸之间间隙过大造成复印件颜色过浅，维修人员可以在传真机复印的过程中，用手向下压住固定热敏打印头的上盖，人为地使热敏打印头贴紧记录纸。然后观看复印效果有什么变化，如果是二者之间间隙过大造成的问题，可以用前面介绍过的方法解决。

（4）传真机由原稿文件引起的复印件颜色过浅。原稿质量是保证复印件质量的前提。有时用户的原稿字迹过浅，比如有些计算机打印的稿件，由于色带本身不好，打出来的稿件颜色自然过浅，这类原稿不仅复印件颜色浅，而且发送给对方时可能会更浅。为了判断是原稿问题还是传真机问题，可换一张比较好的原稿复印一下看看效果，不能忽视因原稿太浅造成复印件太浅的可能性。另外有一点值得维修人员注意，所有的传真机（包括灯管或非灯管为扫描光源的传真机），光源所发出的光都是绿色或黄绿色的。与照相机的滤色镜道理类似，传真机对绿色的图像、文字反应不敏感，复印件对应淡绿色的部分往往颜色较浅，这不是传真机的问题。

（5）传真机由于"写电平"不合适造成复印件颜色过浅。前面已经阐述过传真机的"写电平"太高，会造成复印件又黑又脏。与其相反，"写电平"太低，则会造成复印件颜色过浅，甚至还会造成复印件全白的情况，维修人员可以利用传真机自身的打印件深浅来区别是"写电平"低造成的复印件颜色浅，还是其他原因造成的颜色浅。

3. 传真机复印时复印件一侧发黑

所谓复印件一侧发黑，是指复印件一侧文字、图像正常，而另一侧边缘是黑的，黑色一侧与正常一侧的色调逐渐过渡，黑白之间没有明显的界线。

（1）传真机的热敏打印头位置偏而造成复印件一侧发黑。当热敏打印头安装位置左右不均衡时，有可能造成一侧发黑。由于左右不均衡，所以一侧发黑而另一侧变浅或全白，这与光路不清洁造成复印件一侧发黑的情况有所区别，但为了更进一步确认是否是因为热敏打印头位置不合适造成的发黑，应该打印一下测试图。如果测试图打印出来也是一侧深，一侧浅，则应该判断是热敏打印头位置的问题。维修人员对热敏打印头重新进行安装调试即可。

（2）传真机光路不清洁造成复印件一侧发黑。传真机光路不清洁一般发生在整体光路上，不应该发生在某一侧。但有一些传真机结构特殊，形成某一侧比另一侧更容易进灰尘，使得一面更脏一些，导致其光线亮度下降，形成复印件一侧发黑。在这种情况下，维修人员可参照前面所介绍的方法，清洁其光路，恢复传真机正常的复印功能。

（3）CCD 板位置不合适造成复印件一侧发黑。一般情况下 CCD 板的位置固定得比较好，固定螺钉都进行了漆封。但有时可能也会发生松动或位置的轻微变化，在拆卸传真机其他部分时，无意中把 CCD 板碰歪的情况也有时发生。例如，佳能系列传真机在拆卸其电源或网络控制板时，往往由于 CCD 板与图像板或主电路板连接插件碍事而拔下时，牵动了 CCD 板，造成很小的位置变化，而这一点微小的变化，足以使复印件发黑。

注意：传真机的 CCD 板任何微小的位置变化都有可能引起复印件的一侧发黑，但复印件的大部分内容仍能看清。遇到这种情况，维修人员必须耐心细致地调整 CCD 板的位置。

（4）传真机的遮光板位置不合适造成复印件一侧发黑。遮光板通常由一片外形不十分

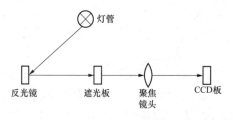

图 2 - 40　传真机内遮光板的位置

规则的金属片制成，它的位置在最后一块反光镜有聚焦镜头之间，如图 2 - 40 所示。因为它是很小的一个零件，往往被人们忽视。例如，一台松下 UF - 8700 传真机，发生了复印件一侧发黑的故障，根据维修经验排除了多种造成这一故障的可能性，甚至将"写电平"调至最低仍无济于事，最后进行遮光板的调整，仅仅是调了一点，

故障马上消失了。在遇到复印件一侧发黑而别的方法排除无效时，可微调遮光板的位置，即可排除故障。

（5）传真机灯管出现问题造成复印件一侧发黑。传真机的灯管有一定的使用寿命，而灯管性能的衰退往往从灯管的两头开始。灯从两头开始逐渐变黑，开始黑得不太严重，不至

于影响到复印件的质量，但如果发黑的情况进一步严重时，就有可能影响到灯管对应位置的发光亮度，使复印件的一侧或两侧发黑，此时必须更换灯管。

4. 传真机复印时复印件又黑又脏

（1）传真机灯管装反造成复印件又黑又脏。用户或维修人员在清洁灯管之后，需将灯管照原样装回。如果装反，其亮度将大受影响，复印件会又黑又脏，效果较差。传真机维修人员应知道灯管的正确安置方法，关键是灯管的透明部分要朝向原稿文件。

（2）灯管性能退化、亮度不够造成复印件又黑又脏。遇到这类故障，首先应对光路进行清洁，如果传真机复印件仍是又黑又脏，质量没有多大好转，有可能是由于长期使用，灯管性能退化，亮度不够引起的。当然，最好将传真机灯管更新。

（3）原稿出现问题造成复印件又黑又脏。复印件的好坏与原稿质量有直接的关系，原稿文件本身就比较脏，印出来的效果自然也不会好，但另有两类原稿，外表看起来质量不错，但复印出来效果不好。一类是折叠过或纸面不平整的原稿文件，这类原稿在复印的过程中，凡遇到纸面不平时，折叠处附近被扫描光源照射的不是一个平面，被折的地方在复印件上很可能变黑，原稿凹凸不平，复印出来的效果看上去很脏。另一类是彩色图片，目前见到的传真机只能打印出黑白的复印件，对于彩色原稿的丰富色彩不可能理想复印出来，传真机本身的分辨率有限，它区别黑白之间的各种颜色是由打印点的多少决定的。全黑的部分打印点很密，由这些彼此紧紧挨着的黑点组成了黑色的文字或图像，对于其他的色彩，传真机打印头只能靠减少一些黑像素来与全黑色相区别。五颜六色的原稿，从传真机中复印出来后则很可能是模糊的黑白图片，尤其是在没有中间色调和灰度等级的低档传真机上，这种现象更为明显。为了判断复印质量的好坏，最好用传真机测试标准样张来试，因为这种样张表面平滑，各种文字、图像较全。如果没有标准样张，可选一张清晰、平整的黑白稿件复印一下，这样就立刻能判断出复印件又黑又脏的原因是否由原稿引起。

（4）光路不清洁造成复印件又黑又脏。当确认复印件又黑又脏不是因原稿质量造成，则很有可能是传真机的光路不清洁而引起的。此时，传真机维修人员可参照复印件出现纵向黑道的排除方法解决这类故障。

（5）"写电平"不合适造成复印件又黑又脏。由于"写电平"不合适与光路系统无关，所以，如果按照上述清洁光路、更换灯管都是无效的。写电平的高低能够控制复印件颜色的深浅。

有时因为电路性能的变化，或者因为某个部件的问题，都需要调整"写电平"，不然也会出现复印件又黑又脏的问题。通常台式办公用传真机都有"写电平"调整电位器，这类传真机的电路板不止一块，有些图像板是独立的。有单独图像板的传真机"写电平"调整电位器一般都在这块板上，若想寻找图像板应先找到 CCD 板，CCD 板上的连接插排往往是与图像板相连的，如果找到了图像板就能够找到其上面的电位器。在手上没有资料的情况下，可以采用试调的办法，在试调前先把"写电平"调整电位器的位置记下，然后向左右任意一个方向轻轻旋转，同时复印一张，观看复印件效果。如果复印件颜色变浅，变得更干净一些，说明该电位器调试正确，此时可继续按原旋转方向调整，直至效果满意为止。如果调整后情况不理想，可向相反的方向调整。如果正反两个方向调整后复印效果没有任何变化，则被调电位器不是控制"写电平"的，可按调整前的位置恢复原位，再看看有没有其他的电位器，参照上面的方法再试。当电位器调整结束后，为了保证它不再出现位置变动，最好取米粒大小的一块蜡烛，用电烙铁加热熔化，将电位器蜡封。

5. 传真机复印时显示屏显示为发送状态

（1）传真机设置在专线状态时复印。大多数台式传真机都有一种专线功能，这种功能可以不通过交换机就使两台传真机进行通信，也为维修人员分析故障提供了一些手段。

专线方式的设置有各种方法，有硬件开关和软件设置，凡设置在专线状态的传真机无法进行复印操作，按下传真键便直接进入传真状态。所以，如果传真机设置在专线状态，必须将专线设置解除才能进行复印。出现这种问题的原因一般是在维修过程中曾经将传真机设置为专线，而维修结束后又忘记取消专线设置所造成。

（2）电话机摘机或电话机未挂好时复印。由于多数传真机在复印或传真时都按同一个操作键，因此，传真机是如何区别此时传真机应该复印还是发送，关键是在电话上。传真机都有一块网络控制板（NCU板），它在这里起着关键性的作用，这块网络控制板上有两个检测电路：一个是振铃检测电路，另一个是摘机检测电路。

1）振铃检测电路的作用。当对方给你发传真之前先打电话，一旦电话叫通，电话铃就会振响，此检测电路检测到振铃信号后，通过一系列转换，会使传真机从待机状态转换成接收文件的临时状态，并根据传真机的状态决定是自动接收还是手动接收。该检测为接收做准备。

2）摘机检测电路的作用是。根据电话摘机后电流发生的变化进行检测，一经摘机，传真机立刻转入传真发送待机状态。该检测是为发送做准备。

由上述分析可见，两个检测电路的重要性，而且通过摘机检测电路的作用可以理解为什么电话摘机或没有挂好时，传真机复印会转入发送状态的道理。虽然摘机或电话听筒未挂好，并未拨电话号码，未与对方沟通，但此时按下传真键是摘机检测电路在起作用，复印状态已经被传真状态所取代，因此，复印不能正常进行，而且传真机显示屏显示出发送的字样。

6. 传真机复印时原稿文件不停顿直接排出

这类故障一般可能与文件读取传感器有关。这是因为当被复印的原稿通过传感器时，传真机开始做下一步的工作，使文稿继续前进，只有当其前沿到达文件读取传感器时，才停顿一下，然后开始逐行扫描、复印。如果文件读取传感器出现问题，传真机始终不能检测到文件是否到达标准位置，所以原稿只能继续前进直至文件排出。凡遇到上述故障，传真机维修人员应该重点检查文件读取传感器，能调整的尽量调整，不能调整的可以进行更换。

7. 传真机复印时复印件被拉长或被压缩

传真机复印时复印件被拉长，有的程度较轻仍可阅读，而有的则程度严重，复印件可以比原稿文件长出许多，以致无法阅读。这种故障多是机械传动方面的问题，比如原稿文件进纸的速度不够等。出现这种情况时，因为扫描的速度低于正常的速度，使逐行扫描的线数增多，而此时出纸的速度正常，增多了的扫描线数被展开，造成复印件被拉长。这时应该打开传真机的外壳进行复印操作，边操作，边仔细观察进纸系统的各个传动轴、传动带、传动齿轮的运动是否正常。原则上应该从动力源开始，一步一步地查找，即先从电动机开始，然后观察齿轮啮合的情况是否正常。啮合过松会造成传动速度变慢；有时传动带过紧或过松也会影响正常的进纸速度。在传真机的进纸系统中，有些部件是可以调整的。有些传动轴和传动齿轮上的润滑油干了，使阻力增大而减慢了转动的速度，这时可适当加一些润滑油。虽然每一种传真机的机械传动系统不完全一样，但原理是大同小异的，这类故障比较容易查找，排除起来也不困难。

而传真机复印时，复印件被压缩故障往往是出纸系统的问题。由于排出记录纸的速度低于正常速度，结果传真机正常扫描线数被部分叠加在一起，复印出来的文字和图形都被压扁了。排除这种故障的方法与复印件被拉长类似，只不过此时应该把检查的重点放到传真机出纸系统的机械传动部分上。

8. 传真机复印时复印件两侧内容丢失

遇到这类故障，首先肯定复印件两侧内容丢失是发生在 A4 幅宽度的记录纸上，还是发生在 B4 幅宽度的记录纸上。如果记录纸是 A4 幅宽的，而记录纸传感器或硬件开关设置在 B4 幅宽上，或者记录纸是 B4 幅宽的，而记录纸传感器或硬件开关设置在 A4 幅宽上，则就可能出现传真机在复印时复印件的两侧内容被丢失。这是因为原稿文件上超过 A4（或 B4）幅宽之外的内容就无法被打印，从而使复印件两侧的内容就会丢失。例如，多元 DY - 310C 传真机，它用的是 A3 扫描，而记录纸为 A4，结果原件两侧内容丢失了。因此，只要检查其设置是否正确，若不正确，则需重新设置即可排除故障。

9. 传真机复印时复印件缩小

传真机复印时复印件缩小的原因有如下两方面：

（1）原稿托盘上导纸板没卡住原稿造成复印件缩小。前面介绍过传真机原稿托盘上导纸板的作用，如果复印原稿是 A4 以上的幅面，而热敏记录纸是 A4 幅宽的，复印件缩小是正常的。传真机的规格多种多样，有些传真机只能使用 A4 幅宽的记录纸，为了确保接收的文件内容不丢失，如果发送方原稿大于 A4 幅面，接收方的复印件则会自动缩小到 A4 记录纸上。如果原稿文件是 A4 幅宽的，但原稿托盘上的导纸板没有卡住原稿文件，使导纸板对应在原稿托盘上比 A4 更宽的位置上，结果复印件也会缩小。这种情况不属于传真机的故障，而属于操作问题，一般多发生在不经常使用传真机的人员身上。此时只需将导纸板卡住原稿，复印出来的文件就不会缩小了。

（2）记录纸尺寸的设置或传感器出现问题造成复印件缩小。多数台式传真机既可以使用 A4 幅宽的记录纸，也可以使用 B4 幅宽的记录纸，这类传真机的记录纸箱能够容纳 B4 记录纸的宽度。为了使这些传真机用 A4 幅宽记录纸时不至于因为纸窄箱宽而左右移动，传真机上都设有记录纸定位卡。如图 2 - 41 所示为佳能 FAX - 490 使用 A4 记录纸其定位卡的位置。

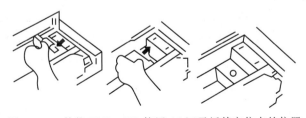

图 2 - 41　佳能 FAX - 490 使用 A4 记录纸其定位卡的位置

记录纸定位卡有的只起到使记录纸定位的作用，而有一些还兼有识别记录纸尺寸的作用，如佳能 FAX - 410、佳能 FAX - 450、佳能 FAX - 490 等。这里以佳能 FAX - 490 为例，介绍这类传真机定位卡是如何识别记录纸尺寸的。若选用的记录纸 A4 幅宽的，此时记录纸定位卡紧贴于记录纸箱的右壁上，如图 2 - 41（右图）所示。

有些用户对这类传真机的记录纸定位卡的作用不了解，当从 A4 幅宽的记录纸换用到 B4 幅宽的记录纸时，不知道取下的记录纸定位卡仍应靠记录纸纸箱右壁上装好，若此时选用 A4 以上幅宽的原稿进行复印，复印件肯定是缩小的。不仅如此，当接收文件时，如果发送方的稿件是 A4 以上幅宽的，接收到的也将是缩小的复印件。如果经检查确实记录纸定位卡未能装好，造成复印件缩小，只需将定位卡按照上面讲的方法装好即可。但是也可能遇到用户把定位卡丢失的情况。如果确实找不到了，传真机维修人员在已经了解了定位卡作用的情况下，可以采取一些补救措施。比较常用的一种方法是，用不透明的薄塑料片按照定位卡上遮光板的长宽尺寸做一个细长的遮光板，插入相应的位置，再设法固定好，这个薄塑料片也能起到定位卡的作用。

任务 2.15　传真机的进纸系统故障分析与排除方法

1. 文件稿纸推进困难

发生这种故障时，传真机步进电机仍在转动，其原因可能是传真机进纸通道内有异物造成进纸困难。这种故障现象是原稿文件走不动，大约经过 10s，传真机报警，报警灯亮或传真机显示器显示出错误代码。表 2 - 8 列出了一些传真机由于进纸困难而报警时，显示的错误代码或错误内容。

表 2 - 8　　　　　　　　　　进纸困难造成报警的错误代码或错误内容

传真机型号	屏幕显示错误代码或内容
松下 UF - 200	030
松下 UF - 123	030
松下 UF - 208C	030
松下 UF - 108C	030
松下 UF - 8700	030
松下 KX - 90B	E - 03
松下 KX - 190CN	E - 03
松下 KX - 808	E - 03
松下 KX - 828	E - 03
松下 KX - 858/868	E - 03
松下 KX - 32CN	E - 03
三星 100/150	DOCUMENT JAM
佳能 B - 100/150	CHECK DOCUMENT
佳能 B - 320/400	CHECK DOCUMENT
佳能 L - 380/250	CHECK DOCUMENT
多元 DY - 16T	1 - 04
多元 DY - 80A（T）	1 - 04
兄弟 FAX - 85MC	DOCUMENT JAM
兄弟 FAX - 1850MC	DOCUMENT JAM

异物进入进纸通道是造成故障之一，异物可能是传真机自身的某颗螺钉，也可能是夹文件的曲别针，还可能是一小块传真机减震包装的泡沫。由于其他异物的阻挡，文件运动受阻，文件自然就进不去了。

凡遇到这类问题，应该仔细观察传真机进纸通道内有无异物，如果存在异物，应该设法将其清除。多数小型传真机进纸通道是自上而下倾斜的，因此存在异物的可能性较大。有些台式传真机由于其进纸通道是水平的，而且就在表面，所以进纸通道存在异物的可能性很小。

2. 文件稿纸不到位而不进纸

这里讲的不能进纸是指文稿放到托盘上，稿件不能向前推进，无法动作。其原因主要是原稿没有放置到位而不能进纸。

通常文件放到原稿托盘上以后，多数传真机由于文件传感器的作用，文件应向传真机内行进一段，并伴有电机带动传动系统动作的声音（少部分传真机则没有这种动作）。正常情况下，文件放入后，应能听传真机扬声器"嘟"的一声，说明文件已经放好；有些传真机当文件放好后，可以从显示器上显示出"文件已经放好"的内容。表 2-9 列出了几种常见传真机当文件放好后显示器显示的内容。

表 2-9   原稿文件放好后屏幕显示的内容

传真机型号	屏幕显示内容
松下 UF-2B	XMT READY
松下 UF-200	DOCUMENT SET
松下 UF-123C	31-12-1999 17:30
松下 UF-208M	DOCUMENT SET
松下 UF-108M	31-12-1999 17:30
松下 KX-90B	31-12-1999 17:30
松下 KX-808	DOCUMENT SET
松下 KX-828	DOCUMENT SET
松下 KX-858/868	DOCUMENT SET
松下 UF-8700	DOCUMENT SET
三星 100/150	DOCUMENT LOADING
佳能 B-110/150	DOCUMENT READY
佳能 B-320/400	DOCUMENT READY
佳能 L-380/250	DOCUMENT READY
多元 DY-16T	DOCUMENT
多元 DY-80A（T）	FEED DOCUMENT
兄弟 FAX-825MC	FAX：NO. & START
兄弟 FAX-1850MC	FAX：NO. & START
NEC-115C	STD NORMAL

　　一些早期的传真机和少数小型传真机没有显示器，如松下 KXF – 50B，这时操作人员只能凭经验或听声音来判断文件是否放好。如果文件没有放好，有些传真机在按"复印"或"发送"键以后没有反应；而有些传真机会误认为用户是为了裁下多余的记录纸，这时传真机会动作，裁下 30 ~ 40cm 宽的记录纸。有些传真机从简易显示器上无法确认文件是否放好，但它的文件传感器可以使传真机做出卷纸的动作，从而可以判断出文件是否放好。

3. 传动机构的故障造成不进纸

　　遇到这种情况比较多，例如，一台新的佳能 FAX – 380 传真机，第一次通电就不进纸。在检查过程中发现文件传感器（DS）工作正常，传真机的电动机也在转动，但文件不往里走，用手人为将文件向前推至文件读取传感器（DES），则文件开始复印，工作正常。这说明故障应该发生在文件传感器以后，文件读取传感器之前。又因为这是一台新机器，所以估计控制部分出现问题的可能性很小，而问题多半是出在传真机进纸系统的传动机构上。于是打开传真机的外壳检查，可以发现有一条连接进纸传动轴的传动带掉下来了，传动带装好以后再试，传真机工作一切正常。

4. 传真机的传感器故障造成不进纸

　　当出现这种故障后，先按照第 2 类故障的检查方法进行检查，如果在检查中没有问题，那就可能是传感器发生了故障。如果文件传感器确认已被触动，而传真机并无任何反应，此时很可能是文件传感器出了问题。有可能是文件传感器本身坏了，也可能是文件传感器与传真主控板连接插排没有插好。寻找该传感器与主控板的连接插排并不难，只要找到文件传感器，再顺着连接传感器的三根导线往下就可以找到了。这种传感器一般都有三根引出线。

　　由于传真机的文件传感器很多都是采用的光断式传感器，如果传感器的遮光板被卡住，不能按要求运动，肯定对传真机进纸系统的正常工作造成影响。一旦发生这种情况，最好替换一个好的传感器。用来替换的传感器不一定与原来的一样，只要功能相同，能安装固定即可。如果传真机的文件传感器本身并没有损坏，还应该检查它的收、发管的外表是否太脏，使得发光效率降低，而造成不进纸现象。这种传感器的结构很简单，只要拆下来一看就清楚了。否则，就应该做进一步检查。

5. 进纸系统部件不合适造成进纸困难

　　如果原稿进纸困难，有可能是进纸系统某一个或几个部件不合适，装配过紧或过松造成的。文件的前进主要靠电机带动其传动部分，这部分有一个与压力橡皮紧贴在一起的搓纸轮，利用两者之间的摩擦力和搓纸轮的转动导入文件。如果压力橡皮太松，两者之间的摩擦力不够，文件自然不能进入进纸通道；如果原稿较硬、较厚，情况不能会好一些；如果文件较软、较薄，则很可能出现文件进纸困难的情况。这种故障多发生于使用时间较长的传真机上。如果压力橡皮太紧，使橡皮与搓纸轮之间的间隙太小，文件行进也会受阻。

　　那么如何区分故障是由压力橡皮过紧还是过松而造成的呢？比较简单的办法是用一张较厚、较硬的原稿试一试，在文件欲进而又不能的情况下，用手轻轻帮助向内推进一下，如果文件较顺利地进入传真机进纸通道，则多半是压力橡皮压力太小所致；如果必须比较用力地向内推才能进纸，则一般是由于压力橡皮压力过大所致。而有些型号的传真机，如松下 UF系列台式传真机，其压力橡皮多数是可调的，维修人员可以根据需要进行调节，一般可调节三、四个挡位的控制压力即可。但有些传真机（如多元系列、佳能系列传真机）的压力橡皮是不可调节的。如果因使用时间过长造成压力橡皮磨损严重而表面光滑，这时若更换该部件，却一时又买不到配件，可以用透明胶纸在压力橡皮上贴上一条或者用镊子、锥子在橡皮上轻轻划上一些纹路以增加摩擦力，就可以改善进纸困难的故障。

6. 传真机进纸不正

传真机发生进纸不正的现象，多半是由于传真机的进纸通道内有异物所致，如果异物较大，位置又在中间，会造成前面所讲的进纸困难。如果异物较小，位置在传真机进纸通道的一侧，那么当文件进入通道时，碰到异物的一侧因受阻力的影响，而使继续前进的文稿向有异物的一边歪斜。如果问题不太严重，传真机还可以勉强使用，只不过复印或发给对方的传真件有一些歪斜。但一侧阻力太大时，很可能造成卡纸现象，这时传真机报警，导致传真机不能正常运转。

此外，传动部分故障也可导致进纸不正。传动轴之间的间隙不一致，文件就会向间隙小的一端倾斜。遇到这种情况可适当调整一下传动轴。如果传动轴不可调，再检查一下传动轴上的橡胶轮转动是否灵活，橡胶轮有无老化现象，如果有，则应予以更换。

7. 传动机构出现问题造成进纸困难

如果进纸系统的传动轴出现问题，也很可能造成进纸困难。如果传送带太松，在传动过程中打滑，则无法带动传动轴工作。维修人员可以拆下传真机的外壳，让传真机处于复印状态，观察其传动带的运行是否正常。许多传真机的传动带的松紧是可以通过某些固定部件的螺钉进行调整的。有时进纸不良与传动机构内传动齿轮啮合不好有关。啮合的松紧度能够调整的应该进行调整，需要加润滑油的可适量加一些润滑油，这样问题就可以得到解决。

8. 传真机的进纸异常

造成传真机进纸异常故障的原因有以下三方面：

（1）传真机的传感器不清洁造成了进纸障碍。无论是反射式传感器还是光断式传感器，它们都是由收、发两部分组成的。如果其收、发管表面上的灰尘积累太厚，就必然会影响发射效率和接收灵敏度。例如，有一台多元 DY－5M 型传真机，稿纸进、出常出问题，经询问得知用户有几个月没有使用该传真机了，传感器上积有一层灰尘。用清洁剂喷过以后故障有所改善，这证明传感器本身不存在问题。然后将几个传感器拆下来彻底清洁后装回，传真机恢复正常工作。

（2）传真机的传感器的电压不合适造成故障。这种故障一般出现在传感器的电压可调的传真机上。由于传感器的电压不正常，传真机开机后其电动机往往转个不停，无法正常工作，这时传真机报警，显示错误代码。凡是遇到上述现象，可根据具体机型调整进出纸传感器的电压。

（3）自动分页不良。有多页文稿需要发送时，一般先将原稿整理齐后放入托盘，传真机会自动地把原稿依次一页一页地发给对方。各种传真机多页自动分页的数量各不相同，少则可分 5～10 页，多则可分几十页。虽然多页进纸分页不良的问题，不算大故障，但是，如果文件纸过薄、过软往往会造成两页或多页同时通过；如果文件纸过厚、过硬会造成进纸困难，甚至有时会造成卡纸现象。多页文件分页不良有些属于进纸系统问题，而有些是由于原稿文件纸张厚度不合适造成的。

任务 2.16　传真机的出纸系统常见故障分析与排除

造成传真机的出纸常见故障归纳起来有如以下几种情况：

1. 显示"无纸"

传真机开机后显示"无纸"，是传真机出纸系统常见的故障。这时传真机内的扬声器会发出报警声音，同时报警灯亮，此时传真机的显示屏上显示"无纸"字样。例如，"NO PAPER"、"PAPER OUT"或"CHACK PAPER"等，有些传真机直接显示相应的错误代码。表 2-10 中是几种常见传真机的"无纸"错误的代码及显示内容。一旦发生"无纸"故障，大多数传真机就不能正常工作了，只有少数传真机还能发送但不能接收。

表 2-10　　　　　传真机"无纸"错误代码及显示内容

传真机型号	屏幕显示内容
松下 UF-2B/2H	010
松下 UF-200/210	010
松下 UF-123C	010
松下 UF-108M/208M	010
松下 UF-8700	010
松下 KX-F90B	E-06
松下 KX-808/828	E-06
松下 KX-858/868	E-06
佳能 B-110/150	CHECK ORC PAPER 009
佳能 B-320/400	CHECK ORC PAPER 009
佳能 L380/L250	CHECK ORC PAPER 009
三星 100/150	NO PAPER
夏普 UX-107/177/187/254	OUT OF PAPER
夏普 FO-165/365/187/123	OUT OF PAPER
多元 DY-16T	1-04
多元 DY-80A（T）	1-04
兄弟 FAX-185MC	NO PAPER
OKI 4100	NO PAPER
大字 DF-1110	#21

其传真机显示"无纸"的原因大致如下：

（1）记录纸纸箱盖没盖好造成"无纸"故障。在经过检查确认记录纸已装好，记录纸传感器又无问题的情况下，则一般可能是记录纸纸箱盖没有盖好造成的。纸箱盖没有盖好有两种可能：一种是纸箱盖根本就没有用力向下盖；另一种是纸箱盖盖上了，但传递纸箱盖信息的微动开关并未接通，此时很可能显示"纸箱盖没盖好"的信息。

（2）记录纸传感器出现问题造成"无纸"故障。如果确认记录纸已经装好，而"无纸"故障依然存在，则很可能是记录纸传感器出了问题。此时可以对记录纸传感器进行检测或更换。如果经检测传感器没有坏，就有可能是传感器太脏，这时清洁即可。

（3）传真机记录纸用完或没有装好造成"无纸"显示。绝大多数传真机都配有记录纸传感器（RPS），它通常安装在记录纸纸箱一端的边缘上或延伸处。无论是光断式还是反射式的传感器，记录纸必须触及它或遮住它，传感器才能起到正常的作用。当传真机发生"无纸"故障时，首先应该打开传真机纸箱盖看一看，纸箱内是否装有记录纸。如果纸箱内有记录纸，就应该看一看记录纸是否装妥，也就是说记录纸是否能触动或遮住记录纸传感器。

维修人员可以适当地将记录纸向外拉出一些，再重新盖上纸箱盖，看一看传真机"无纸"显示能否消失。如果由于记录纸未装好，不足以触动或遮住记录纸传感器，做了上述工作后，"无纸"显示应该消失。

2. 显示卡纸裁纸刀不工作

传真机的裁纸刀不工作的故障主要有以下几种原因：

（1）裁纸刀不能将记录纸全部切断。这类故障通常不影响传真机的正常工作，造成故障的主要原因是裁纸刀本身的问题。

1）裁纸刀之间的间隙大，造成不能完全裁断记录纸。有些小型传真机的简易裁纸刀由于反复的运动使得两个刀刃之间的间隙变大，维修人员应该观察一下，记录纸不能完全裁断是否与这个间隙有关，并看看这个间隙能否调整。例如，一台松下 KX－90B 传真机的裁纸刀只能将记录纸裁下一半，经过检查是两个刀刃之间的间隙过大，不能使两个刀刃充分咬合。仔细观察后发现其中一个刀刃是由两头一边一个弹簧夹夹住的。为了调整两个刀刃之间的间隙，在它的中间插入了一片很薄的金属片，使得两个刀刃之间的间隙变小，装好之后经试机，效果良好，后来一直未发生问题。但应注意，这种调整幅度不宜过大，应该逐步调整，以免调过了头，使两个刀刃咬死、卡住，造成损失。

2）裁纸刀回位弹簧力量不够，造成故障。这种故障多发生在台式传真机的旋转式裁纸刀上。通常裁定纸刀的活动刀刃有一定倾斜度，由于斜度很小，裁纸动作又比较快，从表面上看起来记录纸似乎是一下子被裁断的。实际上是裁纸刀从记录纸的一端一点一点裁过来的。如果记录纸未被全部裁断，未裁下的部分是由于到这里时两个刀刃未能正常咬合所致。有些裁纸刀的回位弹簧因使用年限长久，压力有所减弱，使得活动刀刃无力，而且不能完全与固定刀刃相啮合，而仅仅啮合了一部分，这样二刀刃啮合的部分就不能将记录纸裁断。根据这一情况，可以将与刀刃有关的回位弹簧卸下来，把它向能够增加力量的方向回搬，使之发生形变，再装回去，只要这个弹簧的压力能够使两个刀刃充分结合，故障自然消失。

（2）机械故障造成裁纸刀不工作。遇到裁纸刀不工作的情况，首先要检查裁纸刀是否被卡住，因为裁纸刀被卡还可能引起其他问题。拆下传真机的外壳观察，很容易找到故障发生的部位。例如，一台多元 DY－80A 传真机在裁纸时电动机运转正常，但有一根传动轴转动困难，致使裁纸刀不能工作，维修人员只要稍加一点润滑油，传真机裁纸刀马上工作正常。另外，传动带过松或过紧也有可能造成裁纸刀不能正常工作。这类故障易于排除。应注意的是，有些用户不愿花钱购买一套裁纸刀，想把裁纸刀的电机断开，不让裁纸刀工作，在接收到文件后用手把收到的稿件撕下来，这样做是不可以的。因为一旦将裁纸刀的电机断开，传真机自我诊断系统会认为裁纸刀装置已存在故障，随即显示错误代码并报警，传真机根本无法工作。

为了实现上述任务，靠切断电机是不可行的，应该依靠调整传真机有关软件来完成，这里介绍松下 KX-90B 传真机利用裁纸刀软件的修改使裁纸刀不动作，而传真机能正常工作的方法。按下功能键（PROGRAM），再按#键，接着按数字键9000和＊键，最后按数字键60，此时传真机屏幕将显示"1"，这是传真机裁纸刀工作的代码。欲使裁纸刀不工作，按下数字键3，接下来按设置键（SET），最后按功能键（PROGRAM），传真机回到待机状态。因此，对于各种不同的传真机，用户都可以根据需求自行调整。

（3）电动机及传动机构问题造成不裁纸。裁纸刀的裁纸动作由电动机及其传动机构带动。若电动机或其传动机构发生问题，裁纸刀自然就不能工作。如果传真机在应做裁纸动作时电机不转，可将电机与控制板的连接插排拔下来，用万用表电阻挡测量一下插排两线之间的电阻，如果此时万用表指示电阻为无穷大，则可能电机有问题。如果电机是好的，则要观察其传动齿轮之间啮合情况，传动带是否正常。例如，一台多元 DY-80T 传真机其收发、复印均正常，裁纸时动作也有，但就是不能裁纸。经初步判断是裁纸刀传动机构的问题，打开机器后发现其带动圆形刀片齿轮的传动带与齿轮脱开，尽管在裁纸时传动带转动了，但刀片并未动。重新安装后，传真机的故障随之消失。

任务2.17　传真机的特殊故障分析与排除

1. 交换机提供线路电压过低，造成传真机不启动

在实际工作中经常遇到这样的故障，市电电压正常，传真机工作就正常，但有时在市电电压正常的情况下，却传真机在传真过程中始终不能启动。经测量发现，交换机提供的线路电压仅为24V，使一些老式传真机的摘机和振铃检测电路不能工作，造成了传真机不能启动故障。

这类故障的解决办法有两种：① 人为提高线路电压，即人为地将一个直流电压串接在线路中，这样可以使传真机启动。② 对传真机网络控制板进行改造，适当减少电路中有关的电阻值，使被检测电流有所增加，从而能够驱动光电耦合器控制电路使传真机启动。

2. 110V 电源变压器容量不够对传真机造成的影响

这种情况一般发生在消耗功率较大的110V电压的台式传真机上。由于我国市电电压是220V，110V的传真机必须要经过变压器降压以后才能够正常使用。但每台传真机的功率都不一样，有的传真机在复印的时候其功率可达200W或者更高一些，而有些传真机功率最大也不超过100W，对于功耗很小的传真机来说问题不大，但对功耗较大的传真机来说，应该注意其降压变压器的选择。如果传真机功耗较大而变压器功率又太小，很可能由于变压器的容量问题，而造成传真机和复印失败。如何对变压器进行选择呢？可以先从打印管理报告开始。打印管理报告功耗是较低的，如果打印正常，可以再试接收和发送。复印时传真机灯管燃亮，打印头工作，此时功耗最大。如果在复印时出现荧光灯灭，扫描终止等现象，很可能是降压变压器容量不够，这时可选用功率大一些的变压器再试。如果手边没有合适的变压器，也可以采用自耦变压器，将其输出电压调至110V使用。这类故障多发生在台式传真机上，如果确认是变压器容量不够造成的故障，那么只需更换一只容量大的变压器后，问题就会得到解决。

3. 传真机复印时原稿太短而造成错误显示

前面已介绍过进出纸部分的故障，文件传感器和文件读取传感器二者配合才能决定文件的正常复印，如图 2－42 所示。

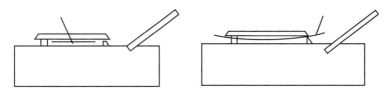

图 2－42　对原稿文件正常和原稿文件过短的比较

正常的情况是但文件前沿接触文件读取传感器时，文件的末端仍未离开文件传感器，这时复印开始；当文件末尾离开文件读取传感器时，复印过程结束。如果原稿文件长度不够，文件前沿接触文件传感器后，文件将被卷入传真机进纸通道。也就是说，由于文件太短，当文件前沿尚未接触到文件读取传感器时文件末端已离开了文件传感器，出现这种情况，传真机自然会出错。不过，出现这种问题不是传真机的问题，当利用传真机复印和发送发票、单据等短小的原稿时，操作人员可将这种短小的原稿先用复印机复印到纸上后再发送，或者用传真机发送专用的文件夹将短小原稿夹好后再进行发送，这样错误显示的问题就会迎刃而解了。

4. 传真机只有一个四线连接插孔，如何与外线连接才能保证正常收发

由于目前国内市场上的传真机或是用四颗螺钉分别与电话机和外线连接，或是专用的二线插孔与外线连接，传真机的安装方法非常清楚。但有些从国外带回的传真机比较特殊，这些传真机与外线只有一个四线插孔可以连接。遇到这种情况应该如何处理呢？可从图 2－43 清楚看到，四线插孔实际上也是两根线与电话机连接，两根线与外线连接。只不过国内见到的传真机插孔内靠两边的两条接线是悬空的。传真机正常工作的关键是连接要正确，由于事先无法知道正确的连线方法，所以应该试接。通常将四根线分成两组：中间两根线是一组，外侧两根线是一组。只要把这两组线分别接在 T1、T2 和 L1、L2 上试一次，然后把两组线对调一次再试一次即可，原则上应该有一次是对的，传真机收发应正常，而另一种接法是错误的。

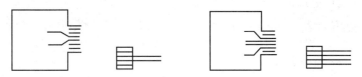

图 2－43　四线插孔与二线插孔的区别

➡ **思考与练习**

1. 传真机的组成原理是什么？
2. 传真机的分类及性能有哪些？
3. 传真机的选购应注意哪些？
4. 如何进行传真机的维护与保养？

项目 3 打　印　机

▶ **教学目的**

1. 了解打印机的发展过程。
2. 熟悉打印机的种类、结构和工作原理。
3. 掌握各类打印机的使用方法、故障分析与排除方法和技巧。

随着科技的不断发展、信息传递的需要及经济水平的提高，微机技术在近几年取得了飞速的发展，打印机作为极其重要的输出设备也随之发了新的变化，从最初的针式打印机到喷墨打印机、激光打印机，所采用的技术越来越先进，打印效果也越来越好，各种打印机正朝着高速、高印字质量、高可靠性能、低噪声、操作简单和维护方便的方向发展。为了使用户和维修者对各种打印机概况有一个全面性的了解，掌握各种打印机的选购、维护、维修方法，提高打印质量，延长打印机的使用寿命，本章将对常用的几种打印机的结构、原理和维修进行具体介绍。

任务 3.1　打印机的发展与分类

1. 打印机的发展过程

早期的打印机有球式、菊花瓣式、羽毛球式和柱轮式等，它们是根据活字载体的形状而区分的一种字模式打印机，打印时只能一次打印出一个整字符，然后逐行、逐页地打印输出。由于打印的速度慢、噪声大，现已被淘汰。20 世纪 70 年代初期出现了针式打印机，其打印头开始只有 7 根打印针，采用 5×7 点阵组成字符，打印速度较低，印字质量差。其后出现了 9 针打印机，字符点阵变为 9×9，速度大幅度提高。随着微电子技术和计算机技术的高速发展，针式打印机广泛采用微处理器，RAM、ROM 及 I/O 芯片，向智能化方向发展。80 年代出现了以微处理器为核心的智能控制电路，可根据用户需要灵活更改字符库。打印针由 7 针增加到 24 针，其字符点阵从 5×7 发展到 30×24 等多种点阵格式。针式打印机不仅可以打印多种字符，而且还可以打印图像。它的发展，使打印机提高了打印质量，加快了打印速度。

随着计算机技术的发展，打印机是计算机系统、办公自动化系统中主要的输出设备不可缺少的终端，因此相应地对打印设备提出了更高的要求，人们追求高速度、低噪声、高分辨率、输出图形图像化、彩色化。击打式打印机已不能完全满足这些要求，为此相继出现了喷墨、激光和热转印等高质量打印机。

2. 打印机的种类

打印机种类繁多，按其工作方式，可分为击打式和非击打式两大类；按有无彩色，又分为单色及彩色两种。而平常所说的打印机是指针式打印机、喷墨打印机和激光打印机。喷墨打印机和激光打印机又称为喷墨式印字机和激光式印字机，这两类打印机属于非击打式的打印机。

（1）针式打印机。针式打印机，是接到打印命令时，打印针向外撞击色带，把色带的墨迹打印到纸上，它是通过打印针来工作的。针式打印机的优点是结构简单、耗料少、维护费用低，能打印出诸如银行的多联单据等多层介质；缺点是噪声大，分辨率低，打印针易断、打印速度慢及体积较大。

打印速度一般为 50 ~ 200 个汉字/s，分 9 针和 24 针两种。针式打印机按宽度分窄行 80 列和宽行 132 列两种，目前我国广泛使用的是带汉字库的 24 针针式打印机。

（2）喷墨打印机。喷墨打印机分液态喷墨和固态喷墨两种打印机。

1）液态喷墨打印机。液态喷墨打印机是指墨水经细喷嘴在强电场作用下以高速墨水束喷出，在纸上形成文字或图像。如爱普生（萼片）公司的多层压电式（MACH）打印机、佳博（擦）公司的气泡式（Bubble Jet）打印机、惠普（HP）公司的热感式（Thermal）打印机，它们采用了不同的技术来实现液态喷墨打印。

2）固态喷墨打印机。固态喷墨打印机在打印时将墨加热液化，并喷射到纸上且渗透其中，附着性好。色彩也非常鲜亮，打印效果比热蜡式打印机有过之而无不及，但价格昂贵。固态喷墨打印机是泰克（TEKTRONIX）公司于 1991 年推出的新技术打印机。

喷墨打印机的优点是噪声低，质量与色彩比针式打印机好，打印速度也比针式打印机快；缺点是成本较高，不能打印多层介质。

（3）激光打印机。激光打印机是采用电子成像技术进行打印的。当调制激光束在硒鼓上沿轴向进行扫描时，按点阵组字的原理，让鼓面感光，构成负电荷阴影，当鼓面经过带正电的墨粉时，感光部分吸附上墨粉之后将墨粉转印到纸上，纸上的墨粉经加热熔化形成永久性的字符与图形。激光打印机的优点是印字质量高，分辨率高，色彩艳丽，噪声低，速度快；缺点是价格贵，打印成本较高，不能打印多层介质且体积较大。

（4）其他形式的打印机。除了上述三种类型的打印机外，还有热蜡式打印机、染料扩散式打印机及热升华式打印机等。

热蜡式（Thermal Wax Transfer）打印机：又称为热转印式打印机，是利用打印头上的发热元器件加热色带上的彩色蜡，使色带上的固态油墨转印到打印纸上。

染料扩散式打印机：是将油墨加热成液态后，生成均匀色素扩散到纸上。

热升华式（Thermal Dry Sublimation）打印机：是将染料加热熔化后转印到打印纸上，染料直接从固态升华到气态，打印的效果最好。

虽然这几种打印机的输出质量十分好，但成本高，速度慢，主要用于出版、制作精美画册、美工及广告等高档彩色输出的场合。

任务 3.2　打印机的选购

在众多的打印机中，激光打印机推出较迟，价格较贵。在 1997 年以前，喷墨打印机是用户的首选产品。而随着科技的发展、人民生活水平的提高及家用电脑的普及，激光打印机近两年正逐渐受到用户重视，开始进入中小型办公系统及家庭。

目前，对于部分欲选购打印机的用户，由于缺乏对针式打印机、喷墨打印机和激光打印机的了解，在选购打印机时往往不知选购何种打印机为宜。选购什么样的打印机，主要取决于打印什么样的文档，再根据个人经济条件来决定。

现在针式打印机和喷墨打印机虽然输出效果已经很不错了，但在文本与线条的输出上依然不能与激光打印机的清晰度相比，尤其是使用普通复印纸而不是专业的铜版纸时。因此，欲输出打印清晰悦目的专业商业文档，就应选择激光打印机；欲使打印出的文档具有感人的活力、图片更为精美，使其宣传、交换更具诱惑力，给人以成就感及满足感，则应该选择彩色激光打印机。如果输出打印的文档只是满足一般的需要，并且经济条件有限，可不选择激光打印机，应选择喷墨打印机或针式打印机。当质量较高的喷墨打印机在性能、价格上与激光打印机相差不太多时，宜选择激光打印机。

为了说明打印机的选购，下面以针式打印机的选购为例进行介绍。

由于针式打印机适用于办公室，因此，对于一般办公和微型计算机用户来讲，选购打印机应该考虑以下几个方面：

（1）印字质量。要求文字或图像对比度好、清晰度高，对于提高针式点阵打印机的印字质量关键是提高其分辨率，而分辨率的提高取决于打印头的制造工艺。目前针式打印机都采用交叉排列的 24 针打印头，打印直径一般在 $0.2 \sim 0.22$mm，一次扫描即可打印整个汉字，不仅打印速度快，而且印字质量好。

（2）字体灵活。选购打印机时，要求字体变化灵活多样，具有图形输出功能，打印机本身带汉字库。目前，市场上畅销的点阵打印机大多数已带汉字库，利用打印机内部的监控程序，可对字的大小和字体进行多种多样灵活的变换。由于是利用打印机内部的监控程序处理字形和字体的变换，因此对系统的工作效率影响不大。在购买时，用户可参考"操作手册"中的"打印字样"了解此项指标。

（3）工作噪声。选购打印机时，对打印机的工作噪声要求越小越好。一般针式打印机的工作噪声小于 65dB。

（4）价格合理。针式打印机价格虽然和喷墨打印机比较接近，但其耗材费用低。

至于其他的打印机选购也基本大同小异，可借鉴针式打印机的选购方法并结合打印机的使用说明书进行选购，这里就不一一介绍了。

任务 3.3　喷墨打印机的工作原理与故障维修

喷墨打印机具有体积小、重量轻、工作噪声低的特点。目前喷墨打印机已成为针式打印机的主要竞争机种。下面具体介绍喷墨打印机工作原理与常见故障的检修。

3.3.1　喷墨打印机的结构与工作原理

1. 喷墨打印机的基本结构

尽管喷墨打印机种类繁多，但基本结构大同小异，可分为机械和电气两部分，下面以佳能（Canon）公司在我国市场推出的一系列 BJ 喷墨打印机为例，介绍其结构和原理。

（1）喷墨打印机的机械结构。喷墨打印机的机械部分主要由喷头、墨盒、清洁机构、字车部分和送纸结构等组成。

1）喷头及墨盒。喷头及墨盒是打印机的关键部件，它直接影响打印机打印的速度和质量，其 BJ 系列喷墨打印机的喷头及墨盒结构可分为两类：一类是喷头及墨盒制作为一体化结构，如 BJ-10ex、BJ200/230 等，这种结构较简单，体积可以做得很小且成本较低，但因墨盒为消耗部件，一旦墨水用完后需要将喷头及墨盒一起更换，所以这种打印机耗材成本较高；另一类是喷头及墨盒为分离结构，如 BJ300/330、BJC800/820、BJC600 等，这种喷墨打印机，一旦墨水用完后只需更换墨盒，因此耗材成本较低。BJ 系列是单色喷墨头，而 BJC 系列是彩色喷墨头，它有四种颜色的喷墨头，每种颜色的喷墨头的结构和原理与单色喷墨头大体上相同。喷头和墨盒的主要作用是用作墨水的存储、输送和喷射。

　　① 一体化结构的喷头及墨盒。如图 3-1 和图 3-2 所示，它们分别为一体化结构墨盒的分解图和气泡喷头的局部结构图。一体化结构的墨盒由侧盖、墨水海绵、标签、墨盒本体、BJ 打印头单元和头盖等组成。图 3-2 中网状墨水过滤器用以滤除墨盒水中杂质和灰尘。当喷嘴上的加热板接收到加热信号时，瞬间加热产生气泡，将墨水从墨水喷射孔中喷出。喷头上有 64 个喷嘴排成一列，其间隔为 2.54/360cm（1/360in）。而加热控制方式采用 8 个 COM 信号和 8 个 SEG 信号，其中 COM 信号与电源相连，SEG 信号与地相连。只有当 COM 信号和 SEG 信号同时有效时，对应的喷嘴才能被加热，如图 3-3 所示。

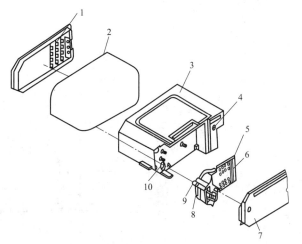 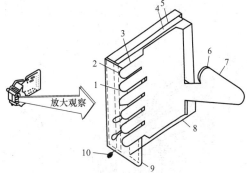

图 3-1　一体化结构墨盒的分解图

1—侧盖；2—墨水海绵；3—墨盒件；4—压力调节孔；
5—BJ 打印头单元；6—信号触点；7—头盖；8—多路喷嘴
（64 喷嘴 360DPI）；9—带网状墨水过滤器的连接管；
10—带密封圈的头连接孔

图 3-2　气泡喷头的局部结构图

1—气泡；2—墨水喷射孔；3—加热器板；
4—（Si）硅片；5—铝基板；6—网状墨水过滤器；
7—连接管；8—塑料盖；9—面板（塑料盖的局部）；
10—喷出的墨水滴

　　② 分离结构的喷头及墨盒。其喷头的结构如图 3-4 所示。由图 3-4 可见，喷头由基板、加热脉冲设置电阻、热敏电阻、驱动器 IC 和支撑架等构成。其中基板上设置有墨水过滤器、硅板、升温加热器、加热器、玻璃基座和喷嘴等。喷嘴的排列和一体化结构的喷头墨盒一样，即 64 个喷嘴竖排成一列，间隔为 2.54/360cm（1/360in），如图 3-3 所示。热敏电阻用以检测气泡喷头和温度，使打印时处于最佳温度。驱动器 IC 的作用是将主控板发送来的串行信号转换成并行打印信号，传送给喷嘴。

　　其墨盒的结构如图 3-5 所示。墨盒包括墨水箱、废弃墨水吸收器、墨盒检测标签等。墨水箱用以存储墨水。废弃墨水吸收器用于存储喷嘴清洗及维护喷射过程中，由泵单元抽出的墨水及从墨水缓存器中流出的墨水。墨盒检测标签是检测打印机中有无墨盒的标志。

　　其墨水通道是由清洁单元、字车和墨盒三部分组成的。对于彩色喷墨打印机来说，每种

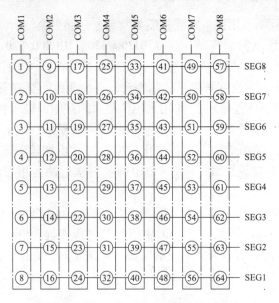

图 3 – 3　BJ – 10ex 打印机喷头控制方式

颜色都有相应的一套墨水通道，共有四条通道。

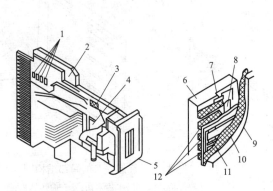

图 3 – 4　分离式喷头的结构图

1—加热脉冲设置电阻；2—基板；3—热敏电阻；

4—驱动器 IC；5—支撑架；6—玻璃基座；7—升温加热器；

8—墨水过滤器；9—基板；10—硅板；11—加热器；12—喷嘴

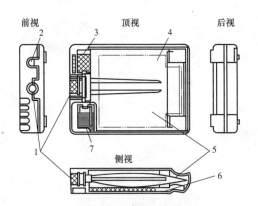

图 3 – 5　分离式墨盒的结构图

1—墨水出口；2—废弃墨水入口；

3、6—废弃墨水吸收器；4—标签；

5—墨水箱；7—墨盒检测标签

2）清洁单元。BJ 系列喷墨打印机都有清洁结构，清洁单元主要用来清洁和维护喷头，包括清洗和抽吸两种操作。清洗操作：借助擦刷在喷嘴表面上下移动，去除喷嘴上的纸屑和干涸的墨水。抽吸操作：通过与喷头相连的泵单元的抽吸，将喷嘴中的墨水抽到泵中，流到墨水吸收器内，目的是抽出喷嘴中含有杂质的旧墨水，换以新墨水，使墨水流动畅通，保证打印质量。

3）字车。字车也叫小车。字车电动机通过齿轮及字车引导丝杆的传动作用，使字车在杠杆上移动，实现打印定位。在归位时，引导丝杆又推动清洁结构完成清洁工作。

4）送纸结构。送纸结构在同步信号的控制下与字车、喷嘴等同步，实现整张纸的打印。送纸结构由送纸电动机、压纸辊、输送辊等组成。送纸时分手动和自动两种方式。另外，送纸结构还装有传感器，以检测纸张是否装好。

（2）喷墨打印机的电气结构。BJ 系列喷墨打印机的电气部分包括主控电路、驱动电路、传感器检测电路、接口电路和电源。主控电路通过接口电路和主机相连，当收到打印信号后，根据传感器检测电路传来的信息，判断打印条件是否具备，如果具备打印条件，则控制驱动电路实现打印。以上各部分的电路均由电源部分供应直流电压。

1）电源。电源用来给打印机各部分供电。电源可提供三种直流电压，+5V 电压用来给逻辑电路部分供应直流电源；另外还有 14.8 ~ 16.8V、24.8 ~ 27.6V 两种电压（不同型号的打印机电压值不相同），用于驱动各种电机和加热元件。

2）主控电路。主控电路由主处理单元（MPU）、打印机控制器、只读存储器（ROM）、随机存储器（RAM）、总线（BUS）和一系列接口电路组成。其中 ROM 固化了打印机监控程序和打印字库，RAM 用来暂时存放微机送来的打印数据。

3）传感器检测电路。打印机内部装有不同作用的传感器，主要用来检测打印机各部件的工作状态，并且控制打印机使其自动工作。这些传感器按功能可分为以下三类：① 光电传感器：包括纸宽传感器、纸尽传感器、字车初始位置传感器和墨盒传感器。纸宽传感器安装在打印头上，可测定纸宽；纸尽传感器用来检测打印机是否装纸、纸是否用完，并将信号反馈给主控电路；字车初始位置传感器在打印开始或接收到初始化信号时，使字车复位；墨盒传感器检查墨盒是否安装正确。② 温度传感器：检测喷头的温度，使温度保持一个恒定值。③ 压力传感器：检测墨盒中墨水的数量。

4）接口电路。接口电路是指通过电缆与主机的并口（LPT1）相连的电路部分，主要用来处理主机送来的信号和打印数据。

2. 喷墨打印机的工作原理

喷墨打印机的工作过程就是当纸张通过喷头时，在打印信号的驱动下，通过强磁场加速形成高速墨水，喷到纸上，实现字符及图形的打印。按照墨水的喷射方式不同，可分为随机式和连续式两种。

（1）随机式喷墨打印机。随机式喷墨打印机又称按需式喷墨打印机，即墨水按照需要随机地从喷头中喷出，不需要墨水泵及墨水回收装置。因此可实现小型化，但打印速度低。为了提高打印速度，喷头常由多个喷嘴构成，其排列方式类似于针式打印机的打印头，目前大多数小型喷墨打印机都采用这种方式。根据墨水喷射时选用的驱动方式不同，又可分为气泡式和压电式两种喷墨打印机。

1）气泡式喷墨打印机。气泡式喷墨打印机（Bubble Jet，BJ）的工作原理如图 3-6 所示。喷头内装有加热元件，当打印数据通过驱动电路，对其施加电脉冲信号时，加热元件急剧升温，使靠近它的墨水蒸发汽化，形成小气泡，小气泡变大形成蒸汽膜。当脉冲电压信号消失后，加热元件的余热使气泡膨胀产生压力。墨水被挤出喷嘴，随着加热元件温度的下降，气泡和墨水分界面处开始冷却，气泡收缩。当墨水喷出后，喷嘴产生负压，再将墨水从墨盒中吸入喷嘴，以便下次使用。

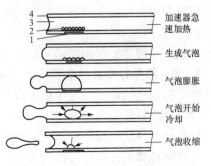

图 3-6　气泡式喷墨打印机工作原理图
1—加热元件；2—气泡；3—墨水；4—喷嘴

　　目前市场上大多采用气泡式喷墨打印机，如佳能和惠普系列的打印机。这种打印机精度较高，彩色效果好，因此是使用最为广泛的打印机。

　　2）压电式喷墨打印机。压电式喷墨打印机的结构与工作原理如图3-7所示，喷头内部装有墨水，喷头的上下两侧各装有一块压电晶体，压电晶体受打印信号的控制，对其施加脉冲电压，使其变形后产生压力，从而挤压喷头喷出墨滴。为避免墨水干涸和灰尘堵塞，喷嘴口装有一挡板，不打印时盖住挡板。这种方式的打印机，可做到体积小，重量轻，易于实现彩色打印。目前市场上的 EPSON 系列打印机多采用这种方式。

　　（2）连续式喷墨打印机。连续式喷墨打印机是以电荷控制式喷墨打印机为代表，墨水连续地从喷头中喷出，故称为连续式喷墨打印机。其工作原理如图3-8所示。

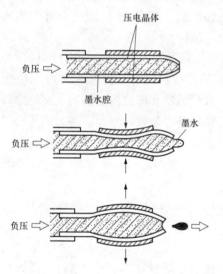

图3-7　压电式喷墨打印机工作原理图

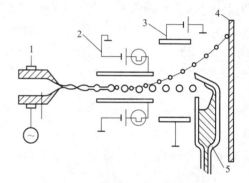

图3-8　连续式喷墨打印机原理图

1—喷嘴；2—充电电极；3—偏转电极；

4—打印纸；5—回收器

　　墨水泵对墨水施加高压，使墨水从喷头中喷出，通过充电电极使一束连续的墨水带电，带电的多少受字符发生器和模拟调制器的控制，其中字符发生器存有字符及图形的编码。模拟调制器按照字符及图形的编码给部分墨水充电，带电的墨水束通过偏转电极时发生偏转，喷到纸中不同的位置，形成字符及图形。对那些不参与印字的墨水滴不进行充电，通过偏转电场时将不发生偏转，按原方向射入回收器，经过过滤后再次使用。

　　这种打印机的特点是打印速度快，易于实现彩色打印，而且对纸张要求不高，可使用普通纸；缺点是需要加压和墨水回收装置，且浪费墨水。

3. 常见喷墨打印机的电子逻辑部分方框图

　　喷墨打印机的电子系统包括逻辑部分和电源装置。其逻辑部分的作用是接收主机传来的打印数据并将其转换成控制打印的字符编码，接收传感器检测的信息，检查打印机的工作状态，操纵打印机的机械装置。无论是单色还是彩色打印机，它们的逻辑部分大致相似，下面介绍几种常见喷墨打印机的逻辑方框图。

　　（1）BJ-10ex 打印机电子逻辑框图。BJ-10ex 打印机电子逻辑方框图如图3-9所示。它是以 T9926A（144PIN）为打印机的控制器，它包括接口控制器、中断控制器、输入/输出通道等。其作用是用来接收传感器传来的信息，处理后向字车电机、送纸电机、喷嘴加热器等发出控制信号。控制 ROM 是容量为 512KB 的只读存储器，固化了打印机的监控程序。DRAM 作为 32KB 的动态随机存储器，是输入/输出的缓冲区。另外 BJ - 10ex 打印机的电源分别输出 5V、14.8 ~ 16.8V、24.8 ~ 27.6V 的几种直流电压，作为打印机控制器、逻辑电路、墨盒、电动机鸣器等的供电电源。

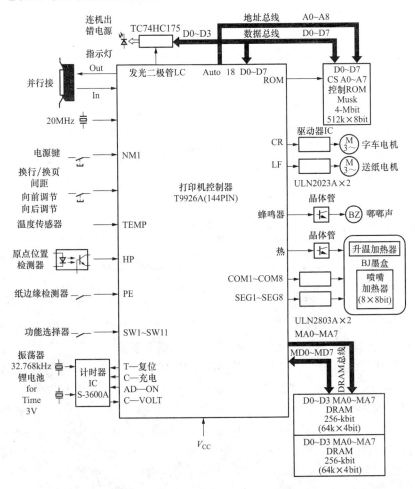

图 3 - 9   BJ - 10ex 打印机电子逻辑框图

（2）BJ - 330 打印机电子逻辑方框图。BJ - 330 打印机电子逻辑系统比 BJ - 10ex 打印机电子逻辑系统多了一块逻辑板和字车电路板。如图 3 - 10 所示，图中微处理器 MPU 包括 16bit 的 CPU、512KB 的 RAM、A/D 转换器、24bit 地址总线和 8bit 数据总线等，其功能与前述大致相同。其中 A/D 转换器的作用是将传感器送来的模拟信号转换成数字信号。另外，控制 ROM 固化了打印机监控程序，对打印机进行控制和跟踪，仿真 ROM 存放 bit MAP 数据，动态随机存储器 DRAM 起高速缓冲器作用，用来暂时存放主机送来的数据。

该打印机控制器具有如下功能：① 控制 DRAM 的刷新和读写操作。② 控制串行和并行接口。③ 控制喷头。

该打印机的电源部分输出三种电压：① $V_{CC} = 5V + 0.03V$（或 $V_{CC} = 5V - 0.05V$）的直

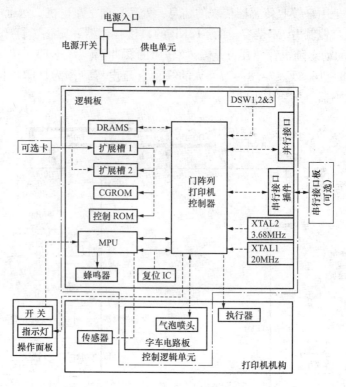

图3-10 BJ-330打印机电子逻辑方框图

流电压，作为逻辑板的供电电源。② $V_{OP}=28V\pm0.2V$ 的直流电压，作为喷头加热元件供应电源。③ $V_M=28V\pm2V$ 的直流电压，作为各种电动机的驱动电压。

（3）BJC-600彩色喷墨打印机电子逻辑方框图。BJC-600彩色喷墨打印机电子逻辑方框图如图3-11所示，它包括MPU、RAM、ROM、EEPROM线性电路控制器、打印机控制器等。其中线性电路控制器的功能包括自动调整线性编码器、更正打印头温度传感器的次序、自动检测打印头的次序。线性编码器可输出 A+相、A-相、B+相、B-相四种信号，这四种信号彼此之间相差90°或180°相位，分别控制字车的移动方向（A相、B相的相互转换），A相信号的放大、缩小（A+、A-），B相信号的放大、缩小（B+、B-）等。另外BJC-600彩色喷墨打印机的电源部分共输出三种直流电压：$V_{CC}=5.0V\pm0.25V$，$V_H=19.0V\pm0.3V$，$V_M=28V$。

3.3.2 喷墨打印机的维护

随着计算机的普及，喷墨打印机销售价格大幅度下降，喷墨打印机已成为家庭和办公自动化用打印机的首选机种。因此，如何选购称心如意的喷墨打印机，以及如何对打印机进行正确使用和日常维护成了用户所关心的现实问题。

1. 喷墨打印机的选购

选购打印机时，必须清楚打印机的技术特征和分类，从而根据自己的需要进行选择。至于如何选购喷墨打印机，可从打印用途、文字、幅面、颜色、语言和精度等几方面进行全面考虑。

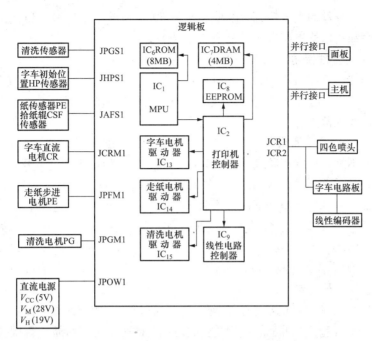

图 3 - 11　BJC - 600 彩色喷墨打印机电子逻辑方框图

（1）用途。按用户需要，喷墨打印机可分为台式和便携式两种。而目前用得最多是台式喷墨打印机。

（2）文字。按打印机内置字符库来分，可分为汉字喷墨打印机、西文喷墨打印机。目前，HP DeskJet 500Q、HP DeskJet 525Q、BJ230H 和 MJ - 800K 都是汉字喷墨打印机。此外，HP 公司还提供韩文、日文等多国语言的喷墨打印机，以满足更多用户的需要。

（3）幅面。按幅面大小分，喷墨打印机可分为 A3 幅面和 A4 幅面两种。常用幅面打印机都是 A4 幅面，这也是目前的主流趋势，绝大多数用户都采用这种打印机。A3 幅面的有 HP PainJet XL 300 等，它给某些需要大幅面的打印机用户提供选择。如果用户还需要更大幅面的打印机，可以选择小幅面喷墨绘图仪，它能一机多用。

（4）颜色。喷墨打印机按照颜色来分，可分为彩色打印机和单色打印机两种，目前用户见到的单色打印机，主要产品有 HP DeskJet 500Q、HP DeskJet Portble 和 Canon BJ 系列等。彩色打印机包括 HP PainJet、PainJet Writer、PainJet XL - 300、HP DeskJet 500C、HP DeskJet 1200C 和 Canon BJC 系列等，它们的功能也都不尽相同。

（5）语言。按照打印机使用的控制语言，可以分为 PCL、ESC/P 两种。目前大多数喷墨打印机都采用 PCL 语言，HP DeskJet 500Q 除了支持 PCL 外还支持 ESC/P 打印语言，这样既可仿真激光打印机，又可以仿真针式点阵打印机。

（6）精度。按照打印机精度（即分辨率）来分，可将喷墨打印机分为高、中、低档三种，通常低分辨率的打印机指 118 印点/cm（300DPI）以下，中档分辨率指 118 印点/cm，高档分辨率指 118 印点/cm 以上。目前市场上的喷墨打印机一般都是 118 印点/cm，HP 推出的 DeskJet1200C 是 236 × 118 印点/cm（600 × 300DPI），是一种高精度的喷墨打印机。而影响打印机质量的关键因素是墨水质量及喷嘴的大小。其喷墨打印机的喷嘴一般都有几十个，它的直径仅是一根头发丝的 1/2 粗细，要使墨水从 50 个喷嘴中以每秒百万次的频率射到纸上，这就要求喷嘴和墨水均具有极高的品质。

2. 喷墨打印机的合理使用

喷墨打印机和针式打印机不同，它含有高精密元件，如果使用不当，不仅会减少打印机的使用寿命，而且严重时会损坏打印机以致不能正常工作。因此，使用喷墨打印机时，要严格按照说明书的操作规范进行，并注意以下几个方面：

（1）保持清洁的环境。如果灰尘太多，容易造成喷头污染，影响打印质量，并且易于造成字车导轴润滑不好，使字车移动受阻，有时因回不到初始位置而造成死机。

（2）关机前使字车回到初始位置。字车如处在初始位置，将受到保护罩的密封保护，使喷头不易被阻塞，另外还可避免下次开机时重新清洗而造成墨水的浪费。

（3）不可用手移动字车、墨盒及墨盒支架。如果强行移动字车、墨盒或墨盒支架，会造成机械部分的损坏。

（4）墨水未用完时不要更换。墨水未用完若被更换掉，一方面会造成浪费，另一方面会使打印机对墨水的计量出错。

（5）有些打印机必须在开机状态下更换墨盒，否则会造成墨水计量错误。

（6）将打印机放在稳定的桌面上，不能在打印机上放置任何物品，否则会使字车偏离初始位置而造成死机。

3. 喷墨打印机的日常维护

喷墨打印机的日常维护一般包括喷头的维护、墨水管的维护、墨水的选择、墨盒的维护及对打印纸张的选择和使用等。

（1）喷头的维护。由于喷头是采用半导体薄膜工艺技术的多层结构，喷嘴孔为高密度排列，如果操作不当，会损坏喷头，因此对喷嘴的操作必须特别小心。而且，喷嘴若受到污染还会影响打印质量，所以操作环境应保持清洁。对喷头的维护要注意以下几个方面：

1）不要随意拆下喷头，不能将喷头放在高温、干燥的环境下，以免墨水中的水分因蒸发而使墨水干涸，导致喷嘴阻塞。

2）不能用水清洗喷头，以免水中的杂质阻塞喷嘴。

3）不要磕碰喷头，以免造成喷嘴的物理损坏。

4）不能用面巾纸、镜片布等擦拭喷嘴表面。

5）不能将油泥、灰尘、化学药品等污染到喷嘴上，否则会改变墨水的化学成分，使墨水凝固，造成阻塞。

6）如果需要拆下喷嘴，先用手摸一下自来水管道等金属物品，施放静电，以免手上的静电损坏喷嘴上的逻辑部件。

7）有的打印机带有喷嘴盖帽（如 BJ－330、BJC－600、BJC－800 等）以保护喷头，在关掉电源前一定要确保打印头归位，以防盖不上帽，达不到保护的作用。若长时间不打印，可将喷头取下，用购买打印机时所带的塑料薄膜封住喷嘴。

8）不要在关机状态下更换墨盒，以免墨水供应不上，使喷嘴内的墨水干涸。

9）要定期清洗喷头。长时间使用打印机，灰尘和纸屑将堆积在打印头上，应定期清洗，特别是打印质量不好时更应如此。另外，更换墨盒时也要对打印头进行清洗。一般若出现严重的打印质量问题，要连续清洗几次。

（2）墨盒的维护。具体包括以下一些方面。

1）当墨盒长时间不用时应放在密封的塑料容器中，要求环境温度在 −10 ~ 35℃ 之间，否则会使墨水冻结或起化学反应。

2）不能将墨盒放在阳光直射的地方。

3）不要使用假冒墨水，否则会损坏喷头。因此，购买墨盒最好到专卖店，并且最好使用本系列的产品。

4）不要将墨盒放在灰尘多的地方，以免在安装时灰尘混入墨水。

5）不要向墨盒中注入墨水。

6）不要磕碰墨盒，以免引起泄漏。

7）不要随意拆开墨盒。

8）因墨水具有导电性，因此不要将墨水洒在电路板上，以免短路。若有墨迹污染电路板，应关掉电源，用软布蘸无水酒精或微机专用清洗剂擦洗干净。

（3）墨水管的维护。有些打印机的喷头和墨盒为一体化结构（如 BJ − 10ex 和 BJ − 200 等系列打印机），不存在墨水管的维护问题。而有的打印机的喷头和墨盒是分离的（如 BJ − 230、BJC − 600、BJC − 800 等系列打印机），是用墨水管来连接喷头和墨盒的，因此日常维护是很有必要的。对其维护时要注意以下四个方面的问题：

1）不要弯曲、拖拉墨水管，以免使墨水管折坏、破损或使结合部分因密封不好而泄漏墨水。

2）不要使墨水管受热，以免变形、损坏。

3）不要向墨水管的结合部分加油或酒精等化学物品，以免使管内墨水凝固。

4）更换连接部件时要选用弹性好的橡胶，连接时要保证良好密封，以免使墨水泄漏或阻碍墨水流动。

（4）墨盒的更换。当打印机出现字迹不清、缺色、字符有划痕的现象，且经清洗后效果改善不明显时，要更换墨盒。有的打印机当墨盒中的墨水用完时，会发出更换墨盒的提示信息。更换墨盒后一般应清洗几次打印头。喷墨打印机与针式打印机不同，更换墨盒的过程较复杂，有的打印机需要在开机情况下进行，有的打印机要求先关掉电源后才能更换。下面介绍两种常用的喷墨打印机更换墨盒的方法。

1）BJ 系列喷墨打印机墨盒的更换。首先关闭打印机（关闭前要确保打印头回到初始位置），打开打印机前盖，掀开墨盒支架上的绿色锁杆，取出旧墨盒，注意不要碰到支架上的电路板，取墨盒前要注意墨盒的安装位置。取出新墨盒，拆下保护帽，轻轻地将新墨盒装上，注意位置不要弄错。慢慢地推动绿色锁杆，听到"咔嚓"一声，表示墨盒已经锁定，更换完毕。如果在推动时遇到阻力，则应重新安装。安装时注意不要用力过大，以免损坏支架上的塑料部件。锁住墨盒后，墨盒与支架应无间隙。一旦装好后禁止用手推动墨盒。合上打印机前盖，按前述方法清洗 1 ~ 3 次打印头后进行测试打印，确保安装无误。

2）STYLUS 系列彩色喷墨打印机墨盒的更换。EPSON 公司的 STYLUS 系列打印机更换墨盒时，一定要在开机状态下进行，因为重新更换墨盒后，打印机将对墨水输送管道进行充墨。若在关机情况下安装墨盒，则打印机无法充墨，致使管道内缺少墨水从而引起管壁内的残余墨水干涸。另外，该系列打印机通过内部计数器对墨水的使用量进行计数。当计量完后，打印机判断墨水用尽，发出提示信息。更换后打印机将对计数器复位，确定已经安装了新墨盒。若在关机状态下更换墨盒，将出现计量错误而无法打印。其具体更换步骤如下：

先打开电源开关，打开机顶盖，按下 Pause 键（注意在更换墨盒前应确认暂停指示灯处于亮的状态）。在更换墨盒过程中，Pause 指示灯一直在闪烁，此时要耐心等待，直到指示灯不亮为止。在此过程中不能关机或重新启动打印机。按住 Alt 键持续 5s 左右，直到打印头向左移动到安装位置，Pause 指示灯开始闪烁。拉起墨盒锁定杆，使墨盒从底座中弹起，拿出墨盒。这时要注意，拿出墨盒后不能执行打印命令，否则会毁坏打印机。打开新墨盒，撕下保护带，使墨盒喷嘴向下，箭头指向打印机后部，轻轻放入底座。注意黑色墨盒在右，彩色墨盒在左。将墨盒锁定杆向后轻轻地推上，直到锁紧墨盒。再次按下 Alt 键，清洗打印头。最后，关闭打印机顶盖，进行打印测试。

（5）纸张的选择与使用。喷墨打印机对纸张的要求比针式打印机要高，并且只有喷墨打印机才能打印胶片。因此，对纸张的选用要考虑以下因素：

1）选用纸张的质量、重量、大小、类型都要符合喷墨打印机的要求，否则会引起卡纸现象。

2）打印时软件的设定要和用户使用的纸张大小相符（如 A4、B5 纸等）。

3）使用的纸张不能被撕裂，不能有皱纹、灰尘，否则会污染喷头。

4）不能使用压杆纸。

5）选用的纸张不能有纸粉。

6）大多数纸张都是单面打印。使用时应选择光滑的一面为打印面，这样打印效果较好。

7）要想打印精美的图片，最好使用像纸打印。

8）使用胶片时，每次打印完，要输送两张普通纸，以除去送纸辊上的墨水。

3.3.3　喷墨打印机的故障维修

前面介绍了喷墨打印机的结构和工作原理，这些类型的打印机其原理基本相似，只是结构上有所不同。可以抽取其共有的东西加以分析，掌握打印机的工作过程，在维修时有一个清晰的思路。打印机出现故障以后，首先应判断故障所在的部位。一般情况下，在打印机的ROM 芯片里都固化有诊断程序。诊断程序可以检查打印机的工作状态，一旦出现错误，在打印机的操作面板上将显示错误信息或故障类型，由此可判断出故障发生的部位。有些电气故障可通过感官发现，如芯片发烫、有烧痕或发出焦糊味等。确定故障的部位以后，就可以分析故障发生的原因，找出根源所在，采取相应的办法解决。下面介绍几种常见的喷墨打印机的故障排除与维修方法。

1. BJ－330 喷墨打印机的故障排除与维修

（1）故障分析与排除方法。BJ－330 喷墨打印机本身具有检测错误功能。当发生故障时，打印机自动停止工作、脱机，其故障现象及故障的排除方法见表 3－1。其面板指示的详细状态也列于该表中。

检查办法如下：

1）检查电缆是否正确连接，电源开关是否打开。

2）检查打印机中是否有纸或卡纸，装入新纸或清除卡纸。然后按 LOAD/EJECT 键进纸，再按 ON LINE 键继续打印。

表 3 - 1　　　　BJ - 330 喷墨打印机的故障现象、故障排除方法及故障时的面板状态

电源	联机	墨水/纸	高速/插件 A	高质/插件 B	蜂鸣器	故障排除方法
灭	灭	灭	灭	灭	无声	见检查办法 1)
亮	灭	亮	—	—	鸣叫 3 次	见检查办法 2)
亮	灭	闪烁	—	—	鸣叫 3 次	见检查办法 3)
亮	灭	灭	闪烁	闪烁	鸣叫 6 次	见检查办法 4)
亮	灭	灭	闪烁	闪烁	鸣叫 6 次	见检查办法 5)
亮	灭	灭	灭	闪烁	无声	见检查办法 6)

3）检查打印机的墨水是否用完或墨盒是否安装正确。若墨尽，则应更换墨盒；若墨盒安装不正确，则应重新安装好。

4）印字头未正确归位。断开电源，约 4s 后重新接通电源。

5）打印机内部 ROM 或 RAM 发生故障。断开电源，约 4s 后重新接通电源。发生此故障时，Courier Prestige 和 Gothic 指示灯处于闪烁状态。

6）可选扩展 RAM 插件上的电池电量不足。将 RAM 插件插在打印机上，并保持电源接通进行充电，直到重新充足电为止。

（2）BJ - 330 喷墨打印机的故障维修实例。

【例 1】BJ - 330 喷墨打印机开机后不走纸。

【故障分析与排除】开机后字车能正常回到初始位置，说明电源部分、主控电路、字车驱动电路均正常。故障可能出在走纸步进电动机上。经过认真检查，结果是 TEA3718S 芯片被烧坏。更换该芯片后，故障排除。

【例 2】BJ - 330 喷墨打印机开机后，仅 POWER 指示灯亮，打印机不工作。

【故障分析与排除】打印机开机后仅 POWER 指示灯亮，打印机无任何故障报警，据此分析，可能是主控电路有问题。其主控板电路如图 3 - 12 所示，通过示波器观察 CPU（M377005AFP）的数据总线、地址总线和控制总线，结果发现数据线 D3 波形幅度太低，仅为 0.5V 左右。进一步用万用表测试发现与 CPU 相连接的 IC9（MN41464AZ - 08）的引脚 15 脚对地短路。更换 IC9 后，恢复正常工作，故障排除。

【例 3】BJ - 330 喷墨打印机装不上纸。

【故障分析与排除】根据该故障现象，经仔细检查，逻辑电路板无故障。进一步检查纸张传感器，连接正确，说明传感器本身有问题。更换纸张传感器后，故障排除，恢复正常。

【例 4】BJ - 330 喷墨打印机开机后，POWER 指示灯亮，HS 与 HQ 指示灯闪烁，并发出三声短报警，喷墨不动但可以走纸。

【故障分析与排除】从该故障现象分析，主控板电路、走纸电动机控制与驱动电路是良好的，问题可能出在字车电机控制与驱动电路中。BJ - 330 喷墨打印机采用专用集成电路 IC14，可能是该芯片损坏。采用替换法更换后，打印机恢复正常打印，故障排除。

【例 5】BJ - 330 喷墨打印机打印纸加载或弹出出错。

【故障分析与排除】经检查 EOF 传感器连接无误，传感器本身也没问题，但与逻辑板接口处有故障。更换逻辑板后，恢复正常，故障排除。

【例 6】BJ - 330 喷墨打印机开机后，POWER 指示灯亮，ON LINE 指示灯闪烁，字车能

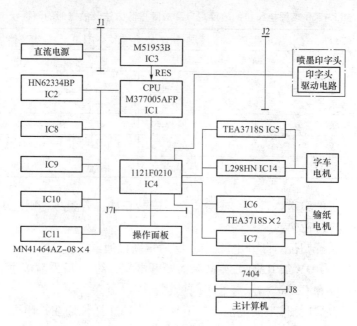

图 3 – 12　BJ – 330 喷墨打印机主控板电路方框图

返回初始位置，但不走纸，尔后 HS 与 HQ 指示灯闪烁，且有三声短报警。

【故障分析与排除】打印机开机后字车能够正常地返回初始位置，这说明电源电路、主控电路和字车电动机控制与驱动电路是正常的，可能故障出在走纸电动机控制与驱动电路中。而 BJ – 330 喷墨打印机的走纸电动机为步进电动机，其驱动电路采用了两片 TEA3718S（IC6 和 IC7），是 16 脚的专用集成电路。用万用表电阻挡静态测量发现，其中有一片（IC6）的输出端引脚 15 脚对地电阻值接近为零，确认是该芯片损坏，经更换后故障排除，打印机恢复正常工作。

【例 7】BJ – 330 喷墨打印机只打印半个字符。

【故障分析与排除】根据该故障现象，一般是喷头脏污堵塞后只有一半在工作或者是字车电缆连接部分出了问题，但经清洗喷头后无太大的改善，而检查字车电缆连接正确，说明喷墨驱动电路有问题。经过仔细检查，结果是喷墨驱动电路中的 8 只晶体三极管中有 1 只晶体管被击穿。更换后，故障排除。

【例 8】BJ – 330 喷墨打印机自检打印时，只打印出半个字符。

【故障分析与排除】这种故障说明喷头只有一半在工作，通常是由以下原因引起：① 喷墨印字头的一半喷嘴被堵塞。② 控制喷墨的电路有故障。③ 喷墨印字头的驱动电路发生故障。④ 字车电缆故障。

由① 和④ 所引起的故障可以分别更换墨盒（喷头和墨盒是一体化结构）和字车电缆来解决。而本例经过检测，发现喷墨驱动电路中的 8 只晶体三极管有 4 只已损坏，更换所损坏的晶体三极管后，故障排除。

【例 9】BJ – 330 喷墨打印机字车无法移动。

【故障分析与排除】该故障的原因可能是引导丝杆上有油腻、传送皮带老化、逻辑板与接口故障或者是字车电机有问题。经过检查是字车电机被烧坏。更换后，故障排除。

【**例 10**】BJ – 330 喷墨打印机在打印时，一会儿好，一会儿坏。

【**故障分析与排除**】这种随机故障，一般来说，主控制板上元器件损坏的可能小，多数故障出现在喷墨打印头上。对喷墨打印头采用一般清洗、增强型清洗和老化强喷等方法处理后，均无效。然后更换 BJ – 330 喷墨打印头后，故障排除，打印机恢复正常工作。

【**例 11**】BJ – 330 喷墨打印机打印输出的字符与计算机所显示的字符不一致。

【**故障分析与排除**】产生这种故障一般有以下几种原因：① 接口中数据输入电路的有关数据位损坏。② 接口电缆中数据信号线开路或短路。③ 打印机中控制 CG – ROM 字库的地址线有误，选错字模。④ DRAM 中，打印机缓存区的某个 RAM 位发生错误。⑤ 打印机 CG – ROM 中所存字库发生错误。

遇到这种故障，首先开机自检，若自检打印正常，则可排除③ 、④ 、⑤ 的可能性。然后更换接口电缆联机打印，若联机打印正常，则说明故障在接口电缆中；否则，说明故障在接口的数据输入电路中。

当判断故障在接口的数据输入电路中时，可用 16 进制转储打印或用 CTRL + P 联机后，用计算机键盘输入：12345ABCDE，这里可在计算机屏幕中观察到输入结果，然后观察打印机所打印的结果却为 13355ACCEE。

12345ABCDE 所对应的 ASCⅡ码如下：

字符	ASCⅡ码	字符	ASCⅡ码
1	0110001	A	1000001
2	0110010	B	1000010
3	0110011	C	1000011
4	0110100	D	1000100
5	0110101	E	1000101

从上述 ASCⅡ码分析可知，其打印错误是数据输入电路中 D0 位恒 1（即电位常高）所造成的。经过数据输入电路中上位电阻 R_{27} 检测，反相门 LS04（IC15）的引脚 5 和引脚 6（即输入/输出端）皆为常高电平，表明 LS04 芯片已损坏。更换该芯片后，故障排除。

2. BJ – 10ex 喷墨打印机的故障排除与维修

（1）故障分析与排除方法。BJ – 10ex 喷墨打印机本身具有检测错误功能。当发生故障时，打印机自动停止工作、脱机，其故障现象及故障的排除方法见表 3 – 2。其面板指示的详细状态也列于表 3 – 2 中，它由面板上的指示灯和蜂鸣器来显示其错误类型。

表 3 – 2　　　　　　　　BJ – 10ex 喷墨打印机面板错误显示信息

错误类型	指示灯状态			蜂鸣器状态
	POWER	ERROR	ON LINE	
原始位置出错	亮	闪烁	不亮	连续响
字车控制出错	亮	不亮	闪烁	连续响
纸尽	亮	亮	不亮	响 2 次
打印机卡纸	亮	亮	不亮	断续响

错误类型	指示灯状态			蜂鸣器状态
	POWER	ERROR	ON LINE	
电池不足	闪烁	闪烁	不亮	不响
Ni – Cd 电池出错	闪烁	闪烁	不亮	响 5 次
RAM 出错	亮	不亮	闪烁	响 3 次
ROM 出错	亮	闪烁	闪烁	响 3 次

对以上表格中各故障的处理方法如下：

1）原始位置出错：检查初始位置传感器、带状电缆的连接、字车电动机是否良好，字车的移动是否畅通，进行相应的维修或更换。

2）字车控制出错：如果是字车引导丝杆润滑不好，加专用润滑油；如果是字车单元出现故障，则应更换。

3）纸尽：纸张传感器出现故障，用药棉蘸无水酒精擦拭，若不行则更换纸张传感器。

4）打印机卡纸：一是纸张传感器出错，可用药棉蘸无水酒精擦拭；二是逻辑板出错，应更换逻辑板。

5）电池不足或 Ni – Cd 电池出错：须充电，若还不行更换电池。

6）RAM 出错：更换逻辑板的 DRAM 或打印机控制芯片。

7）ROM 出错：更换 ROM 芯片或逻辑板。

（2）BJ – 10ex 喷墨打印机的故障维修实例。

【例1】BJ – 10ex 喷墨打印机自检正常，但联机打印时计算机"死机"。

【故障分析与排除】自检正常，表明打印机主体的机械部分和电路部分均完好。其故障在接口电路或接口电缆中，随即更换了一条接口电缆，故障依然如故，由此则判断故障在接口电路中。由计算机"死机"的现象分析可知，可能是控制信号线中 BUSY（忙）信号有问题。若 BUSY 信号一直处于高（忙）状态，则会造成计算机"死机"的现象。经过追踪检测 BUSY 信号线，发现输出 BUSY 信号线的集成电路 LS14 已损坏。更换后故障排除，打印机恢复正常联机打印。

【例2】BJ – 10ex 喷墨打印机打印时出现缺点、白道现象。

【故障分析与排除】出现上述故障现象时，一般有两种原因，即喷头堵塞或墨水用完。这时应清洗打印头，若故障仍不能排除，则必须更换墨盒。

【例3】BJ – 10ex 喷墨打印机加电开机后字车不归位。

【故障分析与排除】根据该故障现象判断，打印机加电开机后引起字车不归位的原因可能有以下几种：① 字车电动机损坏。② 字车机构中传动系统故障。③ 字车初始位置传感器损坏或积尘过多，使得字车归位后检测不到初始位置信号。④ 主控电路中送码出现混乱。⑤ 清洁单元和字车运动之间，因齿轮问题造成脱钩。

经过仔细检查，发现字车电动机、主控电路和字车初始位置传感器均正常，清洁单元和字车之间的运动系统也良好。但在断电状态下用手转动字车皮带时，感觉到字车移动不自如，字车移动有较大的阻力。进一步检查字车底部和丝杠接合部分，发现字车电动机的连接销表面和丝杠接触部分本应是半圆形的，但被磨损为一字形状，致使字车移动时摩擦力增大而不能归位。更换字车电动机连接销后，打印机恢复正常工作，故障排除。

【例 4】 BJ - 10ex 喷墨打印机不打印。

【故障分析与排除】出现该故障的概率较大，且原因也较复杂，排除故障也比较困难。首先对打印机进行自检，分两种情况。一种情况是打印机不自检，应按以下步骤检查：检查电源是否有电→电源为逻辑板供应电压是否为 +5V→MPU 是否正常→机械部分是否正常；另一种情况是打印机自检但不打印，故障一般发生在：① 打印机与微机连接电缆出现故障。② 字车带状电缆出现故障。③ 打印机控制器芯片（T9926A）损坏。④ 喷头驱动器（ULN2803A）损坏。

经过检查，发现喷头驱动器（ULN2803A）有一管脚对地断路。更换逻辑板后，打印机恢复正常工作，故障排除。

3. BJC - 600 彩色喷墨打印机的故障排除与维修

（1）故障分析与排除方法。BJC - 600 彩色喷墨打印机含有多种传感器，以检查打印机的内部工作状态，并在 ROM 中固化了功能很强的诊断程序，用以判断故障点并利用面板上的指示灯指示故障位置。表 3 - 3 列出了 BJC - 600 彩色喷墨打印机面板的错误显示信息。

表 3 - 3   BJC - 600 彩色喷墨打印机面板错误显示信息

产生故障部位或原因	指示灯状态									蜂鸣次数
	电源	错误	联机	黑	红	蓝	黄	信封	厚纸	
检查墨盒	—	亮	—	闪烁	闪烁	闪烁	闪烁	闪烁	闪烁	无
送纸/卡纸	—	亮	—	—	—	—	—	—	—	2
废墨水警告	—	亮	—	—	—	—	闪烁	—	闪烁	2
字车故障	—	闪烁	—	—	—	—	—	—	亮	
位置传感器	—	闪烁	—	—	—	—	—	亮	—	3
线性编码器	—	闪烁	—	—	—	—	—	亮	亮	3
复位操作	—	闪烁	—	—	—	—	亮	—	—	3
送纸电机	—	闪烁	—	—	—	—	亮	—	亮	3
CSF	—	闪烁	—	—	—	—	亮	亮	—	3
内部温度	—	闪烁	—	—	—	—	亮	亮	亮	3
废墨水满	—	闪烁	—	—	—	亮	—	—	—	3
E^{2}PROM	—	闪烁	—	—	—	亮	—	—	亮	3
ROM	—	闪烁	—	亮	—	—	—	—	—	3
RAM	—	闪烁	—	亮	—	—	亮	—	—	3
GAL 门阵列	—	闪烁	—	—	—	亮	—	亮	—	3
喷头故障	—	闪烁	—	闪烁	闪烁	闪烁	闪烁	闪烁	闪烁	3

对以上表格中各故障的处理方法如下：

1）检查墨盒错误：检查墨盒是否用完或判断墨水传感器是否有故障。

2）送纸/卡纸故障：检查是否卡纸。如果是，则清除被卡纸张。否则，应检查传感器。

3）废墨水警告：更换打印机底部的废弃墨水吸收器并清除 E^{2}PROM 中的废弃墨水量数据。

4）字车故障：见故障 1）。

5）原始位置传感器故障：用棉球蘸无水酒精擦拭发光二极管。若不行，则更换。

6）线性编码器出错：更换线性编码器，更换后应注意调整。

7）复位操作错误：更换清洁单元。若仍然不能正常工作，则应更换逻辑板并改写 E^2PROM 参数。

8）送纸电动机出错：检查送纸电动机每相阻值是否正确（大约 80Ω）。若不正确，则应更换电动机。

9）CSF（送纸辊）传感器出错：检查送纸辊的机械部分和传感器部分，若有故障应进行相应的维修。

10）内部温度出错：测量字车带状电缆的 1、7 脚和 1、8 脚之间的阻值是否在 30 ~ 170kΩ 范围内，如果不正确，则应更换字车控制板。

11）废墨水满：改写 E^2PROM 数据。

12）E^2PROM、ROM、RAM、GAL 门阵列错误：更换字车控制板。

13）喷头故障：对喷头进行强清洗。若不见效果，则更换打印头。

（2）BJC - 600 喷墨打印机的故障维修实例。

【例 1】 BJC - 600 彩色喷墨打印机字车出现来回振动、"撞墙"等运动混乱现象。

【故障分析与排除】 该故障现象表明应是线性编码器部分有问题，BJC - 600 彩色喷墨打印机为提高彩色定位精度，增加了线性编码器。存储器在长度与打印机宽度相当的细钢丝的表面固化了很薄的一层磁性材料。MR 磁头读取存储器数据，含有 4 个 MR 感应器滑块，固定 MR 磁头并使磁头与存储器保持 $1\mu m$ 的间隙，当磁头随滑块、字车同步移动时，读取存储器上的 S→N→S→N 分布图，实现对打印头的精确定位。若线性编码器发生故障，字车的运动将会不正确。更换线性编码器后，打印机恢复正常工作，故障排除。

【例 2】 BJC - 600 彩色喷墨打印机开机后，字车不规则地乱动，不执行打印，且报清洁单元出错。

【故障分析与排除】 由该故障现象分析，可能是打印机的主控电路有故障，但经过检测一切正常。然后又对字车初始位置传感器、字车电动机和走纸机构进行了检测，也都正常。最后检测到线性编码器时，发现该线性编码器已部分退磁，当 MR 头读出空间坐标后，和 E^2PROM 中的参数不符，致使字车无规则地乱动。更换线性编码器后，打印机恢复正常工作，故障排除。

【例 3】 BJC - 600 彩色喷墨打印机自检正常，联机时不打印。

【故障分析与排除】 遇到这种故障，首先应检查接口部分，换用好的电缆线，如果还不行，则排除电缆线出故障的可能。此时关闭打印机，选择 16 进制转储测试打印数据，若数据出错或死机，应更换 PCB（控制板）板，并改写 E^2PROM 中的数据。

【例 4】 BJC - 600 彩色喷墨打印机开机后 E^2PROM 出错，厚纸指示灯亮，蜂鸣器响 3 声。

【故障分析与排除】 根据面板提示为字车故障，首先检查机械部分。关闭电源，用手推动字车，看能否移动。若不能移动，应检查机械传动部分；若能移动，说明机械部分正常。然后检查电气部分，检查顺序为：电缆→电动机供电电压是否为 26V→线性编码器→字车控制板。经过仔细检查，发现该故障是控制芯片出错造成的，更换控制板后，打印机恢复正常工作，故障排除。

4. BJC-800 彩色喷墨打印机的故障排除与维修

（1）故障分析与排除方法。BJC-800 彩色喷墨打印机采用 4 种打印头以喷射 4 种不同颜色（黄、红、蓝、黑）的墨水，与之相应的墨盒供墨系统、清洗系统也有 4 套，结构比较复杂，故障率也很大。在打印机的面板上有一个 LCD 显示屏、ALARM 指示灯和 5 个控制键。显示屏可显示打印机的工作状态、错误状态及故障维修请求信号等，其错误信息及说明见表 3-4。

表 3-4　　　　　　　　　　BJC-800 彩色喷墨打印机出错信息表

恢复号	信　　息	说　　明
1	10 CHECK PAPER	纸已用完或装入方式不正确
2	12 COVER OPEN	打印机盖打开
3	13 CHECK PAPER	夹纸或出纸错误/字辊脏
4	14 NO INK PART	没有安装墨盒
5	16 NO BLACK INK	没有安装墨水
	16 NO YELLOW INK	没有安装墨水
	16 NO MAGE INK	没有安装墨水
	16 NO CYAN INK	没有安装墨水
6	40 SERVICE	SCSI 卡通信错误
7	50 SERVICE	打印计时槽检测错误，原位检测错误
8	51 SERVICE	盖位置错误
9	52 SERVICE	黑色打印头温度检测错误
	53 SERVICE	蓝色打印头温度检测错误
	54 SERVICE	红色打印头温度检测错误
	55 SERVICE	黄色打印头温度检测错误
10	56 SERVICE	黑色打印头加热器错误
	57 SERVICE	蓝色打印头加热器错误
	58 SERVICE	红色打印头加热器错误
	58 SERVICE	黄色打印头加热器错误
11	5A SERVICE	黑色打印头墨水传感器错误
	5B SERVICE	蓝色打印头墨水传感器错误
	5C SERVICE	红色打印头墨水传感器错误
	5D SERVICE	黄色打印头墨水传感器错误
12	5E SERVICE	字车电机错误
13	5F SERVICE	字车电机驱动数据错误
14	61 SERVICE	控制器 ROM 错误
15	63 SERVICE	控制器 RAM 错误
16~22	65 SERVICE	引擎硬件错误
23	66 SERVICE	打印机控制器 1 错误
24	68 SERVICE	NV-RAM 错误
25	72 SERVICE	控制器与引擎通信错误

　　BJC-800 彩色喷墨打印机的监控程序功能很强，一般都可以对故障进行较精确的定位，读者可根据显示屏的提示，进行相应的维修。这里不一一叙述了。

　　（2）BJC-800 喷墨打印机的故障维修实例。对于经常出现的错误，显示屏上大都可以显示。但还有一类是显示屏不能显示的错误，下面举几个实例加以说明：

　　【例 1】 BJC-800 彩色喷墨打印机纸传感器检测无纸。

　　【故障分析与排除】 出现该故障现象，可能的原因有以下几种：

　　1）纸张不符合要求。

　　2）送纸电动机出现故障。

　　3）引擎 MPU 出错。

　　4）纸传感器及电缆有故障。

　　5）送纸单元的机械故障（如送纸辊、弹簧板、纸张分离垫的损坏等）。

　　该故障经过仔细检查，发现是送纸电机损坏造成的。更换该电动机后，故障排除。

　　【例 2】 BJC-800 彩色喷墨打印机装纸时打印机不进纸，或进纸时显示 55E 出错。

　　【故障分析与排除】 出现该故障现象，可能的原因有以下几种：

　　1）送纸单元的机械部分出故障，这时应检修或更换。

　　2）检查打印机底部的离合器弹簧是否变形，如果变形，将致使纸不到位。若有问题，则应更换弹簧片。

　　3）纸传感器有故障，清除传感器的污物或更换传感器。

　　4）送纸电机有错误，检查电动机每相的阻值是否为 80Ω 左右。若不是，则应更换电动机。

　　经过检查发现打印机底部的离合器弹簧已经变形，更换弹簧片后，故障排除。

　　【例 3】 BJC-800 彩色喷墨打印机墨水不流动。

　　【故障分析与排除】 出现该故障现象，可能的原因有以下几种：

　　1）字车单元出故障，如果是，则应更换。

　　2）气泡发生器出故障，如果是，则应更换。

　　3）墨水管道内有干涸墨水阻碍墨水流，如果是，则应清除。

　　而本故障原因经过检查是属于第三种，清洗后故障排除。

　　【例 4】 BJC-800 彩色喷墨打印机打印时出错。

　　【故障分析与排除】 出现该故障现象，可能的原因有以下几种：

　　1）字车电动机出现故障。

　　2）字车机械运动受阻，应该清除异物。

　　3）字车板或控制板出现故障，应更换或修复。

　　4）线性编码器故障，应更换编码器或电缆。

　　该故障经过仔细检查，结果是字车机械中灰尘过多受阻造成，经清除后，故障排除。

　　【例 5】 BJC-800 彩色喷墨打印机打印质量不好。

　　【故障分析与排除】 出现该故障现象，可能的原因有以下几种：

　　1）喷嘴表面被阻塞，应清洗喷头。

　　2）墨水管道有问题，应检修。

　　3）墨盒安装不正确，应重新安装。

4）喷头与打印纸间隙不合适，应重调整。

经过仔细检查，发现该故障是由喷头表面被堵塞造成的，清洗喷头后，故障排除。

任务 3.4　激光打印机的工作原理与故障维修

激光打印机是采用电子成像技术进行打印的。当调制激光束在硒鼓上沿轴线进行扫描时，按点阵组字的原理，令鼓面感光，构成负电荷阴影，在鼓面经过带正电的墨粉时，感光部分即吸附上墨粉。之后将墨粉转印到纸上，纸上的墨粉经加热熔化形成永久性的字符与图形。

激光打印机的优点是印纸质量高、分辨率高、色彩艳丽、噪声低、速度快；缺点是价格贵、打印成本较高、不能打印多层介质且体积也较大。

3.4.1　激光打印机的结构与工作原理

1. 激光打印机的基本结构

激光打印机（Laser Beam Printer，LBP）利用激光束按需要扫描，在感光鼓上成像、显影、转印墨粉到纸张上，是非击打式工作方式。

激光打印机的电路包括两个主要部分：一个是视频控制器；另一个是打印机的驱动器。视频控制器从计算机接收信息，并产生视频信号，然后送到打印机的驱动器。并且按规律驱动激光器，产生的激光经过调制后，变成载有字符或图形信息的激光束，再经过扫描装置在感光鼓面上扫描，形成静电潜像，即产生打印图像。如图 3－13 所示，为激光打印机的两个主要部分。如图 3－14 所示，为计算机控制激光打印机工作的过程。

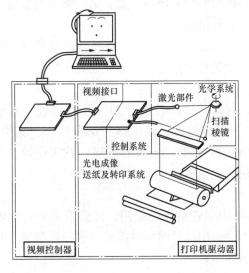

图 3－13　激光打印机的两个主要组成部分框图

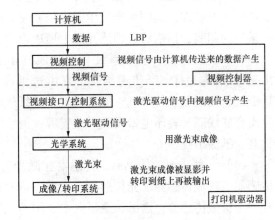

图 3－14　计算机控制激光打印机工作过程框图

激光打印机的内部结构示意图如图 3－15 所示。其主要部件介绍如下：

（1）墨盒。墨盒包括感光鼓（硒鼓）、激光导体、显影轧辊、显影磁铁、墨粉、初级电晕放电极、清扫器等器件，这些器件都装置在墨盒内。当墨盒内的墨粉用完后，可将整个墨

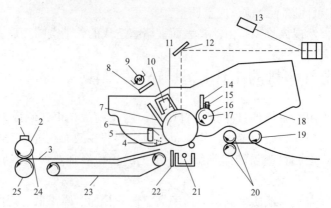

图 3-15　激光打印机内部结构示意图

1—定影轨辊清扫器；2—定影灯；3—打印纸；4—用过的墨粉；5—清扫器；6—感光波；7—橡胶刮刀；
8—红光滤除器；9—擦除灯；10—初级电晕放电极；11—栅极；12—扫描反射镜；13—激光发生器；
14—刮刀；15—新墨粉；16—显影轧辊；17—显影磁铁；18—墨盒；19—取纸轧辊；20—进纸轧辊；
21—转印电晕放电极；22—静电清除器；23—传送带；24—定影上轧辊；25—定影下轧辊

盒卸下更换。其中感光鼓是一个关键部件，一般用铝合金制成一个圆筒，鼓面上涂敷一层感光材料（如硒等）。感光鼓表面经过充电后，可以带上静电荷。某点遇到光照射后，这点的电阻等于0，使电荷立即消失，未受光照的部分仍带有静电荷。

打印的图像在位于墨盒中央的感光鼓上形成，黑色的墨粉由显影轧辊传送到鼓上，再转印到打印纸上，最后墨粉由定影轧辊熔到打印纸上。

感光鼓的直径较小，要打印一页纸，感光鼓必须转动几圈才能印下一页纸的全部信息。

打印时，在鼓的不同部位将发生不同变化，一部分将墨粉吸引出来，另一部分将墨粉印在纸上。当感光鼓转动时，感光鼓的各点都经过相似的过程。

（2）激光扫描系统。激光扫描系统包括激光发生器、光调制器、扫描器、偏转器、同步器等光电器件，其中激光发生器也是激光打印机的关键部件之一，激光在此产生后，经过一系列的调制、扫描反射到感光鼓上形成影像。

（3）机械系统。机械系统负责完成打印纸在打印机中的各种运动（从纸张进入到输出），故又称为打印纸传递结构。它由送纸区、定位/传输区、退纸区三部分组成。其中，送纸区包括纸盘、打印纸、取纸轧辊、进纸轧辊等机械部件；定位/传输区包括定位辊、定位离合器线圈、转印电晕及驱动装置等；退纸区包括驱动传送装置、定影轧辊、定影灯、清扫器、纸输出托盘等。

（4）一些重要的传感器。传感器在激光打印机中起着重要的作用。传感器主要有电阻传感器、机械传感器、光传感器三大类。熔凝辊组件中用的是热敏电阻传感器；控制板上的开关是机械传感器；送纸、退纸区中要用到光传感器。

2. 激光打印机的工作原理

激光打印机是将激光扫描技术和电子照相技术结合的非击打式打印输出设备。该机的激光采用半导体激光器。它可直接将计算机输出的二进制信息进行高频调制，再由数据控制系统转换成字符点阵。载有字符信息的激光束，经过光学系统聚焦，并通过匀速旋转的、由反射镜组成的旋转扫描器反射出去；然后，再经过聚光透镜校正扫描失真。最后，激光束沿着感光鼓的轴线匀速地扫描在感光鼓上，从而形成与输入信息对应的静电潜像，这就是曝光。曝光后的感光鼓上记录下了一行接一行的潜像，再经显影、转印，原图形就被定影在纸上输出。

激光打印机的工作过程如图 3-16 所示。

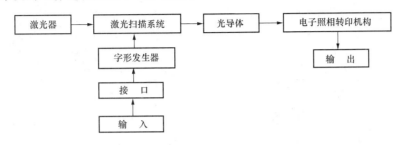

图 3-16　激光打印机的工作过程框图

（1）激光扫描系统。激光扫描系统是对激光发生器所产生的激光束进行调制，并且控制其扫描及偏转的机构。

激光扫描系统主要由激光发生器、光调制器、扫描器、偏转器、同步器和高频驱动电路组成，如图 3-17 所示。

半导体激光发生器产生一束激光，经过光调制器、一组聚焦镜和柱透镜聚焦以后，照在一个旋转的六面扫描反光镜上。激光经过反射作用后，再经过一聚焦透镜聚焦后扫描至光导体上形成电子潜像信息，从而把信息在六面转镜的角速度扫描变成了在光导体上的线速度扫描。这样在同步器的作用下，经过一系列初始化工作，图像信息从激光发生器上一行行地扫描至光导体上形成电子潜像。

其各部分作用如下：

1）激光发生器。作为激光打印机的光源，按其工作性质的物理状态来分，激光发生器可分为固体激光发生器、气体激光发生器和半导体激光发生器三类。前面两种激光发生器已被半导体激光发生器所取替。激光发生器已广泛应用于通信、测距、信息存储

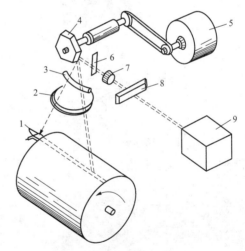

图 3-17　激光扫描系统
1—扫描起始检测器；2—双球面透镜；3—环面透镜；
4—多面转镜；5—电动机；6—柱面镜；7—光速扩展器；
8—光调制器；9—激光发生器

及处理等领域。由于半导体激光发生器的体积小、效率高，所以很适合作激光打印机的光源。

2）光调制器和高频驱动电路。光调制器的作用是将字形发生器传来的二进制脉冲信号调制为相应激光束，从而将图文信息加载到激光束上传输至导体。

高频驱动电路的作用是向声光调制器提供多个高频正弦波信号，从而保证了对激光束传播方向的控制与图文信息的调制。

3）扫描器、光偏转器。欲使光调制器调制的激光束能够在光导体上形成文字或图像，

需要完成激光束在横向与纵向的移动。激光束的纵向移动依靠导体的旋转，横向移动则由扫描器来完成。

扫描器按其工作方式可分为声光式、电光式、检流计式和转镜式等。由于转镜式扫描器具有扫描幅度大、分辨率高、光能损耗小、结构简单等优点，所以目前被广泛应用于激光打印机中。扫描器在激光打印机中的作用是利用多面转镜来实现对激光束的扫描和偏转。它用一种正多角柱侧面（一般为六面转镜）作为反射镜面，由电动机带动它高速旋转。

4）同步器。为了减少多面转镜旋转时产生的非线性误差、转镜的几何精度误差以及转镜驱动电机转速不稳等误差或缺陷，在扫描中通常还装一个同步信号传感器来控制高频信号发生器的起停，从而保证扫描间距一致，消除上述误差。

（2）图像生成系统。图像生成系统由感光鼓、初级电晕、清扫器、墨粉、转印电晕、熔结辊、定影灯等部分组成。围绕着感光鼓循环往复地将从激光扫描系统发过来的图像转印到打印纸上。

整个图像生成过程为：充电→扫描曝光→显影→转印→定影→清洗，下面以某一点印字过程为例来介绍激光打印机的工作原理。

激光印字过程包括主充电电极、扫描曝光、显影、转印、定影、鼓面残像清除六个步骤。如图 3－18（a）所示。下面根据图 3－18（b）所示印字过程一一进行介绍。

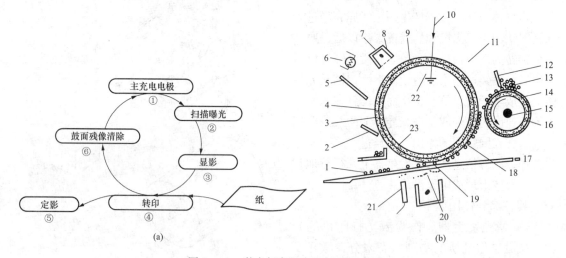

图 3－18　激光打印机印字过程示意图

（a）激光印字过程六个步骤；（b）印字过程介绍

1—墨粉留在打印纸上；2—剩余墨粉被刮刀刮去；3—鼓上残留的非均匀电荷；4—光敏涂层；
5—鼓上均匀分布的电荷；6—擦除灯泡；7—初级电晕放电极；8—栅极；9—均匀充电 -600V；
10—激光照射该处介质导电，电压降至 -100V；11—混合电压 -600V～-100V（-100V 处是全黑墨点）；
12—刮刀；13—新墨粉；14—显影轧辊；15—磁铁；16—直流电压；17—打印纸；18—墨粉微粒被吸向 -100V 区域；
19—墨粉微粒被吸向打印纸；20—转印电晕放电极；21—静电消除器；22—将电荷引入地；23—铝制内鼓面接地

1）主充电电极。通常情况下，在感光鼓的外表面上所涂的感光层是良好的绝缘体，而内部铝筒接地，如果在鼓的外表面上带上负电荷，这些电荷会停留在上面不动。然而一旦鼓上某一部分受光照射，这一部分就变成导体，它表面上分布的电荷就会通过导体排泄入地，而未受光照部分的电荷依然存在。

为了使感光表面上具有很高的均匀电位，就要对它进行充电，充电过程采用电晕充电法。电晕充电是充电的一种形式，对充电有两个关键性的要求，首先是感光鼓表面带上适当的电位，过高和过低都不行；其次是要求使感光鼓表面电位分布均匀，才能获得很好的印字质量。反过来，也可以从印字品质的好坏来判断充电过程的好坏。

打印开始时，感光鼓首先进行初始化，即在鼓的外表面上均匀地充上负电荷。初级电晕放电极安装在一个长而窄的槽中，当传动感光鼓的机械部件开始动作时，用高压电源对初级电晕放电极加高压，使电晕放电极上带有 650V 的高压。这个高压又使其周围的空气电离，变为能够移动的带电离子。初级电晕放电极下方是栅极，栅极上通常带有 - 600V 的电压，该电压是较高的，但远低于初级电晕放电极的电压。因而它能够吸引电晕放电极周围的离子，使带负电的离子移向感光鼓表面。当离子移动时，它又限制负离子的电压，从而使鼓表面上均匀地带上 - 600V 的电压。

2）扫描曝光。扫描曝光是静电潜像的形成过程，相当于印刷中的照相制版，版制得好不好直接影响到产品质量，是印字过程中的关键的一环。

在曝光之前，感光鼓表面已被充上均匀的负电荷（根据光导材料的性质，也可能是充的正电荷），激光扫描照射后，其图像通过光学系统的作用变成光像，投射到感光鼓上，光照的绝大部分被光层吸收。由于光导镀层受到光能的激励，所以释放出空穴—电子对，多数电子变成光电流流向接地的基底，空穴则流向镀层表面与原来充上的负电荷中和（正负相抵消）。而分布均匀的表面电位随图像明暗的不同发生改变，电荷分布也起了变化。没有照到光的部分，表面电位基本上不变；照到光的部分，表面电位衰减很多，下降到较低的残余电位，这种与排版原稿相对应、表面高低不同的静电位就是静电潜像。

由此可见，曝光实质上是利用光能来消除感光鼓表面电位值。光消电是有条件的，要按照排版原稿的图像来区别消电的部位。与照相的原理相同，曝光不足或曝光过度都不能得到好的静电潜像。

当打印机开始打印时，激光发生器产生激光束，通过扫描反射镜反射到感光鼓上，使光照射（即曝光）部分的感光层变为导体，将其表面所带的 - 600V 电荷向地泄放， - 600V的高压电减小到大约为 - 100V 的低压。这里就在感光鼓上写下了一个带有 - 100V 电压的像点，即一个不可见的文字或图像的静电潜像点（但未曝光的鼓表面仍保留有 - 600V高压）。

3）显影。显影又称为显像，即感光鼓上的静电潜像沾上墨粉，得到可见图像。激光打印机使用单成分或双成分墨粉，墨粉内含有微小铁粉，使得墨粉能在磁铁的作用下运动。

在显影轧辊中心装有一块磁铁，当显影轧辊转动时，磁铁吸引显影轧辊上方供给的墨粉。在供给墨粉一方有一个刮刀，负责将墨粉刮匀使之均匀附在显影轧辊上，一旦墨粉被吸附在显影轧辊上，它就需要一个由高压电源提供的负的静电压，此电压应介于感光鼓曝光与未曝光电压之间，即 - 500V ~ - 200V，其具体电压值取决于强度控制的设置。感光鼓与显影轧辊距离很近，当感光鼓曝光后继续旋转，使静电潜像与显影轧辊相遇时，未曝光表面上为 - 600V 电压排斥墨粉，使之退回墨粉槽中。而静电潜像表面为 - 100V 电压，相对于显影轧辊而言，它带有正电荷，故而由于静电感应的作用，墨粉将吸附到感光鼓的静电潜像上，形成可视的图像，从而完成显影过程。

4）转印。转印是使在感光鼓上的墨粉转印到纸上或者是胶片上。对转印的基本要求是：首先把感光鼓上的墨粉图像尽可能多地粘到纸上；其次是防止出现转印不全、擦损墨粉等现象。

被显像的感光鼓继续转动，当鼓面通过转印电晕放电极时，显像点即可转印到打印纸上。纸的下面是转印电晕放电极，此极产生正电荷，附在打印纸的背面。这些正电荷将鼓上所带负电荷的墨粉紧紧吸引住，从而将像点转印到打印纸上。在静电消除器上产生了负电荷，可以减少感光鼓与打印纸之间的吸引力，使打印纸易于脱离感光鼓而不被吸住。

转印是对纸张充电，纸张质地不同，所需转印电压也是不同的。因此，有必要根据使用纸张厚度和密度的不同，适当地改变转印电极丝到感光鼓表面的距离，以提高转印效率。

5）定影。经过转印过程，在打印纸上得到了一幅由墨粉微粒形成的图像，但此时墨粉微粒仅仅靠重力和微弱的静电吸引力附着在打印纸上。在其最后输出之前，需要通过某种方法使墨粉永久地固定在打印纸上，这个过程叫定影。图像从感光鼓转印到打印纸上后，要进一步通过定影器进行定影处理。

定影器由定影上轧辊与定影下轧辊组成，并在定影上轧辊上装有一个定影灯（图 3 - 28），当打印纸通过这里时，定影灯发出的热量将墨粉熔化，两个轧辊之间的压力又迫使熔化后的墨粉进入纸的纤维中，使图像固定，形成可永久保存的记录结果。

定影灯常为一盏高亮度石英灯，由它将定影上轧辊加热至约 180℃，这个温度大大超过了墨粉的熔化温度（约为 120℃），故而定影上轧辊又被称为热辊。它的下面是定影下轧辊，是一个柔韧的橡胶辊，用以给纸面形成一定的压力，因此，定影下轧辊又被称为压力辊。当打印纸通过这两个轧辊间不大的夹缝时，定影上轧辊的热量使墨粉熔化，同时由定影下轧辊产生的压力（弹力）把熔化的墨粉挤入打印纸的纤维中，形成永久图像。

定影轧辊上通常涂有一圈无黏性材料，如特佛龙涂料（TELFON）、PTEE 树脂等，能够防止墨粉沾在定影轧辊上。另外，还有一块涂有硅油的清洁垫板，可进一步将粘在定影轧辊上的多余墨粉清除掉。

6）鼓面残像清除。在感光鼓经过转印过程中，其上所带的墨粉不可能全部转印到纸面上，鼓面上多少总会残留一些墨粉，这些墨粉在下次打印之前必须要清除掉，才能保证印字品的质量。另外，感光鼓上的残余电荷也必须清除掉，才能被重新充电。因此，清除过程就是用来清除这些残余的电荷与墨粉的收集过程。

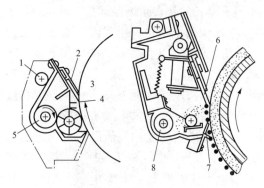

图 3 - 19　鼓面清洁结构图
1—清洁器支持器；2—清洁刮板；3—感光鼓；
4—偏转板；5—清洁器齿轮；6—清洁刮板；
7—收集器；8—清洁器齿轮

如图 3 - 19 所示，为鼓面清洁结构图。有的激光打印机将墨粉收集与显影器用管路连通，使收集起来的墨粉源源不断再送回显影器，继续使用。而有的激光打印机是将收集的墨粉用一个小盒（收集器）接住，如果再用，则需取下来倒入显影器中。

清除墨粉可用毛刷式或刮板式两种方法。毛刷式采用柱形橡胶清扫刷，在驱动电动机的作用下与感光鼓作反向运动，轻轻扫掉感光鼓上的残余墨粉。刮板式则是利用一个与感光鼓等宽的紧贴在其表面的软聚酯塑料条，将残余墨粉刮下来。清除墨粉一定要在不损伤感光鼓或不产生划痕的条件下，否则将对感光鼓产生不可弥补的损害，从而影响打印质量。清除下来的墨粉可经过回收再循环使用，从而延长墨盒的使用寿命。

清除电荷可由一组删除灯来完成，删除灯放在感光鼓表面附近，由光调制器过滤后发出有效波长的光照在感光鼓表面，即让感光鼓再次全部曝光，通过铝筒传入地线从而使感光鼓完全变成中性，就像一张"白纸"一样。

这样，随着感光鼓的旋转，经过一系列的光、电、化学、热变化的循环往复，激光打印机就可以打印出一幅幅高质量、高清晰度的图像了。

（3）电路控制系统。激光打印机的电路控制系统框图如图3-20所示，这是一个完整的被扩展的微型计算机系统，它是用来完成对激光打印机的每一个操作的电子控制。整个系统包括通信接口、存储器、控制板和主逻辑电路四大功能模块。

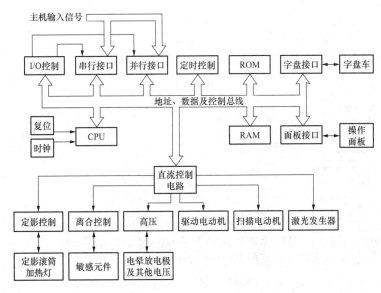

图3-20 激光打印机的电路控制系统框图

1）通信接口。激光打印机和微型计算机相连接，接收从微型计算机传来的一系列包含图文信息的二进制码或发送一些当前打印机的命令或状态信息，这就需要在打印机与微型计算机的主机之间建立通信接口。

目前，数据传输主要采用并行技术或串行技术，在并行线上信息以一个字符的形式传送8bit，而在串行线上是1bit数据，即并行传输可看做8根数据信号线，而串行传输只有1根数据信号线。

① 并行接口：并行接口工作过程比较直观，如图3-21所示。

因为只有打印机与计算机同步才能传送信息，所以打印机与微型计算机的主机之间存在几根双向控制线，用来互相协调。

在协调信号的作用下，待打印数据一个周期一

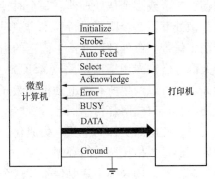

图3-21 并行接口示意图

个周期地发送至打印机。打印机利用一个数据缓冲器来接收，直到数据缓冲器满或该次信息发送完毕，打印机才开始处理这些数据。由于通信速度比打印速度快得多且相互独立，故而在打印机和主机之间可并行工作。

② 串行接口：串行接口的工作过程如图3－22所示。

与并行接口不同，串行接口只有两条数据线，即发送数据线与接收数据线，用于双向地与微型计算机传递信息。由于串行数据每次只传输一bit，故而在数据进入缓存器之前，必须组合成一个完整的字符（8bit），在打印机回传给微机时，也要把相应8bit信息分解成一bit的信息。在串行接口中，这个工作由一个能执行这个转换任务的特殊部件来完成，它叫做通信异步接收器/发送器（UART）。它不仅执行行数据转换，还可以删除或附加串行数据的一些附加位（包括起始位、停止位、奇偶校验位等）。

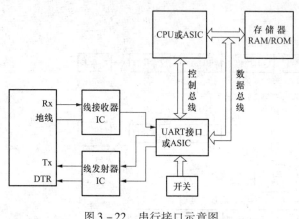

图3－22　串行接口示意图

2）存储器。存储器用于存放待打数据信息的数据。它既能够输入数据，又可把数据向外输出。由于打印机通信速度远大于打印速度，故而设置此存储器，使得微型计算机不必等待一批数据全部打出再传递下一批，而是将数据传输至存储器中，打印从存储器中得到的打印信息。这样使主机可以有时间处理其他数据，提高了系统整体的并行度。

存储器可分为只读存储器与随机存储器。只读存储器叫做ROM（Read Only Memory），有一般ROM、可编程ROM（PROM）、可擦写可编程ROM（EPROM）几种。随机存储器叫做RAM（Random Access Memory），有静态RAM与动态RAM两种。

3）控制板。打印机控制板是人和打印机之间的接口，用户通过控制板来选择各项操作状态。控制板上提供了多功能按钮（如进纸、纸盒选择、复位、联机、脱机等），还有用来显示打印各种状态和错误码的指示灯、LCD字母、数字等。

4）主逻辑电路。主逻辑电路是激光打印机控制器（ECP）的核心部分，包括一个主处理器、一个或多个从处理器、一个时钟振荡器，以及各部分之间的互联部件等。

微处理器是个既可执行算术、逻辑运算，又可对其进行编程的逻辑器件，它能产生所需的输出信号。微处理器在一个固定的指令集下工作，这些指令存储在ROM中。现在微处理器大部分已被专用集成电路（ASIC）所代替，专门用在特殊的打印机上实现特定的功能。例如，它可以产生所有的电动机和激光扫描系统的控制信号、操作控制板、控制打印机的并行和串行接口、解释传感器信号等。不同的ASIC具有不同的特殊用途，从而减少了很多连接逻辑，使电路更加简单化、集成化。时钟振荡器在微处理器中是一个很重要的部分。因为微处理器是严格按照时间顺序一步一步执行的，定时是其关键。微处理器本身有一个精确的石英振荡器，用来提供定时信号，这个振荡器被称为主时钟。

（4）电路系统。激光打印机内的电源有多组。高压电源为初始充电和转印充电及除电针提供高压，同时它也供给显影部分以交流和直流稳压电源。激光打印机的直流稳压电源一

般有 +5V、-5V 和 +24V 等。

电源系统中,一般 +5V 为所有逻辑集成电路芯片。+24V 用于冷却风扇、扫描电机、擦除灯及一些离合器的开关,同时还作为高压供电系统的电源。打印机打印期间需要有特殊的高压,各组高压都接到墨盒里,由于墨盒是可更换的,所以高压不能直接接在电晕极、显影辊及其他部件上,而是接在一些连接器上,通过各个连接器与墨盒接通。

电源供电以链式排列,连接顺序是 AC220V、+5V、-5V、+24V,然后是各高压。在链的不同位置都有熔丝或熔断器。有的地方还安装安全开关,这些开关能使电源在异常情况下断开,以保证打印机的安全运转。

3.4.2　激光打印机的选购及维护

目前打印机的品种繁多,仅激光打印机就有几十种,如何在众多的品牌中选择比较理想、合适的机种,而在使用过程中又如何精心维护以延长打印机的寿命,这些是用户选购、使用打印机非常关注的问题。

1. 激光打印机的选购

在选购打印机时,首先应考虑打印机速度,其次要考虑打印机的性能,如分辨率、图像打印速度、处理能力、打印机内存、打印机与主机的接口等,并且还要考虑消耗品的价格及完善的维修服务。

(1) 打印质量。激光打印机的打印质量是选购打印机的重要方面,它主要包括以下两个方面:

1) 分辨率。激光打印机的打印质量一般以其分辨率来表示。目前国内市场上激光打印机的价格随其分辨率、引擎速度、幅面等因素的不同而有很大的差别,用户在购买时必须首先考虑使用激光打印机所做的工作质量来选择合适的分辨率。例如,激光打印机只用于各类办公室文件报表、图表、合同书和一般的印刷样稿等,一般选用 118 印点/cm (300DPI) 的打印机就足够了。

2) 汉字打印质量。打印机的汉字质量是一个重要指标,主要指输出的汉字是否美观,其大小、阴影等各种变化是否丰富。

激光打印机汉字功能的实现主要有字符方式和图形方式两种。如果主机上的软件以字符代码和打印命令形式传送打印文件内容,则使用打印机内部硬字库,此时输出的汉字字形、字体以及各种变化由打印机内部所装入的字库及相应的处理程序决定。西文激光打印机由于在内部设置了各种西文字库,因此在打印西文时均是采用这种方式,其特点是打印速度非常快,质量也很高。

近来,国内的各种排版软件大多数采用图形方式进行汉字打印,即由主机排版软件先将打印内容形成图像文件,再发送给打印机以图形方式打印出来。由这种方式输出的汉字质量完全由软件决定,而与打印机无关。

(2) 输出速度。影响打印输出速度的主要原因有:主机的 CPU 性能、应用软件与打印机驱动程序、数据传输方式、打印机语言、打印机控制器、打印机的电机速度、使用环境等。

激光打印机的输出速度主要取决于所使用的电机。其电机的好坏,决定了激光打印机的输出速度、分辨率及墨粉消耗等性能指标。目前一般台式激光打印机的输出速度为 4~8

页/min。许多用户误以为打印机的电机速度等于打印文件的实际速度，也就是说，所有 8 页/min 的激光打印机都有相同的打印速度，并且 8 页/min 的打印机一定快于 6 页/min 的打印机。而事实上，打印机的打印速度因打印过程中相关的软、硬件部分不同而有所变化，电机速度只能代表打印机空输纸的速度，这个速度仅在重复打印相同内容或打印西文时可能相近。

在汉字激光打印输出的过程中，一般要经过软件处理、字符或字形点阵的传输、打印机接收处理、打印等几个步骤。目前国外的西文激光打印机由于其打印处理机制是针对西文的，汉字应用软件就只能采用图像方式输出和打印。而一般并行口数据传输速度是 20bit/s，在图形方式下打印一页内容约需 30s，同时考虑排版软件的处理速度和打印机的接收处理及电机速度，即使是 8 页/min 的西文激光打印机，其打印汉字的速度也不会超过 1 页/min，一般每 2~3min 打印一页。

若激光打印机用于网络，那么必须具有高速字符方式传输和内部硬字库汉字打印机。网络中的打印机会打印大量的文件，每一个使用者必须跟其他使用者争夺打印机，经过长时间等待状态和低打印效率都是不能忍受的。

激光打印机由于采用软件驱动方式速度太慢，通用性很差，所以汉字打印技术逐渐趋向于硬件加速。硬件加速主要有汉字字模盒、视频卡、打印口扩展卡和汉字激光打印控制器几种方式。汉字激光打印控制器方式不仅在性能上使汉字打印速度有很大的提高，在使用上也不依赖于环境，兼容性有了质的飞跃，而且可以使生产厂家利用各自的技术优势，开发生产具有高性能低价格的产品。

（3）注意事项。选购激光打印机时，除了考虑硬件的操作、扩充及维护工作外，软件的搭配也是不可忽视的。打印机是否与用户最常用的软件兼容是非常重要的一点。

由于打印机是高档设备，日常工作中每台主机使用激光打印机的量都不太大，因而打印机是否具备多并行口就显得十分重要了。激光打印机的最常见的故障就是频繁拔插传输电缆引起的打印机接口损坏。实现多台主机共享一台激光打印机可以减少此类故障，提高激光打印机的使用效率。

2. 激光打印机的日常维护

由于激光打印机是比较贵重的设备，所以维护它可以延长其使用寿命和提高使用效率。在此，将从激光打印机的工作环境、日常维护、常见故障原因及其处理方法等几个方面来介绍如何科学合理地使用与维护激光打印机。

（1）激光打印机的工作环境。要保证激光打印机的正常运转，实现科学的使用，首先要提供一个符合要求的工作环境。工作环境差常常是缩短打印机寿命的主要原因之一。而对激光打印机来说，温度和湿度是影响其寿命的主要因素。

前面已经介绍了激光打印机的工作原理，图像的生成和转印过程需要在严格的工作条件下进行。如果周围温度过高，电子元件本身热量不易散发，机械运动部件也可能因热胀冷缩而运转失灵，甚至被卡死，造成电路的可靠性下降、磁介质数据丢失、电路波形畸变、数据传输出错等问题。而周围湿度过高时，水分容易凝聚在电子元件表面，使其电气绝缘程度下降，严重时，可能会导致电源短路，烧坏打印机。若温度过低或湿度过低，也会因绝缘材料的绝缘性能降低或静电过大而带来一些故障。为了确保激光打印机的正常工作与操作人员的身体健康，国家有关部门制定了打印机与计算机设备的工作环境和使用要求，从而机房的环境建设有据可依。激光打印机对其工作环境的基本要求如下：

1）激光打印机不能直接受阳光照射。

2）机房内应通风良好。

3）电源电压要稳定，波动范围不应超过10V。

4）激光打印机要有良好的接地，应水平放置，摆放牢固，并应该距墙壁（或其他物体）20cm以上。

5）避免在有各种腐蚀性气体的环境中使用。

6）避免在高温、低温、高湿、靠近火源及多尘的场所使用。一般温度应在－10～35℃范围内，相对湿度范围为20%～80%，不能突然变化。

7）机房内噪声应小于70dB，且不能有剧烈振动。

（2）激光打印机的使用与日常维护。激光打印机是可靠性很高的计算机外部设备。在正常情况下，它很少发生故障。但由于用户水平参差不齐，有的用户缺乏正确使用和维护激光打印机的基本常识，而造成对激光打印机的损害。另外，平时的正确保养是延长激光打印机寿命的前提。

1）激光打印机的使用。

① 不要用力把激光打印机部件放入某一位置，粗暴的操作会对其造成直接损坏。

② 不要触摸定影器，如果刚使用完打印机，则该部件温度往往很高。

③ 除非手册中有明确指示，不要触摸打印机的内部部件。

④ 注意不要划伤或触摸感光鼓表面。当从打印机中取出墨盒时，应把它放在一个干净平滑的表面上，而且要避免触摸感光鼓，因为人手上的油脂往往会永久性地破坏感光鼓表面的感光层，从而影响打印质量。

⑤ 要避免把感光鼓暴露在光线下，也不要长时间暴露墨盒。不要打开感光鼓的保护盖，感光鼓的过度暴露会造成打印页面出现不正常的亮暗区域，影响打印质量，降低其使用寿命。

⑥ 激光打印机的工作环境变动时，应过一段时间再使用。

⑦ 不要去修理一次性墨盒。这类墨盒不能被重新填充，否则在使用中墨粉泄露会大大影响工作人员的身体健康。同样不要用手去触摸墨粉或让它进入眼睛。

⑧ 在运输时一定要将墨盒取出，以免造成墨盒损坏，墨粉泄露。

2）激光打印机的日常维护。激光打印机的日常维护主要包括对激光打印机的清洁保养、对感光鼓表面光敏层衰老的修复和对墨盒的再利用几个方面。

① 激光打印机的清洁保养。对激光打印机应该定期清洁保养，这是因为使用一段时间后，空气中的灰尘和纸张碎屑的侵染会使它产生磨损，影响打印质量和寿命。另外，每次更换墨盒或打印约6000张图文后，还要对激光打印机内部进行清洁。清洁时需要准备好干净不起毛的布、软刷（棉签）和无水酒精。需要清洁的部件主要有以下五个：

a. 感光鼓。这是激光打印机最重要的部件，一般情况下无须清洗。若要清洗其表面灰尘时，只能用软毛刷轻轻扫除，若不慎沾上了手印或油污（应尽量避免），可用高级的镜头纸蘸无水酒精沿一个方向擦除。感光鼓的清洁应特别小心。

b. 转印电晕丝。转印电晕丝是一种非常精细的钢丝，可将吸附着墨粉的负电荷从感光鼓转印到打印纸上。打印机使用一段时间后，会有一些残留墨粉在转印电晕丝周围。清洁时，用软毛刷或蘸少量酒精（或清水）的棉签清洁转印电晕丝周围的区域，清洁时要特别小心，不要弄断这些电晕丝。

c. 输纸导向板。输纸导向板位于墨盒下面，它使打印纸通过墨盒传输到定影组件。清洁时用软布蘸少量酒精擦净。

d. 静电消除器。静电消除器与转印电晕丝安装在一起。可用打印机所带小刷扫掉其周围纸屑与墨粉。

e. 传输器条板和传输器锁盘。清洁传输器条板和传输器锁盘的方法是用软布蘸酒精或水擦净上面的尘土和积存的纸屑。

② 墨盒的再利用。当打印机停止打印而且在控制板上显示"墨粉告缺"时，表明墨盒中墨粉已不够了，对非一次性墨盒而言都要添加墨粉，使打印机重新工作。这时可把存储在墨粉回收盒中的废墨粉重新加入墨盒，达到再利用的目的。墨盒的拆卸安装过程如下：

a. 拆下墨盒外壳。墨盒的左右两侧各有两个定位销，从里侧将其稍向外顶，拔下定位销，即可将盒外壳拆掉。

b. 在墨盒内部左右两侧各有一拉紧弹簧，卸下弹簧就可把墨盒和回收墨粉盒分开。

c. 将回收墨粉盒显影电阻丝架轻轻抬起抽出，卸下回收墨粉盒上螺钉，将其打开。

d. 转动齿轮，将墨粉倒出。

e. 把墨盒侧面白色塑料盒拔下，将收集的墨粉倒入墨盒。

按相反顺序把墨盒装好摇匀，这样墨盒可以多输出几百张甚至上千张图文；另外，在重新安装墨盒前应将其抽出的显影电阻丝用柔软纱布擦净，否则会直接影响打印效果。

③ 感光鼓的修复。激光打印机通过较长时间的使用后，打印的图文会出现模糊不清、底灰加重、字形变长等现象，这主要是由光导体表面光敏特性衰老造成表面电位下降，残余电压升高引起的。在这种情况下，可以仔细检查感光鼓表面，若确认没有损坏的话，则可以对其表面光敏表层进行简单处理，修复其光敏特性。感光鼓的修复方法如下：

取 3 ~ 5g 三氧化二铬，用脱脂棉直接蘸上三氧化二铬，顺感光鼓轴的一个方向轻且均匀无遗漏地擦拭一遍，光敏特性即可恢复。擦拭时切记勿让手指甲划伤感光鼓表面，也不要用力过重，导致感光鼓表面磨损。经过修复后的感光鼓可重新使用，输出上万张图文。

（3）激光打印机常见故障原因及处理方法。在激光打印机的日常工作中，可能会常常出现一些小故障，如果能够了解激光打印机常见故障发生的原因以及相应的处理方法，对激光打印机的日常工作和维护大有好处，一般激光打印机常见故障有如下 7 种：

1）打印件空白。造成打印件空白故障的原因可能是显影辊未吸到墨粉（显影辊的直流偏压未加上），也可能是感光鼓未接地，由于负电荷无法向地释放，使激光束失效。另外，感光鼓如果不旋转，也不会有影像生成并传送到纸上。要确定感光鼓是否旋转，必须关闭电源，取出墨盒，打开其上的槽口，在感光鼓的非感光部位做一个记号，将墨盒重新装入。开机运行片刻，再取出墨盒检查记号是否移动，即可判断感光鼓是否工作正常。

另外，如果墨粉不能正常供给或激光束被挡住也会造成打印件空白。因此，还应检查墨粉是否用完，墨盒是否装入机内，密封胶带是否已被取掉或激光照射通道上是否有遮挡物。注意检查时一定要将电源关闭，否则激光束可能会伤及眼睛。

2）打印件出现竖立白条纹。安装在感光鼓上的六角转镜上如有脏物，激光照射到镜子上的脏物时将被吸收掉，不能达到感光鼓，从而造成打印纸上形成一条窄的白条纹。

转印电晕丝装在打印纸通道的下方，有可能会吸到灰尘和纸屑。电晕部件有的会变脏或者被堵塞，从而阻止墨粉从感光鼓转印到打印纸上，形成一条窄的白条纹。此外，墨盒失效也有可能造成这种情况。

3）打印件上重复出现脏迹。一张打印纸通过打印机时，机内的各种轧辊（送纸辊、感光鼓、显影辊、定影辊和熔凝辊等）都转过不止一圈，所以此脏迹是由哪个轧辊上的脏污或其损坏引起的，需要从脏迹的距离来判断。其脏迹距离为该轧辊转动一周的长度，即：轧辊直径＝脏迹距离／π。了解各轧辊的直径后与此结果相比较，即可查知引起脏迹的轧辊。

4）打印件字迹偏淡。墨盒内的墨粉较少、显影辊的显影电压偏低和墨粉未被极化带电而无法移至感光鼓，都会造成打印字迹偏淡现象。取出墨盒轻轻摇动，若输出无明显改善就说明该换墨盒了。另外有些激光打印机墨盒下方有一组感光开关，用来调节激光强度，使其与墨粉的感光灵敏度相匹配。如果这些开关设置不正确，也会造成打印字迹偏淡。

5）打印件上单侧变黑。激光束扫描到正常范围之外、感光鼓上方的反射镜位置改变、墨粉失效、墨粉集中在墨盒某一侧等，都可能产生打印纸单侧变黑的故障。若是墨粉集中在墨盒某一侧的缘故，可将墨盒取下，轻轻摇动，使墨粉均匀分布即可。

6）打印件变黑。初级电晕放电失效或控制电路出现故障，使得激光一直发射且不携带任何图文信息，从而使得感光鼓全部曝光，打印输出内容全黑。为此，应检查电晕放电线是否断开，电晕高压是否存在，激光束通路中的光束探测器是否工作正常。这几个方面直接关系到输出结果。

7）卡纸或不能走纸。激光打印机最常见的故障是卡纸。出现这种故障时，控制面板的指示灯会发光且对主机发出一个报警信号。对于这种故障，排除的方法十分简单，只需打开机盖，取下被卡的纸即可。但有一点要注意，取纸时必须按进纸方向取纸，绝不可反方向转动任何旋钮。而偶尔发生卡纸的现象那是正常的。如果经常卡纸就要检查进纸通道，纸的前部边缘应刚好在金属板的上面。取纸辊是激光打印机易磨损的部件之一，盛纸盘内的纸张正常而无法取纸的原因往往是因为取纸辊磨损或弹簧松脱，压力不够，不能将纸送入打印机。当取纸辊磨损，而一时无法更换时，可用缠绕橡皮筋的办法进行应急处理。缠绕橡皮筋后，增大了摩擦力，就能使进纸恢复正常。此外，盛纸盘安装不正确，纸张质量不好（过薄、过厚、受潮），也可能造成卡纸或不能取纸的故障。

3.4.3 激光打印机的故障维修

【例1】HP－Ⅱ激光打印机不能自检打印，启动后自检不执行打印，显示器上出现"50 SERVICE"。

【故障分析与排除】遇到这种故障，先打开打印机底部后盖板，底板轻压后即松开。再开机，发现能准备就绪、能执行自检打印，但打印出的字符没有固化，用手一摸即掉，据此判断故障来自激光部分。

激光加热分为供电加热系统、激光体自身和检测反馈控制三部分。判断这三部分的故障所在点的简捷而有效的方法是用手测温法，即用手接近标有"注意高温"的激光体（切勿轻易触及激光加热体，以免烫伤）。发现激光体不热，而两头微热，说明激光体没有问题，问题在供电加热部分（若激光体较烫，则应检查反馈控制部分）。检测激光体的供电系统，发现在开机和关机的瞬间均有电压输出，开机后电压即消失。由此估计是双向可控中有一向被烧坏，在静态状态下用万用表测试，结果双向晶闸管 BCR8DM 的两脚短路。更换该双向晶闸管后，故障排除。

【例2】 HP－ⅡP 激光打印机，开机自检显示"52 ERROR"。

【故障分析与排除】 从 HP－ⅡP 激光打印机使用手册可知，打印机自检显示"52 ERROR"，是激光扫描错误。其激光扫描原理如图 3－23 所示。

图 3－23 中 8 是半导体激光发生器，它是激光打印机的光源，是激光打印机的重要组成部分。半导体激光发生器在驱动电路的控制下，发出高强度的激光，具有很好的单色性和方向性，使得激光打印机具有分辨率高、打印质量好的特点，而且打印速度快、噪声小、功能强。带有字符或图形信息的激光束从激光发生器发射后经过扫描装置，最后照射在感光鼓上。激光打印机的扫描装置由 7（准直透镜）、6（稳速电动机）、5（多面棱镜）、4（F－Q透镜）组成。多面棱镜是激光扫描系统的关键。

HP－ⅡP 激光打印机的激光扫描系统结构如图 3－24 所示，它的扫描镜是一个六面体的棱镜，它的整个激光光路是由激光发生器、扫描镜、聚焦透镜、反射镜、感光鼓组成。其中任何部分有故障都会造成激光打印机的成像出错，若激光发生器有故障，就会造成稿件字符紊乱或不能成像。在光路中左侧有一个光束检测器，用于检测光路是否达到左边界。检测器是一个反射镜，将投射到反射镜上的激光反射到右侧的光纤输入端，通过光纤传输到电路板的光敏器件上，以便通知主控电路板，激光发生器发射的激光已扫描至左界。若扫描镜不转，则光束检测镜就不能检测到激光信号，主控板就会停机，显示出错。

检修时，发现扫描镜下面的电路板有明显发热的痕迹。HP－ⅡP 激光打印机用的扫描电机驱动块是 13 456A，估计该芯片有问题，更换一片新的芯片后，故障排除，激光打印机恢复正常工作。

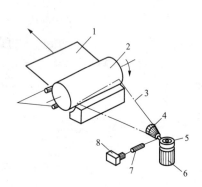

图 3－23 HP－ⅡP激光打印机激光扫描原理图
1—打印纸；2—感光鼓；3—激光束；4—F－Q透镜；
5—多面棱镜；6—稳速电动机；7—准直透镜；
8—半导体激光发生器

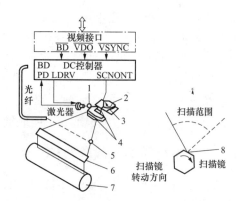

图 3－24 HP－ⅡP 激光打印机激光扫描系统结构图
1—柱面透镜；2—扫描镜；3—扫描电动机；
4—聚焦透镜；5—光束检测镜；6—反射镜；
7—感光鼓；8—激光光束

【例3】 HP－ⅡP 激光打印机自检打印与联机打印的稿件中有很多芝麻大的黑点。

【故障分析与排除】 该故障出在成像部分。激光打印机的成像部分由以下几个部分组成：曝光与静电潜像、显影，转印与分离、定影。这四部分缺一不可，其工作过程如图 3－25 所示，曝光与静电潜像由半导体感光鼓完成，显影由墨盒完成，转印与分离由电晕和分离电晕完成，定影由定影辊完成。

　　半导体感光鼓是成像的核心部件，它一般是用铝合金制成一个圆筒，鼓面上再涂敷一层感光材料。这些感光材料在墨暗中为绝缘体，在光照的条件下，电阻值下降，如硒半导体在明暗环境中阻值相差 1000 倍以上。将感光鼓在黑暗中充电，使其均匀地带上电荷。然后将要求产生的图像通过激光束扫描到旋转的鼓上，光照部分电阻率迅速下降，电荷通过光导体流失，未照部分仍然保留着电荷。这样，在激光鼓面上留下了与原图像相同的所谓"静电潜像"。再将带有"静电潜像"的感光鼓接触带有正电荷的油墨或墨粉，原来被光照的部分吸附墨粉，形成墨粉图像，

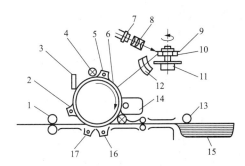

图 3 - 25　激光打印机的工作过程

1—定影辊；2—消电电晕；3—清扫刷；4—消电灯；
5—充电电晕；6—感光鼓；7—半导体激光发生器；
8—准直透镜；9—光栅盘；10—多面棱镜；11—稳速电动机；
12—聚焦镜；13—输纸辊；14—显影器；15—供纸盒；
16—转印电晕；17—分离电晕

之后再通过激光打印纸与已显影后的激光鼓接触，通过转印电晕电压将吸附在感光鼓上的影像墨粉转印到纸上。最后通过定影辊的加热、加压，使墨粉中的树脂溶化，牢牢地粘在纸上，这样就完成了整个打印的过程。在整个成像部件中感光鼓的使用率最高，因此故障率也比较高，表现为有划痕、磨损等。

　　出现该故障时经检测发现半导体感光鼓上面有许多黑色斑点，更换一个新的感光鼓后，故障排除。

【例 4】HP - Ⅱ P 激光打印机不能联机打印。

【故障分析与排除】该故障一般是出在接口电路的 I/O 通道中。激光打印机的接口一般都使用 CENTRONICS 并行接口，通常故障有以下几处：

（1）11 脚。该脚是 BUSY（忙）信号，高电平表示打印机不能接收主机发送的数据，低电平时才能接收数据。若该脚恒为高频电平，则激光打印机不能联机打印。BUSY 信号输出通路如图 3 - 26 所示。检测时首先检测同相门 7407 芯片，若 7407 芯片良好，再检测 D 触发器 7474 能否正常地翻转（图中未画出）。

（2）13 脚。该脚是 SELECTED（联机）信号，高电平表示打印机处于联机状态，低电平表示处于脱机状态。若该信号恒为低电平，自然不能联机打印。SELECTED（联机）信号输出通路如图 3 - 27 所示。检测时主要检查 7407 芯片是否良好。

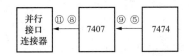

图 3 - 26　HP - Ⅱ P 激光打印机 BUSY
信号输出通路

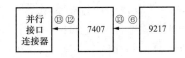

图 3 - 27　HP - Ⅱ P 激光打印机 SELECTED
信号输出通路

　　（3）35 脚。该脚是 ERROR（出错）信号，若打印机"出错"不能打印时，则该信号变为低电平。ERROR（出错）信号输出通路如图 3 - 28 所示。检测时主要检查 7407 芯片是否良好。

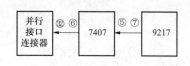

图 3－28　HP－ⅡP 激光打印机
ERROR 信号输出通路

经用逻辑判断法测试，发现 ERROR 信号输出通路中 7407 芯片损坏，更换该芯片后，故障排除。

【例 5】HP－ⅡP 激光打印机，开机后电源灯不亮，机器不动作。

【故障分析与排除】打印机开机无任何反应，说明打印机的电源电路有故障，通过用户提供的情况（打印机输入电压为 110V，而误插 220V）可以看出故障出在电源电路的输入部分。

HP－ⅡP 激光打印机电源采用的是开关型稳压电源，对这部分电路的检查首先应从电压输入端开始测量。因为误插电压引起的电源电路损坏，一般是电压过高，使桥式整流后的直流电压太高，致使其滤波电容击穿炸裂、熔丝烧断。

检修时更换一个新的滤波电容及熔丝管后，故障排除，打印机恢复正常打印。

【例 6】激光打印机显示器上显示 "General scanner error"。

【故障分析与排除】在激光打印机加电或在打印过程中电机不转动，就会显示 "General scanner error"。产生的原因很可能是激光/扫描组件坏了，或是控制器（ECP）电机出了毛病。

拔下打印机电源，打开外壳。仔细查看激光/扫描组件与主逻辑电路之间的所有的插头和连线，有松动的要重新装好。重新打开打印机，若听不到扫描器电机声，用万用表测量电机上的直流激励电压，若无电压读数表明扫描器已坏，则要更换整个激光/扫描组件；若电压太小或无，则表明开关电机电压的主逻辑电路或驱动电路有问题，要跟踪到主逻辑电路，检查和排除激励电压和开关电路的故障。如果不确定或不能排除主逻辑电路上的故障，则要更换控制器。

【例 7】激光打印机卡纸的排除方法。

【故障分析与排除】如果激光印字机出现卡纸错误，多数情况是纸的传递通道上有纸屑、碎纸等，而减慢了纸行进的速度所致。通常卡纸出现在以下三个位置上：

1）纸样输送区。

2）传送导向区。

3）定影组件和最终传输区。

一般排除的方法为：打开打印机上盖，观察上述三个纸通道区，进行必要的清洁或打开卡纸部位将所卡的纸取出。但需注意的是，若卡纸出现在定影组件区，当打开定影组件后，不要通过定影组件向后取纸，而要将卡住的纸从打印机前面取出，以免造成被卡的纸的墨粉掉进定影组件中，而使打印质量下降。

【例 8】激光打印机打印字迹稍微浅淡。

【故障分析与排除】激光打印机出现打印字迹稍微浅淡的现象时，通常有以下几种原因及解决办法：

（1）激光打印机所用的光导体的灵敏度不尽一样。例如，有的厂家对墨盒的感光灵敏度标有等级，并有一个系统按键安装在墨盒的底部，与感光开关相连，用以调节激光束的发光强度，使其与墨粉的感光灵敏度匹配。若这个系统按键设置不正确，会造成打印字迹浅淡。一旦遇到这种情况时，可以按照厂家说明书仔细调整按键开关设置，使打印恢复正常。

（2）激光发生器功率衰退，激光束强度减弱，造成打印浅淡。这时应维修激光发生器。

（3）墨盒中的墨粉将近用完（显示器上显示"16 Tonerlow"）时，打印的字迹会变淡。在这种情况下取出墨盒轻轻摇动，若无效，则应及时更换墨盒，然后就可以恢复正常打印。

（4）删除灯工作异常或其发光亮度不够，引起打印浅淡，这时更换删除灯泡或排除删除灯中其他方面故障，即可恢复正常打印。

【例 9】激光打印机打印字迹浅淡。

【故障分析与排除】激光打印机打印时出现字迹浅淡的现象，通常有以下几种原因及解决办法：

（1）墨盒中墨粉已接近用完，此时更换墨盒即可恢复正常打印。

（2）光导体操作异常。此时应更换光导体，或者更换整个墨盒。

（3）显影轧辊上未加上直流电压或直流电压很低，使得墨粉未被极化或极化程度很弱，致使墨粉无法转移到光导体上，所以字迹很淡。检修直流电压即可排除故障。

（4）标有"注意高压"的初级电晕放电极可能断开，或此高压可能存在。此时应修复初级电晕放电极，或者恢复高压，即可排除此故障。

【例 10】HP – Ⅲ P 激光打印机打印的稿件右边约有 5mm 宽的部分字符不牢固，用手一擦就掉。

【故障分析与排除】从激光打印机印字结果正常来分析，光学成像系统、曝光及静电潜像部分、显影及转印分离部分基本正常，故障可能在定影部分。

HP – Ⅲ P 激光打印机采用的是加热加压定影的方法，即带有墨粉的打印纸从一对辊（一个加热辊和一个加压辊）之间通过，从而使打印纸上的墨粉成像固定。墨盒内墨粉是一种热熔性碳粉，加热后很容易熔化，通过加压的方法可使影像永久地固定在纸上。

打开激光打印机的上盖，并拿掉打印机后面注明"高温注意"的清洁毛刷，可以看到一灰一红的辊子。灰色的是定影热辊，内部有一根 24V、570W 的加热管。红色的是加压辊，用于对打印纸加压，若加压管内加热丝有故障或加压辊的压力不够，都会对图像或字符定影效果产生不良影响。另外，在定影热辊表面上还有一个温度检测传感器，用于控制热辊表面的温度，使其在工作过程中温度保持在 180℃左右。

检修时，发现定影热辊表面有严重磨损的痕迹。这样定影热辊与加压辊在对稿件进行定影就会有一部分因压力不够而不完全定影，从而出现本例故障。更换一个新的加热辊后，故障排除，打印机恢复正常打印。

【例 11】激光打印机主电机不转或时断时续。

【故障分析与排除】如果主电机不工作或工作不正常，则打印机所有部件均不能工作。当电机旋转而齿轮和其他机件不转时，可能是机械组件出了故障（如某处松了、卡住了或被破坏了），找到故障点进行修复或更换对应机械零件。若电机本身就不旋转，要检查从直流电源来的每一个输出；如果发现输出电压低或没有，要更换直流电源或排除直流电源的故障；如果电源电压也正常，就只好更换整个主电机组件了。

【例 12】激光打印机在打印件上存在涂黑的条纹。

【故障分析与排除】这种故障现象的出现通常是由磨损或破坏的卷纸组件所导致的。

磨损的卷纸组件可以使纸辊转过它的空转位置时轻轻压在纸面上。卷纸组件磨损后，当走位辊试图把打印纸传输到打印机中时，摩擦可能会短时间地延迟纸的运动，这个延迟就会导致打印纸件上出现涂黑的条纹。解决此问题最简单的办法就是更换整个卷纸组件。

【例 13】 激光打印机在打印时，纸上留有污迹，部分区域全黑。

【故障分析与排除】 激光打印机在打印过程中出现这种故障，通常是由初级电晕放电极对光导体的充电不均匀造成的。在光导体的表面上没有带上负电荷（−600V）的区域，就好像已被激光照射过一样，形成了大约 −100V 的低压，使得这一部分吸收较多的墨粉，因而变成全黑。

在这种情况下，应修复初级电晕放电极或更换墨盒，使其对光导体均匀充电。

【例 14】 激光打印机在打印时，其打印件全黑。

【故障分析与排除】 打印机内初级电晕失效通常会引起这种现象。这时应检测初级电晕丝是否已断开或电晕高压是否存在，若初级电晕丝断开或没有电晕高压，则应予修复。

另外，还可能是控制电路出现故障，使得激光一直接通，所以也应检测激光束通路中的光束检测器。

【例 15】 激光打印机在打印过程中随机地出现黑点。

【故障分析与排除】 这种故障通常是由激光发生器中激光管被随机地开通或关断引起的，其原因可能是控制电路出现故障或主机出现故障。这两种原因可以通过自检打印判别，若自检打印样张中仍有随机黑点，则说明故障点在激光打印机的控制电路中。应检查打印机上的控制电路（是否有虚焊或裂痕导致连接失效），重新连接后故障排除。

【例 16】 激光打印机在打印件上出现竖直的黑色条纹。

【故障分析与排除】 这类故障通常是因打底电晕丝上有污渍或碎片堆积妨碍了电荷的均匀分布所导致，要清洁打底电晕丝。如果清洁后故障仍然存在，说明显影辊上有痕迹或制造上有缺陷，使过多的墨粉集中在光导体附近，这时应更换墨盒。

【例 17】 激光打印机打印时其打印件上大部分区域变黑，中间出现水平白条纹。

【故障分析与排除】 这种故障通常是由检测激光扫描系统中激光的光导纤维损坏引起的。

打印机工作期间，若在大部分时间内，激光束都被激发开通，就会形成一大片黑色区域。随后打印机控制电路又接收不到"光束探测到"信号，致使激光束关断，从而形成水平白条纹。

遇到这种故障时，更换光导纤维即可。

【例 18】 激光打印机感光鼓的维修。

【故障分析与排除】 激光打印机长期使用之后，印刷出来的文字、图像会模糊不清，出现底灰加重，字形变长等故障。产生上述故障的主要原因是打印机感光鼓表面膜光敏性衰老，表面电位下降，残余电压升高。

有一种对感光鼓表面疲劳的光敏表层进行简便处理的方法：每次取 3～5g 三氧化二铬，顺鼓轴一个方向轻轻地均匀地无遗漏地擦拭一遍。在擦洗时要特别小心，防止硬物划伤感光鼓膜。切勿用力过重，否则容易把感光鼓膜磨漏而报废（若感光鼓上硒膜脱落，此法不能修复）。用这种方法修复后，疲劳的光敏表层即可去掉。每次修复后的打印机感光鼓可以重新打印输出上万张。只要感光鼓表面不被破坏，这种方法可以重复多次使用。

【例 19】 激光打印机在打开电源时，打印机无反应。

【故障分析与排除】 打开电源，打印机控制板上的电源指示灯应亮，冷却风扇应正常工作。若打印机无反应，则说明交流电源可能有问题。检查交流电线是否与打印机及插座连接好，主交流保险管是否良好，若交流保险管良好，则可能是打印机电源有问题，要排除电源故障。

如果风扇良好和电源指示灯亮，则说明打印机已接通了电源。控制板上若仍无指示，则可能是直流电源或控制器有了故障，要排除直流电源故障。若直流电源正常，则问题就出在控制板或控制器的某处。拔下打印机电源线，检查控制板连线，若控制板上指示灯根本不亮，则试着更换控制板电缆。若故障仍未排除，就要排除控制器上的故障，或更换控制器。

【例20】激光打印机和主机之间不能正常通信。

【故障分析与排除】打印机和主机之间不能正常通信，通常是由于串行通信设置有误。首先检查串行通信线，确保电线的正确安装和正确型号。通信线的2、3脚可能要交换，以保证正常工作。若必须颠倒这2个引脚，可在电缆的打印机端使用一个倒线插头。另外，还要注意线的长度，串行通信线通常限制在15m范围内，并行通信线通常限制在3m范围内。

主机和打印机之间有5个通信参数必须匹配，即起始位、停止位、数据位、奇偶校验类型和波特率，这5个参数中若有一个不匹配，通信就不能进行。在打印机端口，通常有DIP开关设置或由控制板的特定键序来设置每一个参数，还可以直接通过确定正在执行打印的应用软件和打印机的参数使其一致。重新启动打印机和主机，观察故障是否消除。

由于主机必须等待打印机执行任务，所以数据流控制很重要，必须保证主机和打印机使用相同的数据流控制。XON/XOFF（软件）和DTR/DSR（硬件）流控制最常使用，调整打印机和主机，使二者使用同样的传输协议，重新启动打印机和主机。

如果打印机还是不能工作，就是通信端口坏了，这时要更换控制器或接口模块。

【例21】激光打印机打印页面像是涂抹过或熔凝不适当。

【故障分析与排除】打印过程中，温度和压力是两个关键变量。墨粉必须熔化并粘凝在页面上才能永久地固定一幅图像。如温度或辊压力在熔凝过程中太低，墨粉可能保持为粉末状态，导致图形在触摸时会抹黑。清洁热敏温度传感器后重复这个测试，如果熔凝效果没改善，要更换热敏电阻并排除信号调节电路故障；如果还存在涂黑现象，则要更换熔凝组件和清洁垫。另外，打印纸通路上的异物可能擦动熔凝前的墨粉粉末图像并把它弄污，要清除纸通路上的异物。

【例22】激光打印机在打印时经常出现图像的错误走位。

【故障分析与排除】打印机是由一个取纸辊拖入打印机的，并由一组定位辊夹持住，直到一幅图像准备好并传输到打印纸为止。正常情况下，打印纸的引导边会与光导体上图像的开始部分准确地对齐。低质量的打印纸、机械磨损以及打印纸通路上的阻碍都会导致定位问题。

一旦出现这类问题，首先应从检查打印纸和送纸托盘组件开始。若打印纸不标准，则换上50张标准规格的静电打印纸重新测试打印机。再仔细检查纸盘，修复所发现的任何故障或直接换掉整个托盘。

若定位仍不准确，有可能是纸组件出现了机械磨损。先检查卷纸辊组件是否有磨损的迹象。打开打印机外壳，露出纸张传输系统，打开外壳互锁开关和墨盒灵敏度开关，完成一次自检并观察打印纸通过情况。如果卷纸辊离合器螺线圈通电，但卷纸辊并未立即旋转，则表明卷纸组件磨损了，就要更换卷纸组件。

走位辊组件的磨损也会导致此故障。定位辊应该在卷纸辊停止旋转后立即啮合，若走位辊离合器线圈激活，但纸并不立即运动，则表明定位辊组件磨损，应更换它。

另外，还要注意驱动齿轮组，沾污或磨损的齿轮引起的卡死或滑动，也会导致纸的不稳定运动和错误定位。要用干净柔软的布擦净驱动齿轮，用棉刷清扫齿轮和密封空间，换掉已坏的齿轮，确保图像正确定位。

【例 23】 激光打印机打印图像变形，即图像大小变形和扫描变形。

【故障分析与排除】 图像大小变形指的是字符在竖直方向上显得太大或太小。如果字符太大，则表明卷纸或定位组件的某些部分坏了，或在打印纸通路中有障碍，引起纸面上的过多拖动；如果字符太小，则表明主电动机有问题，使光导体运动过快。

遇到这类故障时，应首先检查卷纸和定位组件是否有不正常的磨损，如有则修复或更换。再检查墨盒，若过于陈旧，最好更换新墨盒。还要检查主电动机和电动机驱动信号，清除阻碍驱动元件运行的杂物。

扫描变形表现为波动的、不规则形状的字符，这个波动变形在页面的边缘能看到，通常是侧面的扫描电动机引起扫描速度的微小变化所致。检查激光/扫描组件的插座和连线，如果都完好无误，只好更换整个激光/扫描组件了。

【例 24】 激光打印机在打印件上出现不规则划痕。

【故障分析与排除】 激光打印机打印时，在打印件上出现不规则的划痕，或浅或深并带有一定的周期性（十几厘米重复一次），是由于墨盒内的光导体受磨损造成的。此时，需更换墨盒。一般情况下，不要随便碰光导体，并不可随便清洁。即便在必须时，也只能用镜头纸或软布（柔软、不起毛）蘸墨粉轻拭。

【例 25】 打印件上除了水平白色条纹外，其余全黑。

【故障分析与排除】 这个故障现象说明激光/扫描组件本身或是光纤探测器电缆中出现激光束的间断性丢失。如打印机不能探测到激光束，激光全部打开，而同时打印机试图恢复同步，这将会使光导体曝光并导致黑色页面。白色条纹方说明同步暂时恢复了。

首先检查激光/扫描组件和控制器之间的光缆。如果光缆连接不好，应更换；若问题仍然存在，问题就出在激光/扫描组件本身，应更换它。

【例 26】 熔凝质量不稳定或很差，墨粉很容易涂去，熔凝辊在 60～120s 内达不到运行温度。

【故障分析与排除】 墨粉必须加热到 100℃的时候才能贴到纸上，通常由交流电源提供的电压使石英灯加热，若交流电压低或时断时续，石英灯就达不到正常运行的温度。所以交流电压低或温度控制器、传感器有故障都可能导致墨粉容易涂去的现象。

按下打印机电源线，用万用表测量提供给石英灯的电压，如果电压正确，问题就可能出在石英灯或温度控制器上。若交流电压太低或无，则要测量交流输入，输入值约为 120V。若太低，或交流输入正确但交流电压输出太低或无，则要换掉交流电压模块或变压器。

【例 27】 打印件上出现空白圆点。

【故障分析与排除】 当打印件上出现无规律的空白圆点时，一般说明纸的性能不好或纸的表面有潮湿点而不能接受墨粉，或者是由转印电晕丝较脏造成的。先换用其他性能好且干燥的纸张，查看故障是否消失，如果仍然存在，则需要清洁打印机内部的转印电晕丝及周围区域。

【例 28】　激光打印机的电源工作时断时续，打印机随电源时断时续运行。

【故障分析与排除】　首先检查为打印机提供电源的交流电压，查看交流电线在插座处或打印机接头处是否松动，若松动，会使打印机的运行陷入混乱。然后查看任何连到打印机的交流线接头的完整性和连到打印机内部电路的直流输出接头，加固或更换任何松动了的接头。再检查电源的印刷电路板，看是否有被损坏的地方。如果印刷电路板上的焊点不牢，则维修时将非常麻烦，因为仅靠肉眼看不到连线断裂，需要轻轻摇动每个焊点来检查连线的断裂。线路板的断裂是较明显的，大的裂缝可能切断许多连线，这就需要换掉整个印刷电路板。

【例 29】　激光打印机的一个或多个指示灯不亮，LCD 数字显示不稳定。

【故障分析与排除】　产生这类故障的原因通常是在控制板和控制器这一部分。首先检查一下控制板和控制器之间的连接电缆或连线，确保每一部分都完整地连接。在连线完好无损的情况下，先更换控制板，若更换控制板模块后仍存在问题，说明是控制器电路有问题。这时可根据控制器电路图排除元件级的故障或更换控制器。

【例 30】　打印机的控制板不起作用，按键或指示灯无反应，但打印机在主机控制下却运行正常。

【故障分析与排除】　断开电源并等待 10min 使打印机冷却和放电，露出控制板电路，在确保控制板的任何插座和连线安装正确后，则有可能是忘记了连接控制板或连接不恰当，也可能是连接断开。

若打印机在以上检查正常的情况下都表现出工作正常，则是控制板模板坏了，应该更换。若更换了模板还未解决问题，就应该更换控制器，或根据控制器的电路图在元件级上排除控制板信号的故障。

【例 31】　激光打印机的一个或多个键不稳定或损坏，按键时需要用大力或多次按下。

【故障分析与排除】　出现这种故障现象大多数是因为按键出了故障，需换掉故障键或更换整个控制板印刷电路板组件。

【例 32】　打印机出现死机或非常不稳定。

【故障分析与排除】　出现这种情况时，必须用冷启动激活打印机，使之恢复运行。自检可能执行，直到打印机死机为止，然后用万用表检查逻辑电源电压，约 +5V。如果这个电压没有、过低或不时地变低，逻辑元件就会不稳定地工作。这时，应检修或直接更换直流电源。

如果打印机总是运行到某一固定地方停机，则可能 ROM 出了问题。应更换 ROM 并彻底重新测试打印机，或者直接更换整个控制器。

【例 33】　打印机总是处于加热状态，持续显示"Warning up"。

【故障分析与排除】　打印机最初的自检在打开电源后通常不会超过 10min。熔凝辊组件从冷态加热到工作温度，通常用 90s 的时间。此时打印机将和主机建立通信并等待接收数据，当 Warning up 状态码变成 On Line 或 Ready 码后，打印机已准备好，可以接收数据了。

如果打印机不能达到 On Line 状态，则通常是一个通信接口或控制板出了故障。关掉打印机，拔下通信电缆，再恢复电源。若打印机没有打印电缆而最终也准备好了，则要检查通信电缆及打印机与主机的接口。

如果拔下通信线后打印机还是不能准备好，就要拔下打印机电源，检查控制板电缆是否连接正确。若修复或换掉控制板后故障仍然存在，则应检修或更换控制器。

【例 34】 显示器显示 "Checksum error"。

【故障分析与排除】 在自检过程中，控制器将检测它的程序 ROM，看其是否正常，这是典型的 ROM 内容的加和检测。如果主机的加和检测结果与写在 ROM 中的结果不同，就产生这个错误信息。这说明控制器的 ROM 元件出了故障，要更换控制器或它的接口模块，或者连接更换 ROM 即可。

【例 35】 打印机的显示器显示 "Beam lost"。

【故障分析与排除】 若激光束长时间丢失将导致更加严重的打印机故障。通常的故障是激光/扫描组件中的固态激光二极管损坏，或是扫描六棱镜电机停止工作，这时要更换激光/扫描组件。

打印机机箱里都装有一个机械联锁（开关）封住激光源光孔，若机械联锁卡死或破坏了，就会发出激光束。要认真检查机械联锁装置，如有损坏应立即更换。

【例 36】 打印机出现一个表明熔凝不正常的 Service 错误信息。

【故障分析与排除】 墨粉没有良好地熔凝，就很容易被擦掉。主逻辑电路根据热敏电阻产生的温度信号来调整供给石英灯的交流电功率。在以下三种情况下可能会产生熔凝不正常的错误信息：① 熔凝辊的温度降到 140℃ 以下。② 熔凝辊的温度升到 230℃ 以上。③ 打开电源后 90s 内熔凝的温度未达到 165℃。

出现这种错误时首先要关掉打印机的电源，重新启动电源前保证系统有足够的时间冷却下来。

如果错误信息仍然出现，就要拔下打印机电源线，检查熔凝组件所有的连线和接头是否牢固，安装是否正确。一个交流电源通常装有一个熔丝或断路器来保持向打印机供电，若熔丝或断路器断路，换掉熔丝或重新安装断路器，然后再测试打印机。若熔丝或断路器又断路了，则说明熔凝件或交流电路中存在严重的断路现象，需要把断路部分分离出来或换掉可疑的组件，首先是交流电源，然后是熔凝组件。

拔下打印机电源线，用万用表测量温度传感器热敏电阻，在室温下的阻值约为 1000Ω。如果打印机已经处于运行温度，热敏电阻的阻值可能会低得多。若热敏电阻断路或短路，则用型号相同的新热敏电阻来替换它，然后再测试打印机。

拔下打印机电源线，把热开关从熔凝灯的电路中拆下来，用万用表测量其连通性。若断路，则需更换石英灯或熔凝组件。

如果此时仍然达不到正常工作温度或连续地打开热开关，则很可能是控制器有了故障，这时应检修或更换控制器。

【例 37】 打印机的显示屏显示 "Beam detection"。

【故障分析与排除】 在每一个扫描行的开始，激光束照到一个光线传感器上就记下了一个新的扫描行的开始，并确保构成新的扫描行的数据与光线同步。光线传感器是唯一的反馈，它使扫描行同步并告诉激光打印机它的激光源正在工作。有时六棱镜悬转速度发生了难以预料的变化（激光源老化或激光光学系统上积满了灰尘、杂物），会使光束错过传感器。这就导致打印机记下这个错误。

准备好不起毛的、摄影级的镜头纸，用高质量的、摄影级的镜头清洗液将其稍微润湿，很小心地擦拭镜头，千万不要划伤了透镜。否则伤痕将是永久性的，只好更换透镜，重新校准。

如果光学系统无问题，那就是激光源有故障。现在大多数激光打印机用的是固态激光二极管作为激光源，坏了可以更换。

激光束的功率虽然只有几毫瓦，但直接用眼正对它会对眼睛造成伤害，所以在处理激光束时要特别小心。

【例 38】 打印机的显示器显示"Scan buffer"。

【故障分析与排除】激光束扫描光导体表面时必须不断地打开或关闭激光源，图像中的每一个点都对应存储器中的内容，是用来打开或关闭激光源，若激光缓冲存储器出了问题，就会产生一个错误信息，这是一个随机发生的间断性错误。关掉打印机，让激光缓冲存储器有几分钟时间清除其内容，再启动打印机，若仍有问题，只好排除控制器故障或换掉控制器。

【例 39】 打印机的显示器显示"Toner low"。

【故障分析与排除】墨粉传感器安装在墨盒中，当墨粉充足时，由于高压交流电的存在而产生的大部分电磁场都被截断了，结果墨粉传感器只产生了一个低电压，这个弱信息通常由一个放大器来调节。把传感电压和预设置的参考电压比较，传感电压通常应低于参考电压，从而使它的输出是逻辑 0，主逻辑电路将这个信号定为墨粉充足。当墨粉量减少时，墨粉传感器得到了更多的高电压能量，产生一个电压增高信号；当墨粉量太小时，传感电压超过参考电压，电压输出即为逻辑 1，这个过程在主逻辑电路中处理，并产生一个 Toner low 信息。

如果没有很好的办法来测量墨粉传感器，最好更换墨盒；如果能安全地测试显影偏置插头上的高电压，这个高电压太低或没有，就要修理或更换高压电源；若检测高压电源正常，那就说明是控制器有问题了，需要更换控制器。

【例 40】 打印机的显示器显示"No ep cartridge"。

【故障分析与排除】检查墨盒并安装正确，确保墨盒至少有一个接头推动了传感器开关。若墨盒上无接头，用至少有一个接头的、新的、好的墨盒更换它。如果此条信息仍然存在，就要拔下电源并用万用表测量每个开关的灵敏度和连贯性，更换有故障或不稳定的开关。此时，如果问题仍未解决，则要跟踪到主逻辑电路，检测信号调节电路或主逻辑电路器件是否有问题，或直接换掉控制器。

【例 41】 打印机自检正常，但不打印，打印机控制板上显示"Printer not ready"。

【故障分析与排除】从接口电缆开始检查，若有一端松动了，数据和握手信号就到不了打印机。

使接口电路露出，在打印机联机并运行的状态下，用逻辑测试仪或示波器检测每一根握手线，"忙"、"选择"、"纸尽"、"错误"这 4 个关键状态信号是传送打印机的当前运行状态的。若打印机处于联机状态时，发现这 4 个信号电平完全正常，打印机应该准备好接收数据；若联机状态不正确，有可能是接口或主逻辑电路有故障。要检修提供握手信号的支持逻辑电路，更换控制握手信号的 ASIC 或微处理器。

【例 42】 打印件上有斑点。

【故障分析与排除】首先关掉打印机电源，检查并更换熔凝辊上的清洁垫，再测试打印机。

如果清洁垫无问题，则检测打底电晕栅。栅网实际上是打底电晕丝和光导体表面之间的一个细密的电线网，栅网上施加了一个不变的电压用来调节加到光导体表面的电荷，使电荷分布更均匀。过高的负载会导致打印页面中的黑斑点，应更换墨盒，再测试打印机。若黑斑点仍然存在，就要检修或更换电压组件。

任务 3.5 打印机适配器的工作原理与故障维修

3.5.1 打印机适配器的结构与工作原理

打印机与计算机之间的通信方式有两种：一种是串行方式，另一种是并行方式。串行方式的通信是通过主机的串行接口来实现的，而并行接口则通过并行打印接口（即打印机适配器）来实现。早期的产品是专用的接口卡，后来发展为多功能接口卡，一直到现在将其设计在系统板内，但它的基本功能是一样的。

1. 基本结构

打印机适配器由译码器、数据收发器、输入数据寄存器、输出数据寄存器、控制寄存器五部分构成，其结构框图如图 3-29 所示。其工作原理如下：

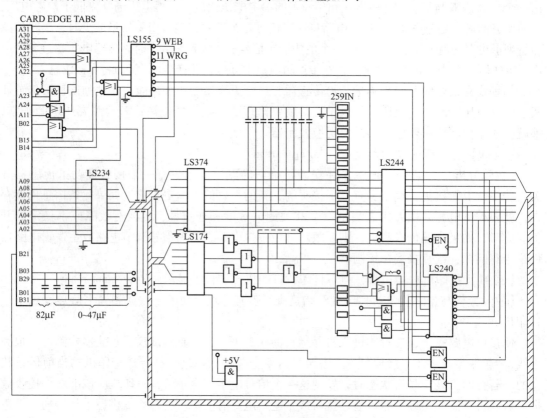

图 3-29 打印机适配器结构框图

当计算机向打印机写入数据时，数据经数据收发器锁存在输出数据寄存器中，并由写数据命令控制送往打印机；当主机读取打印机的数据时，其数据经输入数据寄存器发送到数据收发器中；当主机向打印机输入命令时，命令经数据收发器至控制寄存器，送往打印机；当主机读取打印机的控制命令和状态时，其信号经状态寄存器送至数据收发器。

打印机适配器利用打印电缆通过 25 针插口与打印机的 CENTRONICS 接口相连，完成与打印机间的通信。当然打印机适配器也可作为并口与其他设备进行通信，但这时用户自行编制通信软件或相应的设备自带通信软件。其各种信号见表 3-5。

表 3-5　　　　　　　　　　打印机适配器 25 针信号说明

针　　号	信　　号	方　　向	说　　明
1	$\overline{STB}$	出	数据选通信号
2~9	D0~D7	出	数据信号
10	ACK	入	握手应答信号
11	BUSY	入	打印机忙信号
12	PE	入	纸尽信号
13	SLCT	入	打印机联机信号
14	$\overline{AUTO\ FEEDXT}$	入	打印机自动走纸信号
15	ERROR	入	打印机出错信号
16	$\overline{INIT}$	出	打印机初始化信号
17	$\overline{SLCTIN}$	出	数据输入允许信号
18~25	GND		接地

2. 工作原理

下面就 IBM/PC 机打印机适配器原理加以分析。IBM/PC 机打印机适配器主要由命令译码器、数据收发器、数据输出锁存器、数据输入缓冲器、控制和状态信号缓冲器、控制锁存器等组成，电路如图 3-29 所示。

（1）命令译码器。命令译码器主要由译码器 U6（74LS155）、门电路 U5（74LS30）、U9（74LS02）、U11（74LS86）等构成，主要完成输出写数据、写控制、读数据、读状态、读控制等命令。各命令控制如下：当 KS155 的 1C 为高电平，1G 为低电平时，读操作有效。当 A0 = 1，A1 = 1 时，读数据（RPA）；A0 = 1，A1 = 1 时，读状态（RPB）；A0 = 1，A1 = 1 时，读控制（RPC）。当 LS155 的 2G、2C 为低电平时，则写操作有效。当 A0 = 1，A1 = 1 时，写数据（WPA）；A0 = 1，A1 = 1 时，写控制（WPC）。

（2）数据收发器。数据收发器主要由 U1（74LS54）组成，它是一个双响总线驱动器，其中 DIR 端控制着它的数据传输方向。当 DIR = 0 时，数据由主机向打印机方向传送；反之，则数据由打印机向主机方向传送，即主机接收打印数据。

（3）数据输出锁存器。这部分主要由锁存器 U4（74LS374）构成。当译码器发出写数据操作（WPA）时，在读信号的下降沿数据 D0~D7 经收发器被锁存在数据寄存器 74LS374 中。

（4）控制和状态信号输入缓冲器。这部分电路主要由 U2（74LS240）、U8、U9、U10、U11 等构成。当译码器输出读控制（RPC）信号时，读信号有效，缓冲器 U2 的信号及 U10 的信号被送往数据收发器至主机。当译码器输出读状态（RPB）信号时，打开 U2 和 U10，打印机送到缓冲器的信号经反相送往收发器，再至主机，这时将联机（SLCT）、纸尽（PE）、应答（ACK）、忙（BUSY）、错误（ERROR）等信号由 D3~D7 字节位送入主机 CPU。

（5）控制锁存器。这部分电路由 6D 触发器 74FLS174 和门驱动器 74LS05 构成。当主机向控制端口 37AH 发出写控制信号时，主机发出写控制字节 D0～D5，经数据收发器被锁在控制寄存器 74LS174 中，其中 D5 为无定义位，D0 为 STOBE，D1 为 AVTOFEED，D2 为 INIT，D3 为 SLCTIN，D4 为 IRQ。

3.5.2　打印机适配器的常见故障分析

打印机适配器担负主机与打印机之间的通信接口工作。它的故障往往会导致打印机工作的不正常，其具体表现在不能联机打印或打印不正常（如漏码、缺笔画、错行等）。打印机适配器常见的故障分析见表 3-6（注意：表中的故障现象都是假设故障出在打印机适配器上，而不考虑其他情况）。

表 3-6　　　　　　　　　　　　　打印机适配器的常见故障

故障现象	故障分析	故障处理
打印机自检打印正常但联机不能打印	导致此类故障的主要原因为主机与打印机间的数据传送电路异常	首先检测 U2 的 12 脚 BUSY 信号是否正常。如果不正常，则说明 U2 损坏；如果正常，则检测数据选通信号 STROBE 是否正常。如果不正常，则说明是 U7 或 U8 损坏；如果正常，则应检测应答 ACK 是否正常。如果不正常，则说明 U11、U2 有故障；如果正常，则应检测联机信号是否正常。如果不正常，则说明 U2、U9 有故障；如果正常，则检测 ERROR 及 PE 信号是否正常。如果不正常，说明 U10、U11 或 U2 有故障
打印时每打印一行后都漏打几行	此故障多是由 BUSY 信号无效造成的，因 BUSY 信号无效，则主机不断向打印机发送数据，而打印机在打印时是不接收数据的，因此在打印期间发送的数据丢失，造成漏打	首先检测 U2 的 BUSY 信号是否正常。如果不正常，则更换；如果正常，则检测收发器 U1 是否正常。如果不正常，则应更换
联机打印时字符错乱	此故障一般发生在打印机适配器的数据通路上，某些数据线异常	首先检测数据收发器各输出是否正常。如果不正常，则更换；如果正常，则检测输出锁存器是否正常。如果不正常，则更换它

3.5.3　打印机适配器的故障检修实例

【例1】插入打印机适配器后，主机系统不能自检，取下打印机适配器后，主机系统正常。

【故障分析与排除】由于打印机适配器故障造成主机系统加电后不能自检，原因通常是适配器上的地址总线或数据总线有故障，这时可采用隔离法进行故障判断。

用透明胶带将打印机适配器上的 I/O 总线 A02～A09 插脚贴上，将适配器插回，再开机，若开机能自检，则说明是数据总线 D7～D0 故障；若主机系统仍不能自检，则说明故障原因不在数据总线上，下一步可将适配器上的 A22 ~ A31 脚贴上。开机后主机系统可自检，则说明故障原因在地址总线 A0 ~ A9 上。

经过分析，本故障是因为数据收发器 U1 损坏而产生上述现象的，经更换 U1 后，故障排除。

另外，与地址总线相连的一些芯片损坏（如 U5、U6 等），也可能出现上述故障现象。

【例2】按 Shift + Print 键后，打印机能打印出屏幕显示内容，但其他打印方式则不能执行打印。

【故障分析与排除】打印屏幕内容是采用查询方式进行的。在打印机适配器中，允许打印机中断的控制信号是由主机 CPU 向控制锁存器 U7 写入控制字，置 D4 为 1 而实现的。此时 U11R 的 8 脚输出为低电平，从而打开三个缓冲器 U10（74LS125）。打印机每接收到主机送来的一个数据时，便向主机发送回答信号 ACK。这是一个负脉冲信号。回答信号 ACK 送到 D 形插座的 10 脚，经与或门 U11 的 12、13 脚，变为正脉冲信号。由于在允许中断状态下缓冲器的 12、11 脚是开通的，所以在回答信号 ACK 为有效电平，即 IRQ7 为高电平时，向主机 CPU 申请中断，CPU 接受中断申请后，再向打印机送下一个数据。出现"只能打印复制内容"故障时，首先检查适配器上的异或门 U11 的输出端 8 脚是否为有效的低电平。如无效（高电平），则检查输入端 9 脚是否为有效的高电平。若 9 脚和 8 脚都为高电平，则说明芯片 U11 损坏，需更换。如果 U11 芯片正常，则继续查看 U10 的输出端 11 脚是否为有效的高电平，输入端 12 脚是否为有效电平，从而判断 U10 是否损坏。当然也可能是异或门 11、12、13 脚组成的另一组门损坏，使 U10 的 12 脚信号始终无效。

【例3】打印机正常，自检正常，已进入联机状态，但不能联机打印。

【故障分析与排除】用示波器检查打印机适配器 25 芯插座的 15 脚打印机出错信号、13 脚联机信号、12 脚缺纸信号均为正常电平，即 15、13 脚为高电平，12 脚为低电平，说明打印机正常，已进入联机状态。

这几个打印机状态信号分别经过三态缓冲器 U10（74LS125）、或门 U9（7420）、异或门 U11（74LS86）和输入缓冲器 U2（74LS240）、数据收发器 U1（74LS86）输入主机的 CPU。

按照上述通路逐步检查，结果发现芯片 U9 的输出脚始终为高电平，说明 U9 损坏。更换芯片 U9 后，故障排除。

【例4】一个计算机系统，接有多功能板（含打印机四配器和 1MB RAM），打印数据错误，打印屏幕错误。

【故障分析与排除】遇到这类故障，首先打开打印机，先看数据错的情况，发现有 FF 代码错打为 FE 的规律。这种情况可以用一般检测程序检测，即先向口地址 379 送 FF，然后再从同一口地址读回判断是否有故障。观察 5T（LS374）的 2 脚，如果恒为高电平，可以判明 74LS374 失效。其次，对于屏幕出错，先用 DOS 的横向列目录打印机、命令，可以发现将数字字符打成了英文字符，如将 1 打成 Q，3 打成 S，5 打成 U，9 打成 Y，……，上述数字及英文的 ASCII 码分别为 1 - 31H、3 - 33H、5 - 35H、9 - 39H、Q - 71H、S - 73H、U - 75H、Y - 79H。通过比较可以看出，1 与 Y、3 与 S、5 与 U、9 与 Y、……的 ASCII 码正好都是相差 40H，亦即口地址 378H 的数据 DATA0 ~ DATA47 中的 DATA6 始终为高电平，故可以判定是 5T（LS374）、5H（LS374）损坏。更换 5T、5H 后，故障排除。

【例 5】 接有 256KB 多功能卡的计算机系统，屏幕复制 Shift + Print 命令执行正常，但执行 Ctrl + P 和 Type 命令时，进行竖向打印（即每打一个字符就回车换行），并打印如下错误信息（全部竖打）：

No oaoer error waiting device open

Abort，Retry，Ignore?

【故障分析与排除】 出现上述信息后，按 A 键时不能退出，并在屏幕上再次显示上述信息；用 DOS 提供的外部打印命令 Print 来打印 C 盘上文件时，屏幕上显示：

C：Filename is curretly being printed.

C 盘指示灯闪动，但打印机无动作；当调用中文驱动程序 D32024 进入汉字 WS 时，却可用 P 命令来打印文件（M – 1724 打印机）。取下打印机电缆，用万用表测量时，无故障。从打印机接口处拔出电缆插头（36 芯插头），用逻辑笔依次测量打印机 36 芯电缆引脚信号时，发现 32 脚一直为低电平。32 脚对应于多功能卡接口的 15 脚。查阅打印机接口电路可知，PIN15 脚为打印机送出错信号 Error。该信号在打印机电路中接到 U68（74LS125）的一个输入端上，其输出送到双向收发器 LS245。用万用表的 R × 1Ω 电阻挡，红表笔接逻辑地，黑表笔逐次测量 256KB 多功能卡接口插座（25 芯插座）。正常情况下，1 ~ 17 脚的电阻值很大，18 ~ 25 脚的电阻值为 0。经检测得知，15 脚的阻值为 190Ω，与 1 ~ 14 脚和 16、17 脚相差很大。根据 15 脚的线路，可查出它是芯片 U68 的 2 脚，判定 U68 有故障。取下芯片 U68（74LS125），换上同型号的芯片后试机，打印恢复正常，故障排除。

➡ 思考与练习

1. 简述打印机的种类。
2. 简述针式打印机的优缺点。
3. 简述针式打印机工作原理。
4. 简述针式打印机常见故障。
5. 简述喷墨打印机的优缺点。
6. 简述喷墨打印机工作原理。
7. 简述喷墨打印机常见故障。
8. 简述激光打印机常见故障。

项目4 静电复印机

▶ **教学目的**

1. 了解静电复印机的发展过程。
2. 熟悉静电复印机的种类、结构和工作原理。
3. 掌握静电复印机的使用方法、故障分析与排除方法和技巧。

任务4.1 概述

1. 静电复印机的发展

（1）国外静电复印机的发展。1938年美国物理学家C.F.卡尔逊（Carlson）和他的助手奥托·科涅经过三年的努力，首次用静电复印装置实现了与原稿相同的图像，获得了世界上第一张静电复印品，并于1942年获得美国专利。1944年，卡尔逊进一步改进了他的实验装置，制成了第一台实用的静电复印机。1946年，卡尔逊与巴特尔研究所合作，进行了大量的研究工作取得了巨大的成果。为现代复印技术奠定了坚实的基础，使自动静电复印机得以实现。1950年美国的施乐公司［原哈罗德（Holoid）公司］制造出世界上第一台平板式自动静电复印机。在20世纪五六十年代，美国的施乐、柯达、IBM、RCA等公司，都开展了静电复印技术的研究。1954年RCA公司发明了直接式静电复印法（简称EF法），采用的是特殊的氧化锌感光纸。1959年美国施乐公司又首次推出转鼓式全自动静电复印机（Xernox914型），代替了平板式静电复印机。1968年日本的佳能（Canon）公司开发出新的感光材料—流化镉感光体，并推出采用新静电潜像形成方法（简称NP法）的静电复印机。1980年日本佳能公司推出采用绝缘型磁性色调剂的单组分显影装置的NP静电复印机。1983年日本佳能公司又推出了将感光体、充电、单组分显影、清洁等部件集成一体，成一次性使用的卡式盒组件的个人复印机。20世纪80年代复印技术已经成熟，同时，因为复印机市场也已处于成熟阶段，普及率已不再是生产厂家和商界所关心的问题，而市场主要靠不断推出新品种、新机型来满足多变的需求。在20世纪90年代，随着办公自动化的发展，一方面要求复印机自身有更多更新的功能（如三高：高速、高质量、高可靠性；四化：小型化、一体化、数字化、全彩色化），另一方面要求它从单机向联机系统方向发展，组成所谓"复合化"和"终端化"的机构电复印机。

（2）国内静电复印机的发展。1964年我国第一台手工操作的静电复印机在上海复印机厂诞生。1966年初成立了国家科委复印研究所（现国家机械工业部天津复印技术研究所）。1967年由天津复印技术研究所、上海复印机厂等单位联合研制出了我国第一台大型工程图纸复印机。20世纪60年代末到70年代，我国加快了研制和生产复印机的步伐，许多厂家生产出静电复印机，如海欧-5型，长江-Ⅰ、Ⅱ型等型号的静电复印机。20世纪80年代，我国复印机生产进入了一个新的发展时期。相继引进了日本、美国等多家公司十几个型号的产品，同时也引进了复印机整机和部件装配线及配套材料（感光鼓和显影剂）和关键部件

（热辊和刮板）生产线。现已形成生产能力的台式复印机生产企业有上海施乐、天津佳能、湛江佳能、桂林理光、广州理光和武汉东芝等。

通过消化吸收国外先进技术，在引进机型的基础上，国内一些复印机生产企业开发了一些新的复印机产品。例如，薄纸复印机、静电复印制版两用机和一些国产化，具有先进水平的复印机。

2. 静电复印机的分类

复印机如果按照它的用途分类，一般有四种：办公用复印机、工程图纸复印机、彩色复印机和特殊用途复印机。其复印机种类具体包括如下。

（1）办公用复印机，具体包括以下三种。

1）普通纸复印机（PPC），主要采用了卡尔逊静电复印法、NP 方式静电复印法、KIP 方式静电复印法。

2）涂层纸复印机（CPC），主要采用了直接式静电复印法、重氮复印法、接触式热敏复印法、双光谱方式热敏复印法、干式银盐照相法、染料转移银盐照相法、扩散转移银盐照相法。

3）介质涂层纸复印机，主要采用静电像转移法。

（2）工程图纸复印机，主要采用了两种方法：

1）普通纸复印机，主要采用卡尔逊静电复印法。

2）涂层纸复印机，主要要用重氮复印法。

（3）彩色复印机，主要包括以下几种。

1）普通幅画（最大 A3），主要采用了静电复印法、银盐照相法、热转印法、染料转移法。

2）大幅画（A1），主要采用喷墨法。

（4）特殊用途复印机，具体包括以下一些类型：

1）微缩阅读复印机。

2）袖珍复印机。

3）卡片复印机。

4）图片复印机。

5）计算机输出复印机。

6）复印机/传真机。

7）复印机/打印机。

以上所列复印机，按照复印方法的不同基本上可以分为四类：重氮复印机；银盐复印机；静电复印机；热敏复印机。其中普通纸静电复印机，无论从生产品种和数量以及市场占有率来看，都占了复印机的绝大多数。因此后面主要介绍普通纸静电复印机的工作原理、基本结构、操作使用和日常维修方法等内容。

普通纸静电复印机按照复印速度可分为 7 类，见表 4-1。

3. 静电复印机的质量标准

我国静电复印机执行原机械工业部 1985 年发布的专业标准 ZBY-239-84。这个标准全面描述了对静电复印机的质量要求，它的内容包括两大部分：一是关于整机性能的要求部分，二是关于复印品图像质量的要求部分。

表 4 - 1   **普通纸静电复印机的分类**

类别	连续复印速度（张数/min）	机器形式/稿台形式	供纸形式	机 器 特 点
PC	12	台式/移动稿台	单纸盒	小型化、重量轻、容易安装、高可靠性，1∶1 或带缩小和放大功能
1	20	台式/移动或固定稿台	单纸盒或双纸盒	1∶1 或带缩小、放大功能及无级变倍功能，旁路供纸，最大 A3 幅面，可选购输入/输出装置
2	21～30	台式/固定稿台	双纸盒或三纸盒	带缩小、放大功能及无级变倍功能，大容量纸盘，最大 A3 幅面，可选购输入/输出装置，编辑板
3	31～44	台式或落地式/固定稿台	双纸盒或三纸盒	趋向于将缩放功能、无级变倍、输稿器、分页器、大容量纸盒作为标准功能
4	45～69	落地式或台式/固定稿台	双纸盒或三纸盒	高级功能
5	70～90	落地式/固定稿台	双纸盒或三纸盒	高级功能。还趋向于下列特点：复印品整理、规格化、输入/输出装置
6	＞90	落地式/固定稿台	双纸盒或三纸盒	大型设备带有外围设备的特殊功能，主要用于复印中心

注：1. 此表是根据世界著名资料调查公司"Dataquest"1990 年最新资料报导。

2. 表中的 PC 为个人复印机。

（1）静电复印机的整机性能要求。具体包括以下八个方面：

1）复印机适用的电源和环境条件：电源电压为 220V ± 10% ，50Hz；环境温度为 10～35℃；环境相对湿度为 30%～75% 。

2）复印机的启动时间应小于 3.5min。

3）供纸失误率不大于 1% 。即在复印过程中，空送纸和多张纸的张数占复印总张数的比率应小于 1% 。

4）输纸故障率不大于 0.1% 。输纸故障率是指在考核时间内，发生卡纸等故障的总次数占复印总数的百分比。

5）无故障连续复印量不少于 5000 次。

6）整机寿命应不低于 5 年或 50 万次。

7）噪声水平：A0，A1 幅面复印机不大于 75dB；A3，A4 幅面复印机不大于 70dB。

8）稿台允许最高温度为 70℃。

除此之外，还有关于机器用电安全，放出有害物质的水平以及外观方面的条款，本章从略。

（2）静电复印品的图像质量要求。我国 1985 年发布的复印机专业标准只对黑白静电复印机的复印品提出了图像质量要求。可以预料，随着技术的发展，对彩色复印品图像质量的要求会在修订时加以补充。关于黑白静电复印机的复印品图像质量要求，主要有以下几条：

1）图像密度。在不透明材料上，干法显影时不小于 1，湿法显影时不小于 0.8。在透明材料上，不小于 1.2。

2）复印品底灰。以复印品复印前的基底为零密度，间接复印时，不大于 0.03。直接复印时，干法显影方式不大于 0.03，湿法显影方式不大于 0.06。

3）边缘效应。复印全黑实心的 20mm×20mm 正方形，分别测出上、下、左、右四点的密度与中心密度相比，不大于 1.2。

4）密度不均匀性。以黑度不均匀性专用测试版为原稿，测出的最大密度差值与最大密度之比不大于 30%。

5）复印品层次。瀑布显影方式时，不少于连续三级。其他显影方式时，不少于连续四级。

6）分离边宽度。单边分离时，分离边宽度应不大于 10mm。双边分离时，两个分离边应分别不大于 10mm 及 5mm。

7）起始线误差。不超过 ±2mm。

8）图像倾斜误差。不超出 ±1%。

9）比例误差。等倍复印时，横向不超过 ±0.5%，纵向不超出 0.8%。变倍复印时，横向和纵向均不超出 ±1%。

10）图像畸变。对角线偏差和相对边偏差均不大于 0.8%。

11）分辨率。横向不少于 3.2 线/mm，纵向不少于 4 线/mm。

12）定影牢固度。在复印品不被烤黄的条件下，用接触面积 400mm² 的 400g 重物，以复印用纸为摩擦面，对复印样品图像做行程不小于 150mm 的两个往返摩擦，图像不得有任何损伤。

13）漏印。在有效复印幅面内，不得有明显漏印。

任务 4.2　静电复印机的基本工作原理

4.2.1　静电复印机的组成与原理

静电复印机一般由静电复印系统、光学系统、复印纸输送系统和电气控制系统等组成，其结构方框图如图 4-1 所示。

4.2.2　静电复印系统

静电复印系统是复印机的核心部分，它包括感光鼓、充电装置、显影装置、转印和分离装置以及清洁装置等。该系统主要完成复印过程中的充电、显影、转印和清洁工作。在现代复印机中，充电、转印、分离装置均采用电晕充电式电极形式，所以静电复印系统主要分为感光鼓、电极、显影和清洁装置。

1. 感光鼓装置

感光鼓是静电复印机中最重要的部件，复印机中其他部件的工作和运转都是围绕这一部件来进行的，其性能的优劣直接关系到复印品的质量。

制作感光鼓的关键是光导材料，它分为无机和有机两类。其常用的光导材料有硒及硒合金、氧化锌、硫化镉和二氧化硅等几种。

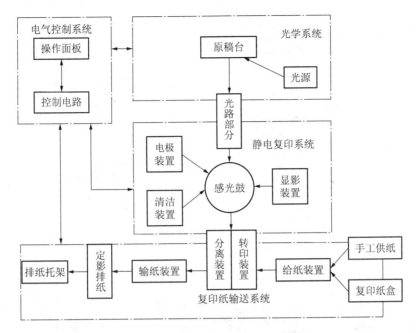

图 4 - 1　静电复印机基本结构方框图

　　感光鼓是在导电性底基上均匀涂布光导材料薄膜而制成的。其结构主要有两种形式：一种是圆筒形结构，这种结构的感光体被习惯称为感光鼓；另一种是带状结构的感光鼓。目前静电复印机多采用圆筒形结构的感光体，根据采用光导材料的不同可称为硒鼓、硫化镉鼓和有机光导鼓。感光鼓装置的结构示意图如图 4 - 2 所示。

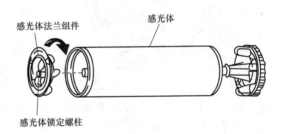

图 4 - 2　感光鼓装置结构示意图

2. 电极装置

　　在静电复印系统中通常有四个电极（电晕器）装置，即充电电极、转印电极、分离电极与消电电极。尽管各电极的功能、极性、施加电压和电流不同，但基本结构类似，主要由电极丝、绝缘座位、屏蔽罩等部件组成，有的电极装置还包括栅极、清洁器等。其典型结构如图 4 - 3 所示。

　　电极装置由于需要清洁和更换电极丝，所以安装在一个插槽上，如果需要可随时抽出。通常里端的绝缘座上装有插头，其一端与电极丝相连，而另一端则与高压电源连接，以得到电极丝所需要的充电电压。外端的绝缘座上装有把手，方便用户取出电极装置。

3. 显影装置

　　目前，静电复印机中无论是双组分或单组分显影方法，均采用磁刷显影。其显影装置一般由显影器和加粉器两部分组成。

　　如图 4 - 4 所示，为显影器结构简化图。显影器内装有磁辊，桨叶搅拌器、螺旋推动杆和调整刮片等，磁辊是其中的主要部件。磁辊一般采用固定式，即内部磁体固定，外面的显影套筒可以旋转。

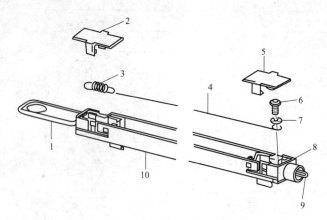

图 4 – 3　电极装置典型结构示意图

1—前盒；2—前盒盖；3—拉伸弹簧；4—充电丝；5—后盒盖；6—螺钉；

7—垫圈；8—后盒；9—插头；10—主充电器晕

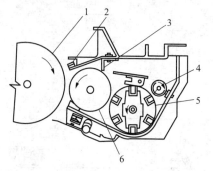

图 4 – 4　显影装置的显影器结构简化图

1—鼓；2—磁铁；3—调整刮片；

4—螺旋推进杆；5—桨叶搅拌器；6—磁辊

显影器工作时，在驱动电机的作用下，桨叶搅拌器和磁辊开始旋转，桨叶搅拌器将显影剂传送给磁辊，显影剂被磁力吸附在磁辊表面随着显影套筒的旋转携带显影剂通过调整刮片，使其表面形成均一厚度的显影剂层。随着磁辊的转动，使显影剂与感光鼓表面相接触，墨粉被吸附到感光鼓表面，完成显影过程。

加粉器是装墨粉的容器，在其内部装有搅拌器和加粉螺旋杆。搅拌器转动时使加粉器中的墨粉松动以防结块，而加粉螺旋杆的作用是将墨粉送到显影器中。

4. 清洁装置

静电复印系统中的感光鼓将要反复使用的。当墨粉图像从感光鼓表面转到复印纸上时，由于静电潜像的吸附作用，墨粉不可能全部移动，转印效率一般在 70% 左右。为了保证复印质量，必须除去感光鼓上残留的墨粉。常用的清洁方式有毛刷清洁、刮板清洁和磁刷清洁方式等。

目前，台式静电复印机基本都采用刮板清洁方式，典型结构如图 4 – 5 所示。刮板是聚氨酯材料制成的，具有很高的弹性和耐磨性，它直接与感光鼓表面接触，通过与鼓面的相对运动使鼓面的残余墨粉得到清除。按照刮板与感光鼓相对运动方向的不同，刮板清洁方式可分为顺刮和逆刮两种。由于逆刮清洁方式效率高，所以应用较多。

另外，在清洁装置中还装有废粉满传感器，

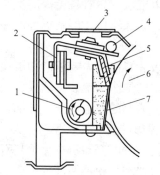

图 4 – 5　刮板清洁装置结构示意图

1—回收螺杆；2—平衡重块；3—盖；4—刮板轴；

5—清扫刮板；6—硒鼓；7—回收刮板

当集粉瓶内收集的残余墨粉装满后能自动报警，提醒用户更换集粉瓶。

4.2.3　光学系统

静电复印机光学系统的主要作用是对原稿进行扫描，使已充电的感光鼓表面曝光，最后形成静电潜像。

目前，台式复印机基本上都采用缝隙扫描曝光方式，因为这种方式可以在圆柱形的感光鼓表面进行成像，整个曝光过程可以循环进行，使复印速度大为提高。图 4-6 为典型的光学系统结构简图。它主要由光源（曝光灯）、反射镜组、镜头和扫描机构组成。下面分别介绍各部件的组成作用。

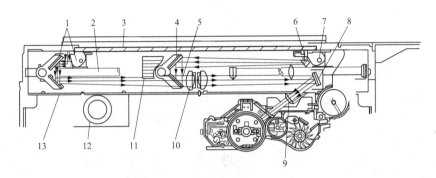

图 4-6　典型的光学系统结构简图

1—反射罩；2—导柱；3—原稿玻璃；4—第二反射镜；5—第三反射镜；6—第一反射镜；7—曝光灯；
8—第四反射镜；9—挡粉玻璃；10—镜头；11—入口冷却风机；12—出口冷却风机；13—防冷凝加热器

1. 曝光灯

曝光灯是复印机扫描时的光源，它是复印机专用的一种灯具。它的各项性能指标（如几何尺寸、耗电量、发光效率、亮度、色温等）必须和感光鼓相匹配才能达到理想的复印效果，所以，复印机上的曝光灯是不能随便使用其他型号的灯具来替换的。

复印机常用的光源主要有卤钨灯和荧光灯两种。

（1）卤钨灯。如图 4-7 所示，为管状卤钨灯的外形结构图。这是一种具有特殊性能的白炽灯，它与普通白炽灯一样是让电流流过灯丝使其发热，当灯丝达到白炽状态后产生辐射，产生很强的可见光线。卤钨灯的特点是发光时灯丝所达到的温度特别高，一般可达 2500℃左右。台式复印机的卤钨灯工作电压通常为 175V 左右，额定功率为 300W，使用寿命可达 10 万张次。

卤钨灯的优点是光强高，并可以通过改变灯的工作电压来调节光源，体积小，安装方便。卤钨灯的横断面接近点光源，因此可以配备反光罩，使灯的光能得到更有效的利用。

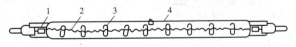

图 4-7　管状卤钨灯外形结构图

1—铜箔；2—钨丝；3—支架；4—石英玻璃管

（2）缝射式荧光灯。复印机使用的荧光灯和日常生活中使用的荧光灯属于同一类型光源。它们工作时的温度只有 40~50℃，发热量很少，所以被称为冷光源。荧光灯是整个管壁发热，它属于面光源，因此不适合配置反光罩。为了充分利用荧光灯的光能，提高照明

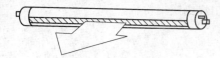

图4-8　缝射式荧光灯外形结构图

亮度和方向性，复印机所使用的荧光灯均采用狭缝式结构。即在灯壁上开一条透明的缝隙，这一条缝隙上不涂布荧光物质，如图4-8所示，而在管壁的其他部位先镀上一层反射层，然后在反射层上涂布荧光物质。这样管内荧光层发出的光线因为有反射层而不能射出管外，射向管内的光线经多次反射后，从透明的缝隙中射出。所以，从透明缝隙中射出的光线具有很好的方向性，并且光的强度也大大提高了。

2. 镜头和反射镜组

复印机光学系统中镜头的作用是将原稿图像投射到感光鼓表面，并聚焦成像，所以镜头在光学系统中是很重要的。对镜头的一般要求是：光通量大，分辨率要高，失真度要小。静电复印机使用的镜头主要有定焦镜头和变焦镜头之分，这两种不同类型的镜头分别应用于不同的缩放变倍机构上。

反射镜分平面反射镜和球面反射镜两种，在复印机光学系统中主要采用平面反射镜。平面反射镜可以改变光线前进的方向，在复印机中主要用来改变成像光路的结构，以满足光学系统的需要。不同类型的复印机中平面镜的数量并不一致，通常有2~6片不等，但镜片的总数必须是偶数，因为只有这样才能使复印品与原稿完全一致。众所周知，在日常生活中照镜子所看到的影像与实际的物体是左右倒置的，只有经过两次反射镜成像，才能得到正确的图像。所以，复印机光学系统中反射镜的数量必须是偶数。

3. 扫描机构

台式静电复印机均采用原稿台固定式光学系统，如图4-9所示。

复印机中原稿台、镜头和像距反射镜（图4-9中4号反射镜）固定不动，曝光灯和物距反射镜（图4-9中1、2、3号反射镜）移动，这种扫描方式要求光学系统的扫描速度与感光鼓的运转速度同步。

在光学系统的扫描机构中，1号反射镜和光源安装在第一扫描架上，2号反射镜和3号反射镜安装在第二扫描架上，为了使整个扫描运动平稳，两个扫描架均安装在导轨上并由驱动装置带动。为了保证复印件的成像质量，在扫描过程中，光学系统的物距和像距应保持不变。由图4-10可知，为了保持物距不变，若第一扫描架移动距离为L，则第二扫描架只需移动1/2即可。所以第二扫描架的移动速度仅为第一扫描架二分之一。因此，常称第一扫描架为全速托架，第二扫描架为半速托架。

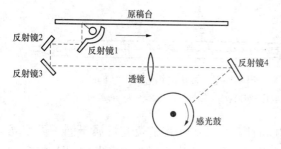

图4-9　原稿台固定式光学系统结构示意图

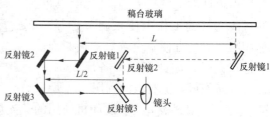

图4-10　扫描过程中反射镜移动示意图

4.2.4　复印纸输送系统

复印纸输送系统的作用是把复印纸送入机器中，经过转印过程将墨粉图像转移到复印纸上，然后通过输送装置把已定影的复印件输出。该系统主要包括：送纸装置、输纸装置和定影装置。

1. 送纸装置

送纸装置有自动送纸和手动送纸两种类型。自动送纸是将纸预先放入供纸盒内，机器根据设定的复印份数，自动连续地将纸送入机内，手动送纸是利用手工，一张一张地将纸送入机内。下面将分别介绍典型的自动送纸装置和手动送纸装置。

（1）自动送纸装置。典型的自动送纸装置如图 4-11 所示。该装置主要包括复印纸盒、搓纸机构、定位机构和机械传动装置等。其工作过程如下：

复印时，电机通过齿轮、链轮等传动轮，带动搓纸轮转动，将纸盒中的纸送入机内。当纸到达定位辊时，被定位门挡住，不能进入感光鼓下。只有当感光鼓上的图像与复印纸在预定的位置时，控制电路使定位门打开，这时由定位辊将纸送到感光鼓下，进行转印和分离过程。

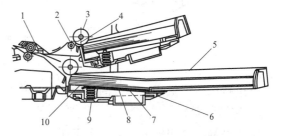

图 4-11　典型自动送纸装置

1—纸路传感器；2—导纸辊；3—搓纸轮；
4—摩擦垫；5—纸盒；6—纸盒托盘；7—底板；
8—托板板；9—压力弹簧；10—复印纸

（2）手动送纸装置。典型的手动送纸装置如图 4-12 所示。当打开手动送纸

盖板时，松脱杠杆触动手动送纸开关，自动控制搓纸轮抬起，无纸传感器落下，加纸指示灯和手动送纸状态指示灯点亮，提示使用者，机器处于手动送纸状态。

当一张复印纸送入手动送纸装置时，无纸传感器被触发，加纸指示灯熄灭，主控制电路使手动送纸电磁铁吸合，降下手动输纸压辊，把纸压在转动的送纸辊上，将纸送到定位辊处，使复印机进入复印状态。

2. 输纸装置

输纸装置的主要任务是将转印后的复印品输送到定影装置。该装置通常采用真空吸附的方法。如图 4-13 所示为典型的输纸

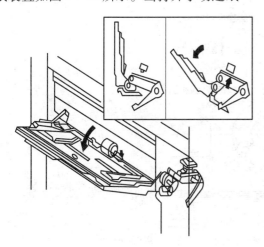

图 4-12　典型手动送纸装置

装置。

从图 4-13 中可见，输纸装置主要由输送带、驱动轮和真空风扇组成。经转印分离后未定影的复印品，依靠自身的重量和由真空风扇气流造成的负压，被吸附在输送带上，然后随输送带的移动被送至定影装置。

真空风扇的作用除了在输送带下形成气流产生负压之外，另一个功能是对定影装置产生

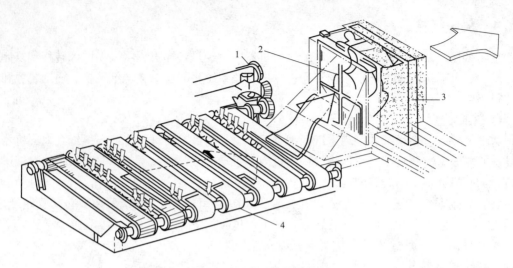

图 4 – 13　典型的输纸装置

1—驱动轮；2—真空风扇；3—臭氧过滤器；4—输送带

的高温进行散热，保证复印机的正常运行。

3. 定影装置

定影是静电复印机最后的一个工作过程。它主要是将转印到复印纸上的墨粉图像固定下来，同时把复印品输出。目前，台式复印机大多数采用热压定影方式，即用加热加压的方法来熔化墨粉并使之固定在纸上。典型的定影装置如图 4 – 14 所示。

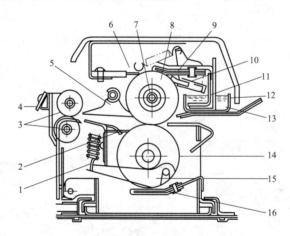

图 4 – 14　典型加硅油定影装置结构图

1—压力弹簧；2—压力辊分离爪；3—消电刷；4—输出辊；5—热辊分离爪；6—热敏电阻；
7—定影灯；8—热辊；9—供油毛毡；10—刮油板；11—毛毡垫；12—油槽；13—硅油；
14—压力辊；15—压力杆；16—油清洁毡

从图 4 – 14 中可见，定影装置主要由上定影辊（热辊）、下定影辊（压力辊）、定影灯、热敏电阻、供油毛毡、刮油板、热辊分离爪和输出辊，以及各种传动齿轮组成。其作用及工作原理如下：

热辊是一根外包有耐高温塑料的铝管，其两端外经略大于中间部分。因此，在转动时两端的线速度比中间大，这一种速度差别使复印品向辊的两端拉伸，以防止复印纸受热后而产生折皱的问题。热辊中心装有定影灯管，用来对热辊加热（一般热辊表面温度在 180℃ 左右）。热敏电阻用来监测热辊表面温度，并把测到的温度反馈给控制电路，由控制电路控制定影灯的接通和关断来维持热辊的工作温度。

压力辊是个外包着硅橡胶的硬铝辊，由位于两端的支架所支撑，压力辊受压力弹簧和压力杆的作用，与热辊紧密接触，给通过其中的复印品施加压力。

供油毛毡将硅油加到热辊上，刮油板使硅油在热辊表面分布得更均匀。硅油的使用可以减少纸张与热辊之间的粘连，从而防止卡纸和减少转移到热辊表面的墨粉量，保持热辊的清洁，延长热辊的使用寿命。

此外，定影装置为防止纸张粘附在热辊和压力辊上，均装有热辊分离爪和压力辊分离爪。定影装置还有检测卡纸的传感器和消除复印品上所带静电的静电消除器。

4.2.5　电气控制系统

静电复印机电气控制系统的任务是实现对复印程序和操作管理的控制。该系统基本上由主控制电路、传感器、执行器和电源四部分组成，其基本组成如图 4－15 所示。

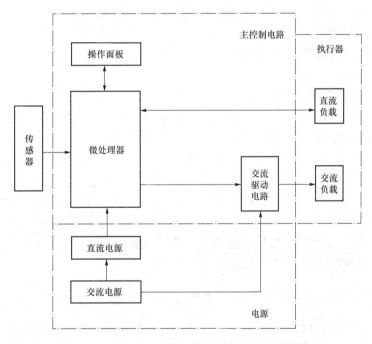

图 4－15　复印机电气控制系统的基本组成框图

下面介绍其各部分的组成和作用。

1. 主控制电路

主控制电路由复印机专用微处理器、操作面板和各种交流驱动电路组成。

复印机专用微处理器的工作原理和其他微处理器是一样的，不仅要进行信息的处理传递，而且还要进行复印过程的控制。复印机的所有动作均按一定的程序进行，而这些程序都是根据复印工作过程而设计的，并预先存储在微处理器的只读存储器（EPROM）中。微处理器根据传感器和操作面板的输入信息，通过 I/O 接口，将复印程序产生的各种控制命令传送给各个交、直流驱动电路，控制执行器完成程序规定的复印动作。

复印机执行器动作的控制，其中一部分是由 CPU 和 I/O 接口直接实现的，一般都是直流负载，而更多执行器动作的控制需要一些独立的单元控制电路来实现。这些单元控制电路主要包括交流驱动电路和高压控制电路。

复印机交流驱动电路一般有定影灯驱动电路、扫描曝光灯驱动电路和电机驱动电路等。定影灯驱动电路用来实现对热辊加温的控制和调整；曝光灯驱动电路用来实现对曝光灯电压的控制和调整；而电机驱动电路则是用来实现对各种交流电机的控制。除此之外，单元控制电路中的高压控制电路主要是用来实现对各种电极装置提供高压，以及对各种交、直流偏压的控制和调整。

2. 传感器

复印机中传感器的主要作用是对复印过程中各种静态和动态的信息进行测量和转换，并通过 I/O 接口或直接地传送给 CPU，然后通过微处理器和各种单元控制电路实现复印过程的自动控制。

传感器是把被测量的量值形式（如温度、压力、位移、速度等）变换为另一种与之有确定对应关系且便于计量的量值形式（通常为电量）的装置。静电复印机中所用传感器按其功能分类主要有温度传感器、纸盒尺寸检测传感器、位移传感器、墨粉传感器、图像浓度传感器、卡纸传感器和无纸传感器等。

3. 执行器

复印机中按程序执行具体动作的部件称为执行器。执行器可分为交流和直流两部分。交流执行器（即交流负载）都需要由交流驱动电路来控制，如定影灯、曝光灯、交流电机、消电刷和冷却风机等；直流执行器（即直流负载）一般由 CPU 或 I/O 接口电路通过驱动直接来控制，如电磁铁、离合器、各种直流电机、高压发生器等。

4. 电源

复印机电源一般可分为交流电源和直流电源两种。交流电源装置除了向直流电源装置提供交流电源外，还可以直接通过交流驱动电路驱动交流负载；而直流电源装置除了向微处理器、操作面板、传感器和单元控制电路提供所需的直流电源外，它还可以通过 CPU 和 I/O 接口电路来驱动其他的直流负载。

4.2.6　静电复印原理和复印过程

卡尔逊静电复印法问世后的半个世纪又派生了许多复印方法，如用氧化锌光敏纸直接复印的 EF 法和利用持久内极化效应的 KIP 法等。目前，办公用台式静电复印机在工作原理上大多数采用卡尔逊法或 NP 法。下面以卡尔逊静电复印机为例，介绍其复印方法的基本原理和复印过程。

卡尔逊静电复印和一般摄影过程基本相似。需要通过对文件原稿曝光，在复印感光材料上形成潜像，以及显影、转印、定影等步骤来产生原稿的复印件，因此，它基本上也是一个照相过程，所以我们把静电复印也叫做电摄影。但是，静电复印与利用银盐感光胶卷的照相过程又有很大的不同，它在整个复印过程中不涉及任何化学反应，所产生的潜像是一个由静电荷组成的静电潜像，其显影和转印过程也基于静电学原理。另外，与照相用的胶卷不同，复印所用的感光材料是一个特殊的光敏半导体（如硒、硫化镉、二氧化硅等），用它制成的静电感光鼓，可以反复曝光成像数万甚至数十万次。

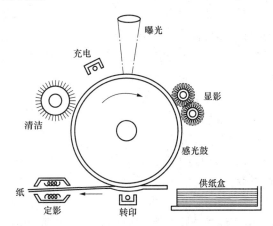

如图 4 - 16 所示为卡尔逊法静电复印机复印过程示意图，此图中最重要的部件为感光鼓，它通过在圆柱形的铝筒上镀了一层硒合金而制成，鼓形光导体能循环使用，可以印出比其周长还长的复印件。感光鼓有利于减少机器尺寸，简化机器结构，因此被广泛采用。光导体材料在黑暗中有很高的电阻率（通常为 $10^{14} \sim 10^{16}\Omega \cdot cm$），因此被广泛采用。光导体能在暗室中较长时间内使表面的静电荷不致消失。当光导体受到光照时，其电阻率能迅速下降几个数量级，使表面的电荷能较快地泄放掉。由

图 4 - 16　卡尔逊法静电复印机复印过程示意图

图 4 - 16 可见，感光鼓是静电复印机的核心，所有的部件都是围绕它布置的。随着感光鼓的转动，复印的各个过程相继发生，完成一个复印周期后，又开始第二循环过程。

用卡尔逊法产生复印品的复印过程通常包括以下六个步骤，如图 4 - 17 所示。

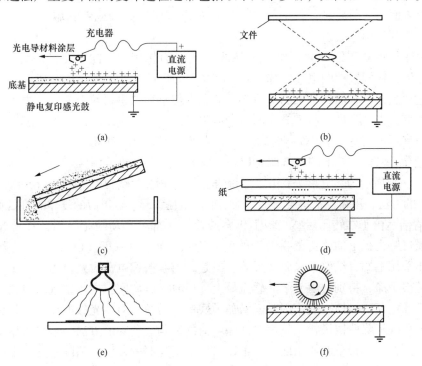

图 4 - 17　卡尔逊法静电复印机复印过程的基本步骤

（a）充电；（b）曝光；（c）显影；（d）转印；（e）定影；（f）清洁

（1）充电。充电就是使感光板（鼓）表面均匀地带上一层静电荷。这个过程也叫"敏化"。充电是利用一个叫做"电晕放电装置"的充电器进行的。由图 4 - 17（a）可见，接

上高压直流电源的充电器在感光板上方移动，把正电荷均匀地喷洒在感光板的表面。当然，充电操作必须在暗室中进行，否则电荷就会从感光板表面跑掉。

（2）曝光。由图4-17（b）可见，从原稿反射或透射来的光线，通过透镜投射到感光板表面。凡是被光线照射的部分，电荷都从表面跑掉；而在感光板上未受到光线照射的暗区（相当于原稿上有文字图像的部分），电荷仍然保留着，而且任何区域所保留的电荷量与曝光量成反比。因此，通过图像曝光，感光板上产生了一个与原稿内容完全一致的静电潜像。而且这个潜像必须在暗区中保持到显影完成。

（3）显影。与一般照相方法的湿法化学显影过程不同，静电潜像的显影是一个"干"的物理过程。即用带电墨粉（与潜像所带电荷极性相反）使潜像变为可见的图像。图4-17（c）表示墨粉粒子在流过感光板表面时被潜像电荷俘获的情况。显影剂由载体和墨粉组成（称作双组分显影剂）。载体分为磁性材料和非磁性材料两种，一般都做成小球体（直径为0.1~0.5mm），而且外面都具有绝缘包膜，它相当于一个运载工具。当它和墨粉离子混合时，由于摩擦带电作用，就使它们分别带有相反极性的电荷并相互吸引。在显影时，表面吸附了很多墨粉粒子的载体流过感光板表面，墨粉粒子就被潜像电荷所俘获，载体则流回显影器中，供循环使用。注意，墨粉粒子所带的电荷，其极性必须和感光板上潜像电荷相反，否则不仅不能进行有效的显影，而且可能显影成负像。

（4）转印。由于静电复印感光板上的显影像是一个粉末图像，墨粉粒子是被库仑力吸附在感光板表面的，因此显影像的转印可以通过电吸引的方法或者利用黏合剂涂层纸来完成，目前一般都采用电吸引法。

电吸引法是将复印纸（普通纸）与感光板的表面相接触，同时在纸的背面进行充电，使它带上与潜像相同极性的电荷，如图4-17（d）所示。然后把纸与板分开，墨粉图像就转到了纸上。当然，施加到纸上的电荷必须克服潜像电荷对墨粉粒子的俘获力才能把墨粉粒子吸引到纸上，也就是说，给纸充电的电场应强于潜像电荷产生的静电场。还有，利用这种方法，转印率不可能达到100%。转印后，仍然有一些墨粉粒残留在感光板上。

（5）定影。转印到纸上的粉末像可以通过加热或者用其他的定影方法使它固定在纸上，如图4-17（e）所示为热定影法。由于墨粉的主要成分是热熔性树脂加上碳粉（或染料），因此通过加热的方法，墨粉粒子将会与纸纤维牢牢地熔在一起，定影后的复印品可以永久保存。

（6）清洁。由于在转印后感光板上仍会残留一小部分墨粉粒子，因此在感光板重新使用前，必须将感光板上的残留墨粉粒子的引力清除，如图4-17（f）所示。清除的方法有很多种，如采用毛刷、纸卷、橡胶刮板等。但是，由于潜像电荷对残留墨粉粒子有引力，清除时不容易很干净，特别是由于纸从感光板上分离时，分离间隙中的空气被电离，这些离子的极性同潜像电荷的极性一致，因此就增加了残留墨粉粒子对感光板的粘附力，更不易清除干净。为了彻底清除残留墨粉，就需要消除电荷的影响。消除的方法一般可采用交流消电的方法。此外，在感光板重新使用前，还可以采用全面光照的方法以消除感光板上的残留潜像电荷。

任务4.3　静电复印机的选购

目前复印机的种类越来越多，其功能也越来越强，如何根据单位和个人的实际情况，选择一台既适用又经济的复印机，是一个很重要的问题。本节主要介绍在选购复印设备时需要了解和注意的一些问题。

4.3.1 静电复印机的性能参数

不同种类的静电复印机具有不同的性能参数，通过其性能参数可以反映出各种类型复印机各自的特点。所以，了解复印机的性能参数是选购复印机的前提。表 4 - 2 列出了一个典型的静电复印机的性能参数。

表 4 - 2 　　　　　　　　　　　　**静电复印机性能参数实例**

序　号	性能参数	技　术　规　格
1	型式	台式（固定稿式）
2	复印方式	干式静电复印
3	显影方式	双组分磁刷显影
4	定影方式	热压定影
5	感光材料	硒合金鼓
6	曝光方式	卤素灯
7	预热时间	30s（22℃、相对湿度65%）
8	首张复印品时间	6.5s（A4）
9	复印速度	A4：21 张/min（横送）、16 张/min（直送） A3：12 张/min B5：16 张/min B4：15 张/min
10	最大原稿幅面	A3（297mm×420mm）
11	复印件幅面	供纸盒供纸：A3、B4、A4、B5 手动供纸：A3～A6
12	固定复印倍率	等倍：1:1 缩小：1:0.9、1:0.81、1:0.7 放大：1:1.15、1:1.22、1:1.41
13	连续变倍范围	0.64～1.56
14	供纸方式	纸盒自动供纸，手动供纸
15	连续复印	1～99 张任选
16	电源	220V、50/60Hz、最大功率1.5kW
17	外形尺寸	62cm（长）×58cm（宽）×37cm（高）
18	重量	61kg
19	选配件	分页器 半自动输稿器 彩色显影器

4.3.2 静电复印机的选型原则

静电复印机的选型非常重要。因为不同类型的复印机性能各异且价格不一。购买时并不是越高档、价格越贵的复印机就越好，最主要的还是看是否适用。静电复印机一般的选购原则如下：

1. 根据经常复印原稿的尺寸选择机型

如前所述，复印机性能参数中有一项指标是可复印原稿的最大尺寸，不同类型的复印机这项指标是不同的，因为可复印最大原稿尺寸受到复印机光学系统和静电复印系统几何尺寸的限制。一般中型机可复印最大原稿尺寸为 A3（或 B4），小型机则最大只能复印 A4（或 B5）尺寸的原稿。因此，必须根据经常复印文件原稿的尺寸来选择机型。为了便于读者参考，表 4-3 列出了国际标准平板公文纸的规格。

表 4-3 平板公文纸的国际（ISO）标准

代　号	基本尺寸（mm×mm）	代　号	基本尺寸（mm×mm）
A1	594×840	B2	514×728
A2	420×594	B3	364×514
A3	297×420	B4	257×364
A4	210×297	B5	182×257
A5	148.5×210	B6	128.3×182

从表 4-3 中可见，国际标准（ISO）平板公文纸的规则分为两个系列，即 A 系列和 B 系列。在一个系列中，每种规格纸的大小都是确定的，而且相邻两种规格纸的大小总是成倍数的。例如，A3 纸的大小是 A4 的两倍，反过来说 A4 纸的大小是 A3 的二分之一，其他类推。我国印刷业常用"开"作为平板公文纸的标准尺寸，"开"纸规格与国际标准 B 系相近。例如，32 开纸的大小相当于 B6；而 16 开纸的大小相当于 B5，其他类推。

2. 根据办公条件选择复印机的外形和体积

静电复印机按体积可分为大型复印机、中型复印机、小型复印机和微型复印机。大型复印机一般采用落地式外形结构，占地面积较大；中型和小型复印机多采用台式外形结构。中型台式复印机一般需要专用机台，而小型台式机可置于任何地方，如桌面、案头等，使用也很方便。但是必须注意一点，小型机的原稿台多为移动式，复印较厚的书籍不太方便，不便加压使之平整，致使复印品上字迹图像变形。微型复印机均采用便携式，一般用于较特殊的场合。

3. 根据实际工作选择复印速度

复印机的复印速度对于使用者来说是一项很重要的性能指标，直接关系到工作效率。

在现阶段，普通纸静电复印机就复印速度而言大致可分为四类，即低速复印机、中速复印机、高速复印机和超高速复印机。以等倍率复印 A4 幅面原稿为标准，一般低速复印机的速度在每分钟 2 张以下；中速复印机的速度在每分钟 15～35 张之间；高速复印机的速度在每分钟 36～70 张之间；而速度大于每分钟 70 张的复印机则为超高速度复印机。

复印速度越高，对复印机整体结构要求也越高。所以，高速复印机相对于低速度复印机来说结构上要复杂得多，而且其价格也高得多。此外，高速复印机维护保养的难度较大，耗材和零配件的价格也较贵。对于一般的企业单位，如果没有足够的复印工作量，选择购买高速复印机，无疑是一种浪费。但对于处理综合信息的大型企事业单位来说，实际复印工作量很大，为了提高工作效率，除了选用高速机型外，还可以考虑选购相应的辅助装置，如自动或半自动输稿器、自动分页器、大容量（1500～2000张）纸盒等，以使高速复印机的功能得到进一步的发挥。

总的来说，复印机的体积与复印速度和功能成正比。根据以上原则考虑，如果在复印速度和功能上可以满足实际工作需要时，作为一般办公室使用，则应选择体积小巧，结构紧凑的台式复印机。

任务4.4 静电复印机的安装

4.4.1 静电复印机的安装环境

复印机对安装地点和周围环境都有一定的要求，不良的使用条件对机器的复印质量和寿命产生很大的影响。所以安装复印机应注意以下几点：

1. 安装条件

复印机的安装应保证处于水平位置，室内地面应平整。若是台式复印机最好将机器置于坚固而可调的工作台上；不要将复印机安装在人员经常走动的地方，应尽可能避免将机器安装在门口，以免人员走动和开关门不小心碰撞复印机，造成不必要的损坏；机器后部至少距墙面10cm以上，同时应选择适当的安装空间，其大小应能容纳掀起原稿台盖板、装上接纸盘和供纸盒等辅件。如果复印机配有自动输稿器、自动分页器等设备，还应考虑其安装空间。不要将复印机安放在阳光直接照射的窗口，因为阳光的直接照射将会影响感光体的光电特性和复印品的图像质量。

2. 环境的温度和湿度

复印机使用的环境温度应保持在5～35℃之间。温度过高时，对机器的散热不利，会影响到发光和发热器件的寿命；但温度过低时，机器的预热时间将会延长，使一些器件的性能受到影响。所以复印机应远离冷热源，如空调器、暖气片、暖炉和通风口等设备。

为了保证复印机正常工作，室内的相对湿度应在30%～80%之间。不要将机器安装在自来水龙头、热水器、加湿器的附近，也不要将复印机安放在潮湿的地下室里。当湿度过大时，空气极易被击穿，这会影响电晕器充电的效果，甚至会造成电极损坏、感光薄层被击穿的故障。复印纸在潮湿的环境下，会使其绝缘性能变差而影响图像的转印效果。

3. 通风问题

复印机的工作场所应具备良好的通风条件。因电晕高压放电所产生的臭氧和定影时色粉树脂所蒸发的气体对人体有害，应及时排除。在工作量大的复印室内安装大型复印机时，应安装空调器，以保证室内空气新鲜。切勿将机器安装在不通风的场所。

4. 电源和接地要求

一般复印机要求的电源电压为（220±10%）V，频率为50Hz，工作电流为5～20A，最大消耗功率为1～4kW。应避免在电源电压变化较大的电网中使用复印机，以免因电压波动大而造成复印机工作不稳定，甚至不能工作。若电源电压长期不稳定，应考虑安装交流稳压器。

复印机对接地的要求较高。应尽量使用机器原装的三芯插头，与带地线的插座配合使用。因为在充电、转印的复印的过程中，复印纸上会带有大量静电荷，这些电荷主要是通过安装在纸路和出纸口等处的静电消除刷或消电针来消除的。如果没有地线或接地不良，这些静电荷不消除，复印纸就容易粘在一起，会造成卡纸故障。此外，复印机的金属构架和外壳连在一起，由地线引入接地，以防止机器积累大量静电荷后放电伤人，若接地不良，会发生触电事故。

4.4.2　静电复印机的安装方法

当用户收到所购买的复印机后，应首先向售机商店或生产厂家指定的特约维修站提出要求，请商店或维修站派出技术人员到场拆箱、安装。尽量避免拆箱、安装，防止因技术问题造成设备不必要的损坏。在特殊情况下，需要自己动手安装的话，应注意以下事项：

1. 复印机安装前的检查

静电复印机出厂后，经过长距离运输，由于振动和其他各个因素的影响，有可能造成复印机内部零件松动、错位或变形。因此在安装复印机以前，应首先对复印机的包装箱和复印机的状态进行如下检查：

（1）检查包装箱的外形，看外包装有无严重碰撞痕迹和破损的地方，或有雨淋水浸的现象等。如发现有问题应及时与售机商店或生产厂家联系，并停止拆箱等待处理，以免造成不必要的损失。

（2）在拆箱的过程中，卸除外箱罩时应轻轻地抬起，防止包装箱内附件掉落而砸坏机器或伤害操作人员。

（3）取出装箱单，逐件核对主机及附件，如发现有错应及时向售机商店或生产厂家提出索赔要求。

（4）检查复印机外观和各种盖板，有无受损或变形。检查主机和附件有无损坏情况，如有问题应及时将情况告知商家，同时应停止装机等待处理。

（5）确认以上几条准确无误后，取出机内技术文件，并指定具有复印机安装知识的人员，在认真阅读技术文件后，准备安装。

2. 复印机安装的一般顺序

一般安装顺序如下：

（1）将主机水平安放在稳固的工作台上。

（2）拆除复印机运输用固定胶带或紧固件。一般在以下部件应有固定胶带或紧固件：

1）感光鼓部件。

2）光学扫描架。

3）定影装置。

4）复印机输送部件。

5）稿台盖板和前门盖件。

（3）检查并移动光学扫描架的运动是否自如、平稳。

（4）按照机内技术文件所规定的步骤安装感光鼓。

（5）检查清洁刮板的质量，看刮板刃口是否平直、是否有缺口，并在刃口上涂上安装粉。

（6）添加显影剂、硅油等消耗材料。

（7）确认机内各种齿轮、链轮、皮带轮的位置正确。

（8）确认机内各电控元件的接插件牢固、可靠。

（9）装好接纸盘、供纸盒等附件，并在纸盒内放入相应的复印纸。

（10）检查机内接地线是否安装牢固、接触良好。

（11）检查电源电压与复印机的电源电压要求是否一样。

（12）插上电源插头，开机准备调试。

3. 复印机的试运行和功能检查

（1）打开复印机的主电源开关，此时操作面板红色预热指示灯亮。如面板无显示，应检查电源开关和复印机的各联开关是否接通。

（2）记录从打开主电源开关，红色预热灯亮，定影预热完毕，再到绿色复印指示灯亮的时间，以测定该机的预热时间。如果定影预热时间超过复印机的标准预热时间 10s 以上时，应立即关闭主电源开关，查找故障原因，待故障排除后才能重新开机继续进行试运行。

（3）检查各联锁开机的性能。联锁开关的作用是起安全保护作用的，当操作人员打开机门或盖板作有关检查时，为防止对机器和人体造成伤害，复印机电源将切断，所有指示灯应熄灭。

（4）检查无纸指示灯工作是否正常。在纸盒内不放纸时，无纸指示灯亮，如在不同规格的纸盒内，分别放置一张所要求的复印纸时，无纸指示灯应熄灭。

（5）检查采用多纸盒送纸的性能。在各纸盒之间进行转换复印时，观察纸盒指示灯的变化，纸盒尺寸显示与所检查的纸盒是否一致，是否能转换（提示：一定要将纸盒安装到位，以免发生误诊）。

（6）检查单页、多页手动送纸装置的工作状态。

（7）检查复印机运转情况是否正常。经检查确认复印机的各种消耗材料已放置齐备，各部件已安装到位后，可进行复印机的最大有效复印幅面的检查。同时观察复印机的运转是否正常，有无异常噪声。

（8）检查复印量数字键的功能。输入不同的数字，观察显示的数字是否正确，并用清除键消除，反复进行输入、消除检查。输入某个复印份数（比如选定 10 份），按下复印键，检查复印份数与输入的复印份数是否相同。

（9）检查复印机的插入复印、暂停复印的功能。

（10）检查复印机放大、缩小功能，观察倍率指示灯或倍率指示数的变化，并检查复印品的质量。

（11）检查复印浓度调整钮和键的功能。在调节钮或键的位置后，观察复印品的浓度是否变化。

（12）检查原稿浓度自动调节功能。采用自动调节状态，在复印不同浓度的原稿时，均应获得良好的复印品。

4.4.3 复印品质量的检查

一台复印机质量的好坏，有许多质量评价指标和检验手段。而对复印机品质量的评价和检验，则是一种最基本和最方便的手段。目前，国内外均采用静电复印测试版，对复印品的图像质量进行评估。测试的方法是将测试版作为原稿进行复印，将复印品与原稿进行比较，通过仪器（指在工厂）和目测（指在安装和维修时）检验复印品与测试版的差别，从而分析和判断复印品图像的质量。

1. 静电复印测试版

静电复印测试版是我国国家标准级的测试鉴定用版，共有三种规格，即 A3（295mm × 420mm）、A4（210mm × 297mm）和 B4（257mm × 364mm）。

测试版内容包括如下。

（1）测试检项目。包括全黑实心区、灰度版、多个空白区、多级分辨率区、图像变形图及起始线图。

（2）直观检查项目。包括连续色调图像、半色调图像、纵横向线条图、中英文各级文字图、粗线图等。

（3）调机部分。包括调整曝光量强度的多级密度 E 字图、调整静电复印机镜头视场角的轴向对称性的方格图、记录用区等。共由 18 个图形组成，其分布如图 4 - 18 所示。

2. 复印品质量的检验

采用复印机测试版可以对复印品质量进行以下项目的检验：

（1）有效复印幅面及定位正确性。通过水平起始线两侧方格图案复印的完整性，检验复印品的有效复印幅面及起始线误差和图像倾斜误差。并可根据检验结果，对机器进行调试。

（2）复印机曝光量。当复印品中水平灰度级中第 1 级图像隐约可见时，复印机曝光量为合适。否则，应调整曝光强度。

（3）静电复印机镜头的轴向对称性。检验复印品两侧方格图的对称均匀性，横向均匀线条的均匀性。根据检验结果，可以直观地调整复印机镜头的轴向对称性和均匀性。

（4）复印品图像密度。检查测试版复印品中间两个 $\phi9$ 实心圆和下部两个 $\phi6$ 实心圆的黑度，以评价复印品图像的密度。

所谓"密度"是指"光密度"，在复印术语中也称之为"黑度"。其数值代表某个色调区域的黑暗程度，密度值越大，表示色调越暗；反之，密度值越小，色调越亮。复印品的密度一般在 0.8 ~ 1.2。

（5）复印机的分辨率。复印机测试版中的人像、中英文符号都是用来检验复印机的分辨率的。检查测试版复印品中这三处的分辨率，调整机器使其达到最佳状态。

通常复印品的横向和纵向分辨率有差异，纵向分辨率高，横向分辨率低，两者通常相差一级。复印品横向分辨率应大于或等于 3.2 线/mm，纵向分辨率应大于或等于 4 线/mm。

（6）反映机的图像畸变。复印机图像畸变是通过测试版复印品（ + ）标尺寸的变化来测定的，由其尺寸的变化测量复印品的比例误差和对角线误差，计算公式如下：

$$比例误差 = [(L' - ML)/ML] \times 100\%$$

式中：L 为测试版标尺长；L' 为复印品上对应标尺长；M 为复印时所用倍率。

$$对角线误差 = [(d_1/d_2) - (d'_1/d'_2)] \times 100\%$$

式中：d_1、d_2 为测试版标尺对角线；d'_1、d'_2 为复印品上对应标尺对角线长。

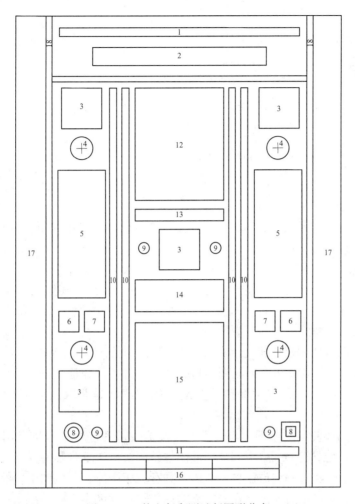

图 4 - 18　静电复印测试版图形分布

1—水平起始线图，用以测量复印品的起始线误差。

2—由宋体"静电复印测试版"组成，并有小标题 A3、B4、A4 表示幅面规格。

3—分辨率图。各数字表示每毫米内所容纳的线数。

4—四角标尺。位于幅面内对称位置，四角标尺间距相等，成正方形。A3 规格的间距为 $180 \pm 0.25\text{mm}$，用以测量复印品比例误差和对角线误差。

5—英文印刷符号图。左右对称，字体从 7k ~ 28k 共 14 级，用作直观检查复印品的分辨率。

6—全黑实心区。由 20cm × 20cm 正方形组成，左右对称，光学反射密度大于 1.6，用以检查复印品的边缘效应。

7—网点图。为 20cm × 20cm 正方形半色调网点网（133 线/in），左右对称，光学反射密度分别为 0.15、0.6，用来检查复印品对半色调图像的复印效果。

8—粗线图。由分布于两侧对称位置的 15mm × 15mm 正方形和直径为 15mm 的圆组成，线宽为 2mm，光学反射密度大于 1.6，供检验复印品粗线复印效果。

9—实心圆。由位于中间部位的两个 φ9 圆及位于下部的两个 φ6 圆组成，光学反射密度大于 1.6，供检查复印品黑度用。

10—纵向均匀线条组。由位于人像两侧的 1.6、2.0 两种空间频率的横线条组成，用于检查纵向复印均匀性及漏印情况。

11—横向均匀线条组。由位于下面的空间频率为 2.5 线条组成，用于检查横向均匀性及漏印情况。

12—人像。为 150 线/in 的连续色调图像，用以检查复印品的分辨率、层次、反差、底灰等综合效果。

13—灰度版。采用横向 7 级灰度，光学密度由 0.1 ~ 1.5，供检测复印品的层次用。

14—E 字图。由四种密度的 E 字图组成，密度为 0.2、0.5、0.7、1.2，供调整选择复印机的曝光量用。

15—中文字图。采用"率"字，共 12 级，供直观检查复印品的分辨率用。

16—记录区。位于最下部，供测试中记录用。

17—方格图。位于版面两侧，为毫米格图，用于调整复印机镜头视场角对称性及漏印检查。

18—粗实线边框。宽度为 3mm，用于检查粗线复印效果。

任务 4.5　静电复印机的使用

每一台复印机的使用寿命、复印品质量及故障率，除了良好的产品质量和正确的安装之外，与操作人员的使用方法有着非常密切的关系。能否正确地使用复印机，是保证复印质量、减少故障、降低成本和延长使用寿命的重要因素。

4.5.1　静电复印机使用时的注意事项

（1）认真学习复印机随机带的安装手册和操作手册，熟悉机器的性能、特点、结构和操作方法，以便能够正确使用和操作复印机。

（2）每台复印机自安装之日起，就应建立操作记录本，以记录每次和每天的使用情况。例如，在使用中出现的故障情况，对复印工作的影响和解决办法，消耗材料的更换，光导体的更换等。这样做有利于操作者积累经验，便于维修人员能及时进行维修和保养。

（3）复印机要采用符合要求的单独电源插座，最好不要与其他电器共用一个电源。采用稳压电源或不间断电源 UPS 时，最好不要与计算机设备共用，以免互相干扰，造成误动作，影响复印机和计算机设备的正常使用。

（4）每天在准备使用复印机之前，应检查周围环境的条件是否符合要求，即电源电压、室温和相对湿度是否符合要求。同时还要检查一下机内各部分是否正常；每天下班之前应有一定的时间进行清洁保养，因为保持整台复印机的清洁是获取高质量复印品的重要条件之一。

（5）正确选购和使用复印纸。要选用符合性能要求的静电复印机专用纸，尽可能不用其他办公用纸，以免造成卡纸故障和复印品图像缺陷。由于纸张容易受潮，如果纸张从包装中取出没有用完，应及时将它放回包装袋内，并存放于阴凉、通风和干燥的地方，或放于专用的有干燥设备的工作台内。不要在同一纸盒内使用尺寸大小不同的纸张；切勿使用起皱或折叠过的纸张；尽量避免使用美术纸或涂有外层物料的纸张。

（6）当复印机发生卡纸故障时，应按照操作手册的要求，准确地、完整无缺地将纸取出，如发现有缺角，应设法将纸角取出以免造成其他故障。

（7）当复印机发生故障时，除卡纸故障可由操作人员随时排除外，一般应请专业维修技术人员来维修。尽量避免让一些没有复印机维修经验的其他人员来处理故障，以免产生其他故障和造成更大的损失。

（8）尽量不要打开机盖随便进行各项的调整，特别是盲目调整电控板上的各种电位器，组合开关等，以免造成电气失控或损坏电控元件。在没有彻底弄清楚机器某部件的结构和工作原理前，切不可凭侥幸心理去盲目拆卸，以防止损坏机器的零部件。如必须要进行维修的话，应由有一定维修经验的人员或专业维修技术人员来处理。

（9）复印机的充电、转印、分离与消电电极等部位的电压高达几千伏；定影器部位的温度一般高达 200℃。因此，在接触机器内部时要特别注意，以防被高压击伤和被高温烫伤。

（10）下班时，注意关闭电源开关和拔掉电源插头。但记住，采用硫化镉光导体的复印机的电源插头不能拔掉。

（11）妥善保管好用于清洁复印机的易燃物品，如酒精、松香、丁酮及棉球等，以保证安全。

4.5.2　静电复印机的一般操作步骤

其操作步骤有以下方面：

（1）接通电源，开始预热。打开复印机主电源开关，接通电源。操作面板上的预热指示灯和其他各种指示灯点亮，机器开始预热。这时定影辊加热灯开始点亮对热辊加热。当定影辊温度上升到规定温度时，可以复印的指示灯点亮或显示屏提示可以复印的信息，复印机进入待机状态。

（2）检查机器显示。机器预热完毕后，应查看一下操作板上的各项显示是否正常。主要包括以下几项：可以复印信号显示、纸盒位置显示、放大倍率显示、复印浓度调节显示、纸张尺寸显示、复印数量应显示为"1"，一切显示正常才可以进行复印。

（3）检查原稿。拿到需要复印的原稿后，应大致翻阅一下，需要注意几个方面：原稿的纸张尺寸、质地、颜色、原稿上字迹的色调；原稿的装订方式、原稿的张数及有无图片等。这些因素都与复印过程有关，必须做到心中有数。对原稿上不清晰的字迹、线条，应在复印前描写清楚防止复印后返工。可以拆开的原稿应拆开，以免复印时不平整出现阴影。

（4）放置原稿。根据稿台玻璃刻度板的指示及原稿的横竖方向放好原稿。不同型号的复印机有不同的原稿放置方法，大致可分为两种：一种是大多数复印机所采用的原稿中间定位方式；另一种方式是靠边定位，主要是在佳能系列和部分施乐复印机中采用，如图 4-19 所示。

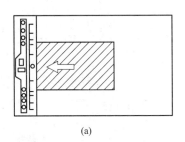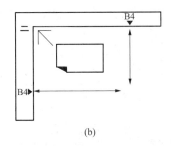

图 4-19　原稿放置方式

（a）原稿中间定位方式；（b）原稿靠边定位方式

需要指出的是：复印多页且有顺序的原稿时，应从最后一页开始，这样复印出来的复印品顺序就是正确的，否则还需要重新倒一遍。

（5）选择复印倍率。根据原稿和复印件的尺寸，选择固定倍率或选择无级变倍倍率。如果机器带有自动倍率选择功能（AMS），在确定复印件的尺寸后，机器将自动选择复印倍率。

（6）选择复印纸尺寸（选择纸盒）。根据原稿尺寸，放大或缩小倍率选择相应的纸盒。按下纸盒选取键后，若机内装有所需尺寸的纸盒，即可在操作面板上显示出来；如无显示，则需要更换纸盒。如果机器带有自动纸张选择功能（APS），可不必按纸盒选取键，机器将根据检测到的原稿尺寸或操作者的要求自动选择纸盒。

（7）调节复印浓度。根据原稿浓度，选择浓度等级。原稿纸张颜色较深的（如报纸），应将复印浓度调浅些；当原稿字迹浅、线条细，不十分清晰时，则应将浓度调深些。复印图像时一般应将浓度调淡。若机器带有自动浓度选择功能（AE），应优先采用自动方式。在采用自动方式不能满足要求时，再使用手动调节方式。

（8）设置复印份数。试印以后，检查复印件的质量，如认为满意时，即可用数字键输入需要复印的份数。如果输入的数值有错误时，可按下清除键，重新再输入。

（9）开始复印。按下复印键后，复印机开始运转，自动复印出所设定数量的复印件。复印数量显示屏将以递增或递减的方式计算，直至复印结束，显示屏复位。

4.5.3　复印过程中常见问题的处理

复印过程中常会遇到一些问题，如卡纸、纸张用完、墨粉不足、废粉过多等，必须及时处理，否则就不能继续复印。

1. 卡纸

复印过程中卡纸是不可避免的，但如果经常卡纸，说明机器有故障，需要进行维修。这里谈谈偶尔卡纸的排除。卡纸后，操作面板上卡纸指示灯亮，这时需打开机门或左、右侧板，取出卡住的纸。一些高档机型在面板上可显示出卡纸的位置，根据显示可知是主机内卡纸，还是分页器或原稿输送器卡纸。取出卡纸后，应检查纸张是否完整，不完整时应找到夹在机器内的碎纸，以免发生其他的故障。

2. 纸张用完

当纸盒内纸张用完时，操作面板上会出现纸盒空或装入纸张指示信号，此时需将相应的纸盒抽出装入复印纸。在将复印纸装入纸盒之前，一定要将纸抖开、理齐，防止多纸复印或卡纸故障。

3. 墨盒不足

面板上加墨粉指示灯亮时，表明机内墨粉已快用完，将会影响复印质量，应及时补充。加入墨粉前应将墨粉瓶（筒）多摇动几次，以使结块的墨粉碎成粉末。

4. 废粉过多

从感光鼓上清除下来的废墨粉收集在一只小盒中，装满时即会在操作面板上显示信号。有些机器废粉过多与墨粉不足时使用同一指示灯，这就更应当注意检查。当废粉装满时要及时倒掉。一般废墨粉不能重复使用，特别是单组分显影的复印机，否则会影响显影质量。

任务 4.6　静电复印机的操作使用范例

4.6.1　施乐 – 1027 型静电复印机的操作使用

1. 操作面板及显示器

（1）操作面板各控制键钮及功能。施乐 – 1027 型静电复印机的操作面板如图 4 – 20 所示。

（2）故障部位显示图和操作符号显示。施乐 – 1027 型静电复印机操作面板上的故障部

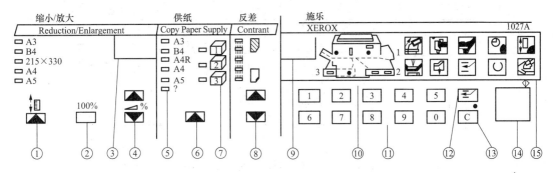

图 4 - 20 施乐 - 1027 型静电复印机操作面板示意图

①—原稿幅面选择钮。当使用自动缩放功能时,用它选择原稿幅面。

②—1:1 等幅面(100%)键。按此键后,复印机自动置于1:1 复印状态。

③—缩/放百分比显示窗。它可将所选的缩/放百分比显示出来。

④—无级缩/放键。按此键可获得所需缩/放倍率,复印图像按1%的比例在64%~156% 范围内变化。上面为增大键,下面为缩小键。

⑤—纸张幅面显示灯。显示被选复印纸幅面,如所选复印纸幅面指示灯不亮,应插入所需纸盒。

⑥—纸盒选择键。按下此键以选择所需纸盒。

⑦—纸盒显示器。显示所选择纸盒位置。

⑧—图像浓度控制键。可选择相应浓度以改善复印图像的质量。

⑨—状态显示窗。复印份数或状态码显示处。

⑩—故障部位显示图。当复印机出现常见故障时,图中将显示该故障出现的部位。

⑪—复印数量按钮。1~99 任意选择。

⑫—中断操作键。在一项复印操作进行过程中,按此键可以中断操作,以便插入另一项工作。

⑬—停止清零键。用于停机或清除复印份数。

⑭—开始键。按此键开始复印。

⑮—操作符号显示。通过某一符号的显示,提示操作者该做哪项工作。

位显示图和操作符号显示部分如图 4 - 21 所示。

2. 一般操作步骤

(1)接通主电源开关,此时预热点亮。

(2)打开原稿盖,将原稿按照稿台幅面标尺线的位置放好,注意将有文字和图像的一面向下放置在稿台玻璃上。

(3)选择适当的浓度、纸面幅面、所需的复印倍率和复印份数。

(4)待预热灯熄灭,可以复印灯点亮,按下"开始"键即开始复印。

(5)开始正式复印前,还应先试印一张复印品,检查其质量.若不满意,则进行必要的调整,再试印,直到满意为止。

(6)复印完毕后,从接纸盘中取走复印品,从原稿台上取走原稿。

3. 特殊的使用方法

以上是施乐 - 1027 型复印机的一般操作程序,但在日常工作中,常会遇到一些特殊的要求,下面列举几种情况,说明其操作方法。

(1)自动缩/放。操作步骤如下:

1)放好原稿。

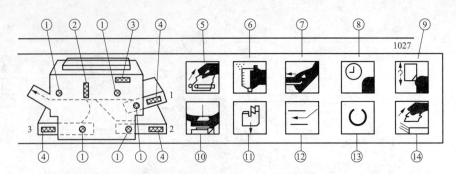

图 4-21　施乐-1027型静电复印机操作面板各种信号显示图

①—送纸故障显示。如果某处发生送纸故障，此处指示灯会亮。

②—废粉回收瓶满显示。当废粉回收瓶装满时，此处的指示灯将会点亮。

③—需加墨粉显示。当需要补充墨盒时，此处的指示灯会点亮。

④—纸盒显示。当被选用的纸盒中无纸或纸盒没有完全插入时，此处的指示灯会亮。

⑤—清理纸路操作显示。

⑥—加粉操作显示。

⑦—插入纸盒操作显示。

⑧—待机状态显示。

⑨—检查纸张幅面操作显示。

⑩—加纸操作显示。

⑪—更换废粉回收瓶操作显示。

⑫—插入复印操作显示。

⑬—准备复印操作显示。

⑭—清理分页器操作显示。

2）按下原稿幅面选择钮，选择所需原稿幅面，使其与原稿幅面相符或相近。

3）根据复印纸的幅面选择纸盒。

4）复印机自动选择合适的缩小或放大倍率（注：对可以调整的纸盒不能指定纸张的尺寸，因此机器只具有部分自动缩/放功能）。

5）当可复印灯点亮后，按复印（开始）键即可进行复印。

（2）手动供纸。操作步骤如下：

1）放好原稿。

2）放下手动供纸盘，将导纸板按复印纸幅面调整好，当复印灯点亮后，插入复印纸直至插不进去为止，复印机即自动进纸复印。

3）按上述方法插入第二张复印纸，复印机继续工作，复印份数计数窗显示为"2"（注：如将复印数量为"0"，甚至加纸灯仍在闪烁时，仍可使用手动供纸复印。一次只能送入一张复印纸，当连续送纸时，复印份数计数窗会连续计数）。

（3）双面复印。操作步骤如下：

1）将原稿第一面朝下，放在稿台玻璃上，待复印灯点亮后进行复印。

2）再将原稿第二面朝下，放在稿台玻璃上。

3）从接纸盘中取出第一面已复印好的复印品，放入手动供纸盘上（注：放纸是复印品的空白面应朝上，并注意复印品正反面的阅读方向）。

4）进行复印，这样就得到了一份双面复印品。

（4）插入复印。在复印机正在进行大批量自动复印时，如需插入急件，可参照下列步骤进行：

1）按中断操作键，面板上的插入复印操作指示灯亮，机器暂停原先设置的工作状态。

2）打开原稿盖，从稿台上取走原稿，重新放入需插入复印的原稿，放下原稿盖。

3）设置插入件的复印份数，按复印键开始复印。

4）插入复印结束后，从稿台上取走插入件原稿，将原先复印的原稿按原来的方式放好，再按一次中断操作键，复印机就可自动恢复到中断插入前的状态。

5）再按复印键，复印机就会继续进行原来的工作。

4.6.2　理光 FT - 4422 型静电复印机的操作使用

1. 理光 FT - 4422 型静电复印机的外观和各部件位置

理光 FT - 4422 型静电复印机的外观如图 4 - 22 所示。图中数字标明了机器各部件的位置。

图 4 - 22　理光 FT - 4422 型复印机外观和各部件位置示意图

①—操作面板。各种操作控制按键和指示灯位于此处。

②—原稿标尺。位于曝光玻璃的左边，用于原稿的定位。

③—原稿盖。复印时放下此盖压住原稿。

④—曝光玻璃。复印时将原稿面朝下放在此玻璃上。

⑤—手送台。用于复印不是标准规格的复印纸和色纸。

⑥—计数器座。把选购的计数器插于此处。

⑦—卡匣。此卡匣能够放 250 张复印纸。

⑧—前盖。打开前盖可以接触复印机内部。

⑨—纸匣。此纸匣能够放 250 纸复印纸。

⑩—主开关。使复印机在电源接通和待机状态之间切换。

⑪—接纸盘。复印出来的复印件接放在此处。

⑫—10 格分页器（选购配件）。用于复印件的自动分页或分类。

⑬—自动送稿器（选购配件）。可将一叠原稿逐页自动送至曝光玻璃上并移出。

⑭—墨粉盒。当操作面板上加入墨粉指示灯亮或闪烁时，需要更换此盒。

⑮—定影单元。定影辊和定影灯是定期更换部件。接触机器内部时，请小心，此单元可能很热。

2. 操作面板

（1）操作面板上的按键。理光 FT - 4422 型静电复印机的操作面板如图 4 - 23 所示。

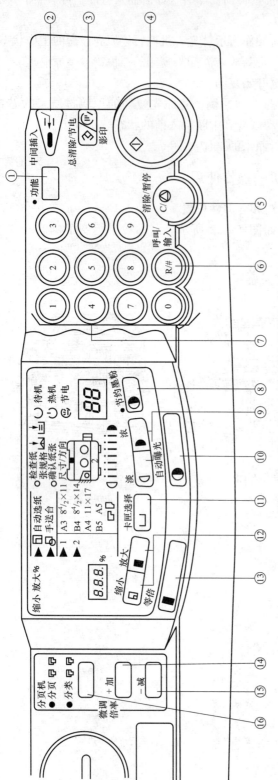

图 4 - 23　理光 FT - 4422 型复印机操作面板

①—功能键。按此键并结合数字键可实现该机的一些特殊功能。

②—中间插入键。用中间插入键可中断某项连续复印工作以复印急需的复印件。

③—总清除/节电键。按此键可清除复印机的输入设定。

④—复印键。按此键开始复印。

⑤—清除/暂停键。按此键可取消输入的复印份数。复印中，按此键将暂停复印过程。

⑥—呼叫/输入键。用于输入资料。

⑦—数字键。用于编入所需的复印份数或代码。

⑧—节约墨粉键。按此键进入节约墨粉模式。该模式可以延长墨粉盒的使用时间，并使复印浓度变淡。

⑨—浓度调整键。为手动浓度调整选择。

⑩—自动曝光键。按此键复印机将自动控制图像浓度。

⑪—卡匣选择键。按此键复印用来选择复印纸尺寸。

⑫—等倍键。用于选择等倍率（1:1）复印。

⑬—缩小和放大键。用于选择固定缩放倍率。

⑭—微调放大键。按此键每级放大 1%。

⑮—微调缩小键。按此键每级缩小 1%。

⑯—分页键（选购配件）。按此键分页分页器将对复印件自动进行分页和分类。

（2）指示灯。理光 FT – 4422 型静电复印机面板上的指示灯如图 4 – 24 所示。

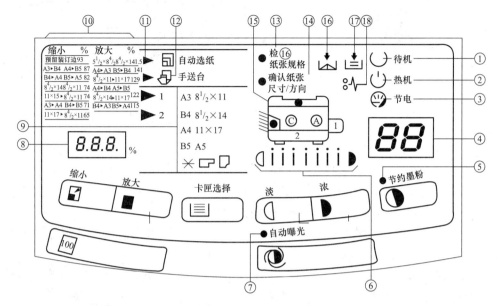

图 4 – 24　理光 FT – 4422 型复印机指示灯

①—待机指示灯。此灯亮，表示机器预热完毕，定影辊已到规定温度，可以复印。

②—热机指示灯。打开主开关接通电源后，复印机进入预热阶段，在该阶段里，热机指示灯亮。

③—节电指示灯。此灯亮，表示机器处于节电状态。

④—复印张数显示屏。用于显示输入的复印张数或某代码。

⑤—节约墨粉指示灯。此灯亮，表示机器处于节约墨粉模式。

⑥—手动浓度指示灯。用于显示手动调整的浓度。

⑦—自动曝光指示灯。按下自动曝光键，此灯亮，表明机器处于自动浓度调整状态。

⑧—三位数指示灯。用于显示资料，如显示使用者代码和使用者复印件总数等。

⑨—纸张规格指示灯。用于显示所选择的纸匣、复印纸尺寸和方向等。

⑩—缩小和放大指示灯。用于显示所选择的缩放倍率。

⑪—自动选纸指示灯。只有当机器购置了自动送稿器时，才能选择自动选择纸张功能。此灯亮，表示使用者选择了
自动选纸功能。

⑫—手送台指示灯。此灯亮，表示处于手动送纸复印状态。

⑬—检查纸张规格指示灯。此灯亮，提示使用者选择了不合适的复印纸，无法进行复印。

⑭—确认纸张尺寸/方向指示灯。此灯闪烁表明原稿尺寸或方向和复印纸尺寸或方向不相符，提示使用者纠正错误。

⑮—卡纸位置显示器。当复印机出现卡纸故障时，该显示器显示出现卡纸的位置。

⑯—加墨粉指示灯。当该指示灯闪烁时，表示到了补充墨粉（复印仍可进行）的时间，如该灯持续亮时，复印机
停止工作，必须及时更换墨粉盒。

⑰—装入纸张指示灯。此灯亮，表示纸盒中无纸，需要装入符合规格的复印纸。

⑱—检查纸张路径指示灯。此灯亮，表示机器出现了卡纸故障。

3. 理光 FT – 4422 型复印机的基本操作和常用功能

（1）启动复印机。

1）打开主开关。如图 4 – 25 所示。

2）等候复印机预热。在预热阶段（不超过 1min），热机指示灯，如图 4 – 26 所示。

3）复印机预热完毕后，待机指示灯亮，如图 4 – 26 所示。机器可以开始复印。

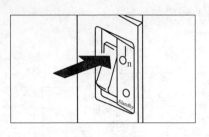

图4-25　打开主开关

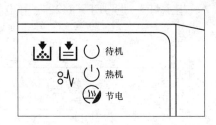

图4-26　预热和待机

4）若某项复印工作完成后，节电指示灯亮，说明复印机处于自动节电方式。可按总清除/节电键回到待机状态，如图4-27所示。

（2）在曝光玻璃上放置原稿。

1）掀开原稿盖，（注意，提起原稿盖时握住中心把手处）。

2）将原稿面朝下放在曝光玻璃上。原稿必须对准原稿标尺上的中间标记，如图4-28所示。

3）轻轻放下原稿盖。

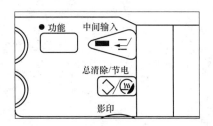

图4-27　从节电方式回到待机状态

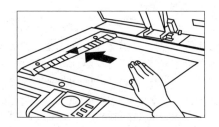

图4-28　放置原稿

（3）调整复印浓度的方法，有如下三种：

1）自动曝光。一般原稿均可采用自动曝光方式。在操作面板上按自动曝光键，使自动曝光指示灯亮，复印机在复印过程中均自动控制图像浓度。

2）手动浓度调整。如果原稿太浓或太淡，使用者可采用手动浓度调整方式。如图4-29所示，按变淡（左）键降低复印浓度，而按变浓（右）键可增强复印浓度。在调整的过程中手动浓度指示灯将显示所选择的浓淡度。

3）节约墨粉模式。该模式将使复印浓度变淡，这样将延长墨粉盒的使用时间。如果选择节约墨粉模式，在复印前按节约墨粉键，如图4-30所示（注意，该模式不能与自动曝光或手动浓度调整方式同时选择）。

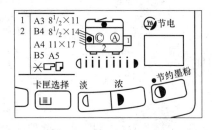

图4-29　手动浓度调整

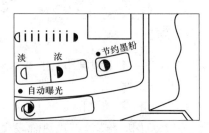

图4-30　节约墨粉模式

（4）等倍（1:1）复印的操作步骤如下。

1）确认复印机处于待机状态（待机指示灯亮），而不是按前述方法启动复印机。

2）在曝光玻璃上放置原稿。

3）用数字键输入所需要的复印张数。若要更改输入的数字，先按清除/暂停键，再输入新的数字。

4）用卡匣选择键选择复印纸张。

5）调整复印浓度（方法如前所述）。

6）确认倍率设定为100%。若不是，按等倍键。如图4-31所示。

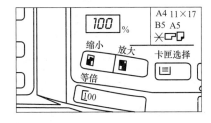

7）按复印键。

（5）缩小和放大。在理光FT-4422型复印机缩小和放大有如下两种方式：

图4-31 设置等倍率

1）采用固定倍率来缩放原稿，有下面两种方式：① 缩小：按缩小键可以选择复印机预先设置的缩小倍率（共7级）。缩小倍率按如下顺序改变：93% →87% →82% →77% →74% →71% →65%。② 放大：按放大键可以选择复印机预置的放大倍率（共5级）。放大倍率按如下顺序改变：115% →122% →129% →141% →155%。

2）采用无级变倍率来缩放原稿。使用者可以用1%的变化逐级从61%到156%改变倍率。① 放大：如图4-32所示，重复按微调放大（+）键或按住此键不放，以1%的变化逐级增大倍率。② 缩小：如图4-32所示，重复按微调缩小（-）键或按住此键不放，以1%的变化逐级缩小倍率。

（6）手动送纸复印的操作介绍。其操作步骤如下：

1）确认复印机处于待机状态（待机指示灯亮）。

2）把原稿放在曝光玻璃上，盖好原稿盖。

3）打开手送台，如图4-33所示。

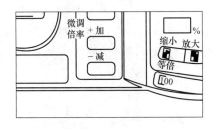

图4-32 无级变倍

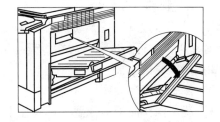

图4-33 打开手送台

4）确认手送台指示灯亮，若未亮，按卡匣选择键选择手送台。

5）移动手送台纸张导板吻合复印纸的宽度，如有必要，拉出延伸杆来支撑大尺寸的复印纸，如图4-34所示。

6）把复印纸放在手送台上，并插入纸，直到它轻轻地触到里面的滚筒为止。

7）按复印键，开始复印。

8）如果需要复印多张，重复第6）步骤，直到复印结束。

（7）中间插入复印操作。利用中间插入键可暂停复印工作来复印其他急需的文件，其步骤如下：

1）按中间插入键，如图4-35所示。复印机将停止工作，并把现在的设定存入控制板的内存中，然后回到待机状态。

2）打开原稿盖，取出前面的原稿。把插入复印的原稿放在曝光玻璃上，放下原稿盖。

3）设定插入件的复印份数，按复印键进行复印。

4）中间插入复印完毕后，取出插入复印的原稿。将原先的原稿按原来的方式放好，再按一次中间插入键，复印机将取出刚才存储的复印设定。

5）再按复印键，复印机继续暂停的工作。

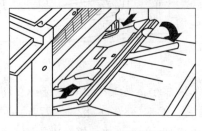

图4-34　手送台纸张导板

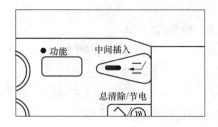

图4-35　中间插入复印

任务4.7　静电复印机的维护、常见故障分析与排除方法

4.7.1　静电复印机的维护

为了使复印机始终保持良好的工作状态，当机器经过一段时间的使用，或复印份数达到一定数量时，都应及时进行清洁保养和维护。这样，不但可以保证复印品的质量，还可以延长机器的使用寿命。复印机操作人员应根据实际情况，因地适宜地订出具体的维护保养计划。一般可以把复印机的维护保养分为：每天保养、日常保养和定期保养三种形式。

1. 每天保养

不管使用的是高档复印机还是低档复印机，也不论使用的是新机器还是旧机器，每天都必须对复印机进行一次保养。在每天复印工作结束时，一般应进行以下的清洁保养工作：

1）擦拭原稿盖板。

2）擦拭原稿台玻璃板。

3）清洁操作面板（注意，不要让水或其他液体流入操作内部）。

4）清洁复印机外部。

5）从纸盒内取出复印纸，进行防潮保存。

6）用防尘罩把复印机罩好。

2. 日常保养

日常保养应在复印机达到一定工作时间，或复印张数达到一定数量时进行。由于复印机结构和性能的差异，不同的机器日常保养周期是不同的。因此，各种类型的复印机都应该按照其维修手册所要求的保养周期，进行必要的维修保养。一般认为日常保养周期为每复印万印张是比较合理的。

（1）日常保养前的预备工作。在进行日常保养工作之前，应预先做好以下几项工作：

1）制作复印样品，检查和分析复印品质量。

2）检查并记录计数器所显示的总复印张数。

3）根据已复印的总张数，判断有关零部件和消耗材料的使用寿命，对易损零件应重点进行检查，以决定是否需要更换或修理。

4）观察复印机运行时，各部件有无异常声响。

5）观察复印机内部有无异样气味和高压漏电现象。

6）检查复印机的有关参数是否发生变化，如充电电流、显影偏压、曝光灯电压、定影温度、磁刷厚度等。

7）准备必要的维修工具、清洁用品、零部件和消耗材料。

（2）日常保养程序。一般静电复印机的日常保养程序如下：

1）切断电源，拔下电源插头。

2）清理周围的杂物，准备一个良好的工作环境。

3）拆除全部外罩板，如稿台盖板、前门、侧罩板、后罩板等。

4）取出各电晕极，包括充电、转印、分离、消电电极，进行清理更换电极丝，并检查电极两端绝缘座是否损伤或击穿现象，如有应给予更换或修补。

5）取出各消电灯、空白/删边曝光灯，检查并进行清理处理，如损坏或变黑要更换。

6）取出感光鼓，检查表面是否有划伤，并用黑布或黑色塑料袋遮光保护。

7）取出各清洁部件，清洁或更换清洁刮伤板、清洁毛刷、清洁回收刮板等。清扫清洁器内部，更换或清洁回收盒。

8）清洁定影器的热辊、压力辊、热敏电阻、分离爪、油毡、定影油刮板、清洁毡辊等，如有损坏应及时更换，对于加硅油的定影装置，检查硅油施加部件是否污染或堵塞、硅油量是否充足等。

9）清洁光学系统。先用橡皮吹气球将反光镜、镜头、曝光灯反光罩和挡粉玻璃等表面的粉尘吹走，然后再用镜头纸或绸布轻擦镜头、反光镜和曝光灯管。清洁稿台玻璃和各种光电传感器。

10）检查和清洁扫描导轨、扫描驱动钢丝和传动轮等，并在扫描导轨、镜头导轨和传动轮、轴上施加少量的润滑油和润滑脂。

11）清洁和擦拭机内输纸系统。清洁送纸装置中的搓纸轮、对位辊、导纸板、纸盒等，清洁各卡纸检测用的光电传感器。清洁输纸装置中各输送轮、输送带、导向轮，并检查真空排气扇的运动情况。

12）清扫机器内部和感光鼓周围一切易被墨粉和粉尘污染的部位，并将复印机底部的油污、杂物清扫擦拭干净。

13）用润滑油或润滑脂润滑机械驱动装置的各种齿轮、链轮、凸轮、传动链条、离合器等。给各个驱动电机的轴承、轴套注入少量的润滑油。

14）更换机内的臭氧过滤器。添加必要的消耗材料，如墨粉、硅油等。

15）按顺序将已拆下经清洁保养的各零部件、各罩板装回主机原处，并按维护手册的要求进行调整和检测。

16）确认一切正常后，接通电源，开机进行复印，全面检查复印品质量，观察机器运转状况。

17）将所有工作逐条记录备查。

3. 定期保养

定期保养是在日常保养的基础上进行的一种有针对性的保养工作。定期保养周期的长短，应根据所使用复印机的类型、性能、结构和使用单位的实际情况来确定。一般以每复印五万至十万印张进行一次定期保养是比较合理的。

如果把日常保养叫做中修的话，可以把定期保养叫做大修。定期保养工作实际上是对复印机进行一次全面彻底的检查、维护和调整。其主要内容是彻底清洁复印机内各部分的基础上，根据各零部件、易损件及消耗材料的使用寿命，进行有针对性的检查和更换。有些零部件从检查结果看，虽然没有什么问题，但根据其使用寿命来考虑，在定期保养中也应给予更换，以免发生较严重的故障。定期保养的重点应放在主要易损件上，如感光鼓、清洁刮板、定影辊、曝光灯、定影加热器、各种密封垫、防尘罩、搓纸辊、摩擦垫及供油毡刷等。这些零部件的使用寿命各不同相同，其参考值见表4-4。

表4-4　　　　　　　　　复印机主要易损部件寿命参考数值

序　号	名　　　称	使用寿命（复印张数）	备　　注
1	清洁刮板	50 000	
2	感光鼓	50 000 以上	
3	定影辊	200 000	分上、下辊
4	定影辊刮板	100 000	
5	曝光灯	100 000	分卤素灯、荧光灯
6	定影加热器	200 000	红外线灯管
7	电极丝	10 000	
8	分离带、爪	10 000	
9	各种密封垫	200 000	
10	防尘罩	200 000	
11	供油毡刷	30 000	
12	搓纸辊	100 000	

4.7.2　静电复印机故障检修的原则和方法

由于静电复印机的种类和型号繁多，每一个厂家生产的复印机的性能、结果和特点各不相同，再加上复印机产品的更新换代十分迅速，各种新材料、新器件、新技术不断地得到应用，因而，不同类型的复印机出现故障的原因与检修方法有很大区别。

为了正确分析判断复印机生产故障的原因，并采取最有效的方法排除故障，了解静电复印机故障检修的基本原则和方法是非常必要的。

1. 复印件各种的判断与分析

（1）根据了解的实际情况来判断故障的性质。当复印机出现故障时，一般不要急于处理。首先应了解故障发生的时间、起因、发生故障以前使用的情况，以及造成故障的可能因素。因为产生故障的因素很多，并且很复杂，往往一种故障现象可能会有多种因素影响它；

另外，也有可能一种因素会产生多种故障，所以，必须对故障的发生有一个全面的了解。静电复印机在使用过程中出现的故障，可以分为复印品质量故障和机器运转故障两大类，而机器运转故障又可分为机械故障和电气故障。根据了解的故障现象，来确定故障的性质是很关键的一步。因为不同类型的故障其检修方法和程序有所不同，若能准确判断是属于机器运转故障还是复印品质量故障，是机械方面的故障还是电气方面的故障，则为迅速排除复印机的故障创造了有利的条件。

（2）根据复印品质量分析故障原因。根据复印品质量的缺陷来分析判断故障所在部位，是维修中经常采用的一种方法。它的基础是必须对静电复印机的基本原理和整个复印过程有充分的了解。虽然这种方法不是直接查找一类故障的确切部位和原因，但通过分析复印品上存在的缺陷，可以比较准确地发现大多数故障的大致部位，从而对症下药，提高故障排除的速度和准确性。

分析产生复印品质量故障的原因，是一项既复杂而又有规律的工作。这是因为在整个复印过程中，能影响复印品质量的因素很多。例如，复印品上经常出现的底灰，它的产生原因主要是光学系统污染造成曝光量不足，但也可能是因显影器、显影剂参数失调，或是充电、曝光、转印、清洁、消电等部分工作不正常造成的。这就使故障分析复杂化了。但另一方面，所有复印品质量故障的生成又有它的规律性，一般对它的分析和诊断应与复印过程联系在一起，应按充电→曝光→显影→转印→清洁→消电的顺序逐一进行检查。

（3）根据机器显示出的故障代码分析故障原因。现代静电复印机的自动化程度很高。一台具有自我诊断记忆功能的复印机，当某个部位出现异常现象时，将会自动停机报警，并会显示出代表故障性质或类别的代码。只要知道每一个故障代码所代表的故障现象与性质，就能很容易地去采取措施排除故障。目前，较高档次的静电复印机往往具有几十种故障代码，操作者很容易根据各种代码显示去分析和排除故障。

（4）应用复印机的输入/输出检查功能来分析故障原因。对具有自我诊断功能的复印机，一般还具有输入/输出检查功能。该功能主要用来检查机器中各种传感器和负载的好坏。

现代复印机一般都有很多个不同类型的传感器，这些传感器分布在静电复印机的各个部位。当复印机工作时，它们将产生反映现行状态的信息和数据，通过连接线路传送给控制电路。例如，紧贴在定影热辊表面的热敏元件（如热敏电阻或热电偶）产生热辊表面温度检测信号；卡纸传感器用来检测卡纸位置，并由控制电路控制停机和显示卡纸位置。

当怀疑某个传感器有问题时，可采用输入检查法。首先让复印机进入输入/输出检查状态（此时复印机不能进行复印工作状态），再用数字键输入所检查传感器的编号，这时在操作面板上会显示出被检查传感器的状态。人为地改变被检查传感器的现行状态，观察面板上显示状态是否变化，从而判断该传感器是否完好。

负载是静电复印机中具体执行某个复印动作的部件，也叫执行机构。它接收来自控制电路的控制信号，并按照控制要求完成复印操作，如扫描曝光灯、定影加热器、电晕放电器以及各种交、直流电机和电磁离合器都是控制系统中的负载。当某一负载发生问题时，复印机将会产生故障。而采用输出检查法，可以很方便地查找故障所在。检查故障时，将需检查的输出负载的编号输入后再按复印键，所选择的负载就会动作。根据负载的动作状态就可以判断该负载的好坏。

2. 复印机故障检修的基本原则

（1）出现故障时应立即切断电源。当复印机突然出现故障时，应立即关机，切断电源，以免使故障扩大。待对故障作出分析判断，并给予排除后，才能继续运行。

（2）检修故障应先易后难。复印机故障是多种多样的。有的故障现象单一，很容易解决，而有些故障比较复杂，既有动作不良的故障又有复印品质量的缺陷，既有机械的又有电气的原因。所以在检修复印机的故障时，应遵循先易后难，逐个解决的原则。应先排除一般和简单的故障，后解决复杂和疑难的故障；先排除机械系统的故障，后修理和调整电气控制系统的故障；先解决动作不良的故障，后处理复印品质量的缺陷。

（3）尽量利用故障代码和输入/输出检查功能。对于有自我诊断功能的复印机，应尽量利用故障代码和输入/输出检查功能来查找故障部位，以及判别传感器和负载的好坏。这样既可以提高查找故障的正确性，又可以尽快排除故障。

（4）根据复印过程，由大到小，逐步压缩故障区段。对于没有自我诊断功能的复印机，应采用逐段检查，逐步压缩故障区段的方法，直至找到故障所在。例如，对复印品质量上的缺陷，应按充电→曝光→显影→转印→清洁→消电的顺序来排除故障，进行检修；对纸路故障应按搓纸→对位→分离→输纸→定影的顺序进行检修。

3. 排除复印机故障的基本方法

（1）直接排除法。对复印机出现的一些比较常见的简单故障，一般采用直接排除的方法。这类故障发生后，操作者可以通过观察很快了解故障的部位和产生的原因，并将其直接排除。例如，当复印机出现卡纸故障后，操作面板上会显示出卡纸的部位，操作者根据显示的位置，可很快将该处的卡纸取出，然后即可恢复正常工作。类似这种情况，如废粉过多、缺纸、夹纸复印等都可采用直接排除法。

（2）清洁法。它是一种比较常用而又非常有效的方法，不管产生的故障是什么类型，有几个故障现象，只要按日常保养的内容、要求和程序进行一次全面的清洁保养工作，大部分故障即可排除。这种方法对复印品质量有缺陷的复印机特别有效。

（3）调整法。复印机经过一段时期的使用后，会使一些部件发生质量下降、老化磨损的现象，但一般并不影响机器的正常运转，而只会造成复印品质量下降。对于这种情况，可以进行一些必要的调整来补偿，如感光鼓老化，造成复印品浅淡有底灰，可以采用适当提高充电电流的方法使复印品图像质量有所改变。又如曝光灯老化，造成复印品偏黑、有底灰，可以采用适当提高曝光灯电压的方法，使复印品的质量得到改善。

（4）更换法。有些故障在采用清洁法和调整法以后，仍不能排除的，就应考虑采取更换零件和消耗材料的方法。例如，当感光鼓疲劳和严重受损时；显影剂的使用寿命已到期时；搓纸轮老化磨损时；清洁刮板老化损伤时；曝光灯变黑时等，只有将它们更换才能将故障彻底排除。另外机械传动系统中的齿轮、链轮、轴承、轴套、输送皮带、钢丝绳等发生磨损或破损时也应及时给予更换。

（5）代替法。当有些故障出现后，如难于确定具体的零部件或电气控制电路的问题时，可以采用代替法来确定机器的故障。具体操作过程是：将所怀疑的零部件或电气控制电路拆下，用同机型的好的零件代替，通过试机，如果故障现象消除，说明原有的零部件有问题，应该更换；如果故障仍然存在，则说明故障不在该处，可进一步查找故障的部位。特别对电气控制电路的故障，采用替换的方法具有很大的优越性。当然，这样做的条件是必须有相同机型的零部件或备有相应的零部件。但应注意，在进行电路板的代换时，一定要慎重。因为有些有故障的电路板装到好机器上进行验证时，有可能会损坏好机器上的其他电路板；而有些有故障的机器装上好的电路板时，也有可能将好的电路板损坏。因此，在进行电路板代换时，一定要对电路板进行仔细检查后才能进行。

4.7.3　静电复印机常见故障分析与排除方法

由于各种型号的静电复印机结构不同，因此，即使故障现象和可能产生的原因相似，故障产生的部位和零部件的性能都可能有所不同。所以这里只对复印机常见的故障现象、原因及排除方法加以介绍。复印机的常见故障主要分为复印品图像质量故障和电气与机械方面故障两大类。

1. 电气与机械方面故障

有关复印机在电气与机械方面的常见故障、可能的原因及排除方法，见表 4 - 5。

表 4 - 5　　　　　　　　　　复印机电气与机械故障的分析和排除方法

故障现象	故障原因	故障排除方法
按下电源开关，指示灯不亮	外界电源问题 电源插头接触不良 门开关未合上 电源电压过低	检查和修复交流供电线路 重新插牢 关好门，合上门开关 加装交流稳压器
预热指示灯超过预热时间不熄	定影器温控电路不正常 定影灯管接触不良或灯丝断 定影灯熔丝断 定影器温度电位器数值大	检查电路 检查灯管，若烧断更换新的 更换熔丝 重新调整电位器数值
按下复印键机器不工作	复印按钮微动开关工作不正常 主电动机故障 控制电路故障	调整或更换 检修或更换主电动机 检修或更换控制电路板
按下复印键，运转正常，但复印纸张不输出	搓纸电动机不工作 搓纸辊老化或胀污 纸张走偏，在输纸道卡住 输纸离合器不工作 纸张未从感光鼓上分离下来 纸张分离后未进入定影器	检查线路和电动机 清洁或更换搓纸辊 检查纸盒是否安装正常 检修或更换离合器 检查分离装置 检修和清洁输纸装置
光学扫描系统不正常行进	扫描移动轨道胀或阻塞 扫描驱动钢丝绳太松或太紧 扫描起始微动开关和离合器不工作 控制电路有故障	清洁和润滑扫描轨道 调整扫描驱动钢丝绳的张力 检修和调整微动开关及离合器 检查或更换控制电路板

故障现象	故障原因	故障排除方法
纸卡在输纸道内	输纸离合器失控 输纸道内有异物 纸走偏堵塞	调整或更换输纸离合器 清除纸道内 清除复印纸
磁刷显影器不转	载体过多 显影器齿轮磨损 显影离合器失控	调整载体与墨粉比例 更换齿轮 检修或更换显影离合器
加粉器失灵	加粉电动机失控 加粉盒没装好 加粉器中有异物	检修加粉电动机及控制电路 重新安装加粉盒 取出加粉器清除异物
定影器不运转	定影驱动机构不良 定影辊被卡住 传动齿轮磨损	进行检修或更换 检修定影辊，排除卡辊的故障 更换齿轮
定影器卡纸	定影辊两端压力不均 分离爪变形 定影器内有异物	调整和检修定影上、下辊 更换分离爪 清除异物
清洁器不转	安装没到位，齿轮脱节 清洁电动机或传动链条故障 控制电路接触不良	重新安装 检修或更换电动机、链条 检修控制电路
自动停机、振动大	扫描驱动钢丝绳松 终止微动开关失灵	调整钢丝绳的张力 更换终止微动开关
原稿扫描灯不亮	扫描曝光灯管坏 曝光灯熔丝断 曝光灯管脚接触不良 扫描灯控制电路不良	更换灯管 更换熔丝，并找出原因 检查和调整 检修或更换控制电路板

2. 复印品图像质量故障

有关复印机在复印品图像质量方面的常见故障、可能的原因及排除方法，见表4-6。

表4-6　　　　　　　　复印品图像质量故障的分析和排除方法

故障现象	故障原因	故障排除方法
复印品全白	充电电极接触不良 转印电极丝断 高压发生器无输出 显影器安装不到位 显影套筒不转 无显影剂	重新安装调整 更换转印电极丝 检修或更换高压发生器 重新安装调整传动齿轮啮合 检修显影驱动机构 添加显影剂

续表

故障现象	故障原因	故障排除方法
复印品全黑	曝光灯坏 鼓和光学系统严重受潮 光路中有异物	更换曝光灯 加电除潮，并对鼓、镜头、反射镜等进行清洁 清除异物
复印品上有纵向白带	电极丝上有异物，胀或变形 感光鼓面有问题	清洁或更换电极丝 清洁或更换感光鼓
复印品上有横向白带	显影套筒运行不正常 充电电极接触不良 感光鼓面不干净	检查和调整驱动链条 用砂纸打磨插头，并重新插好 清洁感光鼓
图像歪斜	纸盒内装纸太多 搓纸轮接触不均匀 进纸辊簧位不正确 输纸系统胀	将纸盒内的纸减到 250 张以下 清洁和调整搓纸轮 清洁和重新安装 清洁输纸系统
复印品上出现纵向黑带	光学系统胀 电极丝胀 消电灯坏 清洁刮板上有纸屑 定影热辊污染或有划痕 感光鼓上有划痕	清洁光学系统中的镜头、反射镜等 清洁和调整电极丝 更换消电灯 清洁或更换清洁刮板 清洁或更换定影热辊 维修或更换感光鼓
复印品上有横向黑带	显影偏压漏电 显影区附近胀 定影辊胀 感光鼓有划痕	检修偏压电路和底座 清洁显影区 清洁和调整定影辊 维修或更换感光鼓
复印品上有白点	显影粉浓度不够 显影磁极位置有问题 消电灯坏 充电电极高压值波动	检查显影装置 调节磁极位置 更换消电灯 检修高压发生器
复印品图像浓度不均匀	充电、转印电极污染 消电灯滤光片胀 消电灯胀 墨粉在粉斗内分布不均 撒粉辊坏 墨粉内有异物	清洁或更换电极丝 清洁滤光片 更换消电灯 查找并排除墨粉分布不均的故障 更换撒粉辊 清除异物
复印品图像浅淡	充电、转印电极胀 曝光量调节不适合 显影剂超过使用量 磁刷与感光鼓的间距大 显影器中墨粉少 感光鼓表面形成薄膜 充电高压数值低	清洁或更新电极丝 重新选择曝光方式 更换显影剂 调节磁刷与感光鼓的间距 添加墨粉 清洁或更换感光鼓 检查和调整充电高压值

续表

故障现象	故障原因	故障排除方法
复印品有底灰	稿台玻璃胀 原稿有底色或彩色原稿 光学系统污染 预清洁电极丝断 充电高压或栅压过高 显影磁刷太厚 感光鼓已到使用寿命 消电灯坏 曝光灯污染或老化	清洁稿台玻璃 采用合格的原稿 清洁光学镜头，反光镜等 更换预清洁电极丝 检查和调节高压或栅压 调节显影磁刷厚度 更换感光鼓 更换消电灯 清洁或更换曝光灯
复印品图像模糊	光学系统聚焦不良 稿台玻璃胀 扫描架导轨胀 扫描架驱动钢丝绳松 扫描架驱动离合器打滑 扫描速度传感器有问题 感光鼓表面严重受潮	进行各种倍率下的调整 清洁稿台玻璃 清洁润滑扫描导轨 调节好驱动钢丝绳的张力 检修或更换驱动离合器 检查或更换速度传感器 加电除潮
复印图像擦伤	复印纸凸凹不平 显影装置下方有异物 输纸负压风扇电动机不动作 定影辊上有异物 定影装置入口导板安装过高	调换合格的复印纸 清除异物 检查控制电路或更换风扇电动机 清除异物 重新安装
复印品起皱纹	复印纸受潮 定影温度设置过高 分离电极不起作用 纸路胀 定影辊损坏或变形 定影辊压力过大	调换新包装的复印纸 调节定影温度 检修分离高压电路或更换分离电极 清洁整个纸路 更换定影辊 调节压力
复印品背面脏	纸路污染 转印导板和转印分离电极座污染 清洁器下方漏粉 定影上、下辊污染 排纸辊、导纸板污染	清洁搓纸轮、传送带等 清洁导板口和转印分离电极座 检修清洁器、更换密封垫 清洁定影上、下辊 清洁排纸辊和导纸板
复印品图像未定影	复印纸受潮 搓纸不良，产生夹纸 定影温度设置过低 温度传感器不良 定影辊压力过小	采用未受潮的复印纸 检查或更换搓纸轮、摩擦纸 调节定影温度 检查或更换传感器 调节压力

续表

故障现象	故障原因	故障排除方法
缩小复印时复印品产生黑边	幅面消电灯胀 幅面消电灯损坏	清洁幅面消电灯组件 检查和更换消电灯
放大复印时复印品有黑带	原稿盖板未合好 光学系统驱动机构不良	盖好原稿盖板 检修光学系统驱动机构

任务 4.8　静电复印机常见故障的检修实例

4.8.1　理光 FT-4422 型静电复印机常见故障的排除

1. 机器运转方面的故障

当复印机不能按要求正常工作时，说明机器运转方面出现了故障，可按表 4-7 列出的方法进行处理。

表 4-7　　　　　　　　　理光 FT-4422 型复印机运转方面故障的排除方法

代码		故障部件	故障原因	故障排除方法
主开关打开时，操作面板无显示		交流电源	电源插头没有插好 电源插座上无额定交流电压 机器的前门或盖板没有合上	插好电源插头 检查外线和电源闸刀熔丝 关好前门或盖板
卡纸频繁		纸路或纸盒	纸盒中的纸不符合规格要求 纸盒中的纸放置不恰当 机内有卡纸或异物	换上合乎规格要求的纸 整理纸盒内的纸张 清除机内的卡纸或异物
在复印张数显示屏上出现故障代码 U	U1	卡式纸盒上方	手送台盖板没有合上	合上手台盖板
	U2	计数器（选购件）	复印设定了使用者代码	取消使用者代码
	U4	分页器（选购件）	分页器故障	使分页器复位
	U6	送稿器（选购件）	送稿器故障	检查送稿器是否卡纸
装纸指示灯亮		纸盒	纸盒无纸	装入符合规格要求的复印纸
加粉指示灯闪烁或亮		显影器	显影器无粉或墨粉不多	更换墨粉盒
检查纸张路径指示灯亮		纸路	供纸机构或输纸机构发生卡纸	根据卡纸位置显示器的提示，清除相应部位的卡纸
节电指示灯亮		操作面板	复印机处于节电状态	按除复印键以外的任何键
检查纸张规格指示灯亮		纸盒或送稿器	纸盒中的纸不合规格要求 送稿器中原稿方式错误	选用合乎规格要求的纸 选择正确的原稿复印方式
确认纸张尺寸/方向指示灯亮		纸盒与原稿台	原稿尺寸和方向与复印纸的尺寸和方向不相符合 使用了不合要求的原稿	打开原稿台盖板，改变原稿方向或尺寸 采用合乎要求的原稿

续表

代码	故障部件	故障原因	故障排除方法
手动浓度指示灯闪烁 自动曝光指示灯闪烁 节约碳粉指示灯闪烁		当出现这三种情况之一时，将主开关关掉后再打开，如果仍旧出现这些现象时，请与维修人员联系，查找原因进行修理	

2. 复印品质量问题

理光 FT-4422 型复印机常见复印品质量问题和解决的方法见表4-8。

表4-8　　　　　理光 FT-4422 型复印机常见复印品质量问题及处理措施

质量问题	故障原因	处理措施
复印品显得较脏	原稿带灰色或彩色底色 复印图像浓度太深 原稿盖板，稿台玻璃或送稿器传送带脏	采用手动浓度选择功能调整 调整图像浓度使之变浅 清洁原稿盖板、稿台玻璃，清洁送稿器传送带
复印品上出现原稿背面的内容	图像浓度深	调整图像浓度或采用自动曝光方式，由复印机自动控制图像浓度
复印品图像太浅	原稿的图像对比度低 复印图像浓度太浅 选择了节省墨粉方式	调整复印图像浓度 根据原稿实际情况，选择合适的调整方式 清除节省墨粉方式
每次复印时复印品上脏的部位相同	原稿盖板，稿台玻璃或送稿器传送带脏	清洁原稿盖板、稿台玻璃和清洁送稿器传送带
复印品为空白或部分图像未被复印	原稿未放到位 选择了不适当的复印纸尺寸	将原稿对准左标尺放好 根据原稿大小选择合适的纸盒
复印品上有白线或部分图像模糊不清	电晕充电器的电极丝污染	打开前盖，将充电器从机内取出，清洁或更换电极丝

4.8.2　施乐-1027型静电复印机常见故障的处理

施乐-1027静电复印机具有自我诊断功能。当机器的某个部件发生故障时，将会自动停机，并在控制面板上显示出故障代码。操作者根据该代码反映的故障部位和原因，就能很快地加以排除。同时该机还具有多种自我诊断程序，利用这些程序可以检查各种输入元件和输出元件的好坏，也可以用来自动调整复印机的某些工作状态，显得十分方便。

1. 施乐-1027型复印机的常见故障代码

当机器发生故障时，在控制面板的复印张数/计数显示窗中会出现对应的故障代码。代码由字母与数字组成。施乐-1027型静电复印机的常见故障代码见表4-9。

表 4 – 9　　　　　　　　　　　施乐 –1027 型静电复印机的常见故障代码

故障代码	故障部位	故障原因	故障排除方法
C1	第一纸盒供纸故障	启动杆有阻力或接插件松动 搓纸电动机或装置有故障 纸路传感器脏或有故障 输纸辊磨损或脏	取下纸盒，检修有关部件 用输入诊断代码 8 – 4 检测纸路传感器是否正常 用输出诊断代码 8 – 1 检测输纸离合器是否正常 更换或清洁输纸辊
C2	第二纸盒供纸故障	启动杆有阻力或接插件松动 搓纸电动机或装置有故障 纸路传感器脏或有故障 输纸辊磨损或脏	取下纸盒，检修有关部件 用输入诊断代码 8 – 4 检测纸路传感器是否正常 用输出诊断代码 8 – 2 检测输纸离合器是否正常 更换或清洁输纸辊
C3	第三纸盒供纸故障	启动杆有阻力或接插件松动 搓纸电动机或装置有故障 纸路传感器脏或有故障 输纸辊磨损或脏	取下纸盒，检修有关部件 用输入诊断代码 8 – 4 检测纸路传感器是否正常 用输出诊断代码 8 – 3 检测输纸离合器是否正常 更换或清洁输纸辊
C9	手动送纸故障	启动杆有阻力或接插件松动 搓纸电动机或装置有故障 纸路传感器脏或有故障 输纸辊磨损或脏	取下纸盒，检修有关部件 用输入诊断代码 8 – 4 检测纸路传感器是否正常 用输出诊断代码 8 – 3 检测手动送纸电磁铁动作 是否正常 更换或清洁输纸辊
E1 – 1	定影出纸故障	分离爪变形 出口开关启动杆有故障 定影辊磨损或脏 出口压力辊和分离爪有故障	提起复印机上机身，检修有关部件 用输入诊断代码检测出口开关是否正常 更换或清洁定影辊 检查出口压力辊和分离爪，若有问题给予维修 或更换
E1 – 2	卡纸故障	纸路中有卡纸未取出 纸路传感器有故障	提起复印机上身，取出卡纸 检修或更换纸路传感器
E1 – 5	卡纸故障	纸路中有卡纸未取出 纸路传感器或出口开关有 故障	提起复印机上身，取出卡纸 检修或更换纸路传感器、出口开关等部件
E1 – 6	手动送纸故障	手动送纸传感器有故障 手动送纸电磁铁有故障	检修传感器启动杆 检修电磁铁组件
E3 – 3	定影出口卡纸故障	出口开关启动杆有故障 机械驱动方面的故障	提起上机身，检修出口开关启动杆 检查弹簧压力，清洁或更换阻尼片
E3 – 4	定影出口卡纸故障	出口开关或有关电路故障	用输入诊断代码 8 – 6 检测出口开关是否正常
E5	联锁开关有故障	前门未关好 联锁开关有故障	重新关好前门 检修联锁开关

续表

故障代码	故障部位	故障原因	故障排除方法
J7	废粉满传感器故障	集粉盒已满 废粉满传感器有故障	更换集粉盒 检修或更换传感器
L5	纸盒尺寸不对故障 （中断复印后）	新插入的纸盒尺寸不对	更换合乎要求的纸盒
L8	稿台玻璃温度高于50℃	连续复印时间太长 热敏电阻有故障 冷却风扇有故障 温控电路有故障	关机、让温度降下来后再工作 更换热敏电阻 用输出诊断代码10-1检测冷却风扇是否完好 检修或更换温控电路板
U1	主电动机控制有故障	主电动机有故障 主控制电路板有故障	检修或更换主电动机 检修或更换主电路板
U2	扫描驱动电动机或传感器故障	扫描驱动电机不良 起始端或定位传感器有故障 扫描导轨运动阻力大或卡住 扫描灯架钢丝绳松脱或损坏	检修驱动电动机 检修有关传感器 清洁和润滑导轨 检修或更换钢丝绳
U3-1	镜头驱动机构故障	镜头电机不良 镜头传感器不良 镜头驱动带不良	检修电机 用输入诊断代码6-4检测传感器 调整或更换驱动带
U3-2	反射镜架驱动结构故障	反射镜架电动机不良 反射镜传感器脏或损坏 反射镜架驱动带有故障	检修架驱动电动机 用输入诊断代码6-5检测传感器 调整或更换驱动带
U4-1	定影器热敏电阻故障	热敏电阻损坏或开路	检修或更换热敏电阻
U4-2 U4-4	定影辊在规定时间内，达不到预热温度	定影灯管损坏 热敏电阻不良 定影恒温器有问题	更换定影灯管 检修或更换热敏电阻 检修定影恒温器
U4-5	主电路板检测故障	主电路板内部检测控制失灵	检修或调换主电路板
U6-1	只读存储器（ROM）失灵	主电路板故障	检修或调换主电路板
U6-2	随机存储器（RAM）失灵	主电路板故障	检修或调换主电路板
U6-3	主电路板电池失灵	主电路板电池不良	更换主电路板上的电池
U6-4	主电路板自诊记忆电路故障	主电路板故障	检修或调换主电路板

故障代码	故障部位	故障原因	故障排除方法
U8	曝光灯及调整电路故障	曝光灯管损坏 曝光灯控制电路不良 曝光灯没有交、直流电源	更换曝光灯管 将亮度粗调电位器 VR - 1 调节在中间位置，若不起作用，再检修控制电路 检查曝光灯稳压器的交、直流输入

2. 施乐 – 1027 型复印机的输入/输出元件自我诊断测试功能

（1）施乐 – 1027 型复印机的输入元件自我诊断测试功能。该输入元件自诊断测试功能是用来检查电气控制系统信号输入元件（如传感器、定位开关、联锁开关等）的好坏。可帮助使用者迅速查找和排除故障。

1）输入元件自诊断测试代码。施乐 – 1027 型复印机输入元件自诊断测试代码见表 4 – 10。

表 4 – 10　　　　　　　　　　　　　输入元件自诊断测试码表

代　　码	输入元件	代　　码	输入元件
1 – 1	连锁开关	7 – 3	纸盒 3 定位开关
6 – 1	定位传感器	8 – 4	纸路传感器
6 – 4	镜头传感器	8 – 5	手动纸路传感器
6 – 5	反射镜传感器	8 – 6	出口开关
7 – 1	纸盒 1 定位开关	9 – 4	加色粉传感器
7 – 2	纸盒 2 定位开关	9 – 5	废粉满传感器

2）输入元件自诊断测试方法。操作步骤如下：① 进入自诊断状态；② 输入子系统代码数字；③ 按复印键。子系统代码数字出现在缩/放比率显示窗内；④ 输入功能代码数字，再按复印键；⑤ 操作要测试的元件；⑥ 如"等待"灯和"准备复印"灯交替闪亮，则表示该元件和有关电路工作正常；⑦ 如"等待"灯长亮，则该元件与其电路常处于低水平；⑧ 如"准备复印"灯长亮，则该元件与其电路处于高水平；⑨ 按"停止/清除"键一次可取消此元件的测试，按两次取消子系统代码。关闭主电源开关，使机器退出自诊状态。

（2）施乐 – 1027 型复印机输出元件自诊断测试功能。该功能用来检查复印机控制系统输出元件（如驱动电机、冷却风扇、曝光灯、离合器、电磁铁等）的好坏，可帮助操作者迅速查找和排除故障。

1）输出元件自诊断测试代码。施乐 – 1027 型复印机输出元件自诊断测试代码见表 4 – 11。

表 4 – 11　　　　　　　　　　　　输出元件自诊断测试代码表

代　　码	输出元件	代　　码	输出元件
1 – 2	蜂鸣器	6 – 3	灯架电动机（向后）
3 – 1	计数器	6 – 6	曝光灯
4 – 1	主驱动电动机（向前）	8 – 1	纸盒 1 输纸离合器
6 – 2	灯架电动机（向前）	8 – 2	纸盒 2 输纸离合器

代　码	输出元件	代　码	输出元件
8－3	纸盒3输纸离合器	9－13－1－8	显影偏压—正常
8－7	手送纸电磁铁	9－13－1－9	显影偏压—次浓
8－8	定位门电磁铁	9－13－1－10	显影偏压—最浓
9－1	高压电源	9－11*	回缩电磁铁
9－2	像间/像边缘消电灯	9－12	预转印灯
9－3	显影电动机	10－1	光学冷却风扇
9－13－1－6	显影偏压—最淡	10－2	排气扇
9－13－1－7	显影偏压—次淡	10－3	真空风扇

注：凡功能代码右上角带"*"号的，表示该元件在自诊断测试时启动一秒钟后，会自动停止，目的是防止该元件受损。

2）输出元件自诊断测试方法。操作步骤如下：① 进入自诊断状态；② 输入子系统代码；③ 按复印键，子系统代码将显示在缩/放比率显示窗内；④ 输入功能代码；⑤ 按复印键；⑥ 观察所测试元件是否正常工作（如电动机正常运转、电磁铁吸合、曝光灯点亮等），若该元件不能正常运转，应给予修理或更换；⑦ 按"停止/清除"键一次可取消功能代码，按两次可取消子系统代码；⑧ 关闭主电源开关，退出自诊断状态。

3. 施乐－1027型复印机主要工作状态的调整

（1）施乐－1027型复印机的状态调整代码。施乐－1027型复印机电气部分的调整是采用代码调整的方法来实现的。状态调整代码是由一个子系统代码（20）和一个功能代码组成。调整功能包括纸张定位、曝光灯亮度、定影温度等。表4－12列出该机的全部状态调整代码。

表4－12　　　　　　　施乐－1027型复印机状态调整代码

代码	调整状态	调整功能
20－1	定位	一般情况为16（范围从0～32），小数值码代表纸送早一点，大数值代表纸送迟一点。相邻两码的定位差为0.42mm
20－2	曝光灯亮度	输入代码后，按反差控制可增减曝光灯的亮度。一般数值为09（范围从0～43）
20－3	定影温度	标准值为24（范围为0～32），其代表温度为194℃。代码数值越小温度越低，反之则温度越高。相邻两码温度差为10℃
20－4	像间/像边消电灯熄灭时间	一般数值为16（范围为0～32），小数码表示熄灭早一点，大数码表示灯熄灭迟一点。相邻两码时间差为0.24ms
20－5	横向倍率精调（100%）	用于调整图像边至边的放大率。一般数值为16（范围从0～32），小数值代表缩小，大数值代表放大。相邻两码的调整差值为0.125%
20－6	纵向倍率精调（100%）	用语调整图像顶至底的放大率。一般数值为16（范围为0～32），小数值代表缩小，大数值代表放大。相邻两码的调整差值为0.129%

代码	调整状态	调 整 功 能
20 - 7	放射镜原位	由生产厂家决定反射镜起始位置数值，列于机器前方表内
20 - 8	镜头原位	由生产厂家决定镜头起始位置数值，列于机器前方表内
20 - 9	预置记忆	当记忆预置后，全部状态调整代码的记忆均置于一般数值

（2）主要工作状态的调整方法。

1）定位调整（复印品起始线调整）。定位调整用于当复印纸前沿与硒鼓上色粉像的前沿不能达到转印电极时进行。此时复印纸上的图像将产生前移或后移，即复印品的起始线有偏差。

其调整方法如下：① 按数字键"0"，同时接通电源，使复印进入自诊断状态，这时控制面板上指示灯全亮，复印纸数/计数显示窗显示"88"，缩/放倍率显示窗显示"188"；② 输入子系统代码"20"；③ 按复印启动键；④ 输入功能代码"1"；⑤ 再按复印启动键，这时复印张数/计数显示窗显示出当前的定位数值（标准值是16）；⑥ 调整起始线位置，若欲使起始线距离变小，可输入一个比当前定位数值大的代码，反之，则可输入一个比当前定位数值小的代码；⑦ 按下复印启动键；⑧ 关闭主电源开关，使机器退出自诊断状态；⑨ 重新开机，复印一张复印品，检查起始线位置，如仍不理想，则重复以上步骤，直到满意为止。

2）曝光灯亮度调整。调整曝光灯亮度，实际上是调整加至曝光灯的电压。施乐-1027型复印机有两种方法调整曝光灯的亮度：一是粗调，即调整主电路板的亮度调整电位器；二是细调，即采用状态调整代码自动调整。

只有当已全面清洁过光学系统，并调整反差选择钮仍无法达到满意的复印品时，方可进行曝光灯亮度调整。调整顺序是先细调，如效果不明显，再进行粗调。

曝光灯亮度细调方法如下：① 使复印机进入自诊断状态（方法同前述）；② 输入状态调整代码"20-2"；③ 按复印启动键，这时复印张数/计数显示窗显示出当前曝光灯亮度数值；④ 按反差选择钮，使显示窗内的数字增大或减小（数字范围0~32）；⑤ 显示窗显示的数字大，表示曝光灯的亮度高，复印品图像浅、底灰小，反之，复印品图像深、底灰大；⑥ 关闭主电源开关，退出自诊断状态；⑦ 试印一张复印品，检查其曝光情况，如仍不理想，则重复上述步骤，直到满意为止。

曝光灯亮度粗调方法如下：① 卸下复印机后盖；② 用一字螺丝刀调整亮度调整电位器VR-1；③ 将VR-1向顺时针方向转动，曝光灯亮度增加，反之则曝光灯亮度减小；④ 进行粗调后，一般应重新进行细调。

注意：当亮度调整电位器VR-1调得太多时，可能使机器显示故障状态码"U8"，所以粗调时一定要注意调整范围不能太大。

（3）定影温度调整。当复印品上的色粉能抹去或因定影过度使纸张产生皱褶时，应进行定影温度调整。另外当使用特殊纸进行复印时，也需对定影温度进行调整。

定影温度的调整方法如下：① 使机器进入自诊断状态；② 输入状态调整代码"20-3"；③ 按复印启动键，这时显示窗当前定影温度数值；④ 输入比当前定影温度数值大的数字代码，将使定影温度升高，反之将会使定影温度下降，可输入代码范围为0到32；⑤ 按复印启动键；⑥ 关闭主电源开关，使复印机退出自诊断状态；⑦ 复印一张复印品，检查定影效果，如仍不理想，则重复上述步骤，直到满意为止。

➡ 思考与练习

1. 叙述复印机的组成及工作原理。
2. 复印机的分类及性能有哪些？
3. 复印机的选购应注意哪些？
4. 如何进行复印机的维护与保养？

项目 5　一 体 化 速 印 机

▶ **教学目的**

　　1. 了解一体化速印机的发展过程。

　　2. 熟悉一体化速印机的种类、结构和工作原理。

　　3. 掌握一体化速印机的使用方法、选购、维护和故障维修。

　　随着社会科学技术的发展，工作的需求，市面上研制生产出了一体化速印机来取代了过去的油印机。目前，为了提高工作效率，减少经济成本，在各单位里几乎都采用了现代化的一体化速印机。因为一体化速印机不仅能够让人们像使用复印机那样方便地利用它来进行大量的印刷工作，而且它既继承了油印机的工作原理也体现了它经济实惠的优点，同时也从根本上革新了油印机的蜡纸刻制工艺。它的原理像复印机一样，原稿经过机器扫描后，由主机将原稿成型的光的图像转换成数字信号，并命令激光体发出激光束使得滚筒上的蜡纸直接形成图像，这样就彻底地精简了传统油印机的刻制蜡纸的工序。复印的整个操作步骤与真正的复印机几乎一样。

　　一体化速印机是指通过数字扫描，用热敏制版成像的方式进行工作，从而实现高清晰的印刷质量，印刷速度在每分钟 100 张以上的印刷设备。其功能有对原稿缩放印刷、拼接印刷、自动分纸控制等，而绝大多数的机型还可以支持电脑打印直接输出的功能。

　　一体化速印机和复印机非常相似，尤其是在制版时，同样也是将原稿放在玻璃稿台上。而在功能上它与复印机也有许多相似之处。但是一体化速印机的工作原理和复印机有着本质差别。一体化速印机的印刷首先需要通过光学和热敏制版的原理，把需要印刷的内容制成在印版上（在日常的应用中许多用户把这种印版叫做蜡纸，当然它和传统的钢板蜡纸是有很大区别的），然后再通过印版进行印刷，而在完成印刷后，这张印版也就报废了，无法反复使用。而复印机的印刷则主要是通过光学和半导体感光成像的原理来进行复印的，在复印结束之后，通过放电等手段可以消除感光板上的印像，从而可以反复地使用。

　　一体化速印机的印刷速度是复印机很难达到的。同时一体化速印机的印刷成本也要比复印机低得多。因此，目前在学校、机关中一体化速印机已经被广泛地使用。

任务 5.1　一体化速印机的组成及工作原理

1. 一体化速印机的组成

　　速印机一般由图像扫描器、处理器、印刷头、主要控纸器、控纸系统等部分组成。其各组成部分的主要功能介绍如下：

　　（1）原稿扫描：将原稿经过光电扫描以后，得到数字化的图像信号。

　　（2）制版：将数字化的图像信号经电热敏头在版纸上产生与原图像一致的图像并自动

地将版纸装在滚筒上。

（3）进纸：能自动快速进纸。

（4）印刷：图像转印到进纸部分送来的纸张上面。

（5）出纸：能自动与进纸一样快的速度出纸。

（6）控制电路：接收控制面板输入的各种命令和其他各部反馈回的各种信息，以控制整个系统，使其协调地工作。

（7）操作面板：接收使用者输入的各种命令及显示使用者输入的各种命令和机器工作的状态信息。

一体化速印机的基本组成框图如图5-1所示。

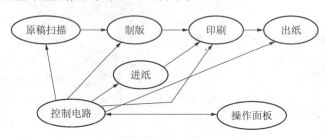

图5-1   一体化速印机的基本组成框图

2. 一体化速印机的工作原理

一体化速印机的工作过程大致可以分为：高速自动数字扫描、自动热敏制版、高速印刷等几部分。把印刷的原稿采用类似复印的方式放置到印刷玻璃板上并盖上盖后，启动速印机。首先是图像扫描器对原稿进行数码扫描并将原稿成型的光的图像转换成数字信号，然后送到处理器进行处理并命令激光体发出激光束使得滚筒上的蜡纸直接形成图像。在主要控制器的参与下，印刷头将需要的油墨喷涂在蜡纸上，同时控纸系统将纸张依次送入机器并附着在滚筒上，油墨渗透过蜡纸在纸张上精确成像，由此完成高速印刷。

3. 一体机的主要工作步骤与相关术语

（1）制版方式。目前几乎所有的一体化速印机都是采用数码热敏头制版。热敏制版也可以分为热熔解型和热交联型两类，其中：

1）热熔解型：通过用半导体激光二极管熔去图文部分，露出下面的亲油层，除去版上的残留物，就可准备上机印刷。它是一种非化学处理过程，较为环保，可在明室下工作。它的耐印力稍低了一些（只有5万印左右），但是对于速印机来说已经足够了。由于它的成本较低，因此多被速印机所采用。

2）热交联型：通过红外线的热量达到一定温度后，感光层中的部分高分子发生热交联反应，形成潜像；再加热，使图文部分的分子化合物进一步发生交联反应，其目的在于使图文部分在碱性显影液中不被溶解。值得一提的是，预热时空白部分也发生了部分反应，因此显影时要去除空白部分的影像。温度过高，在印版上会形成热雾状；温度过低，淡化或削弱了图文部分，因此要把握好温度。图文部分的性质很稳定，即使曝光后六个月，印版仍旧可用；这种制版方式对光的感光度很低，可在明室下工作。热交联型成本较高，多用于专业印刷领域。

（2）最高印刷速度。最高印刷速度是一体化速印机每分钟能够最多印刷的张数，它的单位是张/min（以 A4 纸为标准）。和复印机一样，在工作时一体化速印机也需要一个预热过程，首张复印也需要花费比较长的时间，因此复印速度在计数时一般应该从第二张开始。同样，速印机的印刷速度是可以进行调节的，这里的最高印刷速度自然是指产品的最大值，用户在印刷时也可以选择中挡值或是最小值来印刷，这样印刷的质量可以相应地提高一些。和复印机相比，一体化速印机一个最大的优势就在于它的印刷速度。目前绝大多数的速印机都可以达到每分钟 100 张以上的印刷速度。

（3）首页印刷时间。首页印刷时间指的是一体化速印机在完成了预热和制版，已处于待机的状态下，做好了如加纸等一切准备工作后，从按下按钮向一体化速印机发出指令到输出第一张印刷品所花费的时间。目前主流产品的首页印刷时间都可以控制在 30s 之内。

（4）分辨率。分辨率指的是一体化速印机印制的清晰度，它直接关系到印刷的质量。和打印机一样，分辨率也是用 dpi（dot per inch）来标识的，它是用垂直分辨率和水平分辨率相乘来表示的。例如，一台产品的分辨率表示为 300dpi × 400dpi，就是表示此台一体化速印机在一平方英寸的区域内水平 300 个点，垂直 400 个点，总共 120 000 个点。一体化速印机的精度指标不需要像打印机那么高，一般来说 300 ~ 400dpi 就已经足够了。

（5）原稿类型。原稿类型指的是一体化速印机能够对其进行扫描制版的对象的种类。除了单页纸之外，有的产品还支持书本。纸和书是有区别的，这是因为书和单页的纸相比有一定的厚度，在扫描制版时，光的折射和反射都是不同的。因此能够支持单页纸原稿的，未必都能够支持书本原稿。

（6）缩小比率。和复印机、多功能一体机等产品一样，一体化速印机同样也是可以对原稿进行放大或者是缩小后进行制版印刷的。缩小比率和放大比率是指一体化速印机能够对需要印刷的原稿进行放大和缩小的比例范围，使用百分比（%）标识。不过和复印机、多功能一体机的那种无级调节（也就是可以在可缩放的范围内任意选择一个比例）不同，一体化速印机的缩小和放大比率是固定的。产品提供了几个相对固定的方法和缩小比例供用户进行选择。用户需要对原稿进行放大或是缩小，只能在这几个固定的比率中进行选择。

任务 5.2　一体化速印机的功能与使用

一体化速印机的工作环境有一定要求，正确合理地安装一台一体化速印机，可以更好地发挥速印机的功能，有益于工作人员的人身安全。一般说来，一体化速印机应在环境温度为 5 ~ 35℃之间，机器不可受阳光直接照射，要保持室内空气流通。一体化速印机放置要平稳，电源为指定要求电流电压，同时机器要保持接地状态。

1. 一体化速印机的功能

一体化速印机的功能较多，一般分实际功能和具体功能。

（1）一体化速印机的实际功能。一体化速印机具有经济、快速、方便、可靠、精美、环保等特点，它的实际功能有印刷日历、信笺、信封、商业卡片、订单、名片簿、表格、备忘录、证书、广告单、即时贴、规格表或小册子等。

（2）一体化速印机的具体功能。一体化速印机的印刷速度可以自动调节，有的型号可以提供多达 5 级变速（60、80、100、120、130 张/min）的选择。由于一体化速印机在印刷第一张文件的时候包括了制版（即数字化刻制蜡纸）的过程和印刷文件的过程，所以需要的时间要比印刷纸张所需的时间多些，需要 20s 左右。对于用来复印的原稿纸张大小的范围也比较大，一般的机型都可以完成从最大 A3（297mm×420mm）到最小/名片（50mm×90mm）的印刷。同时，用于复印的纸张尺寸要求从最大 290mm×395mm 到最小 B5 90mm×140mm，它最大的印刷面积可以达 251mm×357mm，相当于最大纸张面积的 80%。它还提供多级的缩放比例，如 4 级缩放比例提供了 94%、87%、82%、71% 4 个级别供用户自主选择。机上的图片制版模式同样是采用 600dpi 解像度，使照片能重现图像的层次及色泽度。而文字及图片自动辨别制版模式，可将一张原稿上的文字和图片自动分开，用不同的扫描模式作出最佳处理，得出最佳的印刷效果。

目前，一体化速印机不仅仅像传统的一体机一样，可以进行有原稿的扫描制版印刷，而且可以通过电脑直接输出进行制版印刷，这样就大大提升了 IT 时代的办公环境，不愧为"IT 时代的速印专家"。有些型号的机器已经内置了电脑打印接口，它就像一台超高速、大幅面、高精细的打印机一样，可以快速、大量得到电脑文档资料。不仅如此，这些机型都可以接入到网络环境，实现网络的共享印刷（局域网）和远程印刷（远程通信）。如果经常遇到某一份文件的单张印刷量较大的话，就应选择一台一体化速印机。由于一体化速印机的数字化特性，使得它不但能快速印刷，还可以与电脑连接，直接复制电脑上形成的图像文件。

2. 一体化速印机的使用

一体化速印机的使用比较简单，可以通过原稿直接速印，也可以通过计算机直接输出速印。一体化速印机的操作有几个主要步骤：首先要做好速印的使用前的准备工作；其次根据不同机型，熟悉机型的基本操作过程，控制面板的操作。一般来讲，不同的机型有不同的操作过程（这里不再举例介绍），但有些主要过程可通过以下几个方面来了解：

（1）一体化速印机蜡纸的安装如图 5-2 所示。

（2）一体机的使用技巧与机密保存功能。通过简单的步骤印刷人员可以避免别人印制机密的文件。

1）当保密功能设定时，印刷与试印再不能执行印刷。

2）关闭电源也不能消除保密功能。

3）当设定保密功能后，仍可以进行制版。除印刷与试印一般的操作都可以进行。

4）当制版设定后保密功能清除。

5）打开控制盘。

6）按动"保密功能"键。

7）当显示信号时，保密功能设定。

8）按动"试印键"来确认印刷。

需要注意的是，保密功能设定时，同时按动"印刷"键和"试印"键，显示下列状态，标明印刷键但不能启动印刷功能，制版后请印刷，按动"制版"键进行制版，保密功能消除，但如果按动"保密功能"键仍然不能消除。

（3）一体化速印机与计算机的连接如图 5-3 所示。

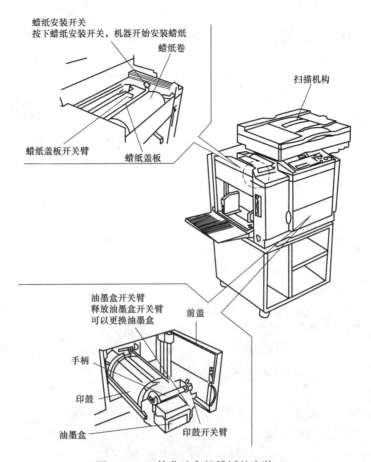

图 5 - 2 一体化速印机蜡纸的安装

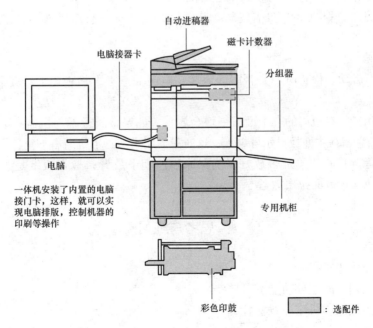

图 5 - 3 一体化速印机与计算机的连接

任务 5.3　一体化速印机的选购及维护

一体化速印机其实是介于油印机和复印机之间的中间产品。尽管它的操作步骤类似于复印机并且使用费用接近油印机，但是它仅适用一次性印刷量在数百上千张而且低于数千张的单位使用。因为，速印机印刷始终是需要制版这个过程的，而且蜡纸是需要成本的（大约一张蜡纸要 1 元多人民币），如果仅复印数张而采用速印机就不会比复印机便宜了。当然，如果需要大规模的印刷，如上万张的印刷或者出版书籍，还是使用专业的印刷机比较方便。

速印机比较适合政府机关、金融保险以及事业单位，大中型企业单位印发文件。通知以及学校等教育部门印发考试试卷及自备复习资料、讲义等。

1. 一体化速印机的选购

选择一台合适的一体化速印机应注意以下几个方面：

（1）选择有效印刷幅面。标准一体化速印机有效印刷面积为 8 开纸，一体化速印机最大印刷面积可达 A3 幅面。

（2）选择单张原件印刷方式及书刊印刷方式。

（3）可以根据具体要求考虑购买一台可与电脑连接直接印刷电脑中图像的一体化速印机。

目前市场上性能最好、价格最优、销量最大的一体化速印机主要有理光和基士得耶两种品牌，此外还有理想、得宝等其他品牌。

2. 保养方法

（1）用温和的清洗液清洗机器的外表，不要使用酒精或溶解性溶液。

（2）清洁扫描台玻璃或扫描台盖。当机器灰尘太多机器会产生故障，所以，应每周清除一次灰尘，清除时必须先把电源拔掉。用干净柔软的布轻轻地擦玻璃台面。

（3）清洁热敏头。每用完两卷版纸应清洗一次。

（4）清洁自动进稿机组的扫描玻璃。首先打开自动进稿机组，然后擦拭玻璃。要有效地清除污物，可在软布上蘸少许酒精。

3. 故障检修

（1）机器不启动。检查电源是否牢固地接在电源插座上，检查电源线是否接在机器上，检查电源是否接通。

（2）信息出错。在机门的右下面有一块金属板，如果金属板不与机器右下面的磁铁直接接触，此提示信息留在主面板显示屏幕上，这时只需用力按一下机门右下角，把门关好即可。

（3）无图像。检查原稿是否放好，确保原稿面朝下放置；检查版纸是否放好，确认版纸自动头从自动纸卷下面拉出放置。

➡ 思考与练习

1. 何谓一体化速印机？
2. 一体化速印机的主要功能有哪些？
3. 选用一体化速印机应注意些什么？
4. 怎样保养一体化速印机？

项目 6　扫　描　仪

▶ **教学目的**

　　1. 了解扫描仪的发展过程。

　　2. 熟悉扫描仪的种类、结构和工作原理。

　　3. 掌握各类扫描仪的使用方法、选购和维护。

任务 6.1　扫描仪概述

　　扫描仪，是一种光、机电一体化的高科技产品，是继键盘和鼠标之后的又一代计算机输入设备。人们通常将扫描仪用于各种形式的计算机图像、文稿的输入。从最直接的图片、照片、胶片到各类图纸图形以及各类文稿资料都可以用扫描仪输入到计算机中进而实现对这些图像形式的信息的处理、管理、使用、存储、输出等。目前扫描仪已广泛应用于各类图形图像处理、出版、印刷、广告制作、办公自动化、多媒体、图文数据库、图文通信、工程图纸输入等许多领域，极大地促进了这些领域的技术进步甚至使一些领域的工作方式发生了革命性的变化。一台扫描仪的介入，会改善用户的工作形象，提升工作效率，实在是不可多得的好帮手。

　　扫描仪的发展经历了黑白、灰度、彩色三个阶段，形成了台式、手持式、大幅面工程图纸扫描仪和馈纸扫描仪四大门类。扫描仪在发展过程中，逐渐成为计算机必不可少的输入设备，被广泛应用于各类领域，为这些领域的科技进步以及工作方式的改变起到了重要作用。扫描仪作为现代计算机输入设备之一，已越来越为人们所熟悉，相对于电脑而言它的发展历程却是很短的一段时间。

　　扫描仪发明于 1984 年。20 世纪 80 年代扫描仪都处于研究发展阶段，虽然这一时期扫描仪的产量不高、价格昂贵，但在这一时期它仍然成为输入设备的常规设备之一。到 20 世纪 90 年代初，扫描仪厂商纷纷着手开发新技术，降低成本，使扫描仪从黑白、灰度、彩色三次扫描过渡到一次扫描。技术的进步为扫描仪的发展和普及提供了重要保障，多种品牌的扫描仪开始进入国内市场。随着扫描仪用户群的扩大，许多厂家对扫描仪的应用进行了更深层次的发掘，从传统的图形领域向文字领域进军。汉字 OCR 技术的开发应用对中国扫描仪市场产生了深远的影响。到 20 世纪 90 年代后期，随着电脑的普及和应用水平的提高，扫描仪技术不断成熟和发展，其生产规模不断扩大，性能不断提高，应用范围不断增加，扫描仪的价格则不断下降，并已成为仅次于打印机的又一计算机配套外设产品。除专业的美工人员使用的专用扫描仪外，办公室也都开始使用扫描仪。由于 OCR 文字识别软件的开发应用及普及，扫描仪逐步进入到普通家庭，使扫描仪不仅成为办公室里的好帮手，也成为人们家庭娱乐与家庭办公的好伙伴。

　　目前，扫描仪作为电脑的常用外设之一，已被广泛应用到各个领域。随着扫描仪的市场需求不断上升和扫描仪知识的不断普及，人们已逐渐认识到扫描仪的作用及价值。在我国，目前 PC 与扫描仪的配比率仅有 7% ~9% ，扫描仪在我国仍有广阔的市场前景。

任务 6.2　扫描仪的结构、基本工作原理及性能指标

1. 扫描仪的结构

本节主要介绍平板式扫描仪的结构，因为平板式扫描仪作为主流机型在办公场所及日常生活中使用得较多，下面就平板式扫描仪的硬件结构作详细介绍。

平板式扫描仪的外观如图 6 - 1 所示。

图 6 - 1　平板式扫描仪的外观

所有的平板式扫描仪都包括三大部分：① 扫描头：光学成像部分；② 步进电机和导轨：传动部分；③ 主板：控制和 A/D 转换处理电路部分。

因为扫描仪是光机电一体化的产品，只有这几部分相互配合，才能将反映图像特征的光信号转换为计算机可接受的电信号。

2. 扫描仪的基本工作原理

扫描仪的核心部件是完成光电转换功能的光电耦合器件（CCD，Charge Coupled Device）。它可以将照射在其上的光电转换为相应的信号。

扫描仪是图像输入设备。扫描仪按如下步骤工作：

1）将欲扫描的原稿正面朝下铺在扫描仪的玻璃板上。

2）启动扫描仪驱动程序后，安装在扫描仪内部的可移动光源通过机械传动机构在控制电路的控制下带动装着光学系统和 CCD 的扫描头与图稿进行相对运动来完成扫描。为了均匀照亮稿件，扫描仪光源为长条形，并沿垂直方向扫过整个原稿，每扫一行就得到原稿横向一行的图像信息。

3）照射到原稿上的光线经反射后穿过一个很窄的缝隙，形成横向光带，又经过一组反光镜，由光学透镜聚焦并进入分光镜，经过棱镜和红绿蓝三色滤色镜得到的 RGB 三条彩色光带（图 6 - 2），分别照到各自的 CCD 上，CCD 将 RGB 光带转变为模拟电信号，此信号又被 A/D 变换器转变为数字电信号。至此，反

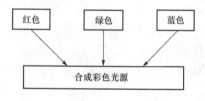

图 6 - 2　三基色合成

映原稿图像的光信号转变为计算机能够接受的二进制数字电信号，最后传送至计算机并在计算机内部逐步形成原稿的全图（图 6 - 3）。

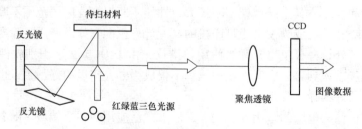

图 6 - 3　扫描仪的工作原理

3. 平板式扫描仪的主要性能指标

（1）分辨率。分辨率是衡量一台扫描仪扫描品质的高低。体现在扫描时所能到达的精细程度，以 DPI 表示。值越高则扫描出来的图像越精细。扫描仪的分辨率又可分为光学分辨率和插值分辨率两项指标。

（2）色彩描述。色彩描述体现在扫描仪的两个性能指标上——色彩位数和色彩动态密度范围。

（3）灰度级。灰度级的数值反映了扫描仪扫描时提供由暗到亮层次范围的能力，更具体地说就是扫描仪从纯黑到纯白之间平滑过渡的能力。现在主流扫描仪的这个参数都采用业界的最高标准4096级（12bit）。

（4）扫描幅面。平板式扫描仪的幅面一般分为A4、A3和A4加长三种。家庭用户多数会选择A4幅面的机器，A3幅面扫描仪的价格相比A4幅面扫描仪成几何级数增长。

（5）接口方式。接口方式是指扫描仪与计算机之间的连接方式。目前常见的有 SCSI、EPP、USB、Firewire 四种。当然，有的厂商从用户角度出发，推出的两种甚至多种接口并存的扫描仪很受消费者喜爱。

（6）可选配件。平板扫描仪的可选配件通常有透扫适配器（TMA）和自动送纸器（ADF）两种。TMA 可以让扫描仪扫描反转片、印刷胶片和幻灯片等，现在很多的扫描仪已经将 TMA 集成在扫描仪当中或者和扫描仪捆绑销售了。ADF 一般配合的是部分高速扫描仪，家庭用户很少需要。

任务6.3 扫描仪的使用

1. 扫描仪的连接

大部分的扫描仪都需要使用一块 SCSI 卡，将其连接到电脑上，也有一些是连接在电脑的并口上。SCSI 插头的插针比较细，安装时要小心，插头插上后，插头两边的卡簧会自动锁住，取下时要捏住卡簧，再拔下插头（图6-4）。

图6-4 扫描仪的连接

在扫描仪的后部，有一个接口、一个电源插孔和电源开关，还有一个比较特殊的插销。在搬动扫描仪时需要将插销锁定，防止扫描仪内的滚轮移动（图6-5）。

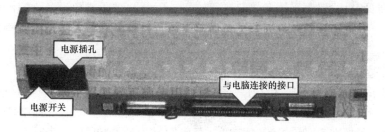

图6-5 扫描仪背面示意图

2. 扫描仪的安装

扫描仪的安装大致可分为硬件安装和软件安装两个步骤。

（1）硬件安装。扫描仪按照其接口的不同而连接方式也不一样，目前市场上流行的接口技术对扫描仪来说也是十分重要的技术之一，直接影响到扫描仪的工作效率。目前 PC 机的扫描仪接口有 EPP、SCSI 和 USB 三种。其中，SCSI 接口传输速度最快，达到 40Mbit/s，但一般计算机上并不配有 SCSI 接口，因此需要额外添加一块 SCSI 卡，这不但增加了扫描仪的成本，而且安装复杂，只有专业机型采用。与 SCSI 接口相比，EPP 接口扫描仪避免了拆机、装机的烦恼及诸如硬件地址冲突等问题，一插即用，适合普通消费者，但是其传输速度慢。USB 接口作为新兴的行业标准，综合了 SCSI 和 EPP 的优点，在传输速度、易用性及兼容性方面均有较好的表现，因此 USB 接口已成为扫描仪最为流行的接口。除此之外，还出现了最新的接口方式 IEEE1394，不过 IEEE1394 目前大多是在高档 Mac 机上使用。

1）EPP 接口扫描仪的安装步骤。

① 将扫描仪从包装中小心地取出，放置在平坦的地方（如桌面等），且尽量靠近待连接的计算机。另外，由于扫描仪特殊的工作方式，所以要确保扫描仪的工作空间尽可能宽敞，以便于扫描仪的操作使用。

② 参照使用说明书，找到扫描仪的锁定装置（通常位于扫描仪的底座上），将此装置拨至打开状态。锁定装置用来保护扫描仪内部光学元件。通常，扫描仪在出厂的时候，此装置都处于锁定状态，即确保内部光学器件不会随意滑动，这样就能够有效地避免扫描仪因搬运等因素而使内部光学器件损坏。

③ 锁定装置打开后，取出数据连接线，按照说明书所给出的指示，分别找到扫描仪和计算机的数据接口，将对应于计算机并口的连接端接入计算机，外一端接入扫描仪，并确保连接牢固。

在这里需要注意的是，连接数据连接线时最好使用扫描仪自带的数据连接线，因为自带的连接线无论从安全性上还是从数据传输的速度方面都有保障。

④ 取出扫描仪的电源线，将其接入电源接入口，完成最后连接。在连接电源线的时候，与数据线连接类似，尽量使用扫描仪自带的电源线。

⑤ 接通电源，打开扫描仪即完成了整个硬件连接的工作。在接通电源前需要认真阅读说明书，确定扫描仪的电压适用范围，因为各国所使用的电压标准不尽相同，电压使用不当，很可能会造成扫描仪的损坏。例如，日本产品所使用的电压标准即为 110V，在 220V 电压环境下使用时则需要外接一个变压器。

至此，使用并行接口与计算机的连接方式就基本完成了，但是通常计算机的 EPP 接口只有一个，而打印机一般都采用此接口进行连接，因此就需要避免设备之间的使用冲突。通常扫描仪除了自身的连接端口外，另外还有一个并行接口。此接口即可以用来连接其他的并行接口设备。

2）SCSI 接口扫描仪的安装步骤。

作为 SCSI 接口的设备，因为多了一块 SCSI 卡，比 USB 接口方式的扫描仪在安装上要略显复杂。一般随机附带的 SCSI 卡是 PCI 接口，在 Windows98 中都能自动引导安装。在扫描仪背面上还提供了标准 50 针的 SCSI 接口，可以同其他的 SCSI 设备进行连接，一边接口为标准 50 针 SCSI 接口，另一边为 SCSI 扫描仪通用接口。

① 将扫描仪平稳、妥善地放置在安全平面上。一般如果是支持 SCSI 连接的扫描仪都会自带一块与之匹配的 SCSI 卡。

② 切断计算机及其他连接设备的电源，打开计算机的机箱，先找到主板上提供的相应扩展槽，选择一个空闲插槽，然后将机箱挡板除去。

③ 将扫描仪附带的 SCSI 卡小心地插入除去挡板的空闲插槽中，用螺丝将 SCSI 卡门定在机器中。

④ 取出 SCSI 数据连接电缆。按照说明书的指示，将接入 SCSI 卡的数据电缆一端小心地与 SCSI 卡上的接口相连，并固定（通常此连接端都附带螺丝，只需将附带螺丝拧紧即可）。

⑤ 将连接电缆的另一端接入扫描仪的相应接口。通常，此接口两侧分别设计有一个固定卡子，需要先将两个卡子分别向两侧掰开。然后待连接妥当后，再将卡子掰回原位。需要注意的是，一定要使用扫描仪自带的连接电缆，因为不同的 SCSI 标准所使用的电缆会有所不同，更要注意不要使用非 SCSI 电缆；否则会出现连接故障。

⑥ 打开扫描仪的锁定装置，很多厂商都设计了一个锁定机构，用于锁定扫描仪的镜头组件。刚买回来的扫描仪是上了锁的，不开锁便无法工作，妥善连接扫描仪电源线，注意扫描仪的适用电压范围。

⑦ 为扫描仪设置相应的 ID 号。SCSI 属于系统级接口，它是按照一定的逻辑关系与 CPU 进行信息传递的。以 SCSI – I 标准为例，此类 SCSI 总线一条可以附带 8 个 SCSI 设备，通常计算机本身会占去一个，所以最多连接的外设是 7 个。这 7 个外设采取链式连接，即数据连接电缆的一端连接在计算机上，另一端连接第一台 SCSI 外设，第二台 SCSI 外设则通过另一根数据连接电缆连接到第一台 SCSI 设备上，依此类推。

通常情况下，扫描仪在出厂时或在其说明书中都设置或建议了较为理想的 ID 号，一般来讲，扫描仪的 ID 号为 2。用户可以通过按动分别位于 ID 号显示标志上下两侧的黑色按钮来设置 ID 号。设置时需要注意，一些采用 SCSI – I 标准的 SCSI 扫描仪只有 0 ~ 7 的 ID 号可以选择，一旦设置按钮无法按动时千万不要勉强，以免造成损坏。

⑧ 打开扫描仪电源，等到状态指示灯停止闪烁并保持常亮，打开计算机电源，等到计算机启动完毕。

⑨ 安装扫描仪 TWAIN 驱动程序时，一般情况下，Windows 系统会自动检测出新增的 SCSI 卡，对于有些 SCSI 卡会自动识别并进行自动安装。对不能识别的 SCSI 卡，会弹出提示对话框，引导用户安装相应的驱动程序（SCSI 卡附带）。

这里需要注意的是扫描仪作为最后一个 SCSI 设备时，最好连接终结器。另外扫描仪的光学部分最为精密，是成像质量优劣的关键所在，光学部分的细微差异都可能严重影响扫描质量。在搬运、安装和调试扫描仪时，务必轻拿轻放，以免损伤光学部件。

3）USB 接口扫描仪的安装步骤。

① 将扫描仪信号电缆线一端连接到计算机背面的 USB 接口。将 USB 线的一端与电脑连接妥当，再把扫描仪的电源线接好。如果这时接通电源，扫描仪会先进行自身的自动测试。测试成功后，它上面的 LCD 指示灯将保持绿色状态，这表示扫描仪已经准备好。由于 USB 接口都有防反插设计，所以不用担心连线会接反。

② 将扫描仪信号电缆线另一端连接到扫描仪背面的 USB 接口。

③ 打开扫描仪锁（部分扫描仪没有锁）。安装扫描仪之前，首先要做的就是打开它的保护开关。开关的位置一般在扫描仪底部或顶部靠前的一个角落，它的作用是用来保护扫描仪的光学组件在搬运过程中免受震动移位。准备使用扫描仪的时候，务必先要将此开关推到开锁的位置，若要运输时则要将此开关锁住。

④ 稳压电源连接到扫描仪上，并使稳压电源插到合适的电源输出插座（有些扫描仪不需要稳压电源，则没有电源线）。

⑤ 安装扫描仪驱动程序和软件。由于 USB 具有即插即用的特性，当连接扫描仪并打开电源后，只要再次启动计算机，那么它就可以自动检测到该扫描仪。如果在重启之前没有安装 USB 驱动程序，那么计算机会在此提示安装相应的驱动程序和扫描软件，然后就可以使用了。

（2）软件安装。硬件安装好以后，扫描仪还不能够工作，只有安装好驱动程序，扫描仪才能够正确使用。

1）确认扫描仪的硬件连接是否完成，检查扫描仪的电源连接是否安全，是否在允许电压范围内。待一切确认正常，再将扫描仪电源打开。

2）待扫描仪电源指示灯处于常亮状态后，启动计算机电源。进入操作系统后，取出扫描仪随机附带的驱动程序安装光盘（通常此光盘有明显的说明标记），将光盘放入光盘驱动器中（一定要保证光盘驱动器正常）。

3）通常此类光盘都属于自启动光盘，即插入光驱后，自动可以运行。如果没有自启动功能，可以直接单击装有光盘的光盘驱动器图标，进入光盘目录列表，从中单击标有"Setup. exe"的可执行程序图标。

也可以将鼠标移至任务栏的"开始"按钮上，单击，选择"运行"选项，在弹出的"运行"对话框中输入"Setup"，然后单击"确定"按钮同样可以启动驱动安装程序，出现如图 6 - 6 所示的画面。

图 6 - 6　紫光扫描仪驱动程序的安装界面

4）启动安装程序后，即可按照其指导步骤进行安装，方法大同小异，在此不再赘述。最后还需要安装专用的扫描仪软件，每款扫描仪都会自带一张光盘，盘内装有三至五种扫描专用软件，其中包括图像扫描、处理及文字识别等软件，可根据需要进行安装。此外还应安装一些非常著名的图像处理软件，如 Adobe 公司的 Photoshop 等。

3. 扫描仪的使用

扫描仪的使用相对来说比较简单，一般人也许只要花很少的时间就能初步利用扫描仪进行一般的图片扫描甚至 OCR（光学字符识别）的工作了。但要真正用好扫描仪，却并不是那么容易的事。对于扫描仪的用户来说,掌握扫描仪的一些使用方法和技巧是非常必要的,它不仅可以节省扫描时间,而且能够帮助用户提高扫描的效率、扫描的质量以及节省存储空间,如果用户还使用OCR(光学字符识别)的话,它还能帮助用户提高识别的准确率。

(1)扫描前期处理。

1)扫描仪应摆放在平整、震动较少的地方。这样步进电机运转时不会有额外的负荷,也能保证达到理想的扫描仪垂直分辨率。

2)保持工作环境的清洁。扫描仪工作时,光从灯管发出后到CCD接收之间要经过玻璃板以及若干个反光镜片及镜头,其中任何一部分落上灰尘或其他微小杂质都会改变反射光线的强弱,从而影响扫描图像的效果。因此,工作环境的清洁是确保图像扫描质量的重要前提。

3)预热。在开始扫描以前最好先让扫描仪预热一段时间(时间长短从10多秒到几分钟,依具体环境而定)。这是由于扫描仪在刚开启的时候,光源的稳定性较差,而且光源的色温也没有达到扫描仪正常工作所需的色温,因此,此时扫描输出的图像往往饱和度不足。

4)要扫描的图像要摆放在扫描起始线的中央,可以最大限度地减少由于光学透镜导致的失真。

(2)提高OCR识别率。购买扫描仪时,附赠的软件中有中英文OCR识别软件,一般都是基础版。很多人认为此类OCR的识别率不是很高,甚至怀疑只有那些正版的数千元的OCR软件其识别率才很高。其实,只要注意使用技巧,此类OCR的识别率完全可达实用化水平。

1)处理原稿扫描图像,使之清晰可"辨"。在其他因素都满足的前提下,对一般的印刷稿、打印稿(包括清晰的针打稿)等质量较好的文稿进行识别,其识别率一般可达到98%以上,而对报纸、复印件等不太清晰的文稿进行识别,无论哪种OCR都难以达到理想的识别率。对那些原稿不太清晰的,要注意识别前对图像加以处理,除去其污迹,并注意将偏斜的版面"改斜归正",通常OCR软件均有此功能,且一般都设有自动纠偏和手动纠偏。

2)分辨率应选择适宜。一般选择300dpi较合适,分辨率选小了会使识别率降低,选得太大了并不能有效提高识别率,还会大幅度加长文件长度,浪费处理时间。有的扫描软件设备上有一项"OCR扫描",干脆将分辨率锁定为300dpi,这是很有道理的。

3)调整好亮度值和对比度值。这条非常关键,对识别率的影响很大。亮度值的调整是在识别前,先看看扫描得到的图像中文字质量如何,如果文字线条凹凸不平,甚至有断线,说明亮度值太大了,应减小亮度值;当文字线条很黑很粗,甚至挤成了黑疙瘩,分不清笔画时,则说明亮度值太小了,应增加亮度值。对比度的调节要视原稿确定,一般可根据预扫时图像清晰度确定。

4)利用OCR的自学习功能。有时OCR对某些字总是难以识别,比如OCR开始对"的"和"二"等字总是搞错,这时可以利用OCR软件的自学习功能,"引导"它正确识别一次(有些不同的字体各需一次),它以后就对这些字"熟识"了。具体操作极易,上机看一下菜单即可明白。另外,若原稿全是英文或其中中文很少,最好使用附赠的英文OCR软件。还有,现在已有一些很好的文字校对软件,其中一般都设置了OCR校对,利用这些软件先行处理一下文本文件,则可大大减轻人工校对的负担。

(3)打印输出图像扫描。一般用户认为其中使用的喷墨或激光等半色调打印机,其分辨率为 600dpi，则打印图像的扫描分辨率也应设为 600dpi，这是错误的。由于喷墨或激光打印机其打印的每个点并无色彩层次，因为打印机在打印图像时一般用 4～8 个点来模拟扫描的一个点。从一般原则上讲，使用打印机分辨率 1/6 的扫描仪分辨率扫描即可得到较好效果，加大扫描分辨率并不能改善输出效果，除非用户需对图像放大输出。对于热升华等连续色调打印机，其打印的一个点对应于扫描的一个点，采用 1:1 输出时原则上应保证扫描的分辨率与打印机分辨率一样，才能保证输出效果。

（4）印刷用图像扫描。原则上讲，在 1:1 输出的情况下，大约需要以两倍于印刷设备的分辨率进行扫描。一般报刊为 85lpi，杂志 133lpi，精美杂志 175lpi，因而分别使用 170lpi、266dpi、350dpi 进行扫描即可。其实 1.5 倍于印刷分辨率，一般都能满足印刷要求。

（5）扫描屏幕显示图像。扫描用于屏幕显示或 Internet 网页制作的图像时，只用于屏幕显示，在扫描时，原则上不需用太高的分辨率扫描，如屏幕分辨率为 640×480，而希望扫描仪显示与原图一样大小，只需用 72dpi 进行扫描；如屏幕为 800×600，则需用 96dpi 扫描。如屏幕为 1024×768，则需用 115dpi 扫描仪。如需放大显示，则按放大倍数将扫描分辨率放大即可。无需加大分辨率，只能影响显示速度，加大占用空间，对显示效果无任何益处。

（6）FAX 稿件扫描。FAX 稿件有"标准"、"精细"、"半色调"三个选项，若不自行选择，传真机将自动选择"精细（FINE）"发送；传真机灰度级多为 64 级或 256 级，对一般文字传真稿，应使用黑白二值模式扫描；如传真稿中有图形，可选择 64 级灰度或 256 级灰度扫描。

传真机的分辨率大多为 204×98（或 204×196）dpi。因而一般使用 200dpi 扫描。如选择 204dpi 扫描，扫描仪将按需 300dpi 扫描后再转换为 204dpi，速度会慢很多，而 204dpi 与 200dpi 的实际扫描结果并无多大差别。

（7）文字稿件扫描。如果要对文字稿件进行扫描，要原样输出，首先必须使用二值方式进行扫描，不能使用灰度方式进行，虽然二值方式扫描后，由于屏幕显示分辨率较低，显示时会有边缘不齐现象，而灰度则更平滑。但打印时，由于打印机分辨率高，二值扫描的文稿将会得到好的效果，而灰度方式时，则会出现边缘模糊。另外，在进行文字稿件扫描时，最好保证扫描分辨率与打印机分辨率一样，才能保证输出效果。

（8）图文混排稿件扫描。作为图文混排的稿件制作，首先用户必须采用图文混排软件，如 Pagemaker、Coreldraw 等，而不能使用纯粹图像处理软件。在扫描时，将图像部分进行扫描，而文字部分必须进行单独输入，并且千万不要将文字转化成图像，也不能将制作完的稿件存为一个图像文件，否则将使文字在输出时变得模糊不清，因为文字边缘将有层次过渡。

（9）图表稿件扫描。用户在使用扫描仪进行文字或图表等线条扫描时（或直接输出，或进行 OCR 识别等），一般很难准确扫描，扫描后的稿件不是太黑，使文字相连，出现底色，就是出现断线，无法进行后期处理，其控制办法一般有两种方式：

1）在进行黑白二值扫描时，通过预览准确对 Threshled 值进行调整，也可在扫描后调整（一般好的扫描驱动软件，或图像软件都有此功能），便可得到好的结果，但原则上最好在扫描之前调整。

2）在扫描之后对图像进行灰度扫描，然后通过图像软件，转化成二值，能得到最佳效果，但是这个操作有难度。

（10）巧用插值分辨率。插值分辨率又称最大分辨率，是利用软件技术在硬件产生的像点之间插入另外像点获得的较高分辨率。软件插值技术在一定程度上使扫描图像质量得以提高。对于彩色、灰度扫描，插值分辨率基本无任何用处，如果厂家的软件不是很好，高于光学分辨率的插值分辨率扫描时，反而会影响图像质量。但扫描黑白图像或放大较小的原稿时，插值分辨率非常有用。例如，将黑白图像用 1200dpi 的图文输出机输出，用 1200dpi 的插值分辨率就能得到良好的图像，能产生平滑的线条，消除部分锯齿影响等。

（11）胶片扫描。如果想完美地重现胶片上记录的图像细节，那么扫描分辨率至少要和胶片本身的分辨率相当。以 35mm 胶片为例，当前质量比较出色的彩色感光胶片可以达到每毫米 100 线以上的分辨率，著名相机厂家生产的优质镜头中心分辨率也能有每毫米 100 线，边缘分辨率大约在每毫米 60 线以上，也就是平均为 2000dpi。

上述分辨率基本上是胶片分辨率的理想值，而我们日常拍摄的作品有效分辨率大概在 1200dpi 左右。这些作品至少需要 1200dpi 分辨率进行扫描，才能完美地重现胶片上记录的图像细节。

（12）除网纹。被扫描的原稿若是印刷品，由于印刷品采用大小不同的点来表示颜色的深浅，人眼很难看出来，扫描出来就全是网纹。因此，许多扫描仪有去网纹的功能，该功能可由软件完成或由硬件完成。去网纹功能简化了后期处理的手续，经过调整可以直接得到无网纹的扫描图像。

（13）分割扫描，合并处理。在进行实物扫描时，如果扫描仪的幅面比较小，不能将需要扫描的器件一次扫描完，那就分成多次扫描。先用待扫描的器件在扫描仪上大致测量一下，看是横扫还是竖扫好，无论是哪种方法都涉及无缝拼接图形的问题，这就需要用户在扫描时注意一些细节：可以将器件水平放置在玻璃上。如果由于器件上的一些零件不能使之水平放置，那就需要在较低的那边垫一点东西，用来垫的东西最好是规则的立方体并且不能挡器件太多，只要能将器件水平放稳就行。还有一种方法就是在器件较高的那边放置一些重物使其较矮的那边翘起来。扫描完毕以后，将扫描后的图片放在一个新文件里看一下它们的明暗度是否一致，如果不一致，可以在 Photoshop 中，用 "Ctrl + M" 和 "Ctrl + L" 命令来调整图片的明暗度。如果扫描的器件图片在拼接时总是错位，那是因为在扫描时器件没有水平放置。此时先确定哪幅图片由于透视变小需要作纠正处理，然后在 Photoshop 中，按下 "Ctrl + T"，再按着 "Shift" 选择需要增大的点，将透视变小的那部分图增大，不断调整使之与另一幅图片的边缘吻合，从而让它们成为一幅完整的图片。对于平面的大幅面稿件也可以采用这种分割扫描然后再合并处理的方法进行扫描。

（14）多区域扫描。对于扫描幅面较小但扫描次数较多的情况，为了减少开、合扫描仪上盖的次数，可以采用多区域扫描方式。以扫描照片为例，首先必须做到一次尽可能多地放入照片，对于我们最常见的标准 5 寸彩照而言，A4 幅面的平板扫描仪最多能同时安置 5 张，其中 3 张横幅画面的，2 张竖幅的。这样在预扫描之后，显示器预览屏幕上会出现 5 张照片，这时启用扫描软件的多区域扫描模式（一般品牌的扫描软件中都提供此功能），会有多区域扫描模式状态显示框出现。然后按住 Shift 键，再按着鼠标左键，拉出矩形框将欲扫描的图像框住，重复这一步操作，直到将 5 张照片都框住，最后单击"扫描"按钮，扫描仪会按照多区域显示框中的顺序，在扫描完一张照片后，自动进行初始化，接着自动进行下一张照片扫描，直至将5张照片都扫完。

（15）分辨率设置。分辨率的设置可以说在扫描的自始至终都起着相当重要的作用。因此将这项放在最后，一方面作为总结，另一方面也是突出它的重要性。对于一个光学300dpi的扫描仪，首先在扫描图像时，分辨率应小于300dpi，并且由于在少于光学分辨率如150dpi扫描仪，扫描仪依然用300dpi的分辨率获取信息，然后重新取样来获得150dpi的图像，因而专家建议，如要充分发挥扫描仪性能，最好使用扫描仪光学分辨率的1/2、1/3、1/4这样的整数分之一分辨率扫描，以便扫描仪取样。

如果扫描的目的仅仅是为了在屏幕上观看，扫描分辨率设为100dpi即可，因为监视器的分辨率仅为96dpi（1024×768状态下）；如果为打印而扫描，建议采用300dpi；如果扫描仪的光学分辨率为600×1200dpi，需要时可以使用600dpi。因为扫描仪的最高分辨率是由插值运算得到的，所以用超过扫描仪光学分辨率的精度进行扫描，对输出效果的改善并不明显，却大量消耗计算机的资源。

如何得到好的扫描结果，首先要牢记一点，原始稿件的品质会对最后扫描出来的图像品质造成决定性的影响。对质量很差的原始稿件，无论进行哪些图像校正和处理，或用很高的分辨率、专业的扫描仪来扫描，都不会有多大改善。而且，分辨率的选择、文件格式、色彩矫正等因素都与之紧密相关。

分辨率决定了扫描仪所记录的图像的细致程度，一般用dpi（即每英寸点数）来表示，dpi越高，扫描的图像文件长度也就越大。较高的分辨率可以提高图像的品质，但这是有限度的，不合理的增大分辨率，只会使图像文件的长度增大，并不能对图像品质产生显著的改善。

分辨率的增大使得图像文件长度急剧增长，分辨率每提高一倍，文件长度要增加4倍。例如，要扫一幅A4彩色图像，如用75dpi扫描，文件长度约1.6MB；如果分辨率增加一倍，用150dpi扫描，文件大小变为6.3MB；进一步用300dpi的分辨率扫描，文件增加到25.2MB。有人非要用9600dpi的分辨率来扫描，文件长度要有26 009.6MB。所以要"量体裁衣"，在保持良好图像品质的前提下，尽量选择最低的分辨率，减少文件长度。

任务6.4　扫描仪的分类、功能及选购

1. 扫描仪的分类

扫描仪有很多种，按不同的标准可分成不同的类型。

（1）按扫描原理分类。扫描仪可分为以CCD为核心的平板式扫描仪、手持式扫描仪和以光电倍增管为核心的滚筒式扫描仪三种。

（2）按扫描图像幅面的大小分类。扫描仪可分为小幅面的手持式扫描仪、中等幅面的台式扫描仪和大幅面的工程图扫描仪三种。

（3）按扫描图稿的介质分类。扫描仪可分为反射式（纸质材料）扫描仪和透射式（胶片）扫描仪以及既可扫反射稿又可扫透射稿的多用途扫描仪三种。

（4）按用途分类。扫描仪又可分为可用于各种图稿输入的通用型扫描仪和专门用于特殊图像输入的专用型扫描仪两种，如条码读入器、卡片阅读机等。

2. 扫描仪的功能和特点

根据扫描仪工作原理的不同，可将扫描仪分为手持式扫描仪、馈纸式扫描仪、滚筒式扫描仪、平板式扫描仪和专用胶片扫描仪，这五种扫描仪功能和特点各不相同，适用于不同的工作环境。

（1）手持式扫描仪。手持式扫描仪是扫描仪早期的产品，多采用反射式扫描。手持式扫描仪的优点是体积较小、重量较轻、携带比较方便。但它的扫描头较窄，扫描精度较低、扫描质量和扫描幅面与平板式扫描仪相比都有较大的差距，只可以扫描较小的稿件或照片，分辨率较低，一般在600dpi以内；彩色手持式色彩位数不超过24bit，而且更多是黑白的。1998年底以后，除了超市等环境用它来扫描条形码以外，其他领域很难再看见手持式扫描仪的身影了。

（2）馈纸式扫描仪。馈纸式扫描仪也是扫描仪的早期品种之一，与目前主流的平板式扫描仪最大的区别在于它是被扫描物运动，而感光元件静止，有点像传真机。事实上，现在很多的集打印、扫描、传真功能于一身的一体机仍然沿用了这一扫描技术。馈纸式扫描仪的缺点很明显，只可以处理单张的文档、图片，应用领域狭窄。

（3）滚筒式扫描仪。滚筒式扫描仪一般应用在大幅面扫描领域上，因为图稿幅面大，为节省机器体积多半会采用滚筒式走纸机构。滚筒式扫描仪为CAD、工程图纸管理等应用提供了输入手段，另外在测绘、勘探、地理信息系统等方面也有许多应用。滚筒式扫描仪近年来发展很快，产品种类和用户都在迅速增加。目前国内的CAD应用正在飞速发展，各生产、设计、研究部门都有大量的图纸要输入计算机处理。加上近年来滚筒式扫描仪的性能有了很大的提高，与工程图纸输入配套的矢量化软件在功能上也有了很大的改进，再加上新出现了一些在光栅方式下对工程图进行编辑处理的软件，都将促使对滚筒式扫描仪的需求进一步扩大。

（4）平板式扫描仪。平板式扫描仪主要应用在A4和A3幅面，其中又以A4幅面的扫描仪用途最广、功能最强、种类最多、销量最大，是扫描仪家族的代表性产品。经过多年来的发展，目前平板式扫描仪的性能已经达到了很高的水平。分辨率通常为600～1200dpi，高的可达2400dpi。色彩数一般为30bit，高的可达36bit。扫描时将图稿放在扫描台上由软件控制自动完成扫描过程，速度快、精度高。有些平板扫描仪还可以加上透明胶片适配器，使其既可以扫反射稿又可以扫透明胶片，实现一机两用。平板扫描仪已广泛应用于各类图形图像处理、电子出版、印前处理、广告制作、办公自动化等许多方面，其性能几乎可以满足所有应用领域的要求。由于目前扫描仪无论是在商用、个人或是家庭方面，均以平板式扫描仪的应用为最常见、最主要，因此本章所介绍扫描仪的工作原理、功能、使用、维护和保养主要是以平板式扫描仪为主的。

（5）专用胶片扫描仪。专用胶片扫描仪应用于专业领域如医院、高档影楼、科研单位等。一般分辨率很高，扫描区域较小，具备针对胶片特性的处理功能，多数产品还会有配套的输出，可实现照片级质量的输出。

3. 扫描仪的选购

目前，在国内市场上流行的扫描仪产品主要有中晶Microtek、明基、清华紫光、UMAX、爱克发、N-TEK、惠普、Mustek、佳能、ScanACE、柯达等十几种品牌，而每一种品牌都有各种不同型号和档次的产品，少则几款，多则二十多款。面对如此众多的产品，用户应该如何选择适合自己的扫描仪呢，下面就扫描仪的选购原则作简单介绍。

（1）专业扫描仪、商用扫描仪和家用扫描仪的选购原则。

1）专业扫描仪。专业扫描仪主要用于从事平面设计、广告制作和印刷排版以及影楼、图片社等从事专业处理图像工作的用户。

专业级扫描仪也分为许多档次，做不同的工作就需要选购不同的专业级扫描仪。大致可分为600dpi普通级、600dpi专业级和600dpi以上级，可根据自己的实际情况来选择。专业级的扫描仪一般精度较高，从扫描仪的厚度也可以看出来。专业级的扫描仪为了避免镜头直径太小和成像光路太短而产生图像的色差、球差及像差，无一例外地采用大直径镜头和长光路设计，这种设计不可避免地使扫描仪的厚度较大，一般在10cm左右，其实这也是专业级扫描仪一个普遍的特征。目前专业级的扫描仪一般采用CCD技术。专业级的扫描仪由于一般用于公司或是其他特殊场合，可能在扫描的速度上有一定的要求，以保证生产的效率。在专业扫描仪的性能指标上，不同的行业、不同的用途都有其不同的相关指标，选择的方法原则也不同。不过购买专业扫描仪时注重的还是性能和效率，在有些次要的方面不应太在意，免得得不偿失。比如在扫描仪的噪声上，扫描仪的噪声一般都是由于壳体共振而产生的，壳体越坚固当然它的噪声也小，但扫描仪外壳坚固的重要性就不言而喻了。选购专业扫描仪时看重的是扫描仪在自己专业领域中能发挥的功能，不必在意有没有某些附加的功能。

2）商用扫描仪。商用扫描仪因为用途非常广泛，对图像、图表和文字部有相当高的品质要求，所以通常面向这类用户的产品的各项技术指标都较家用类型产品为高，在产品设计方面，以推广1200dpi以上扫描分辨率和48bit色深的扫描仪产品为主。

色彩深度的高低，这个在家庭市场中常常被忽略的因素，对最终扫描彩色图像的品质而言，却是决定性的。特别对商务用户来说，扫描稿不是为了自己欣赏的，是要拿给客户、公众阅读的，所以对彩色稿的图像品质有着更高的要求，现在48bit色彩深度的扫描仪以取代6bit或42bit色深的产品，成为商用主流，因为较高的色深位数可以保证扫描仪反映的图像色彩与实物的真实色彩尽可能一致，同时使图像色彩更加丰富。

3）家用扫描仪。由于家用扫描仪的要求不高，对一般的家庭用户而言600dpi的分辨率就足够了，没有必要过于追求高分辨率。至于接口类型，高效、便宜的USB接口的扫描仪是第一选择。

接下来就是产品的易用性和工具软件是否配套。主要是指OCR软件。OCR为Optical Character Recognition的缩写，意即光学字符识别。它可把扫描的图像识别为文字，以大幅度提高文字输入速度，在重要资料的引用、文档重新排版等方面有极大的作用。此类软件大致是将扫描产生的tiff等格式的图像文件分析、识别为txt文件。

在性能价格比合适的前提下，外观、色彩、大小、重量等也是选择的重要方面。

（2）购买扫描仪时的一些简单检测技巧。

1）检测感光元件。扫描一组水平细线（如头发丝或金属丝），然后在ACDSee中浏览，将比例设置为100%观察，如纵向有断线现象，说明感光元件排列不均匀或有坏块。

2）检测传动机构。扫描一张扫描仪幅面大小的图片，在ACDSee中浏览，将比例设置为100%观察，如横向有撕裂现象或能观察出的水平线，说明传动机构有机械故障。

3）检测分辨率。用扫描仪标称的分辨率（如600dpi、1200dpi）扫描彩色照片，然后在ACDSee中浏览，将比例设置为100%观察，不会观察到混杂色块为合格，否则分辨率不足。

4）检测灰度级。选择扫描仪标称的灰度级，扫描一张带有灯光的夜景照片，注意观察亮处和暗处之间的层次，灰度级高的扫描仪，对图像细节（特别是暗区）的表现较好。

5）检测色彩位数。选择扫描仪标称色彩位数，扫描一张色彩丰富的彩照，将显示器的显示模式设置为真彩色，与原稿比较一下，观察色彩是否饱满，有无偏色现象。要注意的是，与原稿完全一致的情况是没有的，显示器有可能产生色偏，以致影响观察，扫描仪的感光系统也会产生一定的色偏。大多数主流厂商生产的扫描仪均带有色彩校正软件，请先进行显示器、扫描仪的色彩校准，再进行检测。

6）OCR 文字识别输入检测。扫描一张自带印刷稿，采用黑白二值、标称分辨率进行扫描，300dpi 的扫描仪能对报纸上的 5 号字作出正确地识别，600dpi 的扫描仪能认清名片上的 7 号字。

（3）选购扫描仪时需要特别注意的一些问题。

1）外观。扫描仪的外壳其实是一个非常重要的部件，因为扫描仪内所有的运动部件都固定在扫描仪的外壳上，壳体的强度和刚度对扫描仪的清晰度影响非常大。设计良好的外壳在打开扫描仪上盖时，可以在扫描仪的内壁上看到一条条明显的加强肋，而且扫描仪的底板也不是平整的，有很多凹凸。差的外壳则只有一层薄薄的塑料壳，它的强度很低。如果外壳所用材料不好，使用时间一长，就会出现变形，使扫描精度下降。大家也不要迷信金属外壳，低价位扫描仪的金属外壳一般只是一层薄薄的铁皮，使用时间一长，就会出现变形，使扫描精度下降。

2）驱动程序。选购时往往容易被忽视的另一点是扫描仪的驱动程序，要获得高质量的扫描图像，除了首先要选择一台高质量的扫描仪外，扫描仪的驱动软件也是不可忽视的重要环节。正所谓"好马配好鞍"，"软硬兼施"才能得到最佳的扫描效果。主流厂商的扫描仪驱动程序中，都要有明显的色彩校正选项，而且选项中要有根据不同设备进行不同调整的选项，如不同的打印机，对于同样一幅图，打印效果可能完全不同，为适应不同的输出设备，这些色彩校正选项是必需的，如果没有，至少说明该种产品色彩校正功能比较弱，建议消费者一般不要选择。

3）捆绑软件。目前一些著名品牌的扫描仪都开发一些专门针对自己产品的独特软件。软件的功能极大地影响最终的扫描质量。特别是 OCR 软件，由于文档在扫描进电脑之后其格式为图像格式，对其中的文字并不能够进行直接编辑，OCR 软件能够通过软件方式对其中的文字进行识别并将其转换为文本格式，从而达到可编辑的目的。在选择 OCR 软件时应该注意它是否能够识别各种印刷体文字、是否能够识别中英文混排、是否能够识别表格以及规范的手写体文字，等等。

4）噪声。随着用户素质的不断提高，对电脑及电脑外设产品的环保要求也越来越高。扫描仪工作过程中都会产生一些噪声，而且，扫描噪声是衡量扫描仪机械结构的一个重要参数，它还会直接关系到扫描图像的品质。所以选择扫描仪时也应该考虑一下，是否能容忍它的音量，一般在扫描仪的产品规格说明书中也标有以 dB（分贝）为单位的噪声数据可供你参考。

5）使扫描仪时硬件与输出设备相匹配。选购扫描仪的要明确最后输出到什么样的设备上，希望达到什么样的质量标准，是显示器，还是一般家用打印机或者照片级输出。合理安排不仅可以节约购机费用，而且能大幅度提高扫描效率。

6）选择扫描仪厂商。这点也是至关重要的，它不仅关系到扫描仪的扫描质量，而且关系到售后服务。如果用户买到的是不知名厂商的杂牌扫描仪，产品品质将难以得到保证。

7）售后服务。良好的售后服务，不仅是生产厂商实力的体现，也是广大用户的利益所在。售后服务不单单是指维修期限的长短，还应该包括技术支持、软件升级等多项内容。

任务6.5　扫描仪的维护和保养

随着生产技术的日益成熟和成本的不断下降，扫描仪已经渐渐走入了寻常百姓家。普通家庭用户可以通过扫描仪来制作相册、挂历等充满个性化的物品，也可以将照片通过扫描仪放到互联网上来展示个人的风采。由于数码相机和摄像机价格非常昂贵，扫描仪是目前最实用的图像输入设备。为了保证扫描仪的扫描质量及扫描仪的使用寿命，应该在日常的使用过程中注意一些扫描技巧和一些维护事项。一般来说，可以从以下几个方面来对扫描仪进行维护。

1. 要保护好光学部件

扫描仪在扫描图像的过程中，通过一个光电转换器的部件把模拟信号转换成数字信号，然后再送到计算机中。这个光电转换设置非常精致，光学镜头或者反射镜头的位置对扫描的质量有很大的影响。因此在工作的过程中，不要随便地改动这些光学装置的位置，同时要尽量避免对扫描仪的震动或者倾斜。遇到扫描仪出现故障时，不要擅自拆修，一定要送到厂家或者指定的维修站去；另外在运送扫描仪时，一定要把扫描仪背面的安全锁锁上，以避免改变光学配件的位置。

2. 做好定期的保洁工作

扫描仪可以说是一种比较精致的设备，平时一定要认真做好保洁工作。扫描仪中的玻璃平板及反光镜片、镜头，如果落上灰尘或者其他一些杂质，会使扫描仪的反射光线变弱，从而影响图片的扫描质量。为此，一定要在无尘或者灰尘较少的环境下使用扫描仪，用完以后，一定要用防尘罩把扫描仪遮盖起来，以防止更多的灰尘来侵袭。工作环境的清洁对于图像扫描质量起着很大的作用。

其扫描仪清洁维护的主要程序：首先，清除灰尘，将扫描仪上盖取下，把引脚处的螺丝旋开，取下上罩，检查并清洁上罩玻璃板上的灰尘；如镜组内镜条有灰尘，用螺丝刀旋开固定的螺钉，打开镜组盖板，用镜头纸轻轻擦拭镜头，然后把残留的灰尘吹干净，并将灯管也擦干净，完毕后重新盖好镜组顶盖。其次，调整机械部分，将滑杆螺钉拧开，并将镜组与皮带分开，抽出滑杆，用纸巾清洁滑杆、镜组上的滑杆套环、齿轮组，清洁完毕后重新安装上去，并在齿轮组上涂少许润滑油，而皮带的松紧一定要根据扫描情况调整。当使用完扫描仪以后，一定要用防尘罩把扫描仪遮盖起来，防止灰尘的污染。

长时间不使用时，还要定期地对其进行清洁。清洁时，可以先用柔软的细布擦去外壳的灰尘，然后再用清洁剂和水对其认真地进行清洁。接着再对玻璃平板进行清洗，由于该面板的干净与否直接关系到图像的扫描质量，因此在清洗该面板时，先用玻璃清洁剂来擦拭一遍，接着再用软干布擦拭干净。

➡ **思考与练习**

1. 平板式扫描仪由哪几部分组成?
2. 简述扫描仪的工作原理。
3. 为什么在进行扫描之前最好先让扫描仪预热一段时间?
4. 原始稿件的品质会对扫描出来的图像品质造成决定性的影响吗? 试分析。
5. 简述选购扫描仪时需要特别注意的一些问题。
6. 简述扫描仪维护和保养应注意哪些方面。

项目 7 数 码 相 机

► **教学目的**

    1. 熟悉数码相机的种类、结构和工作原理。

    2. 掌握各类数码相机的使用方法、维护和保养。

任务 7.1　数码相机概述

7.1.1　数码相机的分类

现在数码相机的种类大致分为专业、民用和数码机背三种。

1. 专业数码单镜头反光式相机

专业数码单镜头反光式相机是在现成的 35mm 单反相机的机体上加上 CCD 等相关部件组成一个整体构成，如图 7-1 所示，它们的像素一般在 200 万~500 万，可以更换传统相机的专业镜头，柯达 DCS-420、460、富士 DS-505、DS-515、尼康 E2、EZS、D1、美能达 RD-175、阿克发 Action Cam、佳能 EOS DCSI、DCS3 等中高档数码相机均为这类，目前被广泛用于新闻摄影。第 26 届奥林匹克运动会上有近百名摄影记者使用的数码相机都是这类相机，这类相机也被越来越多地用于制作各类文献或产品样本。目前数码单反相机所拍摄的照片已基本上能与卤化银照片相媲美。

图 7-1　专业数码单镜头反光式相机

尼康 D1 专业数码单镜头反光式相机的特点：采用尼康 F5 相机机身，274 万 CCD 像素，可更换 80 余种尼康镜头。它具有两项领先世界的指标：最短的快门时滞 0.058s 及最快的拍摄速度。

2. 民用数码相机

这一类型的数码相机大致分为高、中、低三档。

低档民用数码相机结构紧凑，但像素不高，一般在 200 万～300 万，出于成本的考虑，这些相机一般具有 3 倍光学变焦而采用 4 倍左右的数码变焦，从功能来讲，属于"傻瓜机"系列，适用于家庭、多媒体、保安和制证等方面，由于分辨率比较低，不适用于肖像摄影、商业摄影、摄影创作等场合。方正 DCSmart35、富士 FinePix S5000、奥林巴斯 C－740 Ultra Zoom、三星 Digimax V3、柯尼卡美能达 DiMAGE Z1、卡西欧 Exilim EX－Z30、佳能 Digital IXUS 30（SD200）、

图 7－2 奥林巴斯 C－740 Ultra Zoom

拍得丽 INF－880D 等都属这类相机，目前这类数码相机所摄只有制成 13cm 以下（有些甚至于在 7cm 以下）的照片才能有与卤化银照片相当的质量。奥林巴斯 C－740 Ultra Zoom 如图 7－2 所示。

奥林巴斯 C－760 Ultra Zoom 的特点：① 有效像素：320 万像素；② 光学变焦倍数：10 倍光学变焦；③ 数码变焦倍数：3 倍数码变焦；④ 传感器类型：CCD 传感器；⑤ 最大分辨率：2048×1536；⑥ 短片拍摄功能：支持有声短片拍摄功能，640×480，VGA 模式；⑦ 存储介质：XD 卡，随机附带 16M XD 卡。

图 7－3 佳能 PowerShot S60

中档民用数码相机的像素一般在 300 万～500 万，这些相机中有的采用高像素、数码变焦，如佳能 PowerShot S60（图 7－3）有效像素为 500 万像素，光学变焦倍数为 3.6 倍光学变焦，数码变焦倍数为 4.1 倍数码变焦，传感器类型为 CCD 传感器，最大分辨率为 2592×1944，短片拍摄功能为支持有声短片 VGA 640×480 30 秒每秒 10dpi、QVGA 320×240 3 分钟每秒 15 帧、QQVGA 160×120 3 分钟每秒 15dpi，存储介质为 CF 卡、CFⅡ卡、随机附带 32M CF。

高档民用数码相机的像素 600 万以上，而目前最新的数码相机的像素已经达到了 820 万，分辨率在 3504×2336 以上。这些相机具有 8 倍以上的光学变焦，再加上数码变焦，总的变焦范围在 16 倍以上。功能上越来越接近传统相机，如光圈/快门优先、感光度调节、手动聚焦、快速连续拍摄、可外接同步闪光灯等，有的还加上了录音、动态图像等功能。这些相机所拍摄的相片已有与卤化银照片相当的质量，可以应用于商业摄影、公安、科研等一些要求较高的场合。如柯尼卡美能达 DiMAGE A2 相机（图 7－4）。

柯尼卡美能达 DiMAGE A2 的特点：① 有效像素：800 万像素；② 光学变焦倍数：8 倍光学

图 7－4 柯尼卡美能达 DiMAGE A2

变焦；③ 数码变焦倍数：2 倍数码变焦；④ 传感器类型：CCD 传感器；⑤ 最大分辨率：3264×2448；⑥ 短片拍摄功能：支持有声短片拍摄功能，320×240，24 帧/s，最长 15min 有声或者无声；⑦ 存储介质：CF 卡，CF Ⅱ 卡，随机附带 16M CF。

3. 数码机背

数码机背通常加用于中幅相机和大型相机上，可方便地将现有中幅相机数字化，在机身上装卸也极为方便，可随时进行数码照相与传统照相方式的转换。数码机背主要用在要求很高的商业摄影、广告摄影方面，因为可获得很高的分辨率——超过 600 万像素，有的像素水平达 3000 万，所摄足以打出 AO 幅面以上的高质量图像，或打出大幅面报纸照片水平的画面。

7.1.2 数码相机的特色功能

和传统相机相比，数码相机有很多特色的功能，主要包括以下几项功能：

1. 白平衡的调节

在荧光灯光下人看起来是白色的，但是用数码相机拍摄出来却有些偏绿。人的眼睛之所以把他们都看成是白色的，是因为人眼进行了修正。但是 CCD 本身没有这种修正的功能，因此就有必要把它的输出信号进行修正，这种修正就叫做白平衡的调整。这样经过调整以后，照片上的颜色和人眼看到的就会是一致的了。通常数码相机里面会有手动的白平衡调节，一般分为晴天、多云、荧光灯、闪光灯、钨丝灯等。但是如果数码相机里面没有白平衡的调节，也可以运用电脑的后期处理将颜色改变过来。

2. LCD 的取景方式

虽然很多数码相机仍然采用 35mm 相机的取景方式，但是采用专门的液晶显示器（LCD）取景已经成为数码相机的一大特色。采用 LCD 取景比较直观、悦目，而且也可以将存储过的影像通过 LCD 显示出来。

3. 质量模式的选择功能

由于轻便的数码相机所用存储媒体的存储能力有限，通常只有几兆、几十兆，加上存储媒体的价格普遍比较高。因此，希望在图像质量要求不那么高的时候，可以在一定存储量的存储卡上存储更多的影像。目前的数码相机使用两种方法来满足这一需求。一是用不同的像素水平拍摄，另一种是采用压缩的存储方式。两种方式的结合可以使数码相机有多种的质量模式可以选择。具体拍摄时选择什么样的质量模式取决于对画面的质量要求。但是需要注意的是，如果数码相机的像素水平很低那就不适合再用低质量的拍摄质量模式了，不然画面的质量会很差。

4. 后期可以再加工

由于数码相机的特性决定了用数码相机拍摄的照片还可以经过电脑的加工处理变成想要的效果，这样可以在拍摄出来以后进行各种效果上的处理，如像锐化、羽化，等等。

任务 7.2　数码相机的结构与工作原理

7.2.1　数码相机的结构

数码相机是由镜头、CCD、A/D（模/数转换器）、MPU（微处理器）、内置存储器。

LCD（液晶显示器）、PC 卡（可移动存储器）和接口（计算机接口、电视机接口）等部分组成，通常它们都安装在数码相机的内部，当然也有一些数码相机的液晶显示器与相机机身分离。数码相机中只有镜头的作用与普通相机相同，它将光线会聚到感光器件 CCD（光电耦合器件）上，CCD 是半导体器件，它代替了普通相机中胶卷的位置，它的功能是把光信号转变为电信号。这样，就得到了对应于拍摄景物的电子图像，但是它还不能马上被送去计算机处理，还需要按照计算机的要求进行从模拟信号到数字信号的转换，ADC（模数转换器）器件用来执行这项工作。接下来 MPU（微处理器）对数字信号进行压缩并转化为特定的图像格式，如 JPEG 格式。最后，图像文件被存储在内置存储器中。至此，数码相机的主要工作已经完成，剩下要做的是通过 LCD（液晶显示器）查看拍摄到的照片。有一些数码相机为扩大存储容量而使用可移动存储器，如 PC 卡或者软盘。此外，还提供了连接到计算机和电视机的接口。

1. CCD

CCD 是 Charge Coupled Device 的缩写，被称为光电耦合器件，它是利用微电子技术制成的表面光电器件，可以实现光电转换功能。在摄像机、数码相机和扫描仪中被广泛使用。摄像机中使用的是点阵 CCD，扫描仪中使用的是线阵 CCD，而数码相机中既有使用点阵 CCD 的又有使用线阵 CCD 的，而一般数码相机都使用点阵 CCD，专门拍摄静态物体的扫描式数码相机使用线阵 CCD，它牺牲了时间换取可与传统胶卷相媲美的极高分辨率（可高达 8400×6000）。CCD 器件上有许多光敏单元，它们可以将光线转换成电荷，从而形成对应于景物的电子图像，每一个光敏单元对应图像中的一个像素，像素越多图像越清晰，如果想提高图像的清晰度，就必须增加 CCD 的光敏单元的数量。数码相机的指标中常常同时给出多个分辨率，如 640×480 和 1024×768。其中，最高分辨率的乘积为 786 432（1024×768），它是 CCD 光敏单元 85 万像素的近似数。因此，当我们看到"85 万像素 CCD"的字样，就可以估算该数码相机的最大分辨率。许多早期的数码相机都采用上述的分辨率，它们可为计算机显示的图片提供足够多的像素，因为大多数计算机显卡的分辨率是 640×480、800×600、1024×768、1152×864 等。CCD 本身不能分辨色彩，它仅仅是光电转换器。实现彩色摄影的方法有多种，包括给 CCD 器件表面加以 CFA（Color Filter Array，彩色滤镜阵列），或者使用分光系统将光线分为红、绿、蓝三色，分别用 3 片 CCD 接收，如美能达 RD – 175 单反数码相机就采用 3CCD 方式。

2. A/D 转换器

A/D 又叫做 ADC（Analog Digital Converter），即模拟数字转换器，它是将模拟电信号转换为数字电信号的器件。A/D 转换器的主要指标是转换速度和量化精度。转换速度是指将模拟信号转换为数字信号所用的时间，由于高分辨率图像的像素数量庞大，因此对转换速度要求很高，当然高速芯片的价格也相应较高。量化精度是指可以将模拟信号分成多少个等级。如果说 CCD 是将实际景物在 X 和 Y 的方向上量化为若干像素，那么 A/D 转换器则是将每一个像素的亮度或色彩值量化为若干个等级，这个等级在数码相机中叫做色彩深度。数码相机的技术指标中无一例外地给出了色彩深度值，那么色彩深度对拍摄的效果有多大的影响呢？其实色彩深度就是色彩位数，它以二进制的位（bit）为单位，用位的多少表示色彩数的多少，常见的有 24 位、30 位和 36 位。具体来说，一般中低档数码相机中每种基色采用 8 位或 10 位表示，高档相机采用 12 位。三种基色红、绿、蓝总的色彩深度为基色位数乘以

3，即 $8 \times 3 = 24$ 位、$10 \times 3 = 30$ 位或 $12 \times 3 = 36$ 位。数码相机色彩深度反映了数码相机能正确表示色彩的多少，以 24 位为例，三基色（红、绿。蓝）各占 8 位二进制数，也就是说红色可以分为 $2^8 = 256$ 个不同的等级，绿色和蓝色也是一样，那么它们的组合为 $256 \times 256 \times 256 = 16\ 777\ 216$，即 1600 万种颜色，而 30 位可以表示 10 亿种，36 位可以表示 680 亿种颜色。色彩深度值越高，就越能真实地还原色彩。

3. 控制体系

数码相机要实现测光、运算、曝光、闪光控制、拍摄逻辑控制及图像的压缩处理等操作必须有一套完整的控制体系。数码相机通过 MPU（Micro Processor Unit）实现对各个操作的统一协调和控制。和传统相机一样，数码相机的曝光控制可以分为手动和自动，手动曝光就是由摄影者调节光圈大小、快门速度，自动曝光方式又可以分为程序式自动曝光、光圈优先式曝光和快门优先式曝光等。MPU 通过对 CCD 感光强弱程度的分析，调节光圈和快门，又通过机械或电子控制调节曝光。

4. 图像格式

经过 A/D 转换器得到的数字图像信号在存储之前还有一项工作，就是将占用大量存储空间的原始图像数据压缩成特定的图像格式。图像格式的种类繁多，加起来不下 30 种，各个厂家的标准也不统一，有的数码相机干脆为用户提供了六七种格式任用户选择。

5. LCD（Liquid Crystal Display）

LCD 即液晶显示屏，数码相机使用的 LCD 与笔记本电脑的液晶显示屏工作原理相同，只是尺寸较小。从种类上讲，LCD 大致可以分为两类，即 DSTN – LCD（双扫扭曲向列液晶显示器）和 TFT – LCD（薄膜晶体管液晶显示器）。与 DSTN 相比，TFT 的特点是亮度高，从各个角度观看都可以得到清晰的画面，因此数码相机中大都采用 TFT – LCD。LCD 的作用有三个，一为取景，二为显示，三为显示功能菜单。

6. 存储器

数码相机中存储器的作用是保存数字图像数据，这如同胶卷记录光信号一样，不同的是存储器中的图像数据可以反复记录和删除，而胶卷只能记录一次。存储器可以分为内置存储器和可移动存储器，内置存储器为半导体存储器，安装在相机内部，用于临时存储图像，当向计算机传送图像时须通过串行等接口。它的缺点是装满之后要及时向计算机转移图像文件，否则就无法再往里面存入图像数据。早期数码相机多采用内置存储器，而新近开发的数码相机更多地使用可移动存储器。这些可移动存储器可以是 3.5in 软盘、PC（PCMCIA）卡、ComPactFlash 卡、SmartMedia 卡等。这些存储器使用方便，拍摄完毕后可以取出更换，这样可以降低数码相机的制造成本，增加应用的灵活性，并提高连续拍摄的性能。存储器保存图像的多少取决于存储器的容量（以 MB 为单位），以及图像质量和图像文件的大小（以 KB 为单位）。图像的质量越高，图像文件就越大，需要的存储空间就越多。显然，存储器的容量越大，能保存的图像就越多。一般情况下，数码相机能保存 10 到 200 幅图像。这里为大家介绍一些常用的存储方案：数码相机的输出接口主要有计算机通信接口、连接电视机的视频接口和连接打印机的接口。常用的计算机通信接口有串行接口、并行接口、USB 接口和 SCSI 接口。若使用红外线接口，则要为计算机安装相应的红外接收器及其驱动程序。如果数码相机带有 PCM – CIA 存储卡，那么可以将存储卡直接插入笔记本电脑的 PC 卡插槽中。软盘是最常见和最经济的存储介质，有些数码相机就使用软盘作为存储介质。直接把软盘从数码相机中取出，插入计算机软盘驱动器即可把图像文件传送到计算机中。

7.2.2　数码相机的工作原理

传统相机使用"胶卷"作为其记录信息的载体，而数码相机的"胶卷"就是其成像感光器件，而且是与相机一体的，是数码相机的心脏。感光器是数码相机的核心，也是最关键的技术。数码相机的发展道路，可以说就是感光器的发展道路。目前数码相机的核心成像部件有两种：一种是广泛使用的 CCD（光电耦合）元件，另一种是 CMOS（互补金属氧化物导体）器件。

光电耦合器件图像传感器 CCD（Charge Coupled Device）使用一种高感光度的半导体材料制成，能把光线转变成电荷，通过模数转换器芯片转换成数字信号。数字信号经过压缩以后由相机内部的闪速存储器或内置硬盘卡保存，因而可以轻而易举地把数据传输给计算机，并借助于计算机的处理手段，根据需要和想象来修改图像。

互补性氧化金属半导体 CMOS（Complementmp Metal Oxide Semiconductor）和 CCD 一样同为在数码相机中可记录光线变化的半导体。CMOS 的制造技术和一般计算机芯片没什么差别，主要是利用硅和锗这两种元素所做成的半导体，使其在 CMOS 上共存着 N（带负电）区和 P（带正电）区，这两个互补效应所产生的电流即可被处理芯片纪录和解读成影像。然而，CMOS 的缺点就是太容易出现杂点，这主要是因为早期的设计使 CMOS 在处理快速变化的影像时，由于电流变化过于频繁而会产生过热的现象。

在相同分辨率下，CMOS 价格比 CCD 便宜，但是 CMOS 器件产生的图像质量相比 CCD 来说要低一些。到目前为止，市面上绝大多数的消费级别以及高端数码相机都使用 CCD 作为感应器；CMOS 感应器则作为低端产品应用于一些摄像头上，若有哪家摄像头厂商生产的摄像头使用 CCD 感应器，厂商一定会不遗余力地以其作为卖点大肆宣传，甚至冠以"数码相机"之名。因此，是否具有 CCD 感应器变成了人们判断数码相机档次的标准之一。

由于 CMOS 传感器便于大规模生产，且速度快、成本较低，将是数字相机关键器件的发展方向。目前，在佳能等公司的不断努力下，新的 CMOS 器件不断推陈出新，高动态范围 CMOS 器件已经出现，这一技术消除了对快门、光圈、自动增益控制及伽玛校正的需要，使之接近了 CCD 的成像质量。另外，由于 CMOS 先天的可塑性，可以做出高像素的大型 CMOS 感光器而成本却上升较少。相对于 CCD 的停滞不前，CMOS 作为新生事物而展示出了蓬勃的活力。作为数码相机的核心部件，CMOS 感光器以逐渐取代 CCD 感光器的趋势，希望在不久的将来成为主流的感光器。

任务 7.3　数码相机的识别与使用

7.3.1　数码相机的外观

数码相机的外观如图 7-5 所示。

7.3.2　数码相机的摄影流程

数码相机的革命性在于它抛弃了传统的感光胶卷，它所拍摄的相片可以方便地进行处理

图7-5 各类数码相机的外观

并输出，甚至不用通过任何中间的处理设备而直接输出，从而实现了真正意义上的"即拍即得"，其基本的摄影流程主要有以下三个步骤：

1. 图像的输入

用户可以将图像或其他的数据输入计算机系统。除了最常用的输入设备——键盘外，有更多的输入设备可供使用，如鼠标、手写板、语音识别系统、数码相机、扫描仪等。它们当中如数码相机、扫描仪可以直接提供数字格式的图片进行处理，也可以通过一些视频捕捉设备捕捉电视、摄像机等的图像进行处理。

2. 图像的处理

一旦有了一幅数字格式的图像，就可以在计算机系统上很方便地对其进行编辑处理。可以使用 Photoshop 等图像处理软件对其进行修改，添加文字或制作特殊效果。也可以将图像缩小，以便方便地通过电子邮件发送给亲朋好友。

3. 输出图像

当获得了满意的数字图像后，可以将其保存下来，以便今后使用。如果需要相片，可以通过打印机将其打印出来或送到输出中心制成胶片进行大量印刷。用户还可以将其制成个人电子影集随时观赏。如果有自己的国际互联网站，可以将相片放置在相关的网址上，让全世界的人都可以看见所拍摄相片。

7.3.3 使用摄像功能前的设置工作

数码相机具有先进性、多功能的特点，故使用前必须先作一些设置工作。如分辨率的选择、曝光补偿的选择、自动平衡的调整和感光度的设定，这些将直接影响到所拍照片的成像质量。

数码相机设有多种拍摄质量的选择，分为：标准、精细、超精细（最高分辨率），其最高分辨率是由各款数码相机的 CCD 元件的性能所决定的，CCD 像素越高，最高分辨率也越高。

数码图像的压缩格式直接影响图像文件的大小，可大大节省数码图像所需的信息空间，增加拍摄的照片数量。

由于拍摄时光线和环境的变化，需要经常手动调整数码相机的曝光补偿。数码相机设有自动调整曝光补偿的设置，在曝光补偿设置中标有"＋"、"－"数轴，"＋"指增加曝光，"－"指减少曝光。在背景很亮而主体逆光时，需要将补偿值调向"＋"端。在黑色或深色背景前对主体拍摄需要将补偿值调向"－"端。当然，如果用户追求一种特殊效果，可不这样调整曝光补偿。

随着光源的色温变化，照片的颜色也会出现偏色，如在钨丝灯光下，照片偏橘黄色，荧光灯下呈黄绿色。虽然数码相机的白平衡是自动设定的，但为了让照片更艳丽完美或追求一些特殊的艺术效果，可手动来调整自平衡。

一般数码相机都设定多种感光度，如佳能数码相机可设定 ISO50、ISO200、ISO400、ISO600 等，以适应不同的拍摄要求。在拍摄快速运动的物体、现场光线暗、闪光灯亮度不足或不能使用闪光灯的情况下，就需要设定感光度来拍摄。最后注意，在拍摄前一定要查看一下液晶显示屏上曝光数值的设定，当拍摄条件不理想时，不妨多用几种补偿设定，多拍几张进行比较选择。删除不理想的画面重新拍摄，这正是数码相机的优势。

7.3.4　数码相机的使用

以上讲了如何设置，现在谈谈如何使用数码相机。

本节以比较典型的 300 万像素数码相机奥林巴斯 C–3030ZOOM 为例，介绍数码相机的使用。

1. 查看包装盒内的物品

由于要和计算机连接，数码相机的包装和普通相机相比在包装盒内会多一堆配件。一般来说，包装盒内除了机身，还会有和电脑连接的接口线（串口线、USB 线或 IEEE1394 线等）、视频线、驱动光盘、电池、存储卡、相机包等，不同品牌型号的数码相机的配件可能不太一样，但主要的都是差不多的。

在相机的说明书里一般都会在最前边说明包装盒内物品清单，或者在包装盒里也有可能有专门的装箱单，在购买的时候一定要注意按照这个装箱单将物品核对清楚，以免上当受骗。

2. 装上存储卡和电池

存储卡就相当于是普通相机的胶片。目前存储卡主要分为 SM 卡、CF 卡、记忆棒三种，这里 3030 使用的是 SM 卡。一般随机带的卡容量都比较小，如 3030 的随机配置就是 8M 卡，推荐再买一个存储量大一点的。一般来说除了刚推出来的新产品，存储量越大价格就越高。

SM 卡不怕摔，掉到地上都没有关系，并不像想象中那么娇弱。但是不要折叠，而且尽量保持金属面的整洁。

数码相机是耗电大户，一般用 4 节 5 号电池或者专用的可充电锂电池。3030 随机带的是不可充电的锂电池，也可以用普通的 5 号电池。

在插卡和电池的时候，在卡槽和电池仓旁边都有文字及图示标明了插卡的方向和电池的方向，只要按照标明的方向去插就不会有问题。

3. 拍摄静态画面

拍摄时，当然要先找电源开关，3030 的电源开关和多功能拨盘（POWER/MODEDIAL）是做在一起的。多功能拨盘上共有 5 挡，对准红色标志的就是当前模式。

在拍照前，还要设置一下相机的日期和时间，方法如下：

开机，按菜单键，再按十字功能键上的 56 键选择菜单，选到 MOED SETUP 后按 4 键，选择 SETUP，按 OK 键，选择时钟标志，就进入了设置日期时间状态。设置也是通过十字键进行，很容易，本文就不详细介绍了。设定好后按 OK 键保存设定，再按一次 OK 键退出选单状态，就可以进行拍摄。

7.3.5　使用数码相机的小技巧

数码相机所要求的摄影技术比传统相机高得多了。这主要是取决于数码相机的图像传感技术和存储技术。所以普通用户在使用过程中需要了解一定的摄影技巧，才能拍摄出效果较为理想的照片，用数码相机拍摄的时候要注意下面的问题：

（1）接近拍摄主题，不论拍摄的主题是大型建筑物或人物，尽量把重要的部分记录出来，不要拍入太多不相干的景物。

（2）注意相机的性能。如果相机拍摄的效果太差，大多是调整不当所引起，可以细看说明书或请教该品牌的技术支持。

（3）小心观察主题与背景。拍摄前由取景窗里小心观察背景是否杂乱，有无太多不必要的背景抢走了主题的吸引力，主题人物的表情是否自然。

（4）正确握持相机。经常练习持握相机的要领，注意按快门不可过度用力造成数码相机振动或指头挡住镜头、闪光灯。

（5）注意闪光灯的有效距离。数码相机最适合的闪光灯距离为 $1.5 \sim 4m$。

（6）了解相机。每一部自动相机的功能多不相同，一定要详细阅读说明书并多加练习。如果只拍生活照，其实不一定要买功能太多的照相机。越简单的照相机操作就越容易。

（7）主题位置的处理。一般人多习惯把拍摄的人物放在中央，其实将主题稍稍移到旁边有时效果更好，要领很简单，先照正常拍摄习惯把人物主题放在观景窗中间，轻轻按住快门不放，这时相机会将距离锁定，将相机稍微往左边或往右边移动一点点，然后按下快门拍照，即可拍出与众不同的相片。

（8）拍照不一定要很严肃。拍照前可以说一些笑话，找一点轻松的话题边讲边照或请主题人物靠在东西上或坐下来。在轻松自在的气氛里，要拍一张成功的照片轻而易举。

（9）注意光线的方向与位置。正对着强烈的阳光时眼睛总是睁不开，脸上还会有明显的阴影，晴天时有时在稍暗的树荫下或阳光不直接照射的地方效果可能会更好。

（10）多拍几张。专业摄影者都知道，只拍一张是很冒险的做法，用不同角度和不同的时间多拍几张，这样才能选出比较精彩的照片。

任务 7.4　数码相机的维护与保养

7.4.1　数码相机的保养

数码相机装上存储卡和充足电的电池就能进行拍照，但除此之外，它还需要保养，保养的形式多种多样。

1. 把相机放在包里

首先，需要一个结实、好用的摄影包来装相机、数码存储卡、电池套件，再奢侈一些还需要辅助镜头或小型便携式三脚架。摄影包的领先厂商如 Tamrac、Lowepro 和 Domke 使用高质量的原材料，更好的防震保护与极佳的背带和金属硬件。这些装置都已减小了尺寸，更适合于放置数码相机。

如果想购买新款摄影包，最好找稍大一点的。如何背挎包也非常讲究，调整好摄影包上的带子，不要使相机离身体太远，否则它会从身上弹起，碰到别人或撞到其他物体。最理想的办法是，摄影包挂得稍高一些，这样手臂可以防止它受碰撞，而且还可以防小偷。同时要注意，背相机时镜头朝里（向着身体）也可起到保护作用。

2. 保持相机干净

镜头上的污迹会严重降低图像质量，出现斑点或减弱图像对比度。而手指碰到镜头，这是不可避免的，灰尘和沙砾也会落到光学装置上。

这就是为什么需要对相机进行清洗的原因。清洗工具非常简单：镜头纸或是带有纤维布的精细工具、镜头刷和清洗套装。千万别用硬纸、纸巾或餐巾纸来清洗镜头。这些产品都包含有刮擦性的木质纸浆，会严重损害相机镜头上的易碎涂层。

不使用时，把微纤维清洗布放在原容器里，以保持干净。微纤维布非常耐洗，可定期与衣服一起洗。尽量不要使用棉花 T 恤衫或其他纤维，因为粗纤维会渗进去。如果用刷子清洗镜头上的尘土和碎片，不要将刷子上的毛与手或手指接触，皮肤上的油会粘到毛上，然后粘在镜头上。

清除镜头上尘土的另外一个办法就是经常使用镜头。如果相机有一个镜头盖，可以用一根带子、橡皮带或"镜头固定"装置将它固定在相机机身上。

冷热大气也会影响相机。如果相机原来在空调房间，而后马上放在一个较热、潮湿的环境下，镜头和取景器上都会有雾点出现。这时需要用合适的薄纸或布来清洗。如果用户带着相机从寒冷、干燥的室外进入室内，最好先把相机放在包里面预热一下，然后再拿出放在屋子里，并且要小心镜头，看它是不是"出汗"了，如果"出汗"了要立即采取行动去"汗"。

专业摄影人士的一条建议非常简便：随身带一个塑料拉链锁袋子。在非常潮湿或尘土的气候里，可以在侧面挖一个小洞刚好放得下相机镜头然后把相机放在袋子里，不让雾气、湿气和尘土进入相机，这样会延长它的使用寿命。最后，不要把相机放进温度较高的汽车后座，汽车内部温度很高，会使塑料变形，电线受损。

许多厂商都会建议，如果两周或更长时间不用相机，最好把电池拿出来，因为电池会漏电腐蚀，有时候会影响电路连接，使相机无法正常工作。

3. 清洁相机镜头

数码相机大多无法安装保护滤镜，或者安装非常不便。平时在拍摄时镜头裸露在外面很容易一不小心就弄上点灰尘、按上一个手印或留下点唾沫什么的。虽说镜头表面的指印、灰尘、水渍对于成像并无太大影响。只要不让强烈的阳光直射到镜头上引起灰雾眩光就可以了。

现在的镜头一般都有多层镀膜，一不小心就会把镀膜擦伤，镜片擦花，对镜头造成不可挽回的损失。所以建议不到万不得已不要擦拭镜头。开擦之前先得准备一些工具。常规有镜头水、镜头纸（或者湿镜头纸）、镜头布（或麂皮）、吹气球、脱脂棉。

先用吹气球吹去灰尘，个别吹不走的用镜头纸小心剔去，一定要小心，不要用力。取少许脱脂棉，沾镜头水，湿一点好，小心粘去仍在镜头上的灰尘、污渍。这个过程不可硬来，否则易损伤镜头。在确保表面无可见的灰尘颗粒后，可以大面积擦拭。擦拭按下面方法进行：先准备较小的棉花球（用湿镜头纸也可）若干，压扁成饼状，大小以镜面三分之一为宜。再准备大棉花球若干，也压扁成饼状，大小以镜面三分之二至四分之三为宜，尽量不要让棉纤维暴露工作面上。用小棉花球蘸镜头水，干一点好，由中心以螺旋状擦拭镜面，不要走回头路。然后，趁镜头水未干时，用大棉花球以同样方式轻擦镜面。若一次效果不满意，可以再来一次，但用过的棉花球就不要再用了。千万注意不要让镜头水直接接触镜头表面，一定要用镜头纸，否则可能会损伤镜头的镀膜或者镜头水沿镜片边缘渗入镜头内，造成镜片起雾，甚至脱胶。

如果没有镜头水可以用朝镜头表面哈气来代替。但是要注意哈气时不要撅着嘴，应该张大嘴巴轻轻哈气，这样才不会喷出唾沫，只要在镜头表面产生一层薄雾就行了。如果镜头是由塑料镜片组成的，那最好还是不要用镜头水，也不要用酒精加乙醚的混合液来清洁镜头。一定要擦还是用哈气的办法。但是，无论如何小心擦拭，对镜面镀膜总是有损害的，所以不到万不得已决不要擦拭镜头。

7.4.2　数码相机的故障维护

1. 拍摄图像不清晰

（1）虽然使用了最高分辨率，光线好，但拍摄出来的照片模糊不清。这种情况通常是由于在按快门释放键时照相机抖动造成的。由于数码相机的感光度低，所以，使用数码相机拍照时，需要握住相机的时间更长。要拍摄清晰的照片，拍照时必须握稳相机，即便最轻微的抖动都会造成模糊不清的图像。

处理方法是，拿稳相机，拍照时最好使用三脚架，或者将相机放到桌子、柜台或其他固定的物体上。再有就是一个"练"字，平时多练习持机的基本功。

（2）取景器的自动聚焦标志未置于拍照物上。将自动聚焦框定位于拍照物上或使用聚焦锁定机能。

（3）镜头脏污。镜头脏污会造成相机取景困难而使拍出的图像模糊。用专用的清洁镜头用纸清洁镜头。

（4）模式选择不当。选择标准模式时，拍照物短于距离镜头的最小有效距离（0.6m）。或者在选择近拍模式时，拍照物远于最小有效距离。

当被摄物于0.3～0.6m范围之内时，用近拍模式拍照。在此范围以外时，用标准模式拍照。

（5）在自拍模式下，站在照相机的正面按快门释放键。应看着取景器按快门释放键，不要站在照相机前按快门释放键。

（6）在不正确的聚焦范围内使用快速聚焦机能。视距离使用正确的快速聚焦键。

2. 图像太暗

（1）闪光灯被手指挡住。正确握住照相机，不要让手指挡住闪光灯。

（2）在闪光灯充电之前按了快门释放键。等到橙色指示灯停止闪烁。

（3）未使用闪光灯。按闪光辅助杆设定闪光灯。

（4）被摄物置于闪光灯的有效范围之外，将被摄物置于闪光灯有效范围之内。

（5）拍照物太小而且逆光。将闪光灯设定于辅助闪光模式或使用定点测光模式。

3. 图像太亮

（1）闪光灯设定于辅助闪光模式。将闪光模式设定为辅助闪光以外的模式。

（2）拍照物极亮。调整曝光。

4. 室内拍照的图像色彩不自然

原因是灯光装置影响图像。此时将闪光模式设定为辅助闪光模式。

5. 图像轮廓模糊

原因是镜头被手指或背带挡掉一部分。应正确拿住照相机，不要让手指或背带挡住镜头。

6. 照片颜色不对

经常会发现数码照片里面的景物和原来眼睛看到的景物的颜色发生了变化，有的时候偏红，有的时候偏黄。这是怎么回事呢？这主要是由于白平衡没有调节好。白平衡调节功能的作用和在传统相机彩色摄影时加色温转滤色镜的作用是类似的，目的是达到准确的色彩还原，只是数码相机的色温不需要在镜头上加滤镜，而是采用电路调整方式，靠电子线路改变红、绿、蓝三基色的混合比例，把光线中偏多的颜色成分修正掉。

大多数数码相机中，白平衡调节有自测模式，一般用上面一个矩形的小方块，下面两个小三角的符号来表示。这种模式的白平衡调节是让用户将相机对准拍摄现场白色的物体，然后半按下快门，此时，相机会自动记录这种光线下白色的状态，依据这个数值，就可以在接下来的拍摄中正确地对色彩进行还原了。建议用户在相机有这种白平衡调节模式的条件下使用它，这种功能在一般条件下还是比较准确的。但是在一些复杂的条件下拍摄就很难说了。事实上，用户接触到的环境条件一般都是比较复杂的，所以在拍摄的时候一定要养成先观察周围的环境，拍照之前就把白平衡调节好的习惯。

7. 拍好的照片上有很多小点

这就是通常所说的照片中的噪声。这种情况多数出现在夜景的拍摄中，是由于感光度太高造成的。感光度的数值越高，画面的质量就会越粗糙，感光度的数值越低，画面就会越细腻。但是，感光度高意味着对光的敏感度高，所以，在弱光拍摄的时候，常常要选择高感光度，那么，如果相机本身的降噪系统不好的话，就会造成画面出现噪声的情况。想要避免这样的情况，就需要人为地将感光度调得稍低一些，然后用相对较长的曝光时间来补偿光线的进入，这样，拍出来的照片就会有层次，而质量有保证了，当然，前提是需要带上三脚架。

8. 照片发暗，出现颗粒状图像

虽然使用最高分辨率，但拍摄出来的照片发暗，出现颗粒状图像，通常这是由于光线不足所致。使用数码相机拍照时，光线对照片的影响最大，大多数数码相机的光敏感度相当于ISO 100 胶卷的感光度，因此，光线不足会造成照片发暗和出现颗粒状图像。

如果相机有闪光灯，不仅室内拍照需要使用，而且室外拍摄阴影下的物体时也要使用闪光灯。

9. 照片上主体画面小

照片上主体画面小，背景画面大这是业余摄影中常见的现象，特别是摄影新手，往往忽视拍摄主体。使用数码相机拍照，可以进行照片编辑处理，所以原始图像的质量至关重要。应尽量让拍摄物体充满画面，不要将宝贵的像素浪费在次要的或编辑中要修剪掉的背景画面上。

➡️ **思考与练习**

1. 列出数码相机的构成部件。
2. 简述数码相机的特色功能。
3. 到市场上了解各种主流品牌的数码相机的性能指标和参考价格。

项目8 摄　像　机

▶ 教学目的
　　1. 熟悉摄像机的种类、结构和工作原理。
　　2. 掌握各类摄像机的使用方法、维护和保养。

任务8.1　摄像机概述

　　摄像机是用来拍摄影视节目的一种设备。机关单位、团体、企业，甚至家庭、个人常常用来拍摄具有留念意义的设备，如喜庆、典礼、大事件甚至家人欢聚、友人重逢等。拍下录像带或者刻录成光碟，既可观赏又可永久保存。随着摄像机性能的完善和价格的下降，摄像机的使用已越来越普及，一般的单位、企业甚至家庭都购置了摄像机，因此，学会摄像机操作技能是很有现实意义的。然而，摄像机的操作不仅仅是机器的操作问题，更重要的是拍摄的艺术性。这是一门很具专业水准的技术和艺术结合的工作，这里只作入门式的介绍。

8.1.1　摄像机概述

　　摄像机是录像系统中的重要设备，它是把景物的光像通过光电转换过程变成电信号，然后经过信号处理，输入到录像机中。摄像机的镜头是一个光学系统，它摄取被摄的图像，即成像。摄像管是光电转换器件，把光信号转换成电信号，这种电信号还很微弱，需要经过预放器放大。然后图像信号经处理器校正分离与编码调制，并加入行、场同步信号，成为标准的图像信号，此信号可供录像机、监视器或发射使用调制信号。

8.1.2　摄像机的分类及功能

　　摄像机用途广泛、种类繁多。可以按其质量、制作方式、摄像器件和传导方式等因素来进行分类。

　　1. 按质量分类

　　按摄像机质量的不同，可分为广播级、业务级和家用级。

　　（1）广播级。广播级摄像机应用于广播电视领域，图像质量好，性能全面稳定，自动化程度高，在允许的工作范围，图像质量变化很小，达到较低失真甚至无失真程度。广播级摄像机包括 ESP 制作、EFP 制作和 ENG 制作用的高质量摄像机。此类摄像机一般体积大、重量重、价格昂贵。

　　（2）业务级。业务级电视摄像机一般应用于文化宣传、教育、工业、交通、医疗等领域。业务级摄像机的图像质量较好，设备上没有广播级所需的一些特殊功能设计（如光学滤波器等），一般业务级摄像机图像质量低于广播级的，但其体积较小，重量较轻，价格较低廉。对于某些高档的业务级摄像机来说，其性能和图像质量已和广播级的摄像机无多大的区别，也可用于广播领域的制作。

（3）家用级。这是一种家庭文化娱乐用的摄像机，其操作人员往往没有经过专业培训，因此要求结构简单，操作简便，而图像质量水平只要与家用录像机、电视机相配合，能满足一般的观看即可。摄像机的自动控制功能很强，以便非专业人员无须手动控制，就能使各项主要参数自动达到最佳状态。此类机型也往往带有一些简单特技功能，如淡变、定格、叠化、划变等。一般价格便宜，结构小型，以利于设备的推广、普及。

2. 按制作方式分类

按电视节目制作方式可分为 ESP 用、EFP 用和 ENG 用摄像机。

（1）ESP 用。此类摄像机，要求图像质量好，通常非常笨重，需要一些机架或一些其他类型的摄像机底座设备来支撑，不方便随意搬动。高质量的 DP 用摄像机包含有三个 CCD 和许多电子控制装置，它们装配有一个大的镜头和大的取景器，因此整个摄像机头比一般的便携式摄像机重很多。它们也往往需要通过电缆把摄像机头和摄像机控制器 CCU、同步信号发生器、电源等一系列制作高质量的图像所必需的设备相连接。

现在使用的摄像机主要有模拟分量机和数字摄像机。高清晰度电视摄像机是一种新的发展趋向。高清晰度（HDTV）摄像机有超级的分辨率，其水平清晰度可高达 1125 行，相当于现行电视系统（625 行）的两倍，因此色彩更加逼真。电视图像从最亮到最暗有更多更丰富的层次，使它成为 35M 电影的一个强有力的对手。HDTV 摄像机是一种高度专门化的电视系统，通常采用 16:9 的宽高比，类似于电影银幕的长宽比例。使用 HDTV 相当不便和特别昂贵的主要原因是视频系统的所有元素都必须是高清晰度的，而不仅仅是 HDTV 电视摄像机本身。现在多用于非广播电视的电子化的电影创作、医学等领域的教育研究和广告的制作。

（2）EFP 用。EFP 用摄像机往往是便携式的，其中包括了摄像机系列的所有部件。它可以采用电池供电方式，也可采用交流电源供电方式，EFP 摄像机质量与 ESP 相似，但体积更小，以满足轻便型现场节目的制作需要。

（3）ENG 用。ENG 用摄像机一般也为便携式的，甚至有的是摄录一体机。ENG 用摄像机工作于复杂多变的环境中，要求体积小、重量轻、便于携带，对非标准的照明情况有良好的适应性，在恶劣的气候条件下有良好的工作稳定性，自动化程度高，在实际操作中调整方便。

无论是 ESP 用、EFP 用、还是 ENG 用摄像机，都向高质量化、固体化、小型化、数字化、高清晰度化等方向发展，它们制作的电视图像质量的差别也越来越不明显。

3. 按摄像器件分类

按摄像器件可以分为摄像管摄像机与 CCD 电子耦合器件摄像机。

（1）摄像管摄像机。摄像管相当于此类摄像机的"心脏"。其靶面材料常采用氧化铅、硒砷碲等，因此摄像管摄像机可按其光电靶材料不同分为氧化铅管摄像机与硒砷碲管摄像机等。氧化铅管摄像机常用作广播级摄像机，其图像质量好，灵敏度高，光电转换线性好；硒砷碲管摄像机常用作业务级摄像机，价格较低，图像质量和性能接近氧化铅管摄像机。

摄像管摄像机还可按管子的数量分为单管、两管、三管。广播电视系统都采用三管摄像机，以得到彩色还原好、清晰度高的图像质量。

（2）CCD 摄像机。CCD 摄像机采用 CCD 电子耦合器件替代摄像管，实行光电转换、电荷储存与电荷转移。CCD 的功能相当于摄像管摄像机内的摄像管。CCD 摄像器件具有小型、轻重量、长寿命、低工作电压、图像无几何失真、抗灼伤等摄像管无可比拟的优点。目前，广播电视系统用的摄像机绝大多数为 CCD 摄像机。

CCD 摄像机拍摄的图像质量与 CCD 的数量、CCD 的感光面积、CCD 的工作方式有很大关系。按 CCD 数量可分为单片、三片式摄像机，三片的质量最好，广播电视系统均采用三片 CCD 摄像机。

CCD 摄像机还可以按 CCD 电子耦合器件的工作方式分为 IT（行间转移型）方式、FT（帧间转移型）方式和 FIT（帧行间转移型）方式。其中 FIT 方式的图像质量最好。

4. 按信号方式分类

按信号方式不同可分为模拟摄像机与数字摄像机。

（1）模拟摄像机。模拟摄像机处理输出的是模拟信号，即视音频信号的幅度和时间都是连续变化的信号。例如，Sony 的 Batacam SP、松下的 MⅡ格式、JVC 的 S－VSH 等。

（2）数字摄像机。数字摄像机内部采用数字信号处理方法。输出的是数字信号，即视音频信号的幅度和时间都是离散的数据。数字信号有比模拟信号便于加工和处理的优点，可以长期保存和多次复制，抗干扰和噪声能力强，尤其是在远距离传输时不会产生模拟电路中不可避免的信噪比劣化、失真度劣化等损害，大大提高了电视节目制作质量。因此作为电视节目制作的信号源采集设备——数字摄像机，也在广播电视系统得到越来越广泛的运用。

例如，HL 系列数字信号处理摄像机、JVC 的 Digital-S 格式摄像机、松下 DVCPRO 系列、SONY 的 DVCAM 的 DSR 系列数字摄像机、BATACAM 中 Batacam Sx 的摄录一体机、Digital Batacam 数字机等。

任务8.2　摄像机的结构、 基本工作原理及性能指标

8.2.1　摄像机的外观（图 8－1）

图 8－1　摄像机的外观

8.2.2　摄像机的结构

摄像机主要由光学系统、光电转换系统、视频图像信号处理系统、寻像器及自动控制系统等部分所构成。对于摄录一体化的摄像机，还包括进行电磁转换的磁记录/重放系统。

1. 光学系统

光学系统的作用是使通过镜头的景物光线在分色系统的作用下分解为三基色图像。它由镜头、色温转换滤色片和分色系统组成。

（1）镜头的作用是摄取景物图像，并使它清晰地成像于摄像管的光敏靶面上。

（2）色温转换滤色片包括色温片和滤光片。滤光片用来改变入射光的强弱；色温片用来校正色温，它难将不同光源的色温变换为摄像机要求的3200K，使拍摄的图像色彩真实，避免偏色。专业彩色摄像机一般是将多片不同的滤色片镶在一个圆盘上，摄像时可根据光源的色温和光线的强弱情况拨动圆盘，以取得合适的位置。家用摄像机一般不装滤色片，主要通过电路调整来适应不同的光源。

（3）分色系统由分色棱镜所组成。其任务是将彩色图像分成红、绿、蓝三幅基色图像，并分别送给对应的红、绿、蓝摄像管。红、绿、蓝摄像管的结构性能是相同的，只是分工不同而已。

2. 光电转换系统

光电转换系统的作用是实现图像各像素按顺序进行光电转换，主要有电真空摄像管和固体摄像器件两大类。

（1）电真空摄像管。电真空摄像管出现最早，技术较为成熟，应用比较广泛。对于电真空摄像管，必须设置聚焦与偏转控制系统，以控制摄像管内电子束准确而且按从左到右、从上到下的行、场扫描规律对靶面进行正确扫描并保证电子束很细，从而获得清晰的图像。

（2）固体摄像器件。固体摄像器件也称半导体摄像器件，技术上较成熟的有金属氧化物半导体（MOS）器件、电荷耦合（CCD）器件和电荷驱动（CPD）器件三大类，其中CCD器件应用最广。彩色固体摄像机将固体摄像器件装在分色系统的成像面上，省略了电子枪、偏转线圈和真空玻璃管等体积大而结构复杂的部分，使摄像机更小巧轻便。固体器件由几十万个顺序排列的、能在光的作用下产生电荷的小单元组成，当景物光线照射在其上时，小单元内便产生随光照强度变化的电荷，形成了像素。通过在每个像素单元的电极上顺序通电，就能把每个单元中积累的电荷转移出去，形成电视信号。固体摄像机的优点是：画面均匀性好、灵敏度高、几何失真小、重合精度高、惰性小、抗强光照射、耐冲击抗振动、小而轻且寿命长等。目前家用摄像机已100%采用固体摄像器件，专业和广播级摄像机也越来越多地采用这种器件。展望摄像器件的发展趋势，固体摄像器件将逐渐取代摄像管。

3. 视频图像信号处理系统

视频图像信号处理系统的作用是对摄像器件输出的图像信号（很微弱）进行预放大（一般放大到0.7V）后，对三基色图像信号进行各种校正、补偿处理。经过加工处理的红、绿、蓝三基色信号进入彩色编码处理，得出包含亮度信号和色度信号的彩色全电视信号，向外输出。亮度信号携带色彩信息，这样就能够实现彩色电视与黑白电视兼容了。目前世界上采用了NTSC、PAL和SECAM三种主要制式进行彩色编码处理。

4. 自动控制系统

摄像机日趋小型化、实用化，使摄像操作人员只需简单的调整就可独立操作，实现各项功能。这是因为在摄像机内已设置自动控制系统，如自动光圈、自动变焦、自动聚焦、自动增益、自动白平衡/黑平衡调整等。自动控制系统技术使摄像机操作越来越简单化，而摄像机的功能却越来越齐全。

5. 磁记录/重放系统

对于摄像、录像一体化的摄像机，还设置了磁记录/重放系统。这个系统实际上是一个小型的盒式磁带录像机，其作用是将摄像机拍摄的景物图像的彩色电视信号记录在磁带上。同时，它还可以重放，通过寻像器监视，检查图像质量或寻找摄录开始位置。

6. 寻像器

摄像机上的寻像器实际上是一个小屏幕电视监视器，供摄像操作人员取景、调焦、观察画面实际效果和各种电路控制操作信号批示用。寻像器有彩色与黑白之分，彩色寻像器通常安装在用于演播厅内的大型摄像机上，其他类型摄像机一般只有黑白寻像器。

8.2.3 摄像机的基本工作原理

摄像机是一种把景物光像转变为电信号的装置。从能量的转变来看，摄像机的工作原理是一个光→电→磁→电→光的转换过程。摄像机所以能摄影成像，主要是靠镜头将被摄体结成影像投在摄像管或固体摄像器件的成像面上。其结构大致可分为光学系统（主要指镜头）、光电转换系统（主要指摄像管或固体摄像器件）及电路系统（主要指视频处理电路）三部分。

光学系统相当于摄像机的眼睛，光电转换系统是摄像机的核心，摄像管或固体摄像器件是摄像机的"心脏"。

光学系统的主要部件是光学镜头，它由透镜系统组合而成。这个透镜系统包含着许多片凸凹不同的透镜，其中凸透镜的中部比边缘厚，因而经透镜边缘部分的光线比中央部分的光线会发生更多的折射。当被摄对象经过光学系统透镜的折射，在光电转换系统的摄像管或固体摄像器件的成像面上形成"焦点"。光电转换系统中的光敏元件会把"焦点"外的光学图像转变成携带电荷的电信号。这些电信号的作用是微弱的，必须经过电路系统进一步放大，形成符合特定技术要求的信号，并从摄像机中输出。

家用摄像机大多是将摄像部分和录像部分合为一体。当摄像机中的摄像系统把被摄对象的光学图像转变成相应的电信号后，便形成了被记录的信号源。录像系统把信号源送来的电信号通过电磁转换系统变成磁信号，并将其记录在录像带上。如果需要摄像机的放像系统将所记录的信号重放出来，可操纵有关按键，把录像带上的光信号变成电信号，再经过放大处理后送到电视机的屏幕上成像。图 8 - 2 是三片 CCD 摄像机的组成框图。

8.2.4 摄像机常用技术指标

1. 灵敏度

灵敏度指的是摄像机在一定的光圈和快门速度下，需要多亮的照明度才能获得较佳的图像。一般摄像机的快门速度是固定的，灵敏度对一台机器来说也是恒定的，所以，这个问题其实就是照度和光圈的组合问题，即照度值减小一半时，光圈就增大一挡。

2. 信噪比 S/N

这个指标表明了某摄像机输出的图像信号中可以获得信息的难度，通常以视频图像信号的峰值电平与杂波有效值电平之比的对数值表示。

摄像机信噪比一般以 100:1 即 40dB 为大致标准，大于 40dB 为优，家用摄像机一般都能达到这个标准。

3. 分辨率

分辨率是指摄像机分解图像的能力细致到何种程度的一种客观定量指标。它有水平和垂

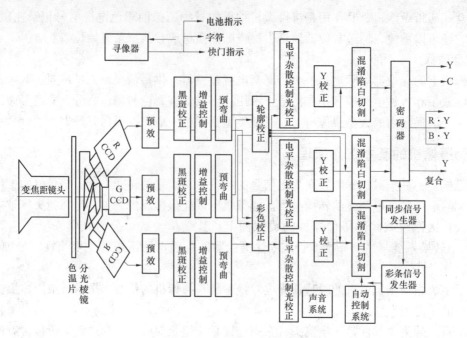

图 8-2　三片 CCD 摄像机的组成框图

直之分，前者是指在水平方向能分辨出垂直线条的数目，其极限值为 831 线；后者指在垂直方向分辨出水平线条的数目，但其受摄像机扫描方式限制，每帧行数越多垂直分辨率就越高。625 行/每帧的扫描方式，垂直分辨率在 400 线左右，极限值为 575 线，因此，通常只有水平分辨率具有实际意义。

　　除了这三个重要指标外，摄像机还有灰度特性、惰性、色重现、可靠性、稳定性等多项技术指标，这里就不一一叙述了。

　　对家用摄像机而言，一旦选型确定，这些技术指标都已成为该机的固定"档案"而无法修改，为使机器保持长久的可靠和稳定，日常的精心保养就显得极其重要了。

任务 8.3　摄像机的识别与选购

8.3.1　摄像机的识别

　　摄像机有黑白机、彩色机、数码机以及摄录放一体机等不同的种类。在这些机种中，又有许多不同的型号、功能的机型。彩色摄像机的结构，大致可分为光学系统（包括镜头和分色系统）、光电转换系统（主要指摄影器件）、电路系统（主要包括视频处理电路和编码电路）；根据摄像管的数目可以分为单管机、两管机和三管机；根据使用环境可以分为演播室摄像机和便携式摄像机等，如 NV-M9500EN 摄像机（图 8-3）和 DCR-TRV828E 数码 8 毫米摄录放一体机（图 8-4）。

　　其中，NV-M9500EN 摄像机具有 S-VHS 高保真立体声、12 倍光学变焦、手动变焦、手动对焦 & 手动曝光、时间基准校正器（TBC）、内置监视扬声器、立体声变焦麦克风、内置 VTC 发生器。

图 8 - 3   NV-M9500EN 摄像机

图 8 - 4   DCR-TRV828E 数码 8mm 摄录放一体机

DCR-TRV828E 数码 8mm 摄录放一体机具有数码 8mm 摄像录系统 520 线水平解像度、107 万像素 CCD 影像感应器、3.5 英寸液晶屏幕及黑白取景器、内置 Memory Stick™ 记忆棒插槽、配备多项数码相机功能，它可直接拍摄高达 1152×864 像素静止画面或 MPEG1 动态影片，设有 USB 接口，它可供连接计算机。

电视摄像，既是一种技术，也是一门艺术。任何一门艺术都不是独立存在的，它们之间都是一种相互影响、相互借鉴的关系。电视作为一门综合性艺术，电视摄像和摄影艺术之间有着许多相同之处，如在基础构图、光线造型、色彩的情感倾向性等方面，但不能说懂得摄影就等于懂得了电视摄像，因为二者之间还存在着许多不同之处：

（1）摄影图像的特性是纯空间的，它只有一个画面、一个视角。电视摄像的特性则是时空结合，这决定它不仅可以像摄影图像那样，在空间中展现形象，而且可以利用时间因素，用一个长镜头或若干个分镜头去表现。因此，电视摄像突破了摄影图像画面单一、视点固定的束缚，可以多侧面、多角度地表现物体形象或场景环节。

（2）摄影图像是静态的，而电视摄像由于有了时间因素，不仅可以利用静态造型的全部技巧，而且可以利用运动造型技巧，表现运动形象。

8.3.2 摄像机的选购

前几年，数码摄像机（DV）的价格高得让人可望而不可及。随着数码产品的普及，数码摄像机已经从昔日的神坛走入了寻常百姓家。选购摄像机时用户要注意以下几点：

1. 体积和外观

有两个指标对家用摄像机来说十分重要。首先，一款机器的外形很重要。消费者用机一般都是带有娱乐性质，所以考虑外形是很有必要的。还有一个就是体积，家用摄像机一般都在外出时候携带，那么小巧玲珑就显得非常必要。

2. 镜头

同数码相机一样，镜头也是决定数码摄像机成像质量的重要因素。镜头首先要看光学变焦倍数，光学变焦倍数越大，拍摄的场景大小可取舍的程度就越大，对构图会带来很大的方便，这和相机的变焦镜头是同等道理。二是镜头口径，如果口径小，那么即使再大的像素，在光线比较暗的情况下也拍摄不出好的效果来。也就是说，它将成为数码摄像机成像的一个瓶颈。

3. CCD

和数码相机一样，CCD 的像素也是衡量数码摄像机成像质量的一个重要指标，像素的大小直接决定所拍摄的影像的清晰度、色彩以及流畅程度。CCD 的像素基本上决定了数码摄像机的档次，现在中档一般是在 80 万至 100 万像素，而中高档一般是在 120 万像素以上。

4. 线数

一台数码摄像机好不好不单单看它本身的像素，对于数码摄像机，其机器本身的线数也很重要。一般机器的线数都达到了 500 以上。低于这个标准，画面质量就不会得到保证。

5. 液晶显示屏

液晶显示屏主要就是亮度要够高，像素要够大，还有面积也是越大越好，现在比较流行的是 2.5in 和 3.5in（1in = 2.54cm）。液晶屏幕能显示更大的图像，很容易看清所要拍摄的影像并回放拍摄的影像。

6. 配件

千万不要小看配件，它对 DV 机能否正常运转起着十分关键的作用。比如电池，一般随机带的电池都是拍摄时间比较短的，要是有一个质量好的电池，那在使用的时候可以尽情地拍摄。还有就是存储卡以及各种线材（每个机型的机器相配套的），一些机器可能还有其他配件，UV 镜、3 脚架等都是需要另外选购的有用的配件。

7. 后期处理

拍摄到了好的画面是好的开始，后期的图片处理制作也很重要。好的 DV 厂家一般所带的 DV 处理软件都还不错，如果需要处理得更专业就需要配一个视频采集卡和一套比较专业的 DC 处理软件，如"我行我素"、"会声会影"等。

任务 8.4　摄像机的维护与保养

摄像机是一种高科技产品。它是由精密的光学系统、电子处理系统和准确可靠的机械结构组合而成的，一旦因使用不当而出现故障，非专业人员难以维修。为了充分发挥其使用效能，延长使用寿命，除要掌握它的各项功能和正确使用方法外，还应掌握以下一些维护性使用常识：

（1）使用摄像机要非常注意机器的保洁工作，每次使用后都应该做一次清理工作，清理时要使用专用的毛刷和气球。不要在不干净的环境中打开带仓换带，以免灰尘进入机器内部。

（2）拍摄时严禁对准太阳和强光源，否则会导致 CCD 图像传感器的永久损坏，使图像质量下降或完全不能使用。

（3）使用过程中要轻拿轻放，避免使摄像机受到强烈的振动或冲击，强烈的振动和冲击轻则导致图像变形，重则可能致使机器损坏。用后要及时装入摄像机包保存。

（4）在拍摄过程中，不要在温差变化过大的环境下使用，以免造成摄像机内部结露而不能正常使用。如果出现摄像机结露无法开启时，可在常温下放置 1 小时，待结露消失后继续使用。

（5）非专业维修人员不得自行拆装摄像机。

1. 外壳

现在 DV 的外壳越来越花样翻新，层出不穷，尤其家庭用的 DV 外壳已经成了数码摄像机的一个重要卖点。所以我们在使用 DV 时首先注意的就是外壳维护。保护外壳主要要从三个方面注意：

（1）最重要的也是最常规的是平时使用时要小心谨慎。在拍摄的时候，要注意摄像机不要碰到比较硬的物体，如桌子、栏杆、墙、树等，这些物体都可能将 DV 的外壳轻易划出一道道痕迹。因此，在拍摄时要事先看看环境，避免在构图中将机位靠在这些东西的附近。

（2）避免在雨雪天气拍摄。这里只是从 DV 的外壳损坏方面谈。雨雪天气会将摄像机的外壳弄湿，而且其中夹杂着许多沙土，在擦拭的过程中极易造成外壳损坏。

（3）平时保管时要做到精心。平时对摄像机一定要妥善保管，不要放在有腐蚀性的物品旁边，因为现在摄像机的外壳就是两种，一种是塑料，另一种是金属，都极易被腐蚀，造成外壳原材料变形或是锈迹斑斑，很不美观。保管时也不要将摄像机放在有明显棱角的物品的附近，以防止不小心碰到这些物品致使外壳损坏。最好的方法也是最简单的方法，就是配一个合适的摄像包，拍摄之后马上将摄像机装入包里。

2. 镜头

镜头对于 DV 的拍摄效果的影响无疑是最大的，镜头的好坏直接决定摄像机拍摄的质量，所以使用 DV 要对镜头格外爱护。但是，摄像机的镜头是外露的，也给维护造成了不小的麻烦。总结的经验主要有以下几个方面：

（1）最重要的是配一个 UV 镜。UV 镜可以最大的保护摄像机的镜头免于损坏，而且是防尘、防划痕的最好的工具。在室内外温差大时，摄像机的镜头会结雾，而对摄像机镜头擦拭容易造成镜头损坏，有了 UV 镜，用镜头纸小心擦拭即可，擦干之后，马上就可以拍摄，几乎不影响纪录，因为整个过程一分钟就可以完成。

（2）DV 只有在非常必要时才对镜头进行清洗。镜头上有一点尘土并不会影响图像质量。清洗时，用软刷和吹气球清除尘埃。指印对镜头的色料涂层非常有害，应尽快清除。在不使用时，最好盖上镜头盖，以减少清洗的次数。清洗镜头时，先使用软刷和吹气球去除尘埃颗粒，然后再使用镜头清洗布。滴一小滴镜头清洗液在拭纸上（注意不要将清洗液直接滴在镜头上），并用专用棉纸反复擦拭镜头表面，然后用一块干净的棉纱布擦净镜头，直至镜头干爽为止。如果没有专用的清洗液，可以在镜头表面哈口气，虽然效果比不上清洗液，但同样能使镜头干净。需要注意的是务必使用棉纸，而且在擦洗时，不要用力挤压，因为镜头表面覆有一层比较易受损的涂层。另外，千万不能用硬纸、纸巾或餐巾纸来清洗镜头。这些产品都包含有刮擦性的木质纸浆，会严重损害镜头上的易损涂层。在清洗摄像机的其他部位时，切勿使用溶剂苯、杀虫剂等挥发性物质，以免机器变形甚至溶解。

3. 磁鼓

磁鼓的常见障碍是被污染。过多灰尘或磁带脱落的磁粉会堵塞磁鼓上的磁头，引起有声音无图像或声画全无。清洗办法有两种：一是自己使用鹿皮蘸点无水酒精清洗。方法是把鹿皮蘸湿的部分靠在磁鼓上，另一只手轻转磁鼓。这种办法可以清除很严重的污染，但要注意的是，拿鹿皮的手千万不能在磁鼓上来回擦动，否则会造成磁头损伤。二是使用专用的磁头清洗带。根据清洗带的说明书要求，把清洗带放入摄像机，使用重播功能即可完成清洗过程。不过要知道，清洗带是通过其粗糙的表面去污物的，会影响磁鼓寿命，应尽量少用。

维护摄像机的磁鼓工作，使用者应主要注意两个方面：一是注意机器保洁工作，尽量不要在环境很脏的情况下使用摄像机。二是严禁使用劣质录像带，对已经反复使用过的陈旧磁带也应小心使用。

4. 磁带

磁带的保养特别要注意防潮、防磁、防尘。

在潮湿的环境下，磁带很容易发霉，使用时会造成录像机磁头污染。

强磁场会影响磁带，使成品带退磁或产生杂波信号，造成磁带性能质量下降，因此磁带要远离磁性物体存放。

灰尘附在磁带面上后，会使磁带在运行中被划伤，同时也会污染录像机磁头，因此不要随便打开磁带内盒，用完的录像带要及时放入包装盒内保存。

长期不用的录像带，要半年左右快速倒带一次，避免因久存不用造成磁带粘连和磁层间的相互干扰。

5. 电池

现在，数码摄像机主要是靠电池提供电源。使用电池有很多要注意的地方，这样才能延长电池的使用寿命。

（1）电池的清洁。为了避免电量流失，要保持电池两端的接触点和电池盖子的内部干净。如果表面很脏的话要使用柔软、清洁的干布轻轻地拂拭，绝不能使用清洁性或是化学性等具有溶解性的清洁剂，如稀释剂或是含有酒精成分的溶剂不能用来清洁数码摄像机的电池或是充电器。

（2）电池的充电。对于充电时间，则取决于所用充电器和电池，以及使用电压是否稳定等因素。通常情况下给第一次使用的电池（或好几个月没有用过的电池）充电，锂电池一定要超过 6 小时，镍氢电池则一定要超过 14 小时，否则日后电池寿命会较短。电池还有残余电量时，尽量不要重复充电，以确保电池寿命。

（3）电池的使用。使用过程中要避免出现过放电情况（过放电就是一次消耗电能超过限度），否则即使再充电，其容量也不能完全恢复，对于电池是一种损伤。由于过放电会导致电池充电效率变坏，容量降低，为此摄像机均设有电池报警功能。在出现此类情况时应及时更换电池，尽量不要让电池耗尽而使摄像机自动关机。

（4）电池的保存。如果长时间不使用 DV 时，必须将电池从数码摄像机中或是充电器内取出，并将其完全放电，然后存放在干燥、阴凉的环境，而且尽量避免将电池与一般的金属物品存放在一起。为了避免电池发生短路问题，在电池不用时，应以保护盖将其保存。

任务 8.5　摄像机的操作与应用

8.5.1　摄像机的操作

1. 准备工作

（1）电源。摄像机的工作离不开电源，为摄像机提供电源的方法有两种：使用交流适配器和蓄电池。

使用交流适配器能保证摄像机长时间不间断地工作，如拍摄会议、报告、演出等。使用交流适配器时要根据现场情况提前做好准备工作：检查现场要有交流电源，计划好电线长度，在通过人多的地方时对电源线要做加固处理，以防行人踢绊造成电源中断。不过，即使是在使用交流适配器的情况下，也最好准备一块电池，因为，使用适配器的摄像机不便移动，如有特殊情况需要机动拍摄时就很难做到了。

使用电池时，首先要根据拍摄的内容估计所需的时间及手中电池的容量来计划出携带电池的数量。特别要注意的是，说明书上所给出的电池使用时间只能作为参考，因为，一是真正的使用时间会因使用情况的不同而有很大变化。如摄像机所用的充电电池在使用过程中有容量逐次下降的问题，新电池也许可以达到说明书中所标出的容量，但旧电池达不到。二是同一块电池的使用时间长短与使用方法有关。例如，花太多的时间去取景，频繁地使用变焦，拍摄间隙没有及时关机，使摄像机一直处于待机状态等，都会大量消耗电源。

此外，如果外出拍摄时间较长时，还必须随身携带充电器，以便及时充电。

（2）目镜。电子寻像器是观察拍摄内容的窗口，调节目镜部分是一项重要的准备工作。

人的视力各不相同，为了使每个人都能看清楚寻像器里的取景画面，摄像机寻像器上设有一个"目镜校正器"，调整它可以使目镜的屈光度改变，以适应人眼的观察习惯。如调节不准，极易造成拍摄时判断失误，聚焦不准，并且不清晰的画面还容易造成眼睛疲劳，不利于拍摄。寻像器中的内容是指导取景和判断画面是否清晰的参考，同时摄像机的许多工作状态指示也是通过寻像器显示的，因此一定要把目镜的调节当成一项很重要的工作来做。

（3）磁带。磁带的长度也是拍摄前应计划的项目。

磁带的长度可以看磁带盒上的标识。要注意磁带的带头部分一般很容易损坏，因此在正式开始录制时可盖上镜头盖或按下"FADE"（淡化）钮录制一段15s左右的黑场，然后才开始正式拍摄。一些摄像机还设有磁带速度选择（SP/LP）功能，俗称"缩录"。当拍摄时磁带不够时，可把摄像机上的录制方式由SP方式转换为LP方式，这样可获得加长一倍的录制时间。

（4）录制等待。任何一台家用摄像机都包含录制和重放两种工作状态，所以在拍摄前一定要把录像机设置在录像等待状态，就是把"CAMERA/VTR"（摄像机/录像机）两个选择键选择到"CAMERA"上。至此，摄像机拍摄前的准备工作就完成了。

2. 机器调节

机器调节是摄像机操作的主要内容，包含电源开启、变焦、光圈调节、快门速度选择、调节白平衡等几方面的内容。一般家用摄像机都设有自动装置，电源开启后机器调节工作自动完成，特殊情况才需手动调节。

（1）曝光控制。曝光，指的是由照相机镜头控制进光量，使底片感光的过程。由于摄像机与照相机的成像原理大致相仿，因此在摄像领域也引用"曝光"一词来说明摄像机的成像过程。和照相机一样，摄像机的曝光度也有一个正确的数值，若曝光过度，亮区呈现一片白色，没有细节、层次；若曝光不足，所拍出的图像昏暗，并有明显的颗粒状杂波。

光圈是摄像机控制曝光的主要方式，和照相机构造原理基本相同，光圈大小一般由光圈数值表示：2，2.8，4，5.6，8，11，16，22，光圈值越大，表示进光的口径越小，光圈值越小，表示进光的口径越大。由于微型机多采用自动光圈控制，从摄像机镜头上看不到这组数值，使用中摄像机根据自己内设的测光控制电路，对整个图像进行亮度平均测量，对比内存标准亮度值后，驱动光圈控制电机，从而控制摄像机的正确曝光。但自动光圈系统也会带来一些不足之处，需要在实际拍摄过程中引起注意，如在强烈的阳光下、背景有强光或明暗反差较大的情况下，拍摄的画面会因光圈自动收缩、扩张而时亮时暗。因此应尽量避免在光线反差强烈、背景有强光的情况下进行拍摄。

（2）聚焦。聚焦是使拍摄对象在靶面上清晰成像，从而获得高质量的画面。由于摄像机的寻像器能把成像的效果直接反映出来，因此聚焦是否准确的依据是看寻像器内的图像是否清晰。聚焦有自动和手动两种方式，在大型机的镜头上均有手动聚焦环，数值表示为：1.2，1.5，2，…，∞等。微型机由于机身结构较小，镜头多为内藏式，因此在镜头设计上没有聚焦环、光圈环等手动调节装置，代替它们的是电动按键，英文标识是"FOCUS"键和"＋"键、"－"键。

（3）变焦。在摄像机上，较为引人注意的是形似跷跷板的变焦钮。它的前端标识是"T"，表示向远处推进，后面是"W"，表示向后拉开。所产生的实际效果是：前者向被摄对象推进，主体景物逐渐变大，拍摄范围变小；后者使被摄景物趋向变小，拍摄范围变大。

变焦功能使拍摄者在机位固定的情况下得到被摄对象不同大小的影像，也就是后面将要讲到的景别，同时它的连续变化过程又是构成运动摄像技法的基本方式之一。在实际操作中，变焦钮是最经常使用的功能键之一。

一般摄像机对变焦倍率都有明显标识，如 SONY TR511E 型摄像机：18 倍光学变焦，220 倍数字变焦（Digital Zoom）。但有一点需要了解清楚，什么是光学变焦和数字变焦，光学变焦就是改变镜头的焦距值，焦距值的改变不影响摄像机拍摄景物的成像质量。而数字变焦的原理是依靠数字电路技术，使原来的图像放大，是以牺牲画面质量为代价的，因此在较为正式的拍摄中不要使用数字变焦功能，在选购时更不要对变焦倍数盲目求大。

（4）白平衡。白平衡（White Balance）在摄像机上一般简写为 W.B。由于摄像机和人眼不同，它更精确，但缺少宽容度，为获得正确的色彩还原，一定要正确调节摄像机的白平衡。

由于各种光源的色温不同，一张白纸在阳光下呈现白色，在室内灯下则呈现橙红色；而在灯光下呈现白色的物体，在室外阳光下又呈现出浅蓝色。由于人脑有固有的记忆模式对以上的色彩差异给予一定的抵消，不会造成明显的不适。摄像机则不同，它会明显反映出这种色彩差异，摄像机的白平衡调整就是解决这个问题，它是通过调整红、绿、蓝三基色的电信号比例，使摄像机得出正确的色彩还原。

白平衡的调节方式有自动和手动两种。当摄像机操作控制键放在自动挡（AUTO）时，摄像机就会自动进行白平衡调节，一般来说，自动白平衡能够满足拍摄的基本要求，但不适合特殊光线的创作要求。

手动调节白平衡时，首先将摄像机操作控制键打到手动挡（MANUAL），然后把镜头对准一块白色物体，有些摄像机的镜头盖就是为调白而设计的，按下"W.B"键 3s 以上，寻像器内的白平衡字符开始闪烁，待闪烁停止，说明手动白平衡调节完毕，即可进行拍摄。

3. 录制和重放

摄像机的录制操作是由右手大拇指来完成的，当拇指按下"REC"（录制）红色按钮时，摄像机便进入录制状态，在寻像器中出现"REC"字样，此时所拍摄的内容全都被记录下来。

在寻像器前面还有一个红色指示灯也会亮起来，表示被摄对象已经开机录制。"REC"键只要按一下就可以了，不要一直按着。当再次按下"REC"（录制）键时，录制停止，进入录制等待状态，寻像器内的"REC"字样消失，出现"PAUSE"（暂停）字样。

为了获得快速的录制反应速度，以便在按下录制键时立即就能把当前的场景录下来，只要打开电源开关，摄像机就处在录制等待状态。此时磁鼓在旋转，磁带也处在轻微的接触摩擦状态中，因此会消耗电源、磨损磁带。一般摄像机都有自动保护设置。当超过 5～6min 时，机器会自动关闭电源以节省电源和保护磁带。要想看一看所拍摄的内容，就需要使用摄像机的重放功能：将"CAMERA"转为"VTR"，此时的摄像机功能设置就像一台录像机一样，操作机器上的"REW"，"F. FWD"，"PLAY"等功能键放像，录制内容就会从寻像器上播放出来，有声音监听功能的摄像机还可以听到录制的同期声。

8.5.2　摄像机的应用

利用摄像机来制作电视节目。

1. 拍摄技法

学习摄像，应由简到繁，循序渐进。了解掌握了基本操作程序后，便可有目的地练习一些基本拍摄技法，下面就介绍一下有关拍摄技巧方面的知识。

（1）持机方法。采用正确的持机方式，不但可以减轻拍摄时的疲劳，更主要的是可以获得符合电视节目制作要求的稳定画面。其基本持机方式概括起来有以下几种：

1）肩负式。标准的 VHS 机的机体较大，其机身设计的持用方式为肩负式。方法是将机器置于右肩上，用双手牢固地支撑住，然后右手掌穿过扣抓皮带环，控制录制键和变焦键，左手握住聚焦环，负责手动聚焦和平衡稳定摄像机，必要时还要调节控制面板上的功能键。双腿自然分开，上身保持挺直，水平摇动镜头时，注意要以腰部为轴均匀转动。走动拍摄时，应双眼睁开，以便可以用眼睛的余光观察到前面和周围的情况。

2）抱持式。抱持式是一种较为实用的持机方式。先用左手托住机身底部，置于腰部右侧，翻起眼罩调节好目镜角度，用右手肘部夹住机身，拍摄时右手控制录制钮和变焦钮。采用抱持式拍摄，摄像机的拍摄角度控制十分灵活，仰拍、俯拍或平拍非常方便。身体姿势可根据需要采用站立式和下蹲式。

3）使用三脚架。使用三脚架在长焦拍摄或推、拉、摇等运动镜头时，能提高画面质量。另外，一些特殊的拍摄方式，如微距、定时间隔、自拍等必须使用三脚架操作。安放三脚架时一定要注意保持云台水平，操作摇柄旋转时速度要均匀一致。

在实际的拍摄过程中，结合这几种基本持机方法，根据现场实际情况，灵活运用。

（2）拍摄要求。操机摄像，除用正确的持机方式外。还应符合下列要求：

1）平。在拍摄中，摄像机要端平。无论采用何种姿势，在寻像器上观察，画面都应是横平竖直，倾斜的画面给人以一种不稳定的感觉。当然，有些特殊的情节需要例外。拍摄时要注意被摄物与寻像器四周边框的对应关系，随时加以校正。

2）准。拍摄时，聚焦要求准确。摄像机用自动聚焦基本上可以达到聚焦准确的要求。但手动聚焦就比较难于把握，需要在实践中不断摸索体验才能较好运用。其中一个简单的方法是先将镜头向落幅画面推上，待焦距调实后拉出，即可得到聚焦清晰的画面。

拍摄范围的准确，主要体现在运动镜头的落幅上，起幅范围一般都经过观察处理，而落幅时，经验不足者往往不知该停何处。有时推、摇过头了，然后再拉回来，不仅画面效果差，还破坏了整个节目的节奏和气氛。应尽量做到一次到位，干净利落。

3）稳。稳是指在镜头拍摄全过程中，摄像机不晃动。高质量的镜头，包括运动镜头和固定镜头，画面应稳定，无摇晃和抖动现象。持稳摄像机是一项重要的基本功，应引起高度重视。

稳的另一个含义是在拍摄中不要被主体的运动干扰自己的构图计划。例如，被摄主体的一个手势或一个明显的动作，摄像者会不由自主地移动镜头，从而在无形中干扰到拍摄者的持机稳定性。

4）匀。在拍摄运动镜头时，摄像机移动或镜头的运动速度要均匀。推、拉镜头时中间不能有任何停顿；摇镜头时应注意画面移动平滑流畅，不能出现一走一停的现象，而且速度也应前后一致。一般而言，在运动镜头开始后，其运动速度应保持均匀，以形成一个稳定统一的节奏。

2. 电视画面造型

（1）镜头及其含义。在电视片的拍摄中，镜头的解释有两种含义：从技术上讲是指组成摄像机的光学部件，由能使景物成像的多组透镜构成，从艺术上讲是指摄像机不间断拍摄的片断。这里要讲的是后一种，它是电视创作的基本表现手法之一，一部电视作品就是由许多不同的拍摄方法和长度不同的镜头合理地穿插组合而成的。

（2）景别的运用。根据视距远近的不同，也就是被摄主体在画面中所呈现的范围不同，可以分出各种景别的镜头，不同的景别即可传达不同性质的信息，又可给人以不同的视觉感受。景别大致可分为远景、全景、中景、近景、特写等。景别的划分没有绝对的统一标准，如全景还可细分为大全景、全景、中景等。景别划分的方法一般有两种：一种是以被摄主体在画面中所占的比例大小为准，凡拍摄主体全貌均为全景，拍摄局部或细节称为中景或近景；另一种是以画框截取人物部位多少为标准，一般多使用后一种方法。

下面就介绍不同景别的表现特点：

1）远景。属超常视点的景别，大多用来拍风光片，人物并非是拍摄的主体，而是风景的陪衬和点缀。远景镜头带给人广阔的视野，能起到抒发感情、渲染气氛的作用，给人以心旷神怡、胸怀开阔之感。

2）全景。是一种基本的介绍性景别，它用人们的正常视点观察事物，具有较强的现实性感受。在拍摄中，能清晰表现场景全貌和人物全身的画面称为全景镜头，人物脚下要留有空间，头上的空间是脚下的两倍，主要用来表现人物与环境景物的关系、人与人之间的关系和被摄主体的运动等。

3）中景。从膝部往上拍，头部以上留一些空间的镜头称为中景，因故事片中常用，所以也被称为"好莱坞"镜头或 3/4 镜头。比较适合表现人物的语言、表情、姿态手势等，所以在表现人物的对话或交流时常用。

4）近景。从人物胸部往上拍，头部以上留一些空间的镜头是近景，也叫胸像。近景镜头可以使观众看清人物表情和细微动作，也可体现出人物的心理活动，使观众仿佛置身其中，容易产生交流感。

5）特写。是表现人物肩部以上的头像或物体细部的镜头，常用来表现细节和表情。特写镜头有较强的表现力，可揭示人物的内心世界，或把被摄主体从其他环境中强调出来。但特写镜头还同时具有很强的主观色彩和感情色彩，有一种暗示和强调的作用，所以使用时应慎重。

用特写来刻画人物或突出某一物体的细部特征，是影视艺术中的独特表现手段，也是其他戏剧艺术所不具备的。

（3）固定镜头和运动镜头。从艺术上划分镜头可分为两大类：固定镜头和运动镜头。

所谓固定镜头，是指摄像机的机身、机位及镜头焦距均不发生变化所拍摄的片断，也叫"固定画面"。其核心就是画面所依附的框架不动。从某种程度上来说，固定画面很接近美术作品和摄影照片的形式感，但电视摄像和电视画面具有时间上的连续性，具有表现运动的特性，比如，电视固定画面中的人物或物体可以运动，可以入画出画等，这些都是在美术作品和摄影照片中不可能做到的。所以，当谈起电视摄像中的固定画面时，一定要注意跟绘画和摄影的"固定画面"区分开来。

运动镜头是相对固定镜头而言的，在拍摄中，变动机位、变动焦距或镜头光轴拍摄的镜头就称为运动镜头。运动镜头按其运动的方式不同，可以分为推、拉、摇、移等四种基本类型。

1）推。推镜头是指由大景别向小景别连续过渡的拍摄方法。推是一种强调手段，推的过程是引导观众视线聚焦的过程，重要的是在于推的是什么，而不是推的过程。在一个推镜头中，最重要的是落幅，它是推镜头的核心和引起推进的动机，镜头最后落在那儿、落在什么主体上，直接关系到整个镜头的表现目的，因此对落幅画面的内容和构图一定要有明确的设计。

2）拉。拉镜头与推镜头过程相反，它是指从局部开始逐渐向外展开的拍摄方法。拉是一种展示手段，没有强调的含义，是对环境、空间和气氛的展示。拉镜头中，重要的是起幅。起幅画面中的内容是整个拉镜头的灵魂，所拉出的环境内容应与起幅画面构成一种情节关系。否则，拉之无物，观众就会失望。

推、拉镜头是通过改变焦距的方式完成的，使用中要注意调清焦点后再开始拍摄，应少用连续的、多次的推拉镜头。

3）摇。摇镜头是在拍摄过程中，摄像机的位置不变，只是机身上下或左右摇动。摇拍的方向要按画面的内容、物体运动方向和其他表现需要来定。规范的摇镜头由三部分组成：起幅、运动过程和落幅。摇镜头可扩大表现视野，能建立同一空间中各形象间的关系。

使用时，一要注意构图完整，二是内容要有特色，三是摇镜头的幅度不可太大。

控制运动速度要均匀，运动的速度和情绪有一定的对应关系。一般来说，慢速适合表现悲伤、沉重、忧郁等低落的情绪，中速适合表现客观、冷静、悠闲等中性情绪，快速主要用于表现欢乐、兴奋、活泼、激动、紧张等情绪特点。

4）移。摄像机在拍摄中改变所处位置就是移镜头。移镜头是比较复杂一类运动镜头。简单的移镜头有前移、后移、左移、右移、上移（升）、下移（降）。再复杂一点，镜头可以在平面任意方向运动，甚至在立体空间内自由移动，移镜头与人们在运动时观察客观世界的感觉完全一致。

➡ 思考与练习

1. 数码摄像机由哪几部分组成？各有什么作用？
2. 简述数码摄像机的工作原理。
3. 一台数码摄像机的线数低于多少画面质量就不会得到保证？
4. 数码摄像机按照制作方式不同可分为哪几类？各有哪些特点？
5. 简述选购数码摄像机时需要特别注意的一些问题。
6. 简述数码摄像机维护和保养应注意哪些方面。

项目 9 计 算 机

▶ **教学目的**

1. 熟悉计算机的结构和工作原理。
2. 掌握各类计算机的使用方法、故障分析与排除方法和技巧。

任务 9.1 计算机的组成

计算机的整体是由软件系统和硬件系统组成。其中软件系统，是指程序系统，软件就是程序和程序运行所需要的数据和有关文档资料；而硬件系统则是指用电子器件和电机装置组成的计算机实体，它包括输入设备、输出设备、运算器、控制器和内外存储器。

9.1.1 计算机的软件系统

计算机的软件系统是支持硬件系统工作的条件。没有配置软件的计算机被称为"裸机"，裸机是无法工作的。计算机的软件系统主要包括系统软件和应用软件。

1. 系统软件

系统软件是管理和维护计算机资源的软件，它包括操作系统、数据库管理系统、网络通信管理软件、语言处理程序等。

（1）Windows 操作系统。Windows 操作系统是在微软公司于 1981 年为 IBM 的 Intel8088 中央处理器编写的用户操作系统"DOS"的基础上发展起来的一个新的操作系统。该系统是一个图形窗口操作系统，由 Microsoft 公司于 1983 年 11 月颁布。这一划时代的发展是 1990 年 5 月推出的 3.0 版本，它使得操作和概念更形象化，并使用户程序可以超过 640KB 的 RAM 运行空间。以后的版本就开始配有多媒体管理器，这样不仅顺应了多媒体这一潮流，而且 Windows 定义的图形界面组件目前已成为 PC 机界面的标准。其用于 PC 上的 Windows 操作系统根据应用领域不同大致分为两类，一种广泛用于家庭娱乐、办公等领域，如 Windows 95、Windows 98、Windows ME、Windows XP；另一种是用于工作站和服务器的操作系统，如 Windows NT、Windows NT Server、Windows 2009、Windows Server 2000 等。

（2）UNIX 操作系统。UNIX 操作系统是一个多用户分时操作系统，它是于 1969 年在 PD-7 小型机上开发的。UNIX 系统的不断发展、完善，得到了广泛的应用。加上 UNIX 系统的结构紧凑，功能强大，使用方便，易于扩充、修改、维护和移植性好等优点，目前正成为新的开放式系统的标准化操作系统。

2. 应用软件

应用软件是指用户自己开发或外购的满足各种专门需求的软件包。应用软件是一组有特定应用目的的程序组，在操作系统支持下，有许多应用软件供用户使用，如：

（1）各种图形处理软件：Photoshop，CorelDRAW，Freehand 等。

（2）各个办公应用软件：Word 2000，Excel 2000，WPS 2000 等。

（3）各种三维图像及动画设计软件：3Dstudio MAX，3Dstudio VIZ，Flash，Maya 等。

（4）各种计算机辅助设计软件：AutoCAD，ProEngineer，Matlab 等。

（5）各种网页制作软件：FrontPage，Dreamweave，Firework 等。

（6）杀毒软件：KV3000，KILL，RISING 等。

9.1.2 计算机的硬件系统

1. 主板

主板是指位于主机箱底部的一块大型的印制电路板。主板是计算机主机的核心部件，安装着 CPU 芯片、内存储器（也叫储存条）、CMOS 芯片、BIOS 芯片、时钟芯片、充电电池、扩展槽，以及与软驱、硬驱、光驱、电源等外部设备进行连接的接口装置。其中，CMOS 芯片是一种需要充电电池供电的 RAM，用来长期保存微机的基本系统的配置参数（如日期、时间、磁盘规格、内存大小等），并允许用户修改；BIOS 芯片存放着基本输入输出系统程序，并"固化"在 ROM 中；扩展槽又称为插槽，用于插入各种接口卡。

（1）总线。总线是用来连接中央处理器、存储器和输入输出设备的一组信息传递的公共信号线。计算机中所有的数据和指令信息、控制信息、地址信息都通过总线传递到有关的设备中去，所以总线相当于计算机内信息流通的总干线。总线通常由地址总线、数据总线和控制总线三部分组成。为了提高产品的互换性，提供以下几种总线结构标准：

1）ISA 总线：ISA（工业标准体系结构）总线采用 16 位的数据总线，数据传输率为 8Mbit/s。

2）PCI 总线：PCI（外设部件互连）总线能为高速数据传送提供 32 位或 64 位的数据通道，数据传输为 132～528Mbit/s，还与 ISA 等多种总线兼容。PCI 总线主板已成为主流产品。

3）AGP 总线：AGP（加速图形接口）总线数据传输率达到 533Mbit/s，可以大大提高图形、图像的处理及显示速度，并具有图形加速功能。

（2）接口。

1）接口的功能。在微机中，当增加外部设备时，不能直接将外部设备挂在总线上，这是因为外部设备种类繁多，所产生和使用的信号各不相同，有模拟信号，也有数字信号，有串行信号，也有并行信号，工作速度通常又比 CPU 低，因此外部设备必须通过 I/O 接口电路才能连接到总线上。接口电路具有设备选择、信号变换及缓冲等功能，以确保 CPU 与外部设备之间能够协调一致地工作。

2）接口的类别。① 总线接口。主板一般提供多种总线类型（如 ISA，PCI，AGP）的扩展槽，供用户插入相应的功能卡（如学习器卡、声卡、网卡等）。② 并行口。并行口采用一次同时传送八个位（一个字节）的方式来传送信号。并行接口主要用于连接打印机，一般用 LPT1，LPT2 表示。③ 串行口。串行口采用一位一位（二进制位）串行方式来传递信号，也有人称它为通信口或 RS－232 接口，它们往往被识为 COM1 和 COM2 或串口 1 和串口 2。鼠标就是连接在这种串行口上的。

（3）扩展槽。在主板上的几个很长的插座是扩展槽，这些扩展槽主要是用来插入各种插卡选件，扩展槽除了保证计算机的基本功能外，主要用来扩充和升级计算机，如声卡、解压缩卡、传真卡等。而通常主板上的扩展槽为 5～7 个。一般来说，用户的计算机最好能够保持有两个或两个以上的空余的扩展槽，以备将来使自己的计算机功能得到扩展。

2. 中央处理器

中央处理器就是微处理器 CPU，由运算器和控制器组成。它是计算机的运算和控制中心，也是计算机的心脏或大脑。

（1）运算器。运算器（又称 ALU）是完成各种算术运算和逻辑运算的。运算器运算时，在控制器的统一指挥下，由存储器和寄存器提供所需数据，进行加减算术运算或逻辑"与"、逻辑"或"等逻辑运算，运算结果暂存在寄存器中，或送回到存储器。

（2）控制器。控制器的作用是统一指挥和协调计算机各部分的工作，完成计算机程序所规定的各种操作。控制器完成指令给定的任务，必须经历取出指令、分析指令、执行指令三个阶段。

（3）微处理器的主要性能指标。微处理器的主要性能指标包括字长和主频率，而微处理器的性能又决定微型机系统的档次。一般来说，字长越长，计算机的计算精度越高、速度越快。各种微处理器按其字长可分为 4 位、8 位、16 位、32 位和 64 位微处理器。

在微处理器中，有一个不断产生时钟脉冲信号的装置，称为主时钟，主时钟的频率决定了机器的工作时序节拍，各部分均在此节拍下共同工作。主时钟频率越高，微处理器的处理速度就越快。但是，由于内部结构不同，并非所有时钟频率相同的 CPU 其性能能都一样。

3. 适配器

适配器是指使两个或多个不能直接连接的机器或设备相连的附加设备。在计算机系统中，各种设备具有不同的性能和构造，有电子的、机械的、光电的等。它们传输的信号可能是数字的，也可能是电流或电压信号，传输的大小、速度也不尽相同。为了保证这些设备有一个统一的标准连接在一起正常工作，就需要相应的接口电路，这个接口电路就是适配器。而不同的设备，就需要不同的适配器来保证信号的转换和匹配，并提供相应的指令。

（1）声卡。声卡就是处理声音的接口部件。最早的声卡是按 8 位一组存放和表示声频数据，现在的声卡大都是支持 32 位或 64 位声频数据的。如果想听 CD 唱盘，就必须配备 16 位或更高位数的声卡，因为 8 位声卡没有足够的分辨率，无法在较快的采样速率中准确地接收和输出声频信号。声霸卡一般都有声频输出接口、输入接口、CD-ROM 接口以及游戏棒接口等。

（2）显卡。主板要把控制信号传送到显示器，并将数码信号转变为图像信号，就需要在主板和显示器之间安装一个中间通信连接件，这个适配器就是显卡。

（3）3D 加速卡。现在越来越多的软件采用了三维模拟技术。以往的计算机只能显示已经绘制好的二维图片，不能够将三维的真实世界逼真出来。使用三维模拟技术，可以从不同角度表现世界，使显示出来的画面就像我们在现实中看到的一样。三维模拟技术需要的运算量非常大，单靠 CPU 进行运算将浪费 CPU 很多时间，许多显卡集成了三维显示和运算的功能，大大减轻了 CPU 的负担，因此具有这种功能的显示卡被称为 3D 加速卡。

4. 存储器

存储器是计算机的记忆和存储部件。计算机中全部信息，包括输入的原始信息、计算机初步加工的中间信息和最后处理的最终信息，都存储在存储器中。存储器还存放着如何对输入信息进行加工处理的一系列指针所构成的程序软件。存储器分为内存储器和外存储器。内存储器通常是由半导体器件构成，而外存储器则是由磁介质表面的存储器构成。

（1）存储器的基本概念。

1）位（bit）和二进制数。位是计算机存储的最小单位，它表示二进制数的一位，它也是二进制数的最小基本单位。

计算机使用的二进制数是由 0 和 1 组成的不同代码。

2）字和字节。一个二进制数由一位或多位组成，当其作为一个整体存储时，则这个数被称为存储字。常规定一个 8 位二进制数码为一个字节。汉字在计算机中是以 16 位二进制数码来表示的，即通常说的双字节。字节的英文写法是 Byte，缩写为 B。

3）存储容量。存储器的容量大小是用多少字节来衡量的，就如同房屋用多少平方米来衡量一样。由于计算机的容量很大，一般都达到成百、上千、上万个字节，因此还有几个更大容量的单位，这就是 K 字节、M 字节、G 字节、T 字节。通常用 B 表示一个字节，它们之间的换算关系为：

$$1024B = 1KB \qquad 1024KB = 1MB$$
$$1024MB = 1GB \qquad 1024GB = 1TB$$

内存储器和外存储器都是以字节为单位来衡量容量大小的，容量越大，其能够存储的信息含量自然就越大。

（2）内存储器。内存储器又称为主存储器（即简称为内存）。内存主要用来存放当前运行的程序、待处理的数据以及运算结果。它可以直接跟 CPU 进行数据交换，因此存储取速度快。

内存储器按使用功能可分为随机存储器（RAM）和只读存储器（ROM）。

1）随机存储器（RAM）。随机存储器（RAM）是内存储器的主体。它是一种既可以从中读取代码，又可以向其写入代码的存储器。其的特点是：开机时，其中没有任何数据和程序，一旦写入数据，只要不停电或人为卸载，数据就能够保持。断电后，数据全部丢失，且不可恢复。它主要供操作系统、应用程序和用户数据、程序使用。与 ROM 不同的是，它不但能随时读出和写入数据，而且能够随时更改数据。当需要存储时，还可以将数据和程序存储到磁盘等外存储器上。

2）只读存储器（ROM）。只读存储器（ROM）是内存储器的一部分，它是一种只能从中读取代码，而不能以一般方法向其写入代码的存储器。它的特点是：代码由生产厂家事先写好，封存后才装到计算机主板上，它的代码如没有特殊设备和破坏性的损伤，在一般情况下不会丢失的。ROM 主板用来存储 BIOS。BIOS 是英文输入输出系统（Basic Input/Output System）的缩写，它是一段程序，主要提供最基本的程序和数据，如计算机开机自检、启动程序、服务程序、外部设备驱动程序的时钟控制程序等。

3）高速缓冲存储器（Cache）。为了解决部分程序频繁地在硬盘和内存之间的存储和调用，在计算机的内存中开辟了部分区域用作存放这部分程序，以提高运算速度，这部分存储器就被称为高速缓冲存储器（Cache），简称缓存。在 Pentium Ⅱ 档次的 CPU 中集成有 Cache，这种缓存叫一级缓存。在 Pentium Ⅱ 以上档次的主板上，一般都有固化的 Cache，这种缓存叫二级缓存，其容量一般在 256KB 到 2MB 之间，数值越大越好。Cache 的运算速度很高，能达到与 CPU 一样的运算速度。在使用中，计算机先将程序装入 Cache，当系统下一次请求调用相同程序时，首先检查 Cache 中是否装有该部分程序，若有就直接将其送到主存储区中，不用再去硬盘或软盘读取，大大提高了运算速度。

（3）外存储器。外存储器用来存放各种程序和数据。当计算机工作时，只有被调用部分的程序和数据在内存储器中运行。外存储器主要是用来弥补内存储器容量不足和价格昂贵的缺陷。外存储器的特点是速度较慢，但容量较大，存储的数据和程序既能被调用，也能修改，而且能够对其做写入和删除工作。外存储器一般包括硬盘、软盘和光盘等。

1）磁盘驱动器。磁盘驱动器是外部存储器的组成部分之一，通常安装在主机箱内，为了使用的方便，也可放在机箱外。磁盘驱动器根据所用磁盘的不同，分为硬盘驱动器和软盘驱动器两种。硬盘驱动器和硬盘是作为一个密封的整体存放在防尘和真空的盒内，除非专业人事动手，一般人不能将它打开，否则会造成硬盘的损坏。

软盘驱动器有一个暴露在外的插槽，作为软盘的插入口和取出口，软盘可脱机保存。通常把软盘驱动器指定为 A 盘和 B 盘。现在计算机通常只有一个软盘驱动器 A 盘。

2）硬盘。硬盘也是外存储器，它与软盘的作用和工作原理一样。软盘是将磁感应材料均匀涂在软的塑料薄片上，而硬盘则是将磁感应材料均匀涂在硬而薄的铝片而成的。但它与软盘相比，硬盘具有以下优点：

① 容量大。现在的硬盘存储容量一般都在几 GB，甚至几十 GB。而软盘的容量最多还不到 2GB。也就是说，一个 20MB 的软件，如果用软盘来存放，需要近 20 张盘，而且无法被内存直接调用，但它可以直接安装在硬盘上，并直接被内存调用运行。

② 运算精度高，不易损坏。硬盘是真空包装，制造精良，数据不容易出错。而软盘由于其构造上的缺陷，容易损伤，使用时要注意防磁、防潮、防污、防变形、防病毒。

③ 读取速度快。磁盘上的数据和程序在被读写时，都是靠写磁头进行的。硬盘的盘片旋转速度达到 5400r/min、7200r/min、10 000r/min，而软盘旋转速度仅 300r/min，硬盘的读取速度是软盘的上千倍。

④ 光盘驱动器和光盘。光盘驱动器就像软盘驱动器一样，是光盘的驱动部件，通常说的 CD-ROM，也叫光驱。它与软盘驱动器的不同之处是，除了电子机械部件，还配有光学系统机构。目前的光盘驱动器类型基本一致，有单速、2 倍速、4 倍速、8 倍速以及 24 倍速、32 倍速、40 倍速、50 倍速、56 倍速等高速的光盘驱动器。这个倍速是以基准数据传输率 150kbit/s（即平均每秒传输 150kbit）来计算的。数值越大，其读取速度越快。通常所说的光盘其实是只读光盘存储器，它的最突出的优点是存储量大，小巧轻便，便于携带。光盘的外形与小唱盘一样，表面涂有一层极薄的保护膜，光盘上的数据是用专门的激光设备刻写的，容量可达 650MB。其光盘的类型有：

a. 只读型光盘（CD-ROM）。只能读出，不能写入。这种光盘出厂前由厂家预先写入信息，写完后信息将永久保存在光盘上，用户只能进行读操作。

b. 一次写入型光盘（WORM）。只能写入一次，以后可以反复读出。它允许用户写入自己的信息，不过只能写一次，写入后不能擦除或修改。

c. 可擦写型光盘（MO）。可重写的光盘，就像一般的硬盘一样，可以由用户任意读写信息。目前市面上流行的是只读型数据光盘，可读写光盘正在开始流行。

d. 数据通用光盘 DVD。DVD 是一种新的大容量存储设备，其容量视盘片的结构制作而不同。采用单面单层结构时，容量为 4.7GB；采用单面双层结构时，容量为 8.5GB；采用双面双层结构时，容量为 17GB。

从 DVD 的读写方式来分，可以分为 DVD-ROM（只读）、DVD-R（一次性写入）、DVD-

RAM（可擦写型）和 DVD-RW（多次重写型）。DVD-ROM 盘就是人们通常所说的 DVD 盘。DVD 驱动器的基准数据传输率为 1.385Mbit/s，比 CD 驱动器快得多。

3）软驱和软盘。软驱其实就是软盘驱动器，它实际是个像笔记本大小的盒子，内有电动机和磁盘读写头。软盘驱动器的作用是将软盘的数据读出或将内存中的数据写入。常见的软驱分为 5.25in 和 3.5in 两种规格，俗称 5in 盘或 3in 盘，容量可分为 360KB，1.2MB 和 1.44MB 三种。其中 5in 盘因为尺寸太大，容量相对较小，已经被淘汰。

为了保证软盘上已有的程序和数据不被意外的误操作改写、删除或被病毒感染，在软盘上都有一个写保护口，它的作用就像录音带或录像带上的防抹口一样。3 寸盘的保护口是磁盘保护套上的一个窗口，当窗口打开时，处于写保护状态。

5. 输入设备

输入设备是外界向计算机传送信息的装置。在微型计算机系统中最常用的输入设备是键盘、鼠标、手写板、数码相机和扫描仪等。

（1）键盘。键盘是最主要的输入设备，是用户与计算机交流的主要工具。

目前普遍使用的键盘都是 107 键键盘，个别原装计算机由于整机设计的需要，键盘略有不同。按其开关形式的不同，键盘可分为机械式和电容式两种。机械式键盘的每一个按键都用一个微型开关。这种键盘的可靠性较低，寿命较短，但容易维修。电容式键盘是通过按键，给其底部的一个大的电容性表面一个压力，再由电容组件发出信号。由于它不是由许多容易损坏的微型开关组成的，因而寿命长，但也因为同样的原因，维修起来没有机械式方便。

（2）鼠标。鼠标是增强键盘输入功能的重要设备。目前大量的软件都支持和要求鼠标，没有鼠标，这些软件将难以运行。现在的鼠标主要有机械式和光电式两种。机械式鼠标底部有一个小圆球，在鼠标移动时，靠小球的滚动发出信号；光电式鼠标则是靠发光管和感光传感器来发出信号的，使用时必须配备专门的反射板。光电式鼠标价格要高一些，但质量好，耐用不易坏。

（3）手写板。手写板又称为中文手写系统。通过这个系统，可以不用键盘输入而用"笔"在手写板上写字，即输入汉字信息。其功能同键盘相似，为不会键者提供了很大的方便。一般适合老年人和手指不很灵活的人士使用。

常用的中文手写系统是"汉王笔"。它书写功能齐全，使用方便。使用者很快适应，越写越熟练，同时，人机感应相通，分辨率（书写正确率）也就越来越高。

（4）数码相机。数码相机使用 CCD 摄像元件，将镜头前的影像转成数码信号存放到数码相机中的内存里，然后再通过各种连接接口把相片呈现到各种装置中。例如，用视频连接线把相片传到电视机屏幕上观看；以 USB 或串口将相片传入电脑中成为图像文件，或是直接传到彩色喷墨打印机打印出来，成为相片输出，这样用户不必买胶卷，也不必经过照相馆冲洗，就能得到品质足可与传统相片媲美的照片。外出旅游，把途中的见闻用数码相机拍下做成多面体演示文稿，即可与朋友和家人分享，甚至放到国际互联网上，与其他朋友分享。

（5）扫描仪。扫描仪是光学、色彩有关的设备，当用户把文件、相片等放置在扫描仪中进行扫描时，扫描仪有个 CCD 摄像元件，会将纸上的色彩信号转换成数字信号传送到计算机中，再由计算机屏幕呈现出来，或是直接储存成图像文件。因为数字信号有永不失真的特性，而且储存成像的文件放置于计算机储存设备中，方便备份、管理及应用。例如，将扫描仪配合打印机后，可以实现复印机的功能；加工扫描仪与 Modem 配合，就变成了全功能的双向传真机；如果 Modem 也有语音功能，还能再化身为电话答录机。

6. 输出设备

输出设备的作用是将计算机中的数据信息传送到外部媒介，并转化为用户能够识别的表示形式。在微型计算机系统中，常见的输出设备有显示器和打印机。

（1）显示器。显示器是最重要的输出设备，是计算机不可缺少的三大组成部分之一。经过计算机处理过的数据信息首先通过它显示出来，以便人机之间的交流。显示器的样子就像电视机，大都为 15in、17in 和 20in 三种，其显示器有单色和彩色两种。单色显示器价格便宜，一般用于那些对色彩要求不高，而又要求长期连续工作的部门，如在超市用作收银机。

显示器是把图像转换成许多颜色不同的小点进行显示，这种小点叫做像素。显示器的分辨率就是指像素的大小，像素越小，分辨率就越高，画面就越清晰。显示器按其分辨率的不同可分为 0.26mm（点距）、0.25mm 和 0.21mm，数值越小越好。还有一种关于分辨率的表示方法，是用一行的像素数乘以一列的像素数，如 640×480、800×600、1024×768、1280×1024 等，数值越大越好。按显示器扫描方式的不同，又可隔行扫描和逐行扫描两种，隔行扫描的显示器存在闪烁现象，因此还是逐行扫描的显示器较好。

（2）打印机。打印机是人们应用最为普及的输出设备之一。目前市场上流行的打印机主要有点阵针式打印机、喷墨打印机和激光打印机三大类。

1）点阵针式打印机：点阵针式打印机是最早普及的个人电脑打印机。虽然现在打印机涌现出了不少新品牌，但是点阵针式打印机因其无可取代的复写功能（如发票或签收单据就必须依靠点阵针式打印机的针点撞击）而仍然占据一定的市场。

2）喷墨打印机：喷墨打印机是目前最普遍的类型，它的优点在于价格便宜、打印速度快、低噪声、可打印彩色文件等，但使用耗材的成本较高。

3）激光打印机：它在打印机的世界里，激光打印机一直算是高档的产品，它不论是在打印品质、速度及噪声的表现上，均较其他两种优异，价格高出一筹。其特点是：打印技术先进，打印成本低廉，打印品质好，打印速度快，但价格更高。

任务9.2　计算机的应用

随着软件的开发，计算机的应用范围越来越广泛。这里只仅仅从引导读者认识计算机的角度来介绍计算机的相关知识。读者还应从自己的实际需要出发，考虑应学习和掌握计算机的其他内容。

9.2.1　计算机的操作应用

1. 熟悉一项操作系统的操作

计算机必须配备系统软件，否则无法工作。系统软件，已从 MS-DOS 操作系统发展到了 Windows 98，Windows Ms，Windows XP。学习电脑操作技术，首先应熟悉一项操作系统的操作。目前，大部分都是使用 Windows 98 或 Windows Ms 或 Windows XP，这须将系统安装在微机内才能应用。一旦安装好系统之后，要尽快熟练掌握其操作方法：

（1）认识 Windows 98，Windows Ms，Windows XP 系统，包括认识桌面、窗口、图标、菜单、对话框、启动和退出。

（2）熟悉鼠标、键盘操作、桌面操作、"开始"菜单、窗口基本操作、使用"帮助"等。

2. 磁盘管理

磁盘是用来保存暂时不用或者是需要永久保存的程序和数据的仓库，有硬盘和软盘之分。硬盘安装在主机箱内，分为 C、D、E、F 等，存量有大有小；软盘又称为 A 盘或 B 盘，由一组以盘片为中心的同心圆组成，这些同心圆叫做磁道，数据存储在磁道里。要注意保护好磁盘并掌握保护技巧，如磁盘格式化、磁盘碎片整理、磁盘扫描、磁盘清理等。

3. 文件管理

（1）创建文件、文件夹，懂得使用硬盘、软盘保存文件，也可通过复制方法保存文件。

（2）能够通过"我的电脑"窗口或"资源管理器"浏览文件和文件夹，能查找、复制、删除、恢复文件和文件夹。

4. 编辑排版

（1）熟悉中英文输入法。可以用键盘，采用"五笔输入法"、"汉语拼音法"及其他输入法（或中文手写系统）输入文字，形成文章、文件或文书材料。

（2）熟悉标点符号、特殊符号、日期时间、页码、数码等的输入方法和技巧。

（3）修改文本，要掌握删除、撤销、恢复和重复、移动、复制与粘贴，字符段落格式的设置，页面设置等。

5. 制作表格

表格同文字一样，是表达的方式之一，因此文章中常常要用到表格，在管理工作中表格更是使用频频，Windows 98 系统设置了制表工具，十分方便。

6. 绘制图形、插入艺术字

7. 数据管理

8. 制作幻灯片

9. 办公室事务处理

9.2.2 联机和上网

1. 联机

计算机可以单独操作使用，也可以联机操作使用。联机有两种形式：

（1）微机与其他设备连接使用。

1）微机与打印机连接。要把打印机连接到计算机上，需要一根屏蔽双股的并行电缆、一条 USB 电缆或网络电缆。连接时可按以下步骤：

① 用并行电缆线连接。首先确保打印机和计算机都处于关机状态。然后将并行电缆线的 36 针连接头稳固地插入打印机的插口连接器中，并挤压连接器两边的线夹直到其两边都锁定到位。如果电缆线有地线，则用螺丝固定在打印机的地线连接器上。最后将并行电缆线另一端的 25 针连接头接在计算机的 LPT 接口上。

② 用 USB 电缆线连接。将 USB 电缆的方头连接到打印机的 USB 端口，扁头连接到计算机上任何可用的 USB 端口上。

③ 用网络电缆线连接。将网络电缆线的一端连接到打印机的打印服务器上的端口上，另一端连接到计算机上的网络接口板上。

2）微机与扫描仪连接。

① 扫描仪连接电脑的接口主要有三种：

a. SCSI 接口。SCSI 接口的扫描仪效果很好，但价格较贵，安装复杂，适合公司使用。

b. USB 接口。USB 通用串行总线接口，它是新一代的连接口类型，完全支持即插即用，安装简单方便，且传输速率达 12Mbit/s，能有效地提高扫描时的传输速率。

c. 打印机连接口（LPT1）。这是目前最流行的扫描仪连接接口，价格便宜，安装简单方便。它是和打印机串联在一起的。

② 扫描仪的安装和使用。连接扫描仪依附电脑主机的 LPT1 连接口，串联打印机及扫描仪（如果有打印机的话），安装扫描仪驱动程序及相关工具软件，设定图像处理软件的图像来源（TWAIN 来源），在图像处理软件中使用扫描仪，并设定扫描时的扫描环境值，在进行扫描。

3）微机与数码相机连接。

① 数码相机的接口种类。数码相机的接口主要有四种，见表 9 - 1。

表 9 - 1　　　　　　　　　　　　数码相机的四种接口方式

接口方式	说　明
串口	使用标准的串口连接线，可将数码相机中的相片直接传送到电脑中
USB 口	USB 连接接口是最符合家庭多媒体电脑的传输方式，安装简单方便，越来越多的数码相机使用这种接口
红外线	安装 Windows 98 的个人电脑多半都支持红外线传输
视频连接线	Video Out 功能接口，可将数码相机中的相片直接在电视机屏幕上显示

② 数码相机的安装使用。在拍摄时，先将电池放入数码相机中，然后将内存放入相机中（有的在第一次使用时必须对内存进行格式化），调整相机设定后，再开始拍照。

将相片传输到电脑中。把数码相机和电脑连接起来，打开数码相机的电源，开启数码相机的传输到电脑模式（部分相机需要这么做），利用数码相机管理软件来开启数码相机，将相片储存成电脑中的图像文件。

（2）微机与微机连接使用。微机与微机连接使用（即联网），它包含两种模式：

1）主从网模式（又叫客户/服务模式）。一台能够提供和管理可共享资源的计算机称为服务器，而能够使用服务器上的可共享资源的计算机称为客户机。通过网络设备紧密地联系在一起，使整个网络功能像一台计算机，通常有多台客户机联结到同一台服务器上。目前，大多数企业都采用客户机/服务器模式的局域网。

2）对等网络模式。对等网络模式不使用服务器来管理网络共享资源。在这种网络系统中，所有的计算机都处于平等的地位，通过网卡和网线联系在一起，构成对等局域网，任何一台计算机既可以作为服务器，又可以作为客户机。

2. 上网

（1）在网上通电话。2000 年前，打国内长途 0.8 元/min，而随着 Internet 的发展和 IP 电话的出现，打 IP 国内长途只需要 0.3 元/min，IP 国际长话比普通长话更显实惠。如果加上摄像头，通话时还可以看见对方。

（2）网上浏览信息。网上有大量的信息，从天气预报、班机时刻到股市行情，从政府公报、学术成果到企业产品，从时事政治、娱乐新闻到百姓故事，各种资料应有尽有。

要查找资料浏览信息，先拨号上网或 ADSL 联通 Internet，在启动 IE 浏览器，在地址栏输入某一网站或对应主页的网址，即可进入主页，然后依信息类别，点击鼠标左键，一级级进入信息页面。

（3）从网上下载有用信息资料。Internet 是世界最大的图书馆，可以便捷地为人们免费提供需要的信息资料。当用 IE 浏览器在网上查找到有用信息的时候，可以利用 IE 软件的"文件"菜单下的"另存为"命令，在出现的对话框中填写相关内容后，再单击"保存"按钮，即可下载这些有用信息。当然，也可用 FTP 软件或 CuteFTP 软件来完成。还有一些免费下载的软件，可以直接单击"Download"按钮。

（4）在网上发送传真。

1）用 Windows 2000 来实现在网上收发传真。用户可以不买传真机，用 Windows 2000 来实现在网上收发传真。只要电脑里安装了 Windows 2000，并且拥有一只带有传真机功能的"猫"，不用安装任何其他的附件，就可以将计算机变成一台全功能的传真机，并且使用起来也非常方便。

收传真时，由于 Windows 2000 没有默认接受传真，故需要在控制台进行设置。单击"开始"，依次指向"程序"→"附件"→"通信"，单击"传真"，然后单击"传真服务管理"，打开控制台，在控制台目录中，单击"设备"。在详细信息窗格中，右键单击要配置的设备，然后单击"属性"。选择"启用接收"，选择该复选框以接收传真。并可设置"应答前响铃次数"，以更改传真应答呼叫前的响铃次数，系统自动应答传真传输。

发传真时，首先应该在控制板中双击"传真"，进行用户基本信息的设置。使用传真时，先在相应的编辑器中（文本或图形均可）填写相关内容，后选中"打印"，并在随后出现的打印设置对话框中的选择打印机一栏中选择"传真"，确定后，根据传真向导的提示，填写收件人即可。

综上所述，用 Windows 2000 附带的传真功能，不仅功能完善，界面友好、操作方便，能够完全代替传真机。

2）用 E-mail 在网上收发传真。

① 用 E-mail 免费收传真。首先是登录互联网，进入 http：//www.efax.com 这个网站，找到"sign up"，点击进入新用户登记页面，屏幕上会显示"Really，it's free（真的，这是免费的）！"，填写若干空白项目，填好后，点击底部的"Sign up now（现在就加入）"按钮，再填写若干项目，即得到一个传真号。今后如果有向用户的传真号发来的传真，用户都会从 E-mail 的附件中收到。

② 用 E-mail 免费发传真。利用 TPC 公司的 E-mail-to-Fax 资源与服务，设置 E-mail 转发服务器，使得用 E-mail 账号的公司或个人可以通过先加入该公司的 Fax sender 邮件组，然后再将电子邮件发往这个转发服务器，再由该服务器免费代转到收件人传真机上，实现真正意义上的 E-mail-to-Fax 免费转发服务，利用 Internet 可以迅速地把电子邮件免费送达特定覆盖范围内的传真机的用户。

（5）在网上发送电子邮件。电子邮件是利用计算机网络进行信息传递的现代化通信手段，可以发送包括文字、图像、软件和声音等在内的多媒体信息，具有使用方便、收发迅速、保存容易、价格低廉、全球畅通的优点。上网收发一封电子邮件只需数分钟，不论发往何处，只需要 0.1~0.2 元，还可以将同一封电子邮件同时传送到多个收件人手中。

要实现网上收发电子邮件，必须先在有邮件服务的网站中申请邮箱地址，在用该网站提供的邮件服务软件程序实现邮件的写、发、收、读、保存、删除等，也可利用 Outlook，Foxmail 等应用软件实现电子邮件服务。

（6）用扫描仪在网上发送图片。如果要用在线形式使用扫描仪扫描图像并发送，必须先与计算机连接好。因 JPEG 文件较小，便于网络传输，扫描时按 JPEG 格式进行图片扫描，再通过 E-mail 网上发送或在 Web 站点发布。

（7）用数码相机在网上发送图像。用数码相机拍摄到的图像要在网上传输，必须先使用 USB（传输速度比 RS-232 串行端口快 10 倍）线缆将图像传输到运行 Windows 98 或更高版本 Windows 的计算机上，再用图形处理软件进行特殊处理，平滑其背景及雕饰效果，最后用电子邮件或网页等形式在互联网上发送。

任务 9.3　计算机的常见故障分析与处理

随着计算机的日益普及，计算机的维护、维修也越来越重要，一旦计算机出现了一点毛病就到处求医问药，这显然不是好的解决方法。因此，用户可以通过学习一些维修方法，遇到问题自己想办法去解决，这样不但能够提高自己的计算机知识水平，同时还能从另一方面去更深入地了解计算机。当然要对计算机进行维修，就必须对计算机的结构有一定的了解（主要是对计算机的安装与配置情况进行了解）。计算机的结构主要有主板、CPU、内存、显卡、声卡、硬盘、光驱、软驱、电源、显示器、鼠标和键盘等。除此之外，还要对维修计算机的基本过程有一个了解。维修计算机，一定要对计算机有一个全面的认识，计算机与其他家用电器一样，会出现受潮、接触不良、器件老化等现象。其中以接触不良最为常见，大家知道计算机是由多块板卡和功能相对独立的设备组成，如显卡、声卡、光驱、硬盘等，而连接这些设备的接口及数据线一旦出现接触不良，就会影响计算机的正常工作，所以在维修计算机时，首先应该想到是否接触不良。在排除了接触不良的原因后，而设置不当也常常引发出系统故障，它一般发生在更改系统设置以及安装新的软、硬件后。解决这类问题的方法是重新设置或者更改回以前的设置。如果在正常使用中忽然出现黑屏、花屏或者奇怪的图文、声音，这很可能是病毒影响的原因，这时只要立即关闭计算机，找到杀病毒软件，杀掉病毒即可。

总之，计算机既是家用电器的一种，又有别于一般的家用电器，它是一种软、硬件的集合体。所以在维修时，除了考虑硬件故障外，还要考虑软件因素。因此，掌握如图 9-1 所示的计算机故障诊断程序图，是对维修计算机提高速度的有效方法。

9.3.1　显示器与显卡的常见故障分析与实例

PC 系统中的显示系统是由显示器和显卡组成的，二者是通过一根 15 芯的通信电缆进行连接的。PC 机常用的是阴极射线管（CRT）显示器，CRT 与电视的工作原理相似，但它的频率同步范围比电视机更宽，显示分辨率比电视更高。显卡是显示器的接口和控制电路，它

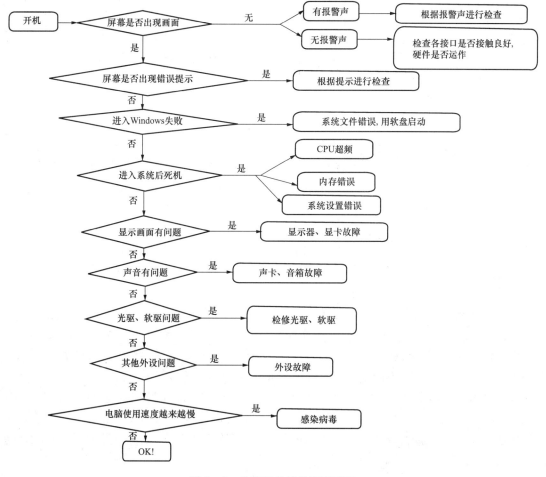

图 9 - 1　计算机故障诊断程序图

由字符集、显示缓存、控制电路和接口等部分组成。它的全部电路元器件都装在一块电路板上。由于 PC 机的输出信息是通过显卡送到显示器进行显示的，因此，显示器和显卡出现故障，甚至它们之间的连接不良或不匹配，都会影响显示系统的正常工作，出现黑屏、显示混乱等现象的故障。

1. 显示器常见故障分析与处理

（1）显示器常见故障分析。计算机的显示器和操作者是最直接的交流窗口，因此，快速判断显示器的故障是很重要的，常见的显示器故障有以下几种：

1）通电开机后，显示器屏幕全黑或栅扫描线，但无任何文字或图形信息。这种故障可能是显示器本身有问题，也可能是显卡有问题，二者之间连接不好或不匹配就会出现这种故障。

2）通电开机后，显示出错误信息。这种故障一般是由显卡引起的。

3）通电开机后，PC 喇叭发出一长两短的报警声。这种故障一般也是由显卡引起的。

4）显示器画面偏色、缺色、字符扭曲、变大变小。这种故障一般是显示器本身有故障。

当系统发生故障时，应首先区分出是显示器有问题还是显卡有问题。最简单的是使用替代法，即用同型号的显示器或显卡进行替代，这样，一般可以分清故障是由显示器诱发的还是由显卡诱发的，进行替代检查时一定要注意显示器的电缆插头是否连接良好；显卡插入主板槽中一定要准确到位以避免接触不良，否则，显示系统中任何部分的接触不良都将引起新的显示故障。

在确定了故障由谁引起后，就需要进一步确定故障部位，显示器故障可根据故障现象来对故障原因作出初步判断，因为目前大多品牌的显示器都未提供电路原理图，而且显示器的维修不像主板和各种板卡那样，可采用拔插替代法来确定故障部位，因此，维修显示器相对来说比较困难。然而，显示器各部分电路的功能比较明确，通过观察显示器故障现象，可以初步确定故障部位，再利用必要的检测仪器，即可找出损坏元件，更换后排除故障，或者送到专业维修点作进一步处理。对于显卡，随着大规模集成电路的应用，显卡的集成度越来越高。许多新型显卡都采用一块或两块专用集成电路芯片来构成，相应的有关各I/O端口信息的检测点在集成电路芯片内部，不能用仪器进行检测。因此，在实际维修工作中，只能对显卡上可插的芯片进行替代或者将显卡整块进行更换，以恢复PC机的正常工作。

（2）显示器常见故障的处理方法。

1）显示器屏幕上出现一条亮的横线，其他地方无字符显示。这种情况一般是显示器的场扫描电路出了故障，这时应该检查芯片及周围的电路。

2）显示器屏幕上出现一条垂直的亮线，其他地方无字符显示。这种故障是发生在行扫描偏转系统电路上，这时应该检查行"S"校正电容器和行偏转线圈。

3）显示器屏幕上字符左右扭曲。这种故障一般是由于行不同步造成。这时首先应调整水平同步旋钮（而现在的一些高档显示器已没有供用户可调整的同步旋钮，完全是自动调节），使水平同步。若无效果，则可能是行同步信号有问题，需要检查显示器的行输出电路。还有可能是显卡有故障，可更换显卡试一试。

4）显示器屏幕上无任何显示。这种故障一般是发生在电源部分和行扫描电路，这时可检查电源、高压、行输出管及阻尼管是否出了问题。

如果不是显示器本身的问题，还有可能是计算机输入的视频信号太弱，这时可调整显示器的亮度。若无效，则可能是无视频信号输入到显示器，可检查显示器的信号电缆是否接触不良或损坏。如果不是此原因，则是无视频信号产生，说明显卡损坏，需要检修或更换显卡。

出现这种故障时，如果有条件的话，可以用一个确认是好的显示器代换一下，就可判断故障部位是在显示器本身还是在显卡甚至是主机。

5）显示器屏幕上字符倾斜。这种故障多数是由于偏转线圈位移造成的，只要调整偏转线圈到合适位置即可。

6）显示器屏幕上字符乱抖动。这种故障通常是显示器内的变压器有漏磁干扰引起的。也有可能是显示器附近有磁场。这时应把变压器用软铁皮包住接地，将显示器远离磁场即可。

7）显示器屏幕上的字符左边大，右边小。根据故障现象，可以断定是由行输出管的输出特性线性不好所致，这时换上一只好的行输出管就能解决问题。

8）显示器的画面垂直不同步。垂直不同步的现象往往是整屏信息上下滚动而不能稳定地显示一屏信息。遇到这种情况一般来说可通过调整垂直同步旋钮就可使垂直达到同步。若调整无效，则需要检修和更换显卡。

2. 显卡常见故障分析

显卡是连接显示器和 PC 主机的接口和控制台，它的重要性不言而喻。显卡的常见故障主要是显卡引起的。

显卡引起显示器故障主要有花屏、蓝屏、黑屏等，这些故障可能是显卡自身做工有问题引起的（如散热性能过差），也有可能是在兼容性上有问题（如显卡和主板、显示器不兼容或显卡与显卡驱动程序不匹配引起），此外，还要注意是否是由于接触不良引起的。在维修时，使用替换法可以很快找出故障原因。

3. 显示器与显卡故障实例

（1）兼容性引起的故障。对于兼容性引起的故障是五花八门的，但有一点要注意：兼容性问题大都不是硬件本身的故障，它是控制程序的问题，应多找一些第三方软件试一试就可基本解决问题。

【例1】显卡与网卡的冲突。机器使用一直正常，但当在网卡上插入 BOOT-ROM 芯片后却发现了一些新问题。

首先，机器自检后并未出现熟悉的提示信息"Type H to boot from Hard disk"，这说明 BOOT-ROM 芯片可能设置不正确。于是查看网卡设置，发现 BOOT-ROM 芯片地址已设置为默认的 C800。一般来说网卡的 BOOT-ROM 芯片地址设置为 C800 均能正常使用，所以怀疑写入 BOOT-ROM 芯片的程序不正确，有时替换法把 BOOT-ROM 拿到别的机器上试；却能正常使用。由此推断应是 BOOT-ROM 芯片的地址与其他板卡的 ROM 地址发生了冲突。于是再用 DOS 6.22 的 MSD 程序查看保留内存的映像图，发现地址 C800 已被 AGP 显卡占用了。

【故障分析与排除】重新把网卡的 BOOT-ROM 芯片地址设置成 D000，重新启动计算机，终于出现"Type H to boot from Hard disk"的提示信息。本以为大功告成，但再往下的 BOOT-ROM 启动时却出现错误信息："Ethernet Card not found at expected address"从反馈的错误信息上看，可能是 BOOT-ROM 芯片地址不是程序预定的值，所以网络服务器无法与 BOOT-ROM 正常通信。重新尝试设置其他地址，最终发现把 BOOT-ROM 地址设置为 D800 时，网卡可正常实现 BOOT-ROM 启动。

【例2】AGP 显卡和 AMD 的 CPU 冲突发生死机。在 Windows 2000 下，AMD 的钻龙以及雷鸟配备 nVidia GeForce256 及 Matrox G400 显卡时，当程序经 AGP 存取资料时经常会发生死机现象。

【故障分析与排除】该故障现象是由存储器寻址分配发生错误所致。

使用注册表编辑程序可对存储器进行修改，但使用注册表编辑程序可能会导致机器出现问题以至于需要重新安装系统。因此，使用注册表编辑器时一定要小心。在使用前可详细看帮助，了解如何正确使用注册表编辑器。在编辑注册表以前最好做好一张应急盘。

1）打开注册表编辑器（Regedt32. exe）。

2）在注册表中找到下列键值：

HKEY _ LOCAL _ MACHINE \ SYSTEM \ CurrentControlSe \ Control \ Session Manager \ Memory Management

3）在菜单中选编辑，再选添加数值。添加如下内容：

数值名称：LargePageMinimum

数据类型：REG_DWORD

基数：16 进制

数据：O x ffffffff

4）退出注册表编辑器。

5）重新启动计算机。

修改后 AGP 存储器最大寻址会由 256MB 变为 128MB，但影响不大。

【例 3】显示器竖道。计算机显示器显示的 Windows 桌面上有一条线从上到下贯穿屏幕，就像是一滴水从屏幕上流下。计算机使用的是硕泰克 SL-65ME 主板，主板上集成了显卡和声卡。

【故障分析与排除】这一现象不是显卡与显示器之间的问题，而是主板与内存条不兼容。因为集成显卡一般都是使用内存作为显存的，而实际上显卡使用的缓存要比内存严格，不少内存条不能满足显卡的要求，因此有上述事情发生。更严重的现象是开机不启动、黑屏。这时更换质量好的内存条即可。

（2）设置、操作不当引起的故障。

【例 1】显示器屏幕出现细条闪烁状抖动。

【故障分析与排除】计算机显示器屏幕有时会出现细条闪烁状抖动，这主要是显卡或显卡的分辨率和刷新率设定过高所致。无论是显卡还是显示器，只要有一个分辨率和刷新率上不去就会造成屏幕闪烁或画面变形。如果设定软件选用与显卡不匹配，调用很高的分辨率或刷新率，使显卡超负荷工作，就有可能烧坏显卡。

重新启动计算机，进入 Windows 安全模式，此时 Windows 不加载任何驱动程序，在桌面上单击鼠标右键，选择"属性"，在出现的窗口中将分辨率和刷新率设回原适配器即可。如果安全模式下的显示属性也没有可改变的设置，那就需要重新安装。

【例 2】开机后，显示器的屏幕边缘有闪烁现象。

【故障分析与排除】这种故障可能是显示器本身有问题。此外，在 Windows 中，如果显示器的类型识别不正确就可能出现边缘闪烁故障。个别时候还可能出现显卡驱动程序故障。当然，应该先检测插座电压是否正常。

先检查插座电压是否正常，再使用替换法检查，确定显示器本身有没有问题，如果有问题，就需要送厂家修理。如果没有问题，则可能是设置出了问题。

进入 Windows 的安全模式检测效果。开机后进入安全模式。若不出现闪烁，就可能是显示器类型不匹配。用鼠标右键单击桌面上无图标部分，选择"属性"→"设置"→"高级"→"监视器"→"更改"，并安置提示操作更改显示器类型。请准备好 Windows 9x 的系统光盘。

【例 3】显示器出现多个屏幕。设置新分辨率和颜色后，要求重新启动。但启动后，一个屏幕变成了 4 个屏幕，鼠标也有 4 个指针，每个屏幕上都有许多白色的竖线，很难看清楚屏幕上的内容。

【故障分析与排除】这一现象表明分辨率和刷新率设得太高。这时开机后按 F8 键，然后选择安全模式进入，用鼠标右键单击桌面，选择"属性"→"设置"，把分辨率修改一下。确定后，系统提示在安全模式下不能修改分辨率，将以缺省的 640×480 分辨率取代。

重新启动后，显示正常，你就可以重新设置新的分辨率了。

【例4】显卡不能安装驱动。小影霸 TNT2 标准版 16MB 显卡，主板为精英 P6VAP -A + ，在 Windows 98 下安装驱动程序后一切正常，近日将系统升级到 Windows 2000 时，系统也没有提示要安装显卡的驱动程序，要装完之后发现显示属性不正常，只有 16 色，以为是驱动的问题，于是到网上下载了 TNT 系列的 Windows 2000 版的最新驱动，安装完毕之后重新启动，故障依旧，用了几种版本的驱动都不能解决问题。

【故障分析与排除】这种故障现象是由设置不当所引起的，在 BIOS 中把 "PNP/OCI CONFIGUPATION" 选中，有一项有关显卡的设置：ASSIGN IRQFOR VGA（分配一个中断地址给显卡），选为 Enable（允许），即可解决问题。一般来说，出现这种问题都可以通过以下几个步骤来解决问题：先看看是不是驱动程序和补丁程序的问题，如果不能解决可以看看 BIOS 中有关显示系统方面的设置选项。

（3）显示器与显卡接触不良引起的故障。对于接触不良引起的故障，在维修时一定要仔细观察，如插槽轻微变形这种故障，不仔细看很难看出来。

【例1】显示器黑屏。计算机使用一直良好，在一次使用过程中被移动，重启动计算机通过 CMOS 自检后在 "Starting Windows 98…" 处死机，在重启动后显示器黑屏。

【故障分析与排除】该机配置为 K7T Pro133 主板、毒龙 750、128MB SD 内存、30GB 硬盘、TNT2 Ultra 显卡。打开机器进行硬件检查，发现灰尘很重，开机上电，电源指示灯、硬盘指示灯、显示器电源灯皆亮，电风扇也正常运转，表明电源和显示器等没有问题，首先检查显卡和显示器之间的连接线是否插好，插头内是否有断针现象，一切都没有问题。怀疑是内存上灰尘多了或有松动，将内存取下，仔细清理了灰尘，重新插好，故障依旧，拿到其他计算机上试也没问题。接着是 CPU，使用替换法检查，CPU 也没有问题。接着检查，可能是灰尘太多造成的接触不良。将显卡取下，见其插槽很干净，小心地将插槽边和显卡上灰尘清理了一下，再将显卡插好，故障依旧。再使用替换法检查，显卡也是好的，最后问题集中在主板中，换一块显卡插上，接好系统，开机一切正常。于是，再仔细观察这块显卡，见其金手指已有插薄现象，其固定片很硬，问题可能就在于此。

将显卡重新插回插槽，并仔细观察，发现显卡插好后金手指还有约 1mm 的地方露在插槽外，将其使劲按了两下后还是纹丝不动，于是将其取下，用金手指的长度和插槽的深度进行比较，发现至少还有一半没插进去，由于这块显卡的固定片较硬，用钳子将其固定片上端往上扳了少许，再重新插上显卡，并使劲一按，显卡深深的插入了槽内，这时接好连线，重新启动计算机，一切恢复正常。

【例2】进行硬件维护后显示器黑屏。计算机使用一直正常，一次开机将箱内各部件拆下来进行灰尘清理，重新安装好以后开机显示器却无显示。一开始怀疑是否由于接线错误或板卡没有插好而引起的故障，重新检查并重装了一遍，故障依旧，仔细听 PC 喇叭的鸣叫声为 1 长 2 短，这表明是显示器或显卡有问题，难道是显示器或显卡损坏，使用替换法进行检查但两者都没有问题。

【故障分析与排除】将其装回原来的机器观察，发现由于没有将显卡固定在机箱上（由于挡板上固定显卡和机箱用的螺丝滑丝而将其取下）只是将显卡插紧，当把机箱推到靠墙时，机箱后面的显卡输出连线顶住墙而造成显卡松动，从而导致了故障的发生。于是另找一颗螺丝安上。故障彻底消除。

9.3.2 主板与CPU的常见故障分析与实例

1. 主板故障分类

根据不同的角度考虑，主板故障有不同的分类方法。

（1）根据对微机系统的影响，可将主板故障分为非致命性故障和致命性故障两类。其中，非致命性故障是发生在系统上电自检期间，一般给出错误信息。致命性故障也发生在系统上电自检期间，一般是导致系统死机。

（2）根据现象是否固定可分为稳定性故障和不稳定性故障。其中，稳定性故障是由于元器件功能失效、电路断路和短路引起。它的故障现象是稳定重复出现；而不稳定性故障往往是由于接触不良和元器件性能差，使芯片逻辑功能处于时而正常、时而不正常的临界状态而引起的。例如，由于I/O插槽变形，造成显示卡与该插槽接触不良，使显示呈变化不定的错误状态。

（3）根据故障产生源可分为电源故障、总线故障和元件故障等。其中，电源故障包括主板上+12V、+5V、+3.3V电源和Power Good信号故障。总线故障包括总线本身故障和总线控制权产生的故障。元件故障包括电阻、电容、集成片及其他元器件的故障。

（4）根据影响范围不同可分为局部性故障和全局性故障。其中，局部性故障指系统某一个或几个功能运行不正常，如主板上打印控制芯片损坏，仅造成联机打印不正常，并不影响其他功能；全局性故障往往影响整个系统的正常运行，使其丧失全部功能，如时钟发生器损坏将整个系统瘫痪。

（5）根据影响程度不同可分为独立性故障和相关性故障。其中，独立性故障指完成单一功能的芯片损坏；相关性故障指一个故障与另外一些故障相关联，故障现象为多方面功能不正常。其故障实质是控制诸功能的共同部分出现故障。例如，软、硬盘子系统工作均不正常，而软、硬盘控制卡上其功能控制较为分离，故障往往发生在主板上的外设数据传输控制即DMA控制电路。

2. 引起主板故障的主要原因及常见故障处理方法

（1）引起主板故障的主要原因。

1）人为故障：带电插拔板卡，以及在安装板卡及插头时用力不当造成对接口、芯片等的损坏。

2）元器件质量问题：由于芯片和其他元器件质量不良导致损坏。

3）环境不良：静电干扰常造成主板上芯片（特别是CMOS芯片）被击穿。另外，主板遇到电源损坏或电网电压瞬间产生的尖峰脉冲时，往往会损坏系统板供电插头附近的芯片。如果主板上布满了灰尘，也会造成信号短路等。

（2）主板故障检查处理的常用方法。主板故障往往表现为系统启动失败和屏幕无显示等难以直观判断的故障现象。下面列举的维修方法各有优势和局限性，在实际中往往需要结合使用。

1）清洁法。使用清洁法去除灰尘等造成接触不良的隐患是有效的，即用毛刷轻轻刷去主板上的灰尘。另外，主板上一些插卡个芯片采用插脚形式，常会因为引脚氧化而接触不良。可用橡皮擦擦去表面氧化层，重新插接。

2）观察法。反复查看待修的板子，看各插头、插座是否歪斜。电阻、电容引脚是否相碰，表面是否烧焦，芯片表面是否开裂，主板上的铜箔是否烧断。还要查看是否有异物掉进主板的元器件之间。遇到有疑问的地方，可以借助万用表量一下。触摸一下芯片的表面，如果异常发烫，可换一块相同型号的芯片。

3）电阻、电压测量法。为防止出现意外，在加电之前应测量一下主板上电源与地之间的电阻值。方法是测芯片的电源引脚与地之间的电阻。未插入电源插头时，该电阻一般应为 300Ω，最低也不低于 100Ω。再测一下反向电阻值，稍有差异，但不能相差过大。若正反向电阻值很小或接近导通，就说明有短路发生，应检查短路的原因。计算机产生这类现象的原因有以下几种：① 主板上有被击穿的芯片；② 主板上有损坏的电阻电容；③ 主板上存有导电杂物。

4）拔插交换法。主机系统产生故障的原因很多，如主板自身故障或 I/O 总线上各种插卡故障均可导致系统运行不正常。采用拔插维修法是确定故障在主板或 I/O 设备的简捷方法。该方法就是关机后将插件板逐块拔出，每拔出一块板就开机观察机器运行状态，一旦拔出某块后主板运行正常，那么故障原因就是该插件板故障或相应 I/O 总线插槽及负载电路故障。若拔出所有插件板后系统启动仍不正常，则故障很可能就在主板上。采用交换法实质就是将同型号插件板，总线方式一致、功能相同的插件板或同型号芯片相互交换，根据故障现象的变化情况判断故障所在。

5）静态测量分析法。让主板暂停在某一特定状态下，根据电路逻辑原理或芯片输出与输入之间的逻辑关系，用万用表或逻辑笔测量相关点电子来分析判断故障原因。

6）动态测量分析法。编制专用诊断程序或人为设置正常条件，在机器运行过程中用示波器测量观察有关组件的波形，并与正常的波形进行比较，判断故障部位。

7）软件诊断法。通过随机诊断程序、专用维修诊断卡及根据各种技术参数（如接口地址）来判断故障原因。编写专用诊断程序来辅助硬件维修可达到事半功倍之效。程序测试法的原理就是软件发送数据、命令，通过读线路状态及某个芯片（如存储器）状态来识别故障部位。此法往往用于检查各种接口电路故障及具有地址参数的各种电路。但此法应用的前提是 CPU 及其总线运行正常，能够运行有关诊断软件，能够运行安装于 I/O 总线插槽上的诊断卡等。编写的诊断程序要严格、全面及有针对性，能够让某些关键部位出现有规律的信号，能够对偶发故障进行反复测试及能显示记录出错情况。

8）先简单后复杂并结合组成原理的判断法。即可先判断逻辑关系简单的芯片及阻容元件，后将故障集中在逻辑关系难以判断的大规模集成电路芯片。

3. 主板与 CPU 故障实例

（1）内存插槽故障。内存插槽损坏引起的死机故障。

【例1】机器配置是毒龙 600（超频到 700）LGS PC - 100 128MB 内存、大众 AZ11 主板、TNT 显卡、昆腾 18.3GB 硬盘，正常使用了一年左右一直正常，但近一段时间机器经常出现蓝屏和死机现象，导致整台计算机无法正常使用。蓝屏时屏幕上的出错信息为"Cxd、Vmm（01）文件出错。

【故障分析与排除】根据出错提示可知是内存中某种虚拟文件出错，可能是内存的问题，也可能是接触不良。于是打开机箱将内存条拔掉重新插了一遍，然后开机测试，使用一段时间后机器死机，故障没有解决。换一根插槽重新插上，然后开机，顺利进入系统，接着使用一段时间机器没有发生任何故障，可能是内存接触不良。打开机箱将板卡全部取下来后，仔细观察原来插内存的插槽，发现该插槽有些变形了，果然故障就是因它而起。

【例2】一台计算机启动时，屏幕上显示"Menmory test fail"错误信息，然后死机。

【故障分析与排除】从错误信息来看，应是内存自检未通过引起的，这可能是内存条未安装好或内存有问题，还有可能是内存插槽变形引起的接触不良。根据维修经验来看，这种故障可能是接触不良引起的，且多数是内存插槽问题，所以检查时应遵循以下思路：打开机箱，将内存换一个插槽插好，然后开机，如果故障依旧，可能是内存的问题了，需要换一个内存。如果计算机启动正常，则内存没有问题。将内存重新插回原插槽，这样做是检查是否是内存突然松动而引起的接触不良故障，开启计算机，如果启动顺利，则是内存松动造成的。如果故障依旧，则是内存插槽有问题。

【例3】机器原有一根64MB内存，在给机器增加了一根64MB的内存条后，开机遭遇黑屏，此时显示器的电源指示灯是亮的。刚升级时使用很正常，由于内存少，后来加装8MB内存，但内存插上后就再也没有正常启动。

【故障分析与排除】因为是在加装了一根内存条后发生的故障，所以应该是新的64MB内存有问题，于是将加装的64MB内存拔掉（发现内存很烫），然后开机，故障依旧。怀疑显卡或CPU有问题。但经过替换测试发现，CPU和显卡都很正常。最终将疑点放在主板上。拆下主板仔细察看，主板的做工很精致，并无任何明显故障之处，考虑到开始拔下内存时，内存很烫，似乎内存插槽的供电有问题。因为新加的内存是插在BANK2插槽中的，于是仔细观察该插槽，结果发现插槽中的第8、9脚碰在了一起，造成短路了。然后用小镊子轻轻将碰在一起的第8、9脚分开，再小心地装上内存，开机后故障排除恢复正常。

（2）CPU超频引起的故障。

【例1】一块赛扬II667CPU，用微星815E Pro主板，外频在75MHz时能很轻松运行Windows 98，但80MHz就不行，此时电压为1.5V，稍调高电压是否可以稳定在80MHz？如果要调高，调多少比较合适？

【故障分析与排除】在注意散热的情况下。适当调高一点电压就可以稳定在80MHz外频了。最好是每一次增加0.05V，根据很多赛扬II超频的经验，一般最高不要超过1.8V应该没有问题。这时将CPU电压加到1.6V就应该可以稳定上80MHz了。

【例2】CPU超频后正常使用了几天，一次开机，显示器黑屏，复位后无效。

【故障分析与排除】先检查显示器的电源是否接好，电源开关是否开启，显卡与显示器的数据线是否连接好，在确定无误后，关闭电源，打开机箱，检查显卡和内存条是否接好，或干脆重新安装显卡和内存条，再启动计算机，屏幕仍无显示，说明故障不在此。因为CPU是超频使用，且是硬超，怀疑是超频不稳定引起的故障。开机后，用手摸了一下CPU发现非常烫，于是找到CPU的外频与倍频跳线，逐步降频后，启动计算机，系统恢复正常，显示器也有了显示。

将CPU的外频与倍频调到合适的情况后，应该检测一段时间看是否很稳定，如果系统运行基本正常，但偶尔会出点小毛病（如非法操作、程序要单击几次才打开），此时如果不想降频，为了系统的稳定，可适当调高CPU核心电压。

【例3】机器配置为PIII 600E，现代128MB PC133 SDRAM，硬盘为希捷酷鱼2代30.2GB（master）+希捷4.3GB（slave），超频至733MHz时，4.3GB的硬盘出现故障，无法对其进行访问，由于事先未备份MBR与DBR等硬盘相关数据，对其低格、分区、格式化，但故障依旧。

【故障分析与排除】这一现象是由于超频导致硬盘的故障。将故障硬盘设置成 master，并将原来的 30.2GB 硬盘取走，开启机器，硬件列表都不再显示，取而代之的是屏幕左上角不断闪烁的光标。看来故障盘的主引导扇区遭破坏，遂将其低格了几秒钟，重新启动后，硬件检测顺利通过，继而分区并格式化，且随着 Windows 98 的安装成功，故障盘恢复，马上用 DEBUG 写成 MBR、DBR 的备份文件，存入软盘，并用 Ghost 备份整个 C 区。可是当硬盘工作模式在 Windows 98 中被设置为 DMA 且重新启动后，系统连安全模式都无法进入。经软驱启动后一查，硬盘中的文件与目录不是改名换姓便是残缺不齐，根本无法读取。由此可见问题是由于超频后打开 DMA 引起的。

由于文件大量损毁，只能用备份好的 Ghost 文件恢复 C 盘，重新启动后一切正常。找到问题根结，将 30.2GB 硬盘作为主盘挂上，进入 Windows 98 后，将 4.3GB 硬盘的控制器中 DMA 模式取消，重新启动计算机后，双硬盘又能正常运行了。

9.3.3　内存常见故障分析与实例

1. 内存常见故障分类

内存故障是多种多样的，其分类应根据具体情况来分类解决，这里只对最常见的情况作一个简单分析：

（1）执行了 Memmaker.exe 引起死机。在 Config.sys 和 Autoexec.bat 中，有的程序不宜装入 UMB，而在执行 Memmaker.exe 时加上了 Devicheigh 或 Loadhigh，有时便会导致死机，解决时可以在系统启动时按 F8 键，逐一执行 Config.sys 和 Autoexec.bat 的命令，直到出现死机的那一行，此处便是问题所在，重新启动后，按 F5 键进入 DOS 状态，在有问题的命令行前加上 REM 语句或删除命令行均可。

（2）CMOS 的设置与内存不一样。要注意一台计算机的内存条奇偶效验应一致，两者不能混用，比如，内存若是 8 片一条的，应将"Memory Parity Error Check："设置为 Disabled，而若是 9 片一条的，应将"Memory Parity Error Check："设置为 Enabled。

（3）由 Himem.sys 设置不当引起的故障。Himem.sys 有一个开关/MACHINE：××××，它用于指定用户使用的 A20 处理器类型。一般地，Himem.sys 能检测系统正在使用的是哪一种类型的 A20 处理器，如果报告 A20 处理器有问题（显示"Unable to Contronal A20 Line"信息）或在高端内存区使用 MS-DOS 有问题，用户就必须设置此值。××××开关的默认设置是 at 或 1，用户可参照有关文档对此值进行必要设置。另外，应注意 Himem.sys 中是否使用了/A20CONTROL：OFF 设置，如果设置为 OFF，计算机运行速度将明显变慢，这时应将其设置为 ON，其实，默认设置即为 ON。

（4）虽能进入 CMOS 设置状态，但退出时出现死机。这时有可能是购买了以低速内存冒充高速内存的缘故，此时可把 CMOS 的"Cas Read Wait State：0W/S"（读等待）和"Cas Write Wait State：0W/S"（写等待）设大一点，如把 0 改为 1，以适应那些低速充高速的内存条。

（5）"Packed file corrupt"故障。DOS5.0 以上版本使用了 Himem.sys 和 Emm386.exe 内存管理程序后，可将 DOS 系统本身装入 HMA 将 TSR 和设备驱动程序装入 UMB，给应用程序留出了更多的常规内存空间，使得应用程序可以装入前面的 64KB 内存。这本来是很有用的，但有些程序装入第一个 64KB 运行时却会出现 "Packed file corrupt" 错误而不能运行，有时甚至出现死机。出现此种错误的原因，是由于这些被运行的程序通过 Exepack 压缩过的程序，MS-DOS 在执行用 Exepack 压缩过的程序时先开包，把原来的程序和 DOS 替换过的程序进行比较。由于 Exepack 程序计算时并没有考虑到会在低端 64KB 内运行，数据段地址计算时没有比较是否小于 0，这样，Exepack 就可能取不到正确的地址，只好显示 "Packed file corrupt"。由于 Exepack 应用比较广泛，Microsoft 只好在 DOS 中弥补这个漏洞，用 Loadfix 命令来加载用 Exepack 压缩过的程序以进行特殊处理。所以，当运行一个程序时出现 "Packed file corrupt" 时，就用 "Loadfix" 命令将其加载到首个 64KB 内存，如 C：\ > LOADFIX TEST. EXE。

（6）由 Windows 退到 DOS 后关机，数据出现未存盘而被丢失。在 DOS6. 22 以前版本的 Smartdrv. exe 要在控制传给 Command. com 之后处理磁盘缓存的数据，所以，要等待 5s 的时间让 Smartdrv. exe 有时间完成操作。对于 DOS6. 22 以后的版本，Smartdrv. exe 会先清理缓存，然后再将控制传给 Command. com，所以在这种情况下，当出现 C：\ >时，磁盘缓存已被清理干净了，此时关机没有什么妨碍。如果使用的是 Windows 自己所带的 Smartdrv. exe，同时基于的 DOS 版本不太高，如 DOS 6.0，这时必须等待 5s。

（7）计算机有时能正常启动，有时不能正常启动。出现这种问题，说明系统硬件的控制逻辑没有问题，热稳定性也正常，如果再排除电源接触不良、接口接触不良等原因，那么很有可能是内存接触不良所引起的。这时可把内存条拔下后重新插入，一般便可解决问题。另外，有些主板要求所有内存条必须全部插好才能引导，而有些主板只要求至少有一块内存条插好便可正常引导，但此时所检测的内存数与实际内存数不符，此时也应拔下内存条把其重新插好。

2. 内存故障的处理

（1）解决内存引起的系统故障。内存是计算机系统中最敏感的部件，也是最容易引发故障的部件之一，而由内存导致的故障往往都表现在其他部件之上，从而给故障判断和维修带来不便，下面举几个实例来说明由内存引起故障的检查和维修过程。

1）内存速度不匹配。一台赛扬 II 计算机，原配置了一条 Winward 128MB PC100 内存条，后又加了一根现代的 PC133 128MB 内存条，刚开始使用时还没问题，只是偶尔会报非法操作，但随着使用时间的加长，开始报错：显示注册表有错误，需要恢复正确的注册表内容并重新启动。重新启动之后有时正常，有时还出现同样的提示。原以为 Windows 系统真的出现了注册表错误，于是重新安装了一次 Windows 98 系统，但此现象还是不定期出现，这才怀疑是由于内存条引起的故障。于是将新配的内存拔下则故障消除，断定是内存速度不匹配的原因。为了能够使用这根 133，只有限速了，开机进入到 CMOS 设置界面，把 "DRAM Timing Control" 由 "Fast" 设置为 "Normal"，重新开机试验，该故障消失。但运行一些大程序时，有时出现 "该程序执行了非法操作" 提示，估计还是内存不良的原因。但出现此现象的概率不是很大，可勉强使用。

2）内存条本身故障。计算机升级后配置为：毒龙 750，华硕 A7V 主板，小影霸速龙 3000 显卡，IBM 30GB 玻璃硬盘，计算机原配有 64MB KINGMAX 内存，于是加配了一根 64MB KINGMAX 内存。安装 Windows Me 之后使用过程中出现故障，只能运行在安全模式。然后改装 Windows 98，正常运行 3 天之后启动过程中，检测内存过程正常，显示 128MB 内存，但每次都自动检测硬盘，之后继续启动时出错信息提示缺少系统文件或者显示执行了非法操作，无法进入正常工作状态，以为新换的硬盘有故障。换了一块硬盘故障依旧。在准备重新安装 Windows 98 系统前用软盘启动也出现中途死机现象，无法引导系统，此时才怀疑是内存故障。拔下一根 64MB 内存后，系统恢复正常，显然是此内存条存在问题。此故障从表面上看好像是硬盘或硬盘中系统引起的故障，并且内存检测过程无异常现象，而使维修工作走了弯路。

3）内存条松动。2001 年初配置的一台 PIII 计算机，配置了一条 128MB 现代内存条，后又加了一根 64MB 现代内存条，工作状态一直良好。但最近一段时间在使用 3D 游戏时，却发现系统速度变慢。而在 Windows 下，打开的程序越多，系统速度也越慢。检查了 CMOS 及系统配置均未发现故障原因，将游戏和某些程序重新装了一遍，运行时仍然很慢，无意间打开控制面板中的"系统"设置项准备继续查找原因，此时突然发现显示"64MB RAM"，至此恍然大悟，说明两条内存中的一条没有起作用。关机后开箱检查，发现 128MB 的内存条有松动，更换一个内存插槽重新插好，开机之后故障排除，恢复正常工作。

（2）正确处理内存出错故障。启动系统或运行应用程序时，系统报"error：unable to control A20 line"、"memory wrie/read failure"或报"memory allocation error"等，这些问题都属于内存出错故障，它与内存减少、内存不足及奇偶检验错误不同。

1）系统报"内存出错"有三种情况，分别由不同原因造成：① 开机自检时报"内存出错"，引起该故障的原因主要是内存条或内存控制器的硬件故障。② 在 CMOS 中设置了启动系统时不自检 1M 以上内存，而在运行应用程序时系统报"内存出错"，引起该故障的原因可能是内存条或内存控制器的硬件故障，也可能是软件故障。③ 开机自检通过，进入 Windows 或其他操作系统，在运行应用程序时报"内存出错"，引起该故障的原因主要是软件故障。

2）硬件故障造成的内存出错比较常见，CMOS 设置错误、内存条接触不良、内存条安装组合错误、内存条硬件损坏、内存控制器出错等均会造成内存出错，一般可按下列步骤检查和处理：① 由于开机自检即显示"内存出错"，首先进入 CMOS 设置，检查 CMOS 中关于内存条的参数设置是否正确，是否与内存条的配置情况相符；比如，如果设置的内存读写周期或内存读写等待时间小于内存条实际值，则应增大内存读写周期或者增加内存读写等待时间。② 如果故障仍然存在，检查内存条与内存插座槽之间接触是否良好，并作出相应的处理。③ 如果故障还未解决，则用替换法检查内存条是否已损坏，并作出相应的处理。④ 如果以上措施均不能奏效，则怀疑主板或控制芯片有问题，这时可请专业人员维修。

3）对于由软件故障造成的内存出错，可按下列步骤检查和处理：① 如果是在 DOS 环境下运行应用程序时报"内存出错"，则怀疑是否是内存分配出错，检查 DOS 与运行的应用程序是否冲突，并作出相应的处理。一般可通过重新启动系统或重新编写系统配置文件来解决，对应用程序的问题则可通过相应的修改来解决。② 如果是在 Windows 环境下运行应用程序时报"内存出错"，则怀疑是否是由应用程序非法访问存储器造成的，一般可通过清除内存驻留程序，减少活动窗口，调整配置程序或重新安装系统和应用程序来解决。③ 如果问题只是在运行一个特殊的应用程序才出现，可能是由软件造成的。④ 用杀毒软件检测系统是否带有病毒，有则杀毒。

3. 内存故障实例

【例1】新买的128MB内存条，使用后开机有时计算机不能启动。主板上有3根DIMM内存插槽，原来的内存是插在第二根内存插槽上的，于是就将新测内存条插在第一根内存插槽上。这条内存原来在计算机上测试过，肯定是可以用的。

【故障分析与排除】因为主板上的第一条内存与系统启动有一定关系，因为对内存的使用很严格。因此，能使用的内存条不一定能用来启动。测试时可能使用的是第三个插槽，而这次使用的是第一个内存条槽。最后把新的内存条插在第三个内存槽上即可，或者更换内存条。

【例2】内存检测时间过长。开机时计算机内存自检需要重复三遍才可通过。

【故障分析与排除】随着计算机基本配置内存容量的增加，开机内存自检时间越来越长，有时可能需要进行几次检测，才可检测完内存，此时用户可使用Esc键直接跳过检测。

开机时，按Del键进入BIOS设置程序，选择"BIOS Features Setup"选项，把其中的"Quick Power On Self Test"设置为"Enabled"，然后存盘退出，系统将跳过内存自检。或者使用Esc键手动跳过自检。

【例3】内存芯片损坏处理。一根4MB×16片的64MB的杂牌PC－133内存条，可以上145MHz的外频。自检为65 536KB，进入Windows 98通过，在运行大型程序时死机。

【故障分析与排除】估计内存条上某一个内存芯片有坏点。用Windows 98的HIMEM. SYS和DOS 6. 22的HIMEM. SYS检测内存报错，错误地址一致为02E103E0。多次启动计算机后，出现每次自检容量发生变化的现象，一会儿是49 100KB，一会儿是48 304KB。而且只要自检不是64MB，windows 98启动就会失败，系统报"保护错误"。至此，基本可以认定是内存条损坏。通过反复用替换法来找到有坏点的内存条，然后更换一块新的内存即可排除故障。

【例4】刚组装的计算机，128MB SDRAM内存插在第二个内存槽上正常，插在第一个内存槽开机花屏。

【故障分析与排除】这是比较常见的故障。还有这种情况，如果在两个槽上都插有内存时就能正常开机显示。第一个内存槽的稳定性比后面的内存槽更好。因此，如果出现这样的问题，请把内存条插在第一个内存槽上就可解决问题，或者更换内存条、使用合适的内存槽即可。

【例5】一根华硕128MB内存条，开机后主板不认。

【故障分析与排除】使用替换法检查，在其他主板上也是如此，根据经验来看不是内存芯片就是引脚有问题。于是找来万用表进行测量（此条共有16块芯片）。

检测时应先画一张内存条的图形，给每块芯片编上号，并标好引脚数。这样在万用表测量时，就可边测边记录，不会弄混。先将各芯片都通过的片脚测出记好，再测基板上各脚与芯片各脚的对应。当测到基板上第23脚时，发现和对应的芯片为断路。再三测量，确实不通。于是搬出电烙铁，小心地焊上即可排除故障。

【例6】内存问题引起死机故障。计算机配置如下：PIII 800EB CPU，升技SA6R主板，七彩虹GF2 MX 32MB显卡，金钻6代30GB硬盘，YAMHA 724声卡，Winward 25MB内存，Philips 105A显示器。操作系统为Windows Me，计算机购买几个星期后，系统就不时地出现错误、蓝屏，甚至死机。

【故障分析与排除】计算机在刚开始使用时，偶尔就有的蓝屏、非法操作甚至死机情况出现，一开始以为是 Windows 不稳定。但几天使用下来情况越来越严重，系统出错频繁，意识到问题的严重性，就用杀毒软件将硬盘彻底地清查了一遍，却没有发现病毒；打开"设备管理器"，并没有发现什么硬件冲突，驱动程序也没有问题。又打开注册表看是否错误地删除了一些与系统有关的文件，结果还是一无所获。只好格式化 C 盘，重新安装 Windows。可是这一办法也无收效，是硬件问题。经过检查，死机的原因既不是由于 CPU 温度过高，也不是电源供电不足等因素。最后，突然想到内存，于是找了一块现代 128MB 内存条插上，开机后故障排除。

9.3.4　计算机的外部存储设备常见故障分析与实例

1. 光驱的常见故障与处理

光驱的常见故障有光驱丢失、挑盘、读写错误等故障，下面对这些故障进行剖析。

（1）光驱挑盘的原因和处理方法。光盘挑盘是指光驱无法正确读出某些光盘的数据而对一些光盘却能正确读出数据的现象。

光驱中激光二极管发射的红色激光，通过透镜焦焦，发射到光盘上，经过光盘背面的铝涂层反射，由光电转换电路拾取，再进行放大，然后转换为标准数字编码信号。由于光盘上的轨道间距非常小（其标准间距是 1.6μm），很容易造成激光束跳格。为了保证信息正确读出，光驱中还有一系列非常复杂的纠错系统，当读出信号有误时，纠错系统重新使读，从而大大降低了误码率。光驱挑盘是计算机用户最头痛的事情，从工作原理上看，光驱挑盘有光驱和光盘两方面的原因。

1）光盘方面的原因。光盘划伤太多。导致盘上信息被破坏，激光发射到盘片上不反射或反射强度不够，导致接收单元接收不到信号或接收的信号有误。

光盘变形。CD-ROM 对磁片的几何形状上下窜动，导致聚焦伺服系统无法对准焦距而不能读盘。激光头还可能在盘片上划出一圈深深的划痕，甚至损坏激光头，这时 CD-ROM 中会发出很大的"吱吱"声，这时需要立即按 CD-ROM 上的弹出键强制终止读盘，取出变形的盘片，这张盘一般不能再用了。

使用了非正品光盘。由于非正品光盘的制造工艺和盘片质量较差，盘上各轨道间距大小相差很大，当间距较大时能够读出数据，当间距较小时，激光束聚焦到轨道上很容易发生跳格，拾取的信号漂浮不定，不能确认。

从光驱的性能指标上看，所有正品光驱均可正确读出容量在 650～740MB 的正品光盘，但是不同厂家生产的光驱，其纠错能力不同、激光二极管发射的激光功率不同、接收单元的灵敏度不同、机械系统的抖晃率不同，容错能力也就不同。即使是同一厂家生产的同一型号光驱，生产的批次不同，采用的元件性能也有一定的离散，容错能力也就不同，因此经常发现某张光盘在一台光驱上能够顺利读出，而在另一台光驱上却无法读取。实际上，导致光驱挑盘的直接原因是激光二极管的老化。当光驱刚出厂时，读盘能力较强，正品光盘和非正品光盘均可正确读出，但是过一段时间后，光驱读盘能力开始下降，光驱开始挑盘，但是此时正品光盘仍可读出，挑的盘大都是非正品光盘。激光二极管的正常寿命为 20 000～30 000h，过了寿命期之后，激光二极管的发射功率下降，激光强度减弱，此时光驱开始挑盘。使用一年左右的光驱挑盘，大多数是经常使用非正品光盘造成的。非正品光盘由于质量较差，光驱一旦发现读不出数据或读出数据有误，伺服系统就会自动加大激光二极管的电流强度，以加大激光的发射强度重新读盘，这样就使激光二极管长期处于超频使用状态，导致激光二极管的寿命大大缩短。当激光二极管老化到一定程度时光驱就开始挑盘，当激光二极管失效时，光驱就报废了。

2）光驱方面的原因。光驱机械部件磨损、损坏、位移、抖晃率太大等都会造成某些光盘无法正常运行、激光不正常发射并聚焦到光盘上、信号接收单元无法正确接收信号。

发光二极管老化、失效、激光发射功率减弱或者激光头上灰尘太多，也会导致发射到光盘上的激光束强度不够，再加上某些光盘背面铝涂层光洁度不够，反射的激光束强度相应变弱，从而使信号接收单元接收不到激光信号。而且纠错系统的纠错能力有限，当误码太多时无法校正。

3）对光盘变形或划伤的处理。对于光盘变形可采取这种办法：首先可将该盘片夹在两片大小差不多的玻璃之间，用小台钳夹紧，但也不要太紧，能夹住就行。然后将它们放入水中，不断加入热水使温度升高到 80～90℃，并慢慢地收紧台钳，但注意不要把玻璃夹破，可事先在台钳臂上垫点布等东西，这样保持两三分钟在拿出来，让它充分冷却。经过这样热处理后，变形的光盘一般都能恢复平直。

对于光盘划伤的处理方法：先将盘片用水淋一下，然后将它放在一块柔软的布上，划伤数据面朝上，滴上一两滴餐具洗涤液，再找一块包装用的白色泡沫塑料，一端蘸上少量牙膏，开始磨划伤的地方。磨的时候要顺着径向，也就是从里到外，再从外到里，千万不要做圆周运动；只能磨光的一面，不能磨有印字的一面；划伤重的地方多用点力，其他地方轻轻地磨就行了，否则越磨越花。磨的时候若觉得比较涩，可以稍加点水，磨后用水将牙膏和洗涤液冲干净，看看划痕是否已经没有了，如还有，继续磨，直到磨得像新的一样。将光盘冲干净后用干的软布将盘擦干再充分晾干，再试一试这张盘，一般说来是可以用的。

4）光驱本身的处理。对于光驱本身来说，解决挑盘的方法有两种：一是加大激光二极管的发射功率，可以将光驱打开，找到调节激光发射强度的可调电阻（一般位于激光头组件上），用小螺丝刀轻轻调其电阻，直到光盘能顺利读出，但这种方法将加速激光二极管的老化，因此一般不推荐用；二是更换激光头组件或激光二极管（可以购买 VCD 或 CD 机上的激光二极管）。

（2）光驱丢失的故障处理方法。

1）造成激光丢失的原因有：① 注册表被修改。有时，在安装一些应用软件或使用 Clean Sweep 等清除注册表垃圾文件后，光驱图标就没有了。通常只要把注册表恢复即可，恢复方法是在 Windows 下用 System. da0 和 User. da0 覆盖 System. dat 和 User. dat。恢复之后，再使用下述的光驱图标丢失解决方法 2 即可。② 病毒造成。一些病毒在无意中导致了光驱图标丢失，而在杀毒软件清除了病毒之后，有时可以恢复光驱，有时则不能恢复光驱。若光驱图标仍然没有出现，则可使用下述的光驱图标丢失解决的方法 2 或方法 3。③ 开机就发现光驱丢失。如果在此之前没有做过其他操作，请检查光驱连线是否正常。④ 修改显示分辨率后光驱丢失。通常可以使用下述的光驱图标丢失解决的方法 2 来排除。⑤ 不良光盘导致光驱丢失。在读了坏盘后导致的光驱丢失通常是一种临时性光驱丢失，重新启动一次就可以解决这个问题。

2）解决光驱丢失的一般方法。在使用 Windows 9x/2000 的过程中，可能经常会发现有光驱标识符丢失的现象，这里的标识符指的是"我的电脑"中带有光盘标记的图标。如果经常更换自己的电脑配件，当更换到光驱时，就可能遇到更多的光驱丢失问题。虽然Windows 98/2000可以自动检测并使用光驱，但实际上，光驱图标的丢失是很平常的事情。虽然光驱图标丢失的情况和很多种，但解决方法不外乎有以下三种情况：① 选择"关闭系统…"→"重新启动并切换到 WS-DOS 方式"，然后键入 Win，回车后系统重新启动，可以解决大部分光驱丢失问题，这样可以迫使系统重新检测全部硬件。② 在 Windows 中，光驱的控制与硬盘的控制是一体的，所以删除"设备管理器"中的"硬盘控制器"，然后重新启动电脑，有可能恢复对光驱的识别。③ 在 DOS 下重新执行 Windows 的安装程序，选择"恢复性安装"方式（可以节省时间），通常就可以重新找回光驱。如果不行，只能重新安装系统。

（3）系统读光盘错误的故障正确处理方法。光驱在使用过程中，经常出现读光盘错误的情况，故障表现各不相同。有时是光驱指示灯闪几下便熄灭，读不出任何数据；有的是读出的光盘文件目录混乱异常，或读文件时出错。造成读光盘错误的原因很多，可以按下面步骤进行处理：

1）检查光盘放置是否到位，或光驱门是否关好。

2）仔细观察该光盘是否有划痕或污渍，可换一张好盘试试，若正常读盘，则证实的确是光盘破损所致。另外，光盘数据存放格式不对也会出现上述故障现象。

3）如果换入的好盘仍不能正常读取，则说明故障是由光驱引起的。检查 CONFIG. SYS及 Windows 的 SYSTEM. INI 中的驱动程序是否正确，建议作适当调整或重新安装驱动程序。因为许多光驱在驱动程序兼容性差或安装驱动程序时未对 SYSTEM. INI 作相应修改，都会出现上述故障。

4）若光驱驱动程序及相关配置完全正确，则请检查总线工作频率是否适当，如果总线工作频率过高，将导致光驱读软件光盘错误，尤其是低速光驱。

5）如果还不能解决问题，可以初步判定故障出在光驱硬件部分了。首先检查光驱连线接触是否良好，有条件最好换接另一台相似型号的光驱进行实验，以排除连线故障或主板上接口部分故障。

6）如果仍不能排除故障，则说明原因在光驱本身，而且最大可能是激光镜头积尘或偏位等原因所致，可对激光镜头进行清洗并进行例行检查。

7）如通过以上从软件到硬件的一系列检查仍不能解决问题，则说明光驱内部元件有损坏的可能，如果用户熟悉光驱的工作原理及组成元件功能，也可自己修理，否则，只能请专业人员维修才行。

（4）光驱工作时硬盘指示灯一直闪烁故障的处理。有的光驱工作时硬盘指示灯一直闪烁，用户会认为是系统一直在读写硬盘，其实这只是一种假象。这种情况多出现在可自动转换"MASTER/SLAVE"关系的光驱上，硬盘灯始终闪烁，是因为它与光驱同接在一个 IDE接口上，光驱工作时也控制了硬盘灯的状态。

如果出现这种情况，可用跳线卡将光驱上的"SLAVE"短接（如果与硬盘共用一个IDE 接口）。若还不能解决问题，而系统上有两个 IDE 接口，将光驱单独接在另一个 IDE 接口上就会发现硬盘灯不再总是闪烁了。

2. 软驱的常见故障与处理

对于软驱来说，最常见的故障是读写不正常。造成故障的原因有：

（1）灰尘引起的软驱故障。在软盘驱动中，有些信号是通过光电耦合原理产生的，如写保护信号、索引信号、Ready 信号。这些信号一般都是采用发光二极管和光敏三极管来传达的。如果发光二极管发出的光能有效地照到光敏三极管上，则光敏三极管导通；反之，则截止。在实际工作中，机器使用环境的清洁度不高会导致灰尘堆积在发光二极管和光敏三极管上，使得光敏三极管不能正常地导通和截止。而灰尘积聚常常是产生故障的主要原因。其常见的故障现象有：

1）读写但不能格式化。这种故障是因为没有索引信号造成的，因为在格式化中需要索引孔做位置参照，标志信息在第一个脉冲来了之后才写到盘上。由于无索引信号送到软盘控制器中，导致控制器无法确定写入信号的起始位置而不能进行格式化。由于发光二极管和光敏三极管损坏的可能性不大，一般是发光二极管和光敏三极管上灰尘堆积所致，这时用棉球蘸无水酒精擦洗干净既可。

2）"目录滞留"现象。开机后，在第一张软盘进行操作时能正常进行，但换盘后，运行盘上存在的文件，提示"Bad Command or File name"或在列文件目录时，显示的仍是第一张盘上的内容，这种现象被称为"目录滞留"现象。

在 1.44MB 软驱上有一个检测器，用来检测是否有新盘插入。此电路由软驱左上角的光敏三极管监控。在插盘过程中，当软盘到位，即盘套前端超过红外线监控线时，遮断通道，光敏管截止，该信号电路输出由原先（空态）的低电平上升为高电平。反之，软盘退出一点，光道复畅，光敏管导通，电路信号逆转为低电平。该电平恒高表示驱动器内软盘未移动。当发光二极管、光敏三极管表面灰尘过多时，光线通道被灰尘遮断，光敏管截止，造成电平恒高。尽管用户已更换盘片，但电平保持恒高却表示驱动器内软盘未更换，即检测不到新盘的插入。另外，第一张软盘列目录时其目录内容已装入内存里，磁盘缓冲区的内容未被清空。因此，系统在用户已更换盘片而又未能识别的情况下，总是显示内存中第一张软盘的目录内容，即产生"目录滞留"的故障现象。

3）"没有准备好"错误。对软盘进行操作时有时提示"Not Ready Error"。这是因为当软驱主轴电机转动之后，检测有无索引脉冲及信号是否正确，如果没有索引脉冲或信号不正确，则会出现以上灰尘很多，亮度下降，索引脉冲被灰尘隔断，检测电路无法检测到两个连续索引脉冲，从而导致"没有准备好"的错误。

4）"写保护"错误。对没有"写保护"的软盘进行写操作或格式化时，计算机提示"Write Protect Error"。这种情况是由于发光二极管和光敏三极管表面被灰尘覆盖，使光敏三极管不能接收到发光二极管发出的光，其效果相当于软盘的写保护口被封，二极管发出的光被截止，从而作出了盘被"写保护"的判断。

（2）机械性故障。对于电脑的软驱、光驱，在很多的情况下是机械性故障，一般都可以修复。光驱和软驱机械性故障常常出在光头组件、磁头组件等方面，只要细心观察就能发现问题，是完全可以及时修好的。

1）磁头偏位人工调整法。软驱磁头偏位是计算机使用过程中比较常见的一种故障，这种故障的检测、校正方法如下：

用一张空白盘片在被测软驱上进行格式化，并拷入系统文件，然后放到另外一个好的软盘驱动器上启动系统，如果不能启动，则说明被测软驱的磁头偏位，这时可进一步测试是 0 磁头偏位还是 1 磁头偏位。用 PCTOOLS 对被测软驱内的空盘进行格式化，选择 180KB，然后复制入系统文件，这时再将这张盘格式化成 180KB 的软盘拿到一个好的软驱上启动，如果能启动也能列出目录，就说明 0 磁头是对准了的，偏位的磁头是 1 磁头，否则肯定是 0 磁头偏位。

校正磁头必须先调整 0 磁头，在 0 磁头调准的基础上才可调整 1 磁头。

① 0 磁头的调整：将一张 360KB 的空盘在好的软驱上用 PCTOOLS 格式化成 180KB，并复制入系统文件，然后在这张盘上复制满可执行文件。将这张盘拿到被调整的软盘驱动器上，用 DIR 列目录，因 0 磁头定位不准，屏幕显示 "Sector Not Found Error Reading Drive A"。此时，可小心地将带动磁头前进的电动机上的两螺丝微微旋松，使步进电动机在用力推的情况下可前后移动，这时可让电动机从原来位置想前推进一点，然后用 DIR 列目录，看是否能列出来，不行则再往前推一点。如果往前推了 1mm 左右还不能列出目录，则说明方向不对，这时可按上述方法想反方向推，边推边用 DIR 列目录，一般经过几次就能用 DIR 列出目录，这时可将螺钉稍稍旋紧，然后执行目录中最后一个可执行文件（因为这个文件存在于磁盘最内磁道上），如果能够执行，说明 0 磁头已完全校正，否则说明 0 磁头校正得还不是很准，需要再稍加调整。这时可将电动机在刚调好的位置上稍稍向前或向后推进一点点，直到列目录、执行文件都不出错为止。调准之后，一定要将固定螺丝旋紧。

② 1 磁头的调整：磁头偏位分为前后磁道偏位和左右方位偏位两种情况，因此，在调整时也应分情况而定，一般应先调整方位角再调整磁道。将被调整软驱的门关上（此时软驱中应没有磁盘，有些软驱在无盘情况下无法关门，应首先拨动关门装置的机关，使门关上），使 1 磁头被压下，此时再用手稍加力，让 1 磁头与 0 磁头刚好接触。这时从软驱正前方看，上下磁头的边应在一条直线上，否则就是方位角不准，用螺丝刀小心地将固定 1 磁头的两颗螺丝钉之一旋开，稍稍转一下再旋紧，使上下磁头的边在同一条直线上。这时从软驱侧面看上下磁头，应基本垂直对准，否则磁道也可能偏位，这时就要把固定 1 磁头的两颗螺丝都旋开，将 1 磁头前后移动一些，使上下磁头垂直对准。然后将一张在好驱动器上格式化并存储有可执行文件的启动软盘插入被调整的软驱内，复位并重新启动，如果能启动起来，并且运行软盘目录中最后一个文件也不会读错，则说明磁头已经调整好，否则还要按上述步骤在稍加调整。

2）磁头组件不能动作的出来方法。磁头组件不能动作的原因有两个方面：一方面是驱动器磁头组件的电机损坏；另一方面是使电动机旋转的正负电压丢失了。

（3）零磁道损坏软盘的故障。在日常工作中，软盘的零磁道损坏常常给人带来尴尬的情形，辛辛苦苦编辑好的文件，却由于软盘零磁道损坏而无法从软盘中调用。而实际上，一张软盘的零磁道损坏之后，并不等于整张盘就报废了，大多数情况下，软盘还是可以修复的。其软盘零磁道损坏，有以下 4 中修复方法：

1）首先在 Windows 98 桌面上双击"我的电脑"，打开后在软驱图标下单击鼠标右键，选择属性，单击工具，先进行磁盘检查。如果检查显示："严重损坏……"，就应该放弃修复。不然，可尝试重新格式化软盘。

2）利用 NORTON 8.0 以上版本中的 DISKTOOLS 修复。在 DOS 下启动 DISKTOOLS 后，出现一个主菜单，菜单第三项是 "Revive a Defective Disk"（救活一个有缺陷的磁盘），然后出现一个对话窗口，选择软盘所在驱动器和磁盘类型，然后回车即可修复。

3）用 HD-COPY 修复。HD-COPY 在发现软盘上每磁道不超过一个坏道时，即另取一个好的替换，将此坏道从 FAT 中剔除并完成格式化的功能。因此，可利用此功能进行修复，其具体方法如下：

进入 HD-COPY，选"Options menu"。设好源盘和目标盘（此处均设为 1.44MB），然后将 Options – 4 菜单设置如下：

Auto verify：on（格式化时自动校验）

FAT selection：off（整盘格式化则为 on）

Format dest：auto（按菜单执行格式化）

Password：off（不设口令）

Headsenle：on（格式化时显示提示信息）

Verbose mode：on（格式化时显示提示信息）

User mode：safe（运行方式设为安全模式，等待 Y/N 确认），然后返回主菜单。

选择"Format destination"，在"Format"菜单中根据需要选择磁盘做格式化。

先选 80×18 即标准 1.44MB 格式，失败，提示"Bad CRC Error…"。再选 82×18 即 1.476MB 标准格式时格式化成功，系统提示在 FAT 区发现一个坏块并用另一个好块替补，然后即顺利完成格式化。盘容量 1.476MB，无坏块。

格式化完成后，用 DOS5.0 以上的 SCANDISK 作磁盘检查，并要注意做 Surface Scan（磁盘表面检查）。然后反复复制，证明格式化完全成功。

4）用 PCTOOLS 9.0 及以上版本修复。打开"DISK"菜单，选取"Format"项，将坏磁盘插入 A 驱，再在屏幕上选取"A：1.44MB"、"OK"，出现配置菜单，选择"Safe Format"选项，然后根据原磁盘容量选择合适的磁盘空间。格式化完成后，用"UNFORMAT"命令将软盘中原来的内容恢复。

（4）软驱一般性读写错误故障的处理方法。软盘驱动器是计算机的标准外部存储设备，但在操作过程中屏幕常常出现提示：

"General failure reading drive A

Abort，Retry，Fail？"

表示软驱有一般性读写错误，遇到此类提示，先按 A 键中止操作，待分析清楚原因后再作处理。其造成软驱读写错误故障的原因及排除这类故障的方法有以下几种：

1）操作的软盘没有进行格式化，因此软盘不具有 DOS 系统所能识别的磁道、扇区读写格式，因而出现一般性读写错误。将软盘进行格式化后，软驱便可读写。

2）CMOS 设置中存放着计算机能正常工作的各项设备参数，其中软驱类型设置必须与所使用的软驱（盘）一致，否则，会导致软驱读写错误。

3）软盘在使用过程中，因误操作导致软盘引导扇区损坏或病毒干扰，这样，软驱在读取盘中数据时，也会出现读写错误提示。若遇到此种情况，使用 Norton 工具软件包中的 NDD 进行检测、自动修复或用杀毒软件杀毒，一般可排除故障。

4）软盘有物理损坏，如盘面被划伤、久未使用且保管不善使软盘受潮、生有霉点或沾有灰尘，操作时，也将导致软驱读写失败。此类软盘会弄脏软驱磁头，严重时还会磨损磁头以及磁头错位，因此在使用前，最好打开软盘活动护套，旋转盘面，检查磁盘。若属物理损坏，最好不用，除非有重要信息，否则不宜挽救，应予以报废，以免因小失大。

5）存在零磁道损伤或部分扇区损坏的磁盘，软驱读取盘中数据时，会出现读写错误。如果软盘中存储有重要信息，可先用 HD-COPY 工具软件将受损盘复制至相同容量的新盘中，复制过程中，若遇到"E"标志，说明存储在软盘上该区域的数据读写出错，不必理睬，复制完成后，再用 Norton 工具中的 NDD 进行检测、自动修复复制盘（新盘）中的重要信息。

6）软驱中盘片压紧机构松动，软盘没有被完全压紧，从而不能完全与轴驱动轮一起旋转，导致盘片的转速达不到规定的要求，最终导致软驱读写失败。该故障的特征是：软驱读写时发出"沙沙沙"的响声，屏幕出现前面所述提示。故障排除比较简单，只要将软驱中的压紧装置调节一下即可。

7）软驱磁头不干净、沾灰，插入软盘进行操作时，会出现读写错误。用清洗盘清洗磁头，重新操作，故障即可排除。

8）软驱磁头错位也将出现软驱读写失败。可在软盘驱中插入一张装满数据且能正常读写的软盘，运行软盘中的可执行文件，如果出现上述提示，此时可用螺丝刀轻轻旋松磁头小车固定螺钉；沿某一方向微微移动磁头小车，固定螺钉后，按 R 键（重试），若仍出现上述信息，则继续反复校正，直到软盘上的文件能正确读出；此时并不能说明磁头已校正准确，而应多试几张软盘，如果每张软盘中可执行文件都能读出并运行，方可确认定位准确，否则，还需要耐心校正。

9）至于软驱读写电路故障导致的软驱读写错误，就要请教专家和送专业维修点进行检修。

3. 硬盘的常见故障与处理

【例1】硬盘分区表错误。开机后，屏幕上显示"Invalid partition table"，硬盘不能启动，可从软盘启动。

【故障分析与排除】造成该故障的原因一般是硬盘主引导记录中的分区表有错误，当指定了多个自举分区（只能有一个自举分区）或病毒占用了分区表时将有上述提示。

主引导记录（MBR）位于 0 磁头 0 柱面 1 扇区，由 FDISK. EXE 对硬盘分区时生成。MBR 包括主引导程序、分区表和结束标志 55AAH 3 部分，共占一个扇区。主引导程序中含有检查硬盘分区表的程序代码和出错信息、出错处理等内容。当硬盘启动时，主引导程序将检查分区表中的自举标志。若某个分区为自举分区，则有分区标志 80H，否则为 00H，系统规定只能有一个分区为自举分区，若分区表中含有多个自举标志时，主引导程序会给出"Invalid partition table"的错误提示。

最简单的解决方法是用 NDD 修复，它将检查分区表中的错误，若发现错误，将会询问用户是否愿意修改，用户只要不断地回答"Yes"即可修正错误，或者用备份过的分区表覆盖它也行。如果是病毒感染了分区表，格式化是解决不了问题的，可先用杀毒软件杀毒，再用 NDD 进行修复。

如果上述方法不能解决，就先用 FDISK 重新分区，但分区大小必须和原来的分区一样，这一点尤为重要，分区后不要进行高级格式化，然后用 NDD 进行修复。修复后的硬盘不仅能够启动，而且硬盘上的信息也不会丢失。其实用 FDISK 分区，相当于用正确的分区表覆盖原来的分区表。尤其当用软盘启动后不认硬盘时，可用此方法。

【例 2】启动时死机的故障。开机后自检完毕，从硬盘启动时死机或者屏幕上显示"No ROM Basic，System Halted"。

【故障分析与排除】造成该故障的原因一般是引导程序损坏或被病毒感染，或者是分区表无自举标志，或者是结束标志 55AAH 被改写。

从软盘启动，执行命令"FDISK/MBR"即可。FDISK 中包含有主引导程序代码和结束标志 55AAH，用上述命令可使 FDISK 中正确的主引导程序和结束标志覆盖硬盘上的主引导程序，这一招对于修复主引导程序和结束标志 55AAH 的损坏既快又灵。对于分区表中无自举标志的故障，可用 NDD 迅速恢复。

【例 3】计算机无法用硬盘启动，检查 CMOS 参数没有问题。用软盘启动后可转入 C：\ 提示符，但是不能对硬盘进行任何操作。

【故障分析与排除】用软盘启动后可转入 C：\ 提示符，说明系统是可以识别硬盘驱动器的。硬盘不仅不能引导系统，而且也不能进行其他操作，说明故障原因可能是硬盘的主引导区或分区表遭到破坏，弄得硬盘不能正常工作。其处理办法是从软盘引导系统，用"FDISK"命令对硬盘重新分区，然后再进行高级格式化，重装整个系统。因为有可能是病毒破坏系统，所以使用"FORMAT"命令加 U 参数进行格式化。

【例 4】计算机配置为：AMD 毒龙 750CPU，联想 K7B 之板，现代 128MB 内存，太阳花 TNT2 Pro 显卡，希捷酷鱼 II 20GB 硬盘，硬盘分为 C、D、E、F 4 个区。机器开始运行正常，但在运行 5 个月之后，发现 C 区损坏 13 个簇，D 取损坏 18 个簇，后来重新格式化安装 Windows 系统，使用约三个月时间发现 C、D 两个区又损坏了 16 个簇，有时开机就会损坏 3、4 个簇，不知是什么原因。

【故障分析与排除】造成硬盘损坏的原因较多，除了硬盘自身的质量问题外，还涉及整个计算机系统其他设备的工作状况和性能，以及用户的使用方法等问题，建议着重从以下几个方面去检查：

（1）因为没有明确硬盘再重新格式化，是否还存在坏簇的现象，因而不好确定硬盘是否真的有物理损伤，如有物理损坏最好与销售商联系，以确定是维修还是更换。

（2）检查一下电源部分。一是计算机自身部分电源工作情况；二是计算机所用的交流电源电路上是否有一些高负载的用电设备，如空调、电冰箱等，如有应撤除，因为这些设备在启动或工作时可能造成电源中出现一些峰值电压，使计算机电源"不纯"而使硬盘损坏；三是如果用 UPS 或其他稳压电源，则应检查一下它的电源输出情况。

（3）检查一下硬盘使用情况。如果经常使用一些内存需求很大的软件（如编写数据库），可考虑增加一些内存，从而减少在硬盘上进行大量的文件交换操作的时间。

（4）检查文件碎片。最好定期扫描磁盘，以重组文件，这样可减少系统打开文件或保存文件时的"硬盘抖动"现象。

（5）检查计算机的工作环境。因为环境中一些较强的振动、烟雾、不适的温度、湿度都有可能成为硬盘的杀手。

【例 5】安装了活动硬盘后，有时在系统软关机时死机。

【故障分析与排除】这类故障现象实际上不能说明与活动硬盘有直接关系。若活动硬盘的驱动程序或实用程序与系统冲突，则关机时的死机应该是一直存在的，通常不会出现时有时无的死机现象。而最大的可能是用户在使用活动硬盘后就关闭了活动硬盘的电源，使系统在关机时在检测活动硬盘中死机。

【例6】硬盘丢失的故障。计算机原工作正常,但一次开机之后,计算机不能从硬盘启动,用软盘启动后发现硬盘丢失,仔细观察启动过程,发现硬盘指示灯常亮不灭,启动速度明显变慢,在计算机自检表格"Prmary disk"一栏中,"LBA MODE 4 3073MB"变为"CHS MODE 0 3073MB"。检查 CMOS 的其他参数均正常。当时开机,故障自动消失。但是两周后,又出现同样的故障。开机检查硬盘的连线,没有发现异常。

【故障分析与排除】根据该故障现象,其疑点有两个方面的原因:

(1)硬盘的工作模式(应在 CMOS 设置环境中设定)自动地由原来的"LBA MODE 4 30731MB"变为"CHS MODE 0 30731MB",此时硬盘丢失,而硬盘自动恢复时故障也自动消失。

(2)两周后故障又重复出现。如果能够人为修改 CMOS 参数的因素,故障原因可能有以下几个方面:

1)病毒定时发作,或者某个应用程序修改了 CMOS 参数中的硬盘工作模式,造成重新启动时硬盘丢失。再联想到硬盘测试得过低,不能排除感染病毒的可能。

2)由重新启动过程中硬盘指示灯亮不灭且启动速度明显变慢的情况来看,有可能是硬盘驱动器本身质量差、性能不稳定所致,因此硬盘有时能够正常工作,有时又不能正常工作,在选中硬盘而又不能正常读写时,就会出现硬盘指示灯常亮不灭的情形。为了确定是否是此种原因造成的,可以采用交换法把这个硬盘换到其他计算机上试一试。

3)硬盘信号电缆部分引脚接触不良、电源电缆接地引脚接触不良都可能造成无法访问硬盘的故障。可以更换电缆,或者将电缆接头插入主板上另外一个 IDE 插槽试试。

4)如果硬盘在本台计算机上不能正常工作,而换到其他计算机上可以正常工作,说明问题还可能与主板有关,例如接触不良、硬盘读写通道工作不稳定等,都可能造成上述故障。

【例7】一块 15GB 硬盘,安装 Windows 98 过程完全正常,但安装之后不能正常启动 Windows 98,在 DOS 下可以完全正常工作。经检查 Windows 98 光盘正常,CMOS 参数无误,电风扇曾停转,一瞥没有病毒也没有坏块。

【故障分析与排除】根据这种现象,故障不在硬盘,可能是在其他部件。通过该机的电风扇曾经停转过的现象分析,认为有可能是 CPU 受到过损伤,把 CPU 降频使用,一切正常。其原因是 DOS 对于计算机的要求较低,而 Windows 则对整个系统要求较高。在 CPU 或其他部件有缺陷时,Windows 是不能正常工作的。

9.3.5 声卡的常见故障分析与实例

1. 声卡的常见故障分析

声卡的常见故障类型有以下几种:

(1)在播放 CD 时没有声音。这可能是没有把光驱的音频线与声卡正确连接,如果还没有声音,请把音箱的连线接到光驱的接口上,若还没有声音,就可能是音箱的问题,或者是光驱不能正确识别 CD。

(2)在播放 MIDI 时无声音。声卡在播放 WAV、玩游戏时非常正常,但就是无法播放 MIDI 文件。在一些旧的 ISA 声卡 WAV 和 MIDI 的驱动是分开安装的,重新安装声卡,看显示兼容设备里有没有 MIDI 的驱动选项，如有安装，一般问题会解决。比如早期的 ISA 声卡可能是由于 16bit 模式与 32bit 模式不兼容造成 MIDI 播放的不正常。而如今流行的 PCI 声卡大多数采用波表合成技术，如果 MIDI 部分不能放音，则很可能是因为没有加载适当的波表音色库。

（3）不能正常使用四声道。现在市面上的很多声卡都号称支持四声道，但使用中有时不正常，如 SB PCI64 和 SB PCI128。具体表现为在玩游戏时四个音箱可以同时发音，但在听 MP3 或是 CD 时，却只有前面的两个音箱有声音。其中的主要原因是因为这类声卡的四声道需要 DS3D 支持。在 DS3D 环境下可以正常使用，而到了非 DS3D 环境下只有立体声输出。

（4）普通的声卡没有声音。如果声卡安装过程一切正常，设备都能正常识别，也没有插错槽，但却依然无法发出任何声音，这就要从以下几个方面来解除故障：① 声卡与音箱的连线是否已经正确连接；② 音频连接线有无损坏，是否完好；③ Windows 音量控制中的各项声音通道是否被设置成为静音模式。

如果在上述的情况检查都很正常时，依然没有声音那么就可以试着更换较新版本的驱动程序试一试。如果还不行，则可把声卡插到其他的计算机上进行试验，以确定声卡是否是硬件本身的损坏故障。

（5）声卡引起的死机。在未装 Windows 98 时声卡工作正常，而安装了 Windows 98 后就死机。这主要是 Windows 98 将主板 BIOS 中有关声卡的 IRQ 和 DMA 设置内容进行了修改，而当修改后的 IRQ 或 DMA 与系统冲突时，就会出现上述故障。这时只要用声卡驱动程序组内自带的有关程序，修改 BIOS 的相关内容即可解决。

（6）PCI 声卡在 Windows 98 下无法正常使用。有时，在声卡驱动程序安装过程中一切正常，也没有出现设备冲突，但在 Windows 98 下面就是无法发出声音或是出现其他故障。这种现象通常在 PCI 声卡上，应检查一下 PCI 声卡插在的哪条 PCI 插槽上。有些用户出于散热的考虑，把声卡插在远离 AGP 插槽，靠近 ISA 插槽的那几条 PCI 插槽中。问题往往就出现在这里，因为 Windows 98 有一个 BUG：只能正确识别插在 PCI－1 和 PCI－2 两个槽的声卡。而在 ATX 主板上靠 AGP 的两条 PCI 才是 PCI－1 和 PCI－2（在一些 AT 主板上恰恰相反，紧靠 ISA 的是 PCI－1），所以，如果没有把 PCI 声卡安装在正确的插槽上，故障就会产生。

2. 声卡故障实例

【例 1】一台多媒体计算机，放 VCD 正常，而放 CD 却无声。

【故障分析与排除】放 VCD 有声音，说明声音系统的工作都是正常的。而播放 CD 无声是由于 CD-ROM 与声卡之间的音频信号连接线有故障。其主要原因有：

（1）可能是连接线接触不良，这时只要重新保持良好信号畅通即可。

（2）可能是音频信号连接线本身有断路，这时可换一根连接线试一试。

（3）可能是音频信号连接线在声卡上插入的插座有误，因为有的声卡对于不同的光驱，要求插入不同的插座，因此，可以对照说明书重新选择插座。

【例 2】重新安装 Windows 98 后，原先不正常工作的声卡无法发声。计算机中声卡配置为：融丰 S600。

【故障分析与排除】因为原来声卡工作正常，故基本上可排除硬件故障的可能。查看 Windows 98 下的"系统信息"，发现声卡类型被正常识别为 CM7837 声卡，其占用的 DMA1

和 7、IRQ9 和起始 I/O 地址 240 与其他设备均无冲突，且所有的硬件设备均显示工作正常。起先怀疑微软的驱动程序有问题，于是安装声卡自带的驱动程序，但故障依旧。

在 Windows 98 的 DOS 下安装游戏，安装过程中发现程序自动检测到声卡占用的系统资源为 DMA：1、I/O：240、IRQ：2，也无法通过"Test Sound"选项。尝试手动修改声卡在该游戏下的中断号，发现可以选择的中断号只有 2、5、7、10 几个。于是把怀疑重点落在了 Windows 98 为声卡分配的中断号上。然后用手动方式将声卡在 Windows 98 下的中断号强制改为 7，随后单击系统的"Restart"，故障排除。

【例 3】重装 Windows 98 后没有声音的故障。计算机发生故障，重装 Windows 98 后无声音，打开"系统设备管理事业视频和游戏控制器"，其中有 3 项"MPU - 401COMPATIBLE"、"YAMAHA"、"OPL3 - SAX SOUNDSYSTEM"。第 3 项前有一黄色惊叹号。删除刷新后，右下角出现喇叭图标，有了声音，但关机后重新启动又无喇叭图标，无声音，之后，每次开机都要删除刷新后才有声音。

【故障分析与排除】这种故障估计是重装 Windows 98 之后没有安装声卡的驱动程序，或者安装不正确。当驱动程序安装不当或发生资源冲突时都会给出黄色惊叹号警告。安装驱动程序一般应该采用该声卡的驱动程序，并检查 IRQ、DAM 和 I/O 电池有无冲突。

【例 4】使用创新的 Vibro 128 声卡，当玩 Final Fantasy VIII 游戏时，MIDI 输出似乎无法工作在 4 音箱模式下。

【故障分析与排除】当使用 Vibro 128 声卡和 4 音箱在 4 音箱模式下玩 Final Fantasy VIII 游戏时，您可能会遇到并非所有音箱都有 MIDI 输出的问题。这是因为 MIDI 回放不支持 4 音箱模式。这时只能转换为 2 音箱模式，MIDI 将工作正常。

【例 5】声卡引起的死机故障。在未装 Windows 2000 时声卡正常工作，而安装后就死机。

【故障分析与排除】Windows 2000 将主板 PnP BIOS 中有关声卡 IRQ 和 DMA 设置内容进行了修改，而当修改后的 IRQ、ADD 或 DMA 与系统冲突时，就会出现上述故障，这时只要用声卡驱动程序组内自带的有关程序，修改 PnP BIOS 的相关内容即可解决。

9.3.6　鼠标与键盘常见故障分析与实例

鼠标、键盘是用户和计算机沟通的必备工具，虽然和计算机的其他配件不起来，它们的价格便宜，坏了可以随时更换，但如果是在迫切需要又临时买不到的情况下，事情就麻烦了。下面就介绍一下鼠标和键盘的维修方法。

1. 鼠标的常见故障分析与处理

鼠标是目前计算机中最容易耗损的配件，因为它是用户接触到最多的一个配件。频繁地使用会造成鼠标故障率的增多，但对于很多使用者手中的机械鼠标来说，电气方面的故障并不多见，常见的多是机械故障，完全可以自己动手排除。

有些鼠标在刚开始使用时正常，但用过一段时间后就会出现故障，主要表现在鼠标的箭头在显示器的屏幕上移动得不够平滑，甚至移动得非常吃力，即定位性不好，这类故障通常是因为平时保养不当使鼠标内部积灰尘造成的，此外还可能是受到了外界的强烈震动而引起的。这时应打开鼠标底部的滚动球盖，取出小球，就会看到里面有两个可转动的轴和一个小轮，小轮起支撑鼠标球的作用，两个轴分别负责鼠标的光标在屏幕上下和左右的移动。检查一下两个轴上是否沾有污物，若有，用小起子刮下来即可。装好鼠标试一下，如果鼠标恢复正常了，说明是灰尘引起的；如果不能恢复正常，就只有彻底拆开鼠标进行修理了。

鼠标的底面一般有 1~2 颗螺丝钉，有的从外面可以看到，有的被盖在商标下面。打开鼠标后可看到两个转动轴上都装有开了许多栅孔的小轮，小轮两侧各有一个发射二极管和接收二极管，其组合构成了鼠标光标在屏幕上的移动。鼠标受到外界冲击后，两个二极管就会错位，接收二极管不能很好地收到发射二极管的信号，鼠标就不能好好地工作了。矫正一下，使两个二极管处于一条直线上，并距栅轮越近越好，但也不能和栅轮接触。如果这样修理后鼠标仍不能恢复正常，那就是电气方面的故障了。

鼠标的另一种常见故障是按键失灵。造成这类故障的原因是鼠标的微动开关里的簧片失去弹性或断裂造成的，修复的方法有两种（仅限于 2 键鼠标）。一种是把鼠标中不常用键下的微动开关与失效的微动开关互换，但这需要电烙铁；另一种方法是打开微动开关，把中键下好的微动开关里的簧片换到失效的微动开关里去，这个工作只用一个小镊子就可解决，但一定要注意簧片的方向。

2. 键盘的使用维护与常见故障原因分析

（1）键盘使用维护。键盘是计算机中使用频率最高的设备，只有键盘处于良好的工作状态，才能充分发挥计算机的作用。在日常使用中，做好键盘的维护工作应注意以下三方面的问题：

1）按键力度要适当。按键应养成轻捷地一敲即松手的习惯。使用键盘时，按键动作要准确，力度要适当。若用力过大会使按键的机械部件受损而失效。当按下某键并保持不动时，将会以每秒若干次的速率重复该键的字符。因此，不要养成按小键后停住不放或放得很慢，以免输入不必要的多余字符。因此使用键盘时，力度和频率都要适中。

2）保持键盘清洁。要经常对键盘进行清洁和除灰，清除按键之间的灰尘、头发、纸屑等脏物，以免造成按键接触不良或短路。键盘框及各按键应常用湿软布擦洗干净，保持键盘的卫生和美观。

3）对按键接触不良的检修。按键接触不良是机械式按键经常遇到的故障，产生这种故障的主要原因是个别键位内部微型开关簧片长期按压变形或灰尘油污的锈蚀造成的。遇到这种情况，可将键盘与主机的连接电缆插座拔出，打开键盘，拆卸按键，用酒精清洗按键的触点。如果是簧片变形，可以将变形的簧片整形。处理完后在将键盘按原样装好。电容式键盘的键开关是一个塑封体，用户无法对其进行拆卸及修理。

（2）键盘故障的原因分析。对于键盘来说，产生故障的原因大致有以下几种：

1）键盘与主板的接线口损坏，键盘电缆的接触不良、电缆内部断线。对于这种情况，需要把所损坏的部件进行更换。

2）键盘的个别键失效或接触不良，不能复位，卡键或者无反应。由于制造的工艺粗糙，按下键后不能复位，可用砂纸、小刀甚至锉刀对它进行修复直到按动自如。对于一些频繁的按键失效情况，先卸去螺丝钉，取下键盘外壳，再依次取下键帽、两边的塑胶片、弹簧。将弹簧的角度作适度的扩大。再如上面的反次序装好键盘即可。

3）键盘的内部电路产生故障。这种情况，可以把损坏的部件进行更换甚至换掉这个键盘。对于键盘的失效故障，一般采用替换法。根据检查键盘各个键的接触情况来进行判断。

3. 鼠标与键盘故障实例

【例 1】键盘按键不灵的故障。一个键盘，开机自检能通过，可是敲 A、S、D、F、和 V、I、O、P 这两组键时打不出字符来。

【故障分析与排除】拆开键盘便看到了透明塑料板上的电路是哪种游戏机用的触点电路。首先检查按键是否能够将触点压在一起，一切正常。在用万用表量触点压在一起时是否导电，一切正常。这时又检查电路板的接触点是否导电，结果还是正常。经过分析了各电路，都正常。于是仔细检查，发现连接电路中有一段电路金属膜掉了一部分，于是用导线细心地接通后上机一用，一切都正常了。

【例 2】鼠标引起的异常关机故障。计算机使用一直很正常，但一天开机后，正准备看 VCD 时计算机突然自动关机，此后重试了几次，每次在用鼠标打开"我的电脑"时机器异常掉电关机，在安全模式下也是如此。

【故障分析与排除】根据该故障现象，估计电源出故障的可能性很大，有的劣质电源在光驱启动的瞬间由于电流突然加大而很容易产生掉电。于是换上一个好的电源，但现象如故。然后陆续换了显卡、CPU、主板等都无法解决问题。用杀毒软件进行杀毒，也没有发现病毒。开机再仔细观察，发现进入系统后只要不动鼠标就没问题，但只要移动鼠标计算机就会关机，立刻拿一个新鼠标换上，开机运行，一切都正常了。

仔细检查原来这只鼠标，发现鼠标里有几条细导线的绝缘层已经严重破坏，造成短路所致，经过用绝缘胶布细心的包好后，上机试用，故障排除。

【例 3】新买的电脑装好后，一开机黑屏。

【故障分析与排除】如果使用的键盘、鼠标都是 PS/2 接口的，当这种故障发生后，最好先检查键盘、鼠标是否插反了，如果接反了，开机就会出现黑屏，但不会烧坏设备。

只要关机后，将键盘和鼠标接口交换一下，故障就可排除。

【例 4】刚组装的电脑，键盘很难插进主板上的键盘接口。

【故障分析与排除】注意检查主板上键盘接口与机箱给接口留的孔洞，看主板是偏高了还是偏低了，个别主板有偏左或偏右的情况，可能要更换机箱，否则，更换另外长度的主板铜钉或塑料钉。塑料钉更好，因为可以直接打开机箱，用手按住主板键盘接口部分，插入键盘，解决主板偏高的问题。

【例 5】在桌面上移动鼠标时屏幕上的光标不能灵活移动。

【故障分析与排除】这种现象一般可分两种情况去考虑：

（1）由于鼠标器受到强烈振动，如掉在地上，使红外发射二极管稍稍偏离原位置造成该故障。这种现象的特点是光标只在一个方向上移动不灵活。

（2）鼠标器的塑胶圆球和压力滚轴太脏，使圆球与滚轴之间的摩擦力变小，造成圆球滚动时滚轴不能同步转动。这种现象往往是光标向各方向移动均不够灵活。

处理方法如下：① 将鼠标底部螺丝拧下，小心打开上盖。轻轻转动压力滚轴上的圆盘，同时调整圆盘两侧的二极管，观察屏幕上的光标，直到光标移动自如为止。② 打开鼠标器上盖取出塑胶球，用无水酒精将塑胶球和压力滚轴清洗干净。

【例 6】鼠标按键失灵。鼠标的按键按下时，计算机无任何反应或间歇性无反应，就像鼠标根本没被按下一样，但能清楚地听见鼠标的按键声，而且识别的移动操作非常正常。

【故障分析与排除】鼠标的移动操作正常，说明鼠标只是在按键的部件上出现了问题，又因为按键时仍能听见清晰的按键声，所以估计故障是按键接触不良引起。拆开鼠标，可以看见在电路板上对应鼠标壳的按键下面有两个按键装置（若为 3 键鼠标则有 3 个）。用手按下出现失灵现象的按键装置上的凸起塑料片，随着手按下力度的增大，凸起塑料片就被按得越深，失灵的现象就明显减弱。经过分析应该是正确的，故障就出现在按键装置的内部。

用工具打开有故障的按键装置，移开键帽，可见装置在底座上的 3 个触点（触点 A、B、C）上嵌有一薄薄的金属片，金属片的一边固定在触点 A 上，中间由一弧形片卡在触点 B 上，使金属片的另一边微微翘起顶在一块金属条下面。用螺丝刀模拟塑料片按下金属片，使金属片发出"咔咔"声时，C 端上方的一边能接触到 C 点，发现此时鼠标按键操作是正常的，这说明只是因为金属片与触点 C 的接触距离过远而导致接触不良，于是，用螺丝刀或其他工具把触点 C 适当地撬起一点，然后装好鼠标，此时鼠标便能正常操作，也不再出现按键失灵的现象了。

【例 7】鼠标不能正常使用的故障。计算机使用的是一个杂牌鼠标，安装在 PS/2 口，但在 Windows 98 中，有时鼠标会无缘无故不动，只能用键盘操作。

【故障分析与排除】这种故障现象说明鼠标驱动程序有问题，因为在 Windows 中，应该使用图形界面下的鼠标驱动程序，而不用在 CONFIG. SYS 或 AUTOEXEC. BAT 中挂入驱动程序，所以问题一定是出在 Windows 的缺省驱动程序不能和鼠标兼容。使用该鼠标厂家提供的 Windows 下的驱动程序即可解决该问题。

➡ 思考与练习

1. 简述计算机的组成。
2. 计算机的软件系统包括哪些内容？
3. 计算机的硬件系统包括哪些内容？
4. 计算机的操作有哪些方面的内容？
5. 计算机上网的内容有哪些方面的内容？
6. 自己拟一个计算机故障诊断程序图。
7. 显示器的常见故障有哪些？
8. 显卡的常见故障有哪些？
9. 主板故障有哪几种类型？
10. 主板故障检查处理的常用方法有哪些？
11. 如何处理内存故障？
12. 简述光驱的常用故障与处理方法。
13. 简述软驱故障的处理方法。
14. 声卡的常见故障有哪些？

参 考 文 献

[1] 黄钟穆．打印机结构与维修［M］．北京：金盾出版社，2000.
[2] 李勇帆．微机显示器电源电路原理与维修［M］．西安：电子科技大学出版社，2000.
[3] 杨国治，等．激光打印机选购安装操作与维修［M］．北京：人民邮电出版社，2000.
[4] 向导，等．公务员办公自动化一点即通［M］．重庆：重庆大学出版社，2002.
[5] 杨劲．电脑故障精解［M］．海口：海南出版社，2002.
[6] 张新德，等．快速修理激光·喷墨·针式打印机［M］．北京：人民邮电出版社，2002.
[7] 何社成，等．显示器与打印机疑难故障检修实例［M］．广州：广东科技出版社，2002.
[8] 李大华．办公自动化高级应用实务［M］．重庆：重庆大学出版社，2003.
[9] 彭克发．现代化办公设备原理·使用·维修技术［M］．北京：机械工业出版社，2004.
[10] 杨浩．现代办公设备使用与维护［M］．广州：华南理工大学出版社，2005.